한국가스 안전공사

NCS + 최종점검 모의고사 4회

시대에듀

2025 최신판 시대에듀 한국가스안전공사
NCS + 최종점검 모의고사 4회 + 무료NCS특강

Always **with you**

사람의 인연은 길에서 우연하게 만나거나 함께 살아가는 것만을 의미하지는 않습니다.
책을 펴내는 출판사와 그 책을 읽는 독자의 만남도 소중한 인연입니다.
시대에듀는 항상 독자의 마음을 헤아리기 위해 노력하고 있습니다. 늘 독자와 함께하겠습니다.

머리말 PREFACE

가스의 위해로부터 국민의 소중한 생명과 재산을 보호하고, 가스안전산업 발전에 이바지하기 위해 설립된 한국가스안전공사는 2025년에 신입직원을 채용할 예정이다. 한국가스안전공사의 채용절차는 「입사지원서 접수 → 서류평가 → 필기시험 → 직무면접 → 인성면접 → 최종 합격자 발표」 순서로 이루어진다. 필기시험은 직업기초능력평가와 직무수행능력으로 진행한다. 그중 직업기초능력평가는 공통으로 수리능력, 조직이해능력, 문제해결능력을 평가하고, 행정직은 자원관리능력, 의사소통능력을, 기술직은 기술능력, 정보능력을 추가로 평가한다. 2024년에는 피듈형으로 출제되었으며, 직무수행능력은 직무별 상이하므로 반드시 확정된 채용공고를 확인해야 한다. 따라서 필기시험에서 고득점을 받기 위해 다양한 유형에 대한 폭넓은 학습과 문제풀이능력을 높이는 등 철저한 준비가 필요하다.

한국가스안전공사 합격을 위해 시대에듀에서는 한국가스안전공사 판매량 1위의 출간 경험을 토대로 다음과 같은 특징을 가진 도서를 출간하였다.

도서의 특징

1 기출복원문제를 통한 출제경향 파악!

- 2024년 하반기 주요 공기업 NCS 기출문제를 복원하여 공기업별 NCS 출제경향을 파악할 수 있도록 하였다.

2 한국가스안전공사 필기시험 출제 영역 맞춤 문제를 통한 실력 상승!

- 직업기초능력평가 대표기출유형&기출응용문제를 수록하여 유형별로 학습할 수 있도록 하였다.

3 최종점검 모의고사를 통한 완벽한 실전 대비!

- 철저한 분석을 통해 실제 유형과 유사한 최종점검 모의고사를 수록하여 자신의 실력을 점검할 수 있도록 하였다.

4 다양한 콘텐츠로 최종 합격까지!

- 한국가스안전공사 채용 가이드와 면접 기출질문을 수록하여 채용을 준비하는 데 부족함이 없도록 하였다.
- 온라인 모의고사를 무료로 제공하여 필기시험에 대비할 수 있도록 하였다.

끝으로 본 도서를 통해 한국가스안전공사 채용을 준비하는 모든 수험생 여러분이 합격의 기쁨을 누리기를 진심으로 기원한다.

SDC(Sidae Data Center) 씀

한국가스안전공사 기업분석 INTRODUCE

◇ 미션

국민과 함께하는 가스안전, 가스안전산업과 함께 만드는 안전한 세상
Best Safety with the People

◇ 비전

국민 안전과 미래 에너지를 선도하는 가스안전 책임기관

◇ 핵심가치

소명 / 열정 / 선도 / 혁신

◇ 경영목표

가스사고 지수 최저수준(3.0) 달성	재난 · 가스안전 플랫폼 구축 100%
미래 가스안전산업 생태계 활성화	경영혁신 · ESG경영 1등급

◇ 전략방향 & 전략과제

전략방향	전략과제
국민 가스안전 패러다임 대전환	1. 예방 중심 국민생활 주변 가스사고 원천 차단 2. 위험도 기반 국가기간산업 안전관리 고도화 3. IT융합기술 기반 과학적 안전관리 확산 4. 민간 자율 안전관리 시스템 전환
촘촘한 재난 · 가스안전망과 플랫폼 정착	1. 에너지 소외계층 안전 서비스 확대 2. 협력 기반 재난 예방 · 대응체계 강화 3. 빅데이터 기반 사고 예방 플랫폼 고도화 4. 국민참여형 가스안전 인식 선진화
미래 에너지와 안전산업 생태계 선도	1. 선진 수소 안전관리 시스템 완성 2. 저탄소 및 무탄소 에너지 안전기술 선도 3. 가스제품 시험인증 서비스 강화 4. 민간기업 입체적 동반성장 지원
경영혁신과 ESG경영 실천	1. 경영자원 효율화와 데이터 기반 경영 개선 2. 인본(人本) 경영과 역동적 일터 혁신 3. 지역사회 혁신과 상생발전 실현 4. 가스안전 거버넌스 및 투명경영 강화

◇ 인재상

안전을 가치로 안심사회를 여는 KGS

Professional	Responsibility	Open Communication
전문성을 가지고 안전기술을 선도하는 인재	투철한 **사명감**을 가지고 공공가치를 창출하는 인재	**열린 소통**으로 안전문화를 전파하는 인재

신입 채용 안내 INFORMATION

◇ 지원자격(공통)

❶ 입사예정일 기준 만 58세 미만인 자
❷ 병역대상자로서 병역기피 사실이 없는 자
※ 단, 현역 군인의 경우 최종합격자 발표일 이전에 전역이 가능한 자
❸ 한국가스안전공사 인사규정 제20조의 결격사유에 해당하지 않는 자
❹ 입사예정일 당일부터 교육 입소 및 근무가 가능한 자

◇ 필기시험

구분	직무	내용
직업기초능력평가	전 직무	수리능력, 조직이해능력, 문제해결능력
	행정직	자원관리능력, 의사소통능력
	기술직	기술능력, 정보능력
직무수행능력	전 직무	직무별 상이

◇ 면접전형

구분	방법	내용
직무면접	직무 과제에 대한 PT면접 및 직무 관련 상황에 대한 경험면접	직무이해, 직무지식, 직무기술, 직무태도 등 평가
인성면접	응시자 상호 간 토론 과정을 관찰하고, 토론 종료 후 질의응답	의사소통능력, 대인관계능력, 정보능력, 직업윤리 등 평가

❖ 위 채용 안내는 2024년 채용공고를 기준으로 작성하였으므로 세부내용은 반드시 확정된 채용공고를 확인하기 바랍니다.

2024년 기출분석 ANALYSIS

총평

한국가스안전공사의 필기시험은 PSAT형의 비중이 높은 피듈형인 문제가 영역별 순서대로 출제되었다. 총 80문항을 80분 내에 풀어야 했기에 시간이 촉박했다는 후기가 많았으므로 시간관리 연습과 더불어 꼼꼼한 대비가 필요해 보인다. 특히 의사소통능력의 경우 공사 관련 키워드가 다수 출제되었으므로 평소 한국가스안전공사에 대한 관심을 가지는 것이 좋겠다.

◇ 영역별 출제 비중

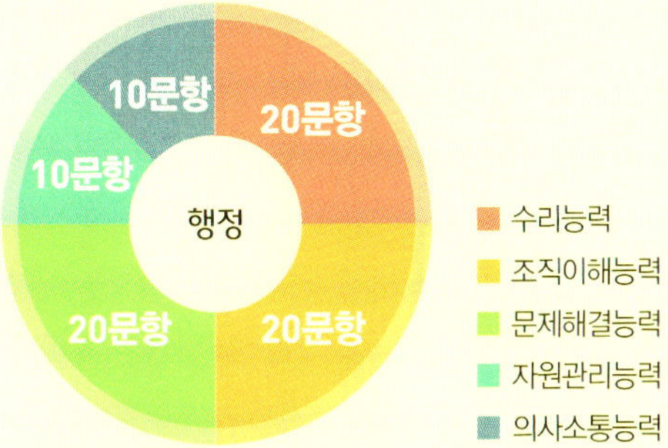

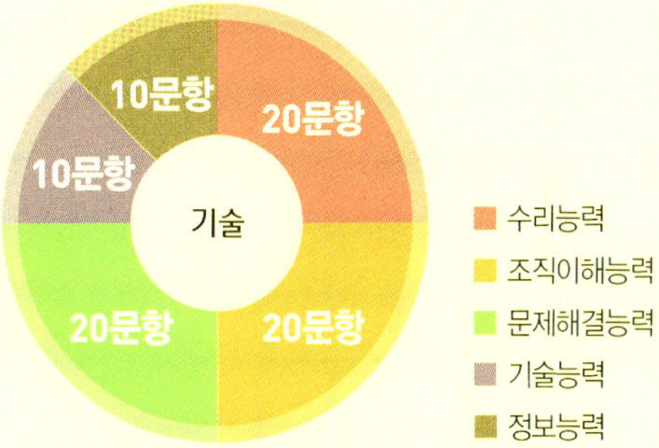

구분	출제 키워드	출제 키워드
수리능력	• 응용 수리 문제가 출제됨 • 수열 규칙 문제가 출제됨 • 자료 계산 문제가 출제됨 • 자료 이해 문제가 출제됨	• 확률 등
조직이해능력	• 조직 구조 문제가 출제됨	• 조직도 등
문제해결능력	• 명제 추론 문제가 출제됨 • 자료 해석 문제가 출제됨	• 참/거짓 등
의사소통능력	• 내용 일치 문제가 출제됨	• 가스, 석유화학, 수소에너지 등
정보능력	• 엑셀 함수 문제가 출제됨 • 코딩 문제가 출제됨	• 십진법, 이진법 등

PSAT형

| 수리능력

04 다음은 신용등급에 따른 아파트 보증률에 대한 사항이다. 자료와 상황에 근거할 때, 갑(甲)과 을(乙)의 보증료의 차이는 얼마인가?(단, 두 명 모두 대지비 보증금액은 5억 원, 건축비 보증금액은 3억 원이며, 보증서 발급일로부터 입주자 모집공고 안에 기재된 입주 예정 월의 다음 달 말일까지의 해당 일수는 365일이다)

- (신용등급별 보증료)=(대지비 부분 보증료)+(건축비 부분 보증료)
- 신용평가 등급별 보증료율

구분	대지비 부분	건축비 부분				
		1등급	2등급	3등급	4등급	5등급
AAA, AA	0.138%	0.178%	0.185%	0.192%	0.203%	0.221%
A^+		0.194%	0.208%	0.215%	0.226%	0.236%
A^-, BBB^+		0.216%	0.225%	0.231%	0.242%	0.261%
BBB^-		0.232%	0.247%	0.255%	0.267%	0.301%
BB^+ ~ CC		0.254%	0.276%	0.296%	0.314%	0.335%
C, D		0.404%	0.427%	0.461%	0.495%	0.531%

※ (대지비 부분 보증료)=(대지비 부분 보증금액)×(대지비 부분 보증료율)×(보증서 발급일로부터 입주자 모집공고 안에 기재된 입주 예정 월의 다음 달 말일까지의 해당 일수)÷365

※ (건축비 부분 보증료)=(건축비 부분 보증금액)×(건축비 부분 보증료율)×(보증서 발급일로부터 입주자 모집공고 안에 기재된 입주 예정 월의 다음 달 말일까지의 해당 일수)÷365

- 기여고객 할인율 : 보증료, 거래기간 등을 기준으로 기여도에 따라 6개 군으로 분류하며, 건축비 부분 요율에서 할인 가능

구분	1군	2군	3군	4군	5군	6군
차감률	0.058%	0.050%	0.042%	0.033%	0.025%	0.017%

〈상황〉

- 갑 : 신용등급은 A^+이며, 3등급 아파트 보증금을 내야 한다. 기여고객 할인율에서는 2군으로 선정되었다.
- 을 : 신용등급은 C이며, 1등급 아파트 보증금을 내야 한다. 기여고객 할인율은 3군으로 선정되었다.

① 554,000원
② 566,000원
③ 582,000원
④ 591,000원
⑤ 623,000원

특징
- 대부분 의사소통능력, 수리능력, 문제해결능력을 중심으로 출제(일부 기업의 경우 자원관리능력, 조직이해능력을 출제)
- 자료에 대한 추론 및 해석 능력을 요구

대행사
- 엑스퍼트컨설팅, 커리어넷, 태드솔루션, 한국행동과학연구소(행과연), 휴노 등

모듈형

| 문제해결능력

41 문제해결절차의 문제 도출 단계는 (가)와 (나)의 절차를 거쳐 수행된다. 다음 중 (가)에 대한 설명으로 적절하지 않은 것은?

(가)	→	(나)
전체 문제를 개별화된 이슈들로 세분화		문제에 영향력이 큰 핵심이슈를 선정

① 문제의 내용 및 영향 등을 파악하여 문제의 구조를 도출한다.
② 본래 문제가 발생한 배경이나 문제를 일으키는 메커니즘을 분명히 해야 한다.
③ 현상에 얽매이지 말고 문제의 본질과 실제를 봐야 한다.
④ 눈앞의 결과를 중심으로 문제를 바라봐야 한다.
⑤ 문제 구조 파악을 위해서 Logic Tree 방법이 주로 사용된다.

특징
- 이론 및 개념을 활용하여 푸는 유형
- 채용 기업 및 직무에 따라 NCS 직업기초능력평가 10개 영역 중 선발하여 출제
- 기업의 특성을 고려한 직무 관련 문제를 출제
- 주어진 상황에 대한 판단 및 이론 적용을 요구

대행사
- 인트로맨, 휴스테이션, ORP연구소 등

피듈형(PSAT형 + 모듈형)

| 자원관리능력

07 다음 자료를 근거로 판단할 때, 연구모임 A ~ E 중 세 번째로 많은 지원금을 받는 모임은?

〈지원계획〉

- 지원을 받기 위해서는 한 모임당 5명 이상 9명 미만으로 구성되어야 한다.
- 기본지원금은 모임당 1,500천 원을 기본으로 지원한다. 단, 상품개발을 위한 모임의 경우는 2,000천 원을 지원한다.
- 추가지원금

등급	상	중	하
추가지원금(천 원/명)	120	100	70

※ 추가지원금은 연구 계획 사전평가결과에 따라 달라진다.

- 협업 장려를 위해 협업이 인정되는 모임에는 위의 두 지원금을 합한 금액의 30%를 별도로 지원한다.

〈연구모임 현황 및 평가결과〉

특징
- 기초 및 응용 모듈을 구분하여 푸는 유형
- 기초인지모듈과 응용업무모듈로 구분하여 출제
- PSAT형보다 난도가 낮은 편
- 유형이 정형화되어 있고, 유사한 유형의 문제를 세트로 출제

대행사
- 사람인, 스카우트, 인크루트, 커리어케어, 트리피, 한국사회능력개발원 등

한국가스안전공사

석유화학 ▸ 키워드

2024년 적중

※ 다음 글을 읽고 이어지는 질문에 답하시오. [79~80]

4차 산업혁명 열풍은 제조업을 넘어, 농축산업, 식품, 유통, 의료 서비스 등 업종에 관계없이 모든 곳으로 퍼져나가고 있다. 에너지 분야도 4차 산업혁명을 통해 기술의 진보와 새로운 비즈니스 영역을 개척할 수 있을 것으로 기대하고 있다.

사실 에너지는 모든 벨류체인에서 4차 산업혁명에 가장 근접해 있다. 자원개발에선 초음파 등을 이용한 탐지기술과 지리정보 빅데이터를 이용한 분석, 설비 건설에서는 다양한 설계 및 시뮬레이션 툴이 동원된다. 자원 채광 설비와 발전소, 석유화학 플랜트에 들어가는 수만 개의 장비들은 센서를 부착하고 산업용 네트워크를 통해 중앙제어실과 실시간으로 소통한다.

원자력 발전소를 사례로 들어보면 원자력 발전소에는 수백 km에 달하는 배관과 수만 개의 밸브, 계량기, 펌프, 전기기기들이 있다. 그리고 그 어느 시설보다 안전이 중요한 만큼 기기 및 인명 안전 관련 센서들도 셀 수 없다. 이를 사람이 모두 관리하고 제어하는 것은 사실상 불가능하다. 원전 종사자들이 매일 현장 순찰을 돌고 이상이 있을 시 정지 등 조치를 취하지만, 대다수의 경우 설비에 이상신호가 발생하면 기기들은 스스로 판단해 작동을 멈춘다.

원전 사례에서 볼 수 있듯이 에너지 설비 운영 부문은 이미 다양한 4차 산업혁명 기술이 사용되고 있다. 그런데도 에너지 4차 산업혁명이 계속 언급되고 있는 것은 그 분야를 설비관리를 넘어 새로운 서비스 창출로까지 확대하기 위함이다.

나주 에너지밸리에서는 드론을 활용해 전신주 전선을 점검하는 모습이 시연됐다. 이 드론은 정부 사업인 '시장 창출형 로봇보급사업'으로 만들어진 것으로 드론과 광학기술을 접목해 산이나 하천 등 사람이 접근하기 힘든 곳의 전선 상태를 확인하기 위해 만들어졌다. 드론은 GPS 경로를 따라 전선 위를 자율비행하면서 고장부위를 찾는다.

전선 점검 이외에도 드론은 에너지 분야에서 매우 광범위하게 사용되는 아이템이다. 발전소의 굴뚝과 같은 고소설비와 위험지역, 사각지대 등 사람이 쉽게 접근할 수 없는 곳을 직접 확인하고, 고성능・열화상 카메라를 달아 고장 및 화재 위험을 미리 파악하는 등 다양한 활용사례가 개발되고 있다.

가상현실은 엔지니어 교육 분야에서 각광받는 기술이다. 에너지 분야는 중장비와 전기설비 및 화학약품 등을 가까이 하다 보니 항상 사상사고의 위험을 안고 있다. 이 때문에 현장 작업자 교육에선 첫째도 둘째도 안전을 강조한다. 최근에는 현장 작업 시뮬레이션을 3D 가상현실 기술로 수행하려는 시도가 진행되고 있다. 발전소, 변전소 등 현장의 모습을 그대로 3D 모델링한 가상현실 체험으로 복잡한 도면을 해석하거나 숙지할 필요가 없어 훨씬 직관적으로 업무를 할 수 있다. 작업자들은 작업에 앞서, 실제 현장에서 수행해야 할 일들을 미리 점검해 볼 수 있다.

에너지 4차 산업혁명은 큰 변화를 몰고 올 것으로 예상하고 있지만, 그 시작은 매우 사소한 일상생활의 아이디어에서 나올 수 있다. 지금 우리가 전기와 가스를 쓰면서 느끼는 불편함을 개선하려는 시도가 곧 4차 산업

확률 ▸ 유형

2024년 적중

05 주사위를 두 번 던질 때, 두 눈의 합이 10 이상 나올 확률은?

① $\frac{1}{2}$　② $\frac{1}{3}$

③ $\frac{1}{4}$　④ $\frac{1}{5}$

⑤ $\frac{1}{6}$

한국전력공사

빈칸 삽입 ▶ 유형

2024년 적중

06 다음 중 빈칸에 들어갈 문장으로 가장 적절한 것은?

> 사회가 변하면 사람들은 새로운 생활에 맞는 새로운 언어를 필요로 하게 된다. 그 언어가 자연스럽게 육성되기를 기다릴 수도 있지만, 사람들은 대개 외국으로부터 그러한 개념의 언어를 빌려오려고 한다. 돈이나 기술을 빌리는 것에 비하면 언어는 대기 없이 빌려 쓸 수 있으므로 대개는 제한 없이 외래어를 빌린다. 특히 ____________ 광복 이후 우리 사회에서 외래어가 넘쳐나는 것은 그간 우리나라의 고도성장과 절대 무관하지 않다.

① 외래어의 증가는 사회의 팽창과 함께 진행된다.
② 새로운 언어는 사회의 변화를 선도하기도 한다.
③ 외래어가 증가하면 범람한다는 비판을 받게 된다.
④ 새로운 언어는 인간의 욕망을 적절히 표현해 준다.
⑤ 새로운 언어는 필연적으로 외국의 개념을 빌릴 수밖에 없다.

퇴직금 ▶ 키워드

2024년 적중

09 K공사에 근무하는 A씨는 사정이 생겨 퇴사하게 되었다. A씨의 근무기간 및 기본급 등의 기본정보가 다음과 같다면, A씨가 받게 되는 퇴직금의 세전금액은 얼마인가?(단, A씨의 퇴직일 이전 3개월간 기타수당은 720,000원이며, 퇴직일 이전 3개월간 총일수는 80일이다)

- 입사일자 : 2021년 9월 1일
- 퇴사일자 : 2023년 9월 4일
- 재직일수 : 730일
- 월기본급 : 2,000,000원
- 월기타수당 : 월별 상이
- 퇴직 전 3개월 임금 총액 계산(세전금액)

퇴직 이전 3개월간 총일수	기본급(3개월분)	기타수당(3개월분)
80일	6,000,000원	720,000원

- (1일 평균임금)=[퇴직일 이전 3개월간에 지급 받은 임금총액(기본급)+(기타수당)]/(퇴직일 이전 3개월간 총일수)
- (퇴직금)=(1일 평균임금)×(30일)×[(재직일수)/365]

① 5,020,000원
② 5,030,000원
③ 5,040,000원
④ 5,050,000원
⑤ 5,060,000원

한국수력원자력

신재생에너지 ▶ 키워드

2024년 적중

02 다음은 2022년도 신재생에너지 산업통계에 대한 자료이다. 이를 토대로 작성한 그래프로 옳지 않은 것은?

〈신재생에너지원별 산업 현황〉

(단위 : 억 원)

구분	기업체 수(개)	고용인원(명)	매출액	내수	수출액	해외공장매출	투자액
태양광	127	8,698	75,637	22,975	33,892	18,770	5,324
태양열	21	228	290	290	0	0	1
풍력	37	2,369	14,571	5,123	5,639	3,809	583
연료전지	15	802	2,837	2,143	693	0	47
지열	26	541	1,430	1,430	0	0	251
수열	3	46	29	29	0	0	0
수력	4	83	129	116	13	0	0
바이오	128	1,511	12,390	11,884	506	0	221
폐기물	132	1,899	5,763	5,763	0	0	1,539
합계	493	16,177	113,076	49,753	40,743	22,579	7,966

① 신재생에너지원별 기업체 수(단위 : 개)

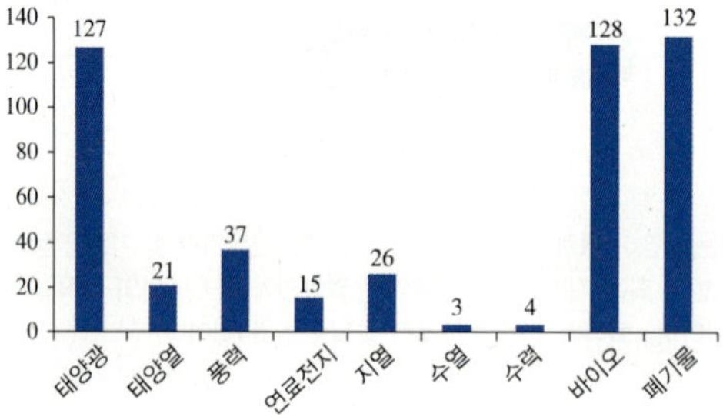

② 신재생에너지원별 고용인원(단위 : 명)

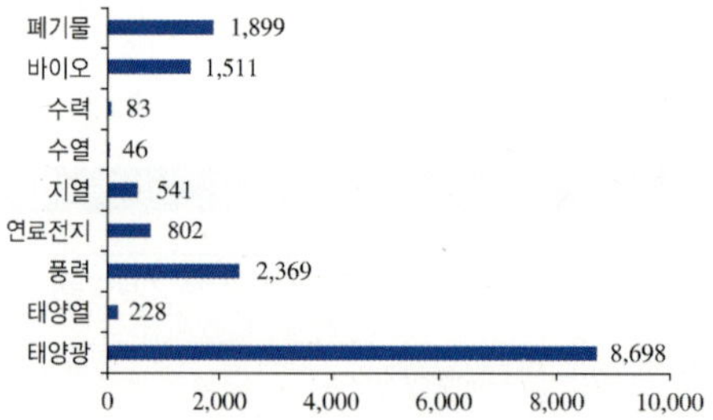

한전KDN

비율 ▸ 유형

2024년 적중

※ 다음은 외국인 직접투자의 투자건수 비율과 투자금액 비율을 투자규모별로 나타낸 자료이다. 이어지는 질문에 답하시오. **[12~13]**

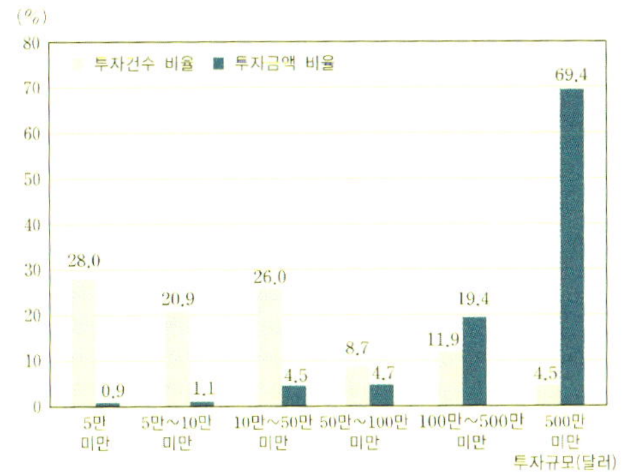

※ 투자규모는 외국인 직접투자의 건당 투자금액을 기준으로 구분함

※ $[\text{투자건수 비율(\%)}] = \frac{(\text{투자규모별 외국인 직접투자 건수})}{(\text{전체 외국인 직접투자 건수})} \times 100$

※ $[\text{투자금액 비율(\%)}] = \frac{(\text{투자규모별 외국인 직접투자 금액 합계})}{(\text{전체 외국인 직접투자 건수})} \times 100$

12 다음 중 투자규모가 50만 달러 미만인 투자건수 비율은?

① 55.3%
② 62.8%
③ 68.6%
④ 74.9%
⑤ 83.6.3%

13 다음 중 100만 달러 이상의 투자건수 비율은?

① 16.4%
② 19.6%
③ 23.5%
④ 26.1%
⑤ 30.7%

도서 200% 활용하기 STRUCTURES

1 기출복원문제로 출제경향 파악

YEAR

2024 하반기 주요 공기업 **NCS 기출복원문제**

정답 및 해설 p.002

| 코레일 한국철도공사 / 의사소통능력

01 다음 중 비언어적 요소인 쉼을 사용하는 경우로 적절하지 않은 것은?

① 양해나 동조를 구할 경우
② 상대방에게 반문을 할 경우
③ 이야기의 흐름을 바꿀 경우
④ 연단공포증을 극복하려는 경우
⑤ 이야기를 생략하거나 암시할 경우

| 코레일 한국철도공사 / 의사소통능력

03 다음 글을 통해 알 수 있는 철도사고 발생 시 행동요령으로 적절하지 않은 것은?

철도사고는 지하철, 고속철도 등 철도에서 발생하는 사고를 뜻한다. 많은 사람이 한꺼번에 이용하며 무거운 전동차가 고속으로 움직이는 특성상 철도사고가 발생할 경우 인명과 재산에 큰 피해가 발생한다.
철도사고는 다양한 원인에 의해 발생하며 사고 유형 또한 다양하게 나타나는데, 대표적으로는 충돌사고, 탈선사고, 열차화재사고가 있다. 이 사고들은 철도안전법에서 철도교통사고로 규정되어 있으며, 많은 인명피해를 야기하므로 철도사업자는 반드시 이를 예방하기 위한 조치를 취해야 한다. 또한 승객들은 위험으로부터 빠르게 벗어나기 위해 사고 시 대피요령을 파악하고 있어야 한다.
국토교통부는 철도사고 발생 시 인명과 재산을 보호하기 위한 국민행동요령을 제시하고 있다. 이 행동요령에 따르면 지하철에서 사고가 발생할 경우 가장 먼저 객실 양 끝에 있는 인터폰으로 승무원에게 사고를 알려야 한다. 만약 화재가 발생했다면 곧바로 119에 신고하고, 여유가 있다면 객실 양 끝에 비치된 소화기로 불을 꺼야 한다. 반면 화재의 진화가 어려울 경우 입과 코를 젖은 천으로 막고 화재가 발생하지 않은 다른 객실로 이동해야 한다. 전동차에서 대피할 때는 안내방송과 승무원의 안내에 따라 질서 있게 대피해야 하며 이때 부상자, 노약자, 임산부가 먼저 대피할 수 있도록 배려하고 도와주어야 한다. 만약 전동차의 문이 열리지 않으면 반드시 열차가 멈춘 후에 안내방송에 따라 비상핸들이나 비상콕크를 돌려 문을 열고 탈출해야 한다. 전동차가 플랫폼에 멈췄을 경우 스크린도어를 열고 탈출해야 하는데, 손잡이를 양쪽으로 밀거나 빨간색 비상바를 밀고 탈출해야 한다. 반대로 역이 아닌 곳에서 멈췄을 경우 감전의 위험이 있으므로 반드시 승무원의 안내에 따라 반대편 선로의 열차 진입에 유의하며 대피 유도등을 따라 침착하게 비상구로 대피해야 한다.
이와 같이 승객들은 철도사고 발생 시 신고, 질서 유지, 빠른 대피를 중점적으로 유념하여 행동해야 한다. 철도사고는 사고 자체가 일어나지 않도록 철저한 안전관리와 예방이 필요하지만, 다양한 원인으로 예상치 못하게 발생한다. 따라서 철도교통을 이용하는 승객 또한 평소에 안전 수칙을 준수하고 비상 상황에서 침착하게 대처하는 훈련이 필요하다.

① 침착함을 잃지 않고 승무원의 안내에 따라 대피해야 한다.
② 화재사고 발생 시 규모가 크지 않다면 빠르게 진화 작업을 해야 한다.
③ 선로에서 대피할 경우 승무원의 안내와 대피 유도등을 따라 대피해야 한다.
④ 열차에서 대피할 때는 탈출이 어려운 사람부터 대피할 수 있도록 도와야 한다.
⑤ 열차사고 발생 시 탈출을 위해 우선 비상핸들을 돌려 열차의 문을 개방해야 한다.

▸ 2024년 하반기 주요 공기업 NCS 기출문제를 복원하여 공기업별 NCS 출제경향을 파악할 수 있도록 하였다.

2 대표기출유형 + 기출응용문제로 NCS 완벽 대비

대표기출유형

01 | 응용 수리

| 유형분석 |

- 문제에서 제공하는 정보를 파악한 뒤, 사칙연산을 활용하여 계산하는 전형적인 수리문제이다.
- 문제를 풀기 위한 정보가 산재되어 있는 경우가 많으므로 주어진 조건 등을 꼼꼼히 확인해야 한다.

세희네 가족의 올해 휴가비용은 작년 대비 교통비는 15%, 숙박비는 24% 증가하였고, 전체 휴가비용은 20% 증가하였다. 작년 전체 휴가비용이 36만 원일 때, 올해 숙박비는?(단, 전체 휴가비는 교통비와 숙박비의 합이다)

① 160,000원　② 184,000원
③ 200,000원　④ 248,000원
⑤ 268,000원

정답 ④

작년 교통비를 x원, 숙박비를 y원이라 하자.
$1.15x+1.24y=1.2(x+y)$ … ㉠
$x+y=36$ … ㉡
㉠과 ㉡을 연립하면 $x=16$, $y=20$이다.
따라서 올해 숙박비는 $20\times1.24=24.8$만 원이다.

풀이 전략!

문제에서 묻는 바를 정확하게 확인한 후, 필요한 조건 또는 정보를 구분하여 신속하게 풀어 나간다. 단, 계산에 착오가 생기지 않도록 유의한다.

대표기출유형 01 기출응용문제

01 수학시험에서 동일이는 101점, 나경이는 105점, 윤진이는 108점을 받았다. 천희의 점수까지 합한 네 명의 수학시험 점수 평균이 105점일 때, 천희의 수학시험 점수는?

① 105점　② 106점
③ 107점　④ 108점
⑤ 109점

02 주사위를 두 번 던질 때, 두 눈의 합이 10 이상 나올 확률은?

① $\frac{1}{2}$　② $\frac{1}{3}$
③ $\frac{1}{4}$　④ $\frac{1}{5}$
⑤ $\frac{1}{6}$

▸ NCS 출제 영역에 대한 대표기출유형&기출응용문제를 수록하여 유형별로 학습할 수 있도록 하였다.

3 최종점검 모의고사 + OMR을 활용한 실전 연습

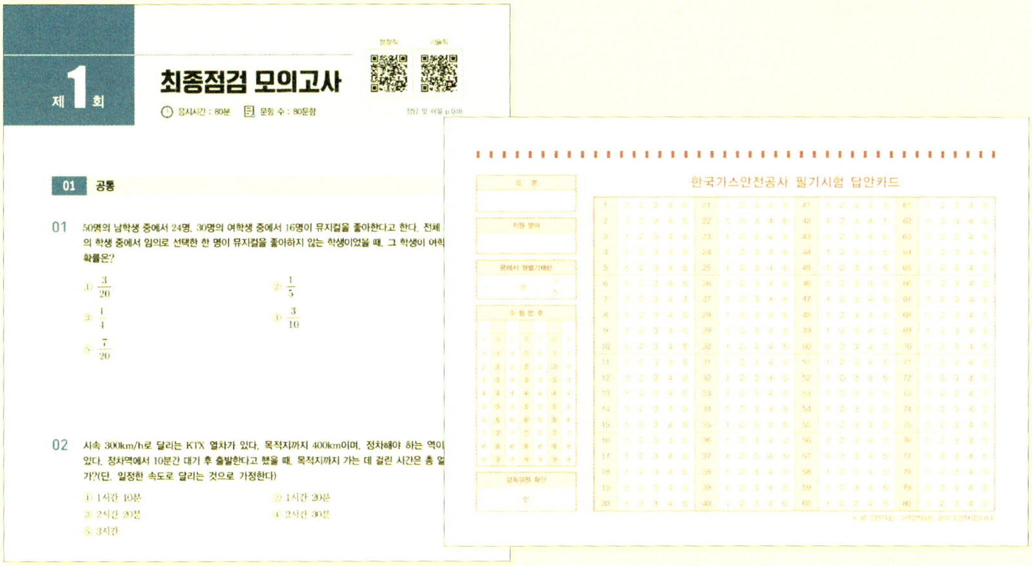

제 1 회

최종점검 모의고사

응시시간 : 80분 | 문항 수 : 80문항

01 공통

01 50명의 남학생 중에서 24명, 30명의 여학생 중에서 16명이 뮤지컬을 좋아한다고 한다. 전체 의 학생 중에서 임의로 선택한 한 명이 뮤지컬을 좋아하지 않는 학생이었을 때, 그 학생이 여학 확률은?

① $\frac{3}{20}$ ② $\frac{1}{5}$ ③ $\frac{1}{4}$ ④ $\frac{3}{10}$ ⑤ $\frac{7}{20}$

02 시속 300km/h로 달리는 KTX 열차가 있다. 목적지까지 400km이며, 정차해야 하는 역이 있다. 정차역에서 10분간 대기 후 출발한다고 했을 때, 목적지까지 가는 데 걸린 시간은 총 얼 가?(단, 일정한 속도로 달리는 것으로 가정한다)

① 1시간 10분 ② 1시간 20분 ③ 2시간 20분 ④ 2시간 30분 ⑤ 3시간

한국가스안전공사 필기시험 답안카드

- 철저한 분석을 통해 실제 유형과 유사한 최종점검 모의고사를 수록하여 자신의 실력을 점검할 수 있도록 하였다.
- 모바일 OMR 답안채점/성적분석 서비스를 제공하여 자동으로 점수를 채점하고 확인할 수 있도록 하였다.

4 인성검사부터 면접까지 한 권으로 최종 마무리

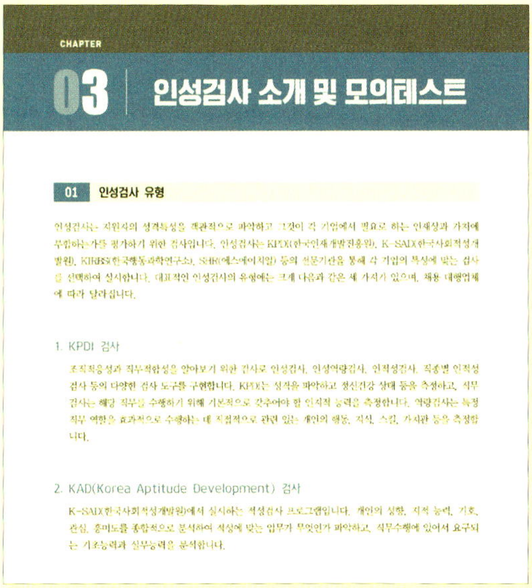

CHAPTER 03 인성검사 소개 및 모의테스트

01 인성검사 유형

인성검사는 지원자의 성격특성을 객관적으로 파악하고 그것이 각 기업에서 필요로 하는 인재상과 가치에 부합하는가를 평가하기 위한 검사입니다. 인성검사는 KPDI(한국인재개발진흥원), K-SAD(한국사회적성개발원), KIRBS(한국행동과학연구소), SHR(에스에이치알) 등의 전문기관을 통해 각 기업의 특성에 맞는 검사를 선택하여 실시합니다. 대표적인 인성검사의 유형에는 크게 다음과 같은 세 가지가 있으며, 채용 대행업체에 따라 달라집니다.

1. KPDI 검사

조직적응성과 직무적합성을 알아보기 위한 검사로 인성검사, 인성역량검사, 인적성검사, 직종별 인적성검사 등의 다양한 검사 도구를 구현합니다. KPDI는 성격을 파악하고 정신건강 상태 등을 측정하고, 직무검사는 해당 직무를 수행하기 위해 기본적으로 갖추어야 할 인지적 능력을 측정합니다. 역량검사는 특정 직무 역할을 효과적으로 수행하는 데 직접적으로 관련 있는 개인의 행동, 지식, 스킬, 가치관 등을 측정합니다.

2. KAD(Korea Aptitude Development) 검사

K-SAD(한국사회적성개발원)에서 실시하는 적성검사 프로그램입니다. 개인의 성향, 지적 능력, 기호, 관심, 흥미도를 종합적으로 분석하여 적성에 맞는 업무가 무엇인가 파악하고, 직무수행에 있어서 요구되는 기초능력과 실무능력을 분석합니다.

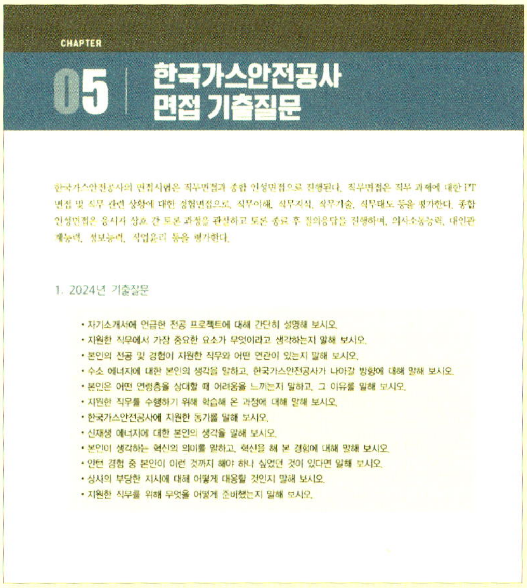

CHAPTER 05 한국가스안전공사 면접 기출질문

한국가스안전공사의 면접시험은 직무면접과 종합 인성면접으로 진행된다. 직무면접은 직무 과제에 대한 PT 면접 및 직무 관련 상황에 대한 경험면접으로, 직무이해, 직무지식, 직무기술, 직무태도 등을 평가한다. 종합 인성면접은 응시자 상호 간 토론 과정을 관찰하고 토론 종료 후 질의응답을 진행하며, 의사소통능력, 대인관계능력, 정보능력, 직업윤리 등을 평가한다.

1. 2024년 기출질문

- 자기소개서에 언급한 전공 프로젝트에 대해 간단히 설명해 보시오.
- 지원한 직무에서 가장 중요한 요소가 무엇이라고 생각하는지 말해 보시오.
- 본인의 전공 및 경험이 지원한 직무와 어떤 연관이 있는지 말해 보시오.
- 수소 에너지에 대한 본인의 생각을 말하고, 한국가스안전공사가 나아갈 방향에 대해 말해 보시오.
- 본인은 어떤 연령층을 상대할 때 어려움을 느끼는지 말하고, 그 이유를 말해 보시오.
- 지원한 직무를 수행하기 위해 학습해 온 과정에 대해 말해 보시오.
- 한국가스안전공사에 지원한 동기를 말해 보시오.
- 신재생 에너지에 대한 본인의 생각을 말해 보시오.
- 본인이 생각하는 혁신의 의미를 말하고, 혁신을 해 본 경험에 대해 말해 보시오.
- 인턴 경험 중 본인이 이런 것까지 해야 하나 싶었던 것이 있다면 말해 보시오.
- 상사의 부당한 지시에 대해 어떻게 대응할 것인지 말해 보시오.
- 지원한 직무를 위해 무엇을 어떻게 준비했는지 말해 보시오.

- 인성검사 모의테스트를 수록하여 인성검사 유형 및 문항을 확인할 수 있도록 하였다.
- 한국가스안전공사 면접 기출질문을 수록하여 실제 면접에서 나오는 질문을 미리 파악하고 연습할 수 있도록 하였다.

이 책의 차례 CONTENTS

Add+

2024년 하반기
주요 공기업 NCS
기출복원문제

※ 기출복원문제는 수험생들의 후기를 통해 시대에듀에서 복원한 문제로 실제 문제와 다소 차이가 있을 수 있으며, 본 저작물의 무단전재 및 복제를 금합니다.

YEAR

2024 하반기 주요 공기업 NCS 기출복원문제

정답 및 해설 p.002

| 코레일 한국철도공사 / 의사소통능력

01 다음 중 비언어적 요소인 쉼을 사용하는 경우로 적절하지 않은 것은?

① 양해나 동조를 구할 경우
② 상대방에게 반문을 할 경우
③ 이야기의 흐름을 바꿀 경우
④ 연단공포증을 극복하려는 경우
⑤ 이야기를 생략하거나 암시할 경우

| 코레일 한국철도공사 / 의사소통능력

02 다음 밑줄 친 부분에 해당하는 키슬러의 대인관계 의사소통 유형은?

> 의사소통 시 <u>이 유형</u>의 사람은 따뜻하고 인정이 많고 자기희생적이나 타인의 요구를 거절하지 못하므로 타인과의 정서적인 거리를 유지하는 노력이 필요하다.

① 지배형 ② 사교형
③ 친화형 ④ 고립형
⑤ 순박형

03 다음 글을 통해 알 수 있는 철도사고 발생 시 행동요령으로 적절하지 않은 것은?

> 철도사고는 지하철, 고속철도 등 철도에서 발생하는 사고를 뜻한다. 많은 사람이 한꺼번에 이용하며 무거운 전동차가 고속으로 움직이는 특성상 철도사고가 발생할 경우 인명과 재산에 큰 피해가 발생한다.
> 철도사고는 다양한 원인에 의해 발생하며 사고 유형 또한 다양하게 나타나는데, 대표적으로는 충돌사고, 탈선사고, 열차화재사고가 있다. 이 사고들은 철도안전법에서 철도교통사고로 규정되어 있으며, 많은 인명피해를 야기하므로 철도사업자는 반드시 이를 예방하기 위한 조치를 취해야 한다. 또한 승객들은 위험으로부터 빠르게 벗어나기 위해 사고 시 대피요령을 파악하고 있어야 한다.
> 국토교통부는 철도사고 발생 시 인명과 재산을 보호하기 위한 국민행동요령을 제시하고 있다. 이 행동요령에 따르면 지하철에서 사고가 발생할 경우 가장 먼저 객실 양 끝에 있는 인터폰으로 승무원에게 사고를 알려야 한다. 만약 화재가 발생했다면 곧바로 119에 신고하고, 여유가 있다면 객실 양 끝에 비치된 소화기로 불을 꺼야 한다. 반면 화재의 진화가 어려울 경우 입과 코를 젖은 천으로 막고 화재가 발생하지 않은 다른 객실로 이동해야 한다. 전동차에서 대피할 때는 안내방송과 승무원의 안내에 따라 질서 있게 대피해야 하며 이때 부상자, 노약자, 임산부가 먼저 대피할 수 있도록 배려하고 도와주어야 한다. 만약 전동차의 문이 열리지 않으면 반드시 열차가 멈춘 후에 안내방송에 따라 비상핸들이나 비상콕크를 돌려 문을 열고 탈출해야 한다. 전동차가 플랫폼에 멈췄을 경우 스크린도어를 열고 탈출해야 하는데, 손잡이를 양쪽으로 밀거나 빨간색 비상바를 밀고 탈출해야 한다. 반대로 역이 아닌 곳에서 멈췄을 경우 감전의 위험이 있으므로 반드시 승무원의 안내에 따라 반대편 선로의 열차 진입에 유의하며 대피 유도등을 따라 침착하게 비상구로 대피해야 한다.
> 이와 같이 승객들은 철도사고 발생 시 신고, 질서 유지, 빠른 대피를 중점적으로 유념하여 행동해야 한다. 철도사고는 사고 자체가 일어나지 않도록 철저한 안전관리와 예방이 필요하지만, 다양한 원인으로 예상치 못하게 발생한다. 따라서 철도교통을 이용하는 승객 또한 평소에 안전 수칙을 준수하고 비상 상황에서 침착하게 대처하는 훈련이 필요하다.

① 침착함을 잃지 않고 승무원의 안내에 따라 대피해야 한다.
② 화재사고 발생 시 규모가 크지 않다면 빠르게 진화 작업을 해야 한다.
③ 선로에서 대피할 경우 승무원의 안내와 대피 유도등을 따라 대피해야 한다.
④ 열차에서 대피할 때는 탈출이 어려운 사람부터 대피할 수 있도록 도와야 한다.
⑤ 열차사고 발생 시 탈출을 위해 우선 비상핸들을 돌려 열차의 문을 개방해야 한다.

04 다음 글을 읽고 알 수 있는 하향식 읽기 모형의 사례로 적절하지 않은 것은?

글을 읽는 것은 단순히 책에 쓰인 문자를 해독하는 것이 아니라 그 안에 담긴 의미를 파악하는 과정이다. 그렇다면 사람들은 어떤 방식으로 글의 의미를 파악할까? 세상의 모든 어휘를 알고 있는 사람은 없을 것이다. 그러나 대부분의 사람들, 특히 고등교육을 받은 성인들은 자신이 잘 모르는 어휘가 있더라도 글의 전체적인 맥락과 의미를 파악할 수 있다. 이를 설명해 주는 것이 바로 하향식 읽기 모형이다.

하향식 읽기 모형은 독자가 이미 알고 있는 배경지식과 경험을 바탕으로 글의 전체적인 맥락을 먼저 파악하는 방식이다. 하향식 읽기 모형은 독자의 능동적인 참여를 활용하는 읽기로, 여기서 독자는 단순히 글을 받아들이는 수동적인 존재가 아니라 자신의 지식과 경험을 활용하여 글의 의미를 구성해 나가는 주체적인 역할을 한다. 이때 독자는 글의 내용을 예측하고 추론하며, 심지어 자신의 생각을 더하여 글에 대한 이해를 넓혀갈 수 있다.

하향식 읽기 모형의 장점은 빠르고 효율적인 독서가 가능하다는 것이다. 글의 전체적인 맥락을 먼저 파악하기 때문에 글의 핵심 내용을 빠르게 파악할 수 있고, 배경지식을 활용하여 더 깊이 있는 이해를 얻을 수 있다. 또한 예측과 추론을 통한 능동적인 독서는 독서에 대한 흥미를 높여 주는 효과도 있다.

그러나 하향식 읽기 모형은 독자의 배경지식에 의존하여 읽는 방법이므로 배경지식이 부족한 경우 글의 의미를 정확하게 파악하기 어려울 수 있으며, 배경지식에 의존하여 오해를 할 가능성도 크다. 또한 글의 내용이 복잡하다면 많은 배경지식을 가지고 있더라도 글의 맥락을 적극적으로 가정하거나 추측하기 어려운 것 또한 하향식 읽기 모형의 단점이 된다.

하향식 읽기 모형은 글의 내용을 빠르게 이해하고 독자 스스로 내면화할 수 있으므로 독서 능력 향상에 유용한 방법이다. 그러나 모든 글에 동일하게 적용할 수 있는 읽기 모델은 아니므로 글의 종류와 독자의 배경지식에 따라 적절한 읽기 전략을 사용해야 한다. 따라서 하향식 읽기 모형과 함께 상향식 읽기(문자의 정확한 해독), 주석 달기, 소리 내어 읽기 등 다양한 읽기 전략을 활용하여야 한다.

① 회의 자료를 읽기 전 회의 주제를 먼저 파악하여 회의 안건을 예상하였다.
② 기사의 헤드라인을 먼저 읽어 기사의 내용을 유추한 뒤 상세 내용을 읽었다.
③ 제품 설명서를 읽어 제품의 기능과 각 버튼의 용도를 파악하고 기계를 작동시켰다.
④ 요리법의 전체적인 조리 과정을 파악하고 단계별로 필요한 재료와 순서를 확인하였다.
⑤ 서문이나 목차를 통해 책의 전체적인 흐름을 파악하고 관심 있는 부분을 집중적으로 읽었다.

| 코레일 한국철도공사 / 수리능력

05 농도가 15%인 소금물 200g과 농도가 20%인 소금물 300g을 섞었을 때, 섞인 소금물의 농도는?

① 17%
② 17.5%
③ 18%
④ 18.5%
⑤ 19%

| 코레일 한국철도공사 / 수리능력

06 남직원 A ~ C, 여직원 D ~ F 6명이 일렬로 앉고자 한다. 여직원끼리 인접하지 않고, 여직원 D와 남직원 B가 서로 인접하여 앉는 경우의 수는?

① 12가지
② 20가지
③ 40가지
④ 60가지
⑤ 120가지

| 코레일 한국철도공사 / 수리능력

07 다음과 같이 일정한 규칙으로 수를 나열할 때 빈칸에 들어갈 수로 옳은 것은?

−23	−15	−11	5	13	25	( )	45	157	65

① 49
② 53
③ 57
④ 61
⑤ 65

08 다음은 K시의 유치원, 초·중·고등학교, 고등교육기관의 취학률 및 초·중·고등학교의 상급학교 진학률에 대한 자료이다. 이에 대한 설명으로 옳지 않은 것은?

〈유치원, 초·중·고등학교, 고등교육기관 취학률〉

(단위 : %)

구분	2014년	2015년	2016년	2017년	2018년	2019년	2020년	2021년	2022년	2023년
유치원	45.8	45.2	48.3	50.6	51.6	48.1	44.3	45.8	49.7	52.8
초등학교	98.7	99	98.6	98.9	99.3	99.6	98.1	98.1	99.5	99.9
중학교	98.5	98.6	98.1	98	98.9	98.5	97.1	97.6	97.5	98.2
고등학교	95.3	96.9	96.2	95.4	96.2	94.7	92.1	93.7	95.2	95.6
고등교육기관	65.6	68.9	64.9	66.2	67.5	69.2	70.8	71.7	74.3	73.5

〈초·중·고등학교 상급학교 진학률〉

(단위 : %)

구분	2014년	2015년	2016년	2017년	2018년	2019년	2020년	2021년	2022년	2023년
초등학교	100	100	100	100	100	100	100	100	100	100
중학교	99.7	99.7	99.7	99.7	99.7	99.7	99.7	99.7	99.7	99.6
고등학교	93.5	91.8	90.2	93.2	91.7	90.5	91.4	92.6	93.9	92.8

① 중학교의 취학률은 매년 97% 이상이다.

② 매년 취학률이 가장 높은 기관은 초등학교이다.

③ 고등교육기관의 취학률이 70%를 넘긴 해는 2020년부터이다.

④ 2023년에 중학교에서 고등학교로 진학하지 않은 학생의 비율은 전년 대비 감소하였다.

⑤ 고등교육기관의 취학률이 가장 낮은 해와 고등학교의 상급학교 진학률이 가장 낮은 해는 같다.

09 다음은 A기업과 B기업의 2024년 1 ~ 6월 매출액에 대한 자료이다. 이를 그래프로 옮겼을 때의 개형으로 옳은 것은?

〈2024년 1 ~ 6월 A, B기업 매출액〉

(단위 : 억 원)

구분	2024년 1월	2024년 2월	2024년 3월	2024년 4월	2024년 5월	2024년 6월
A기업	307.06	316.38	315.97	294.75	317.25	329.15
B기업	256.72	300.56	335.73	313.71	296.49	309.85

①
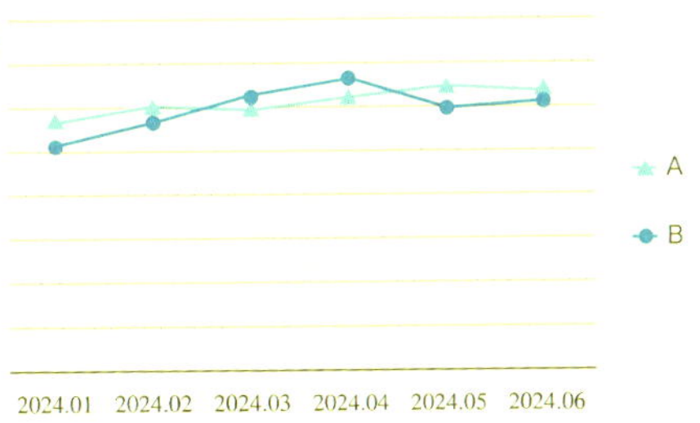

②

③
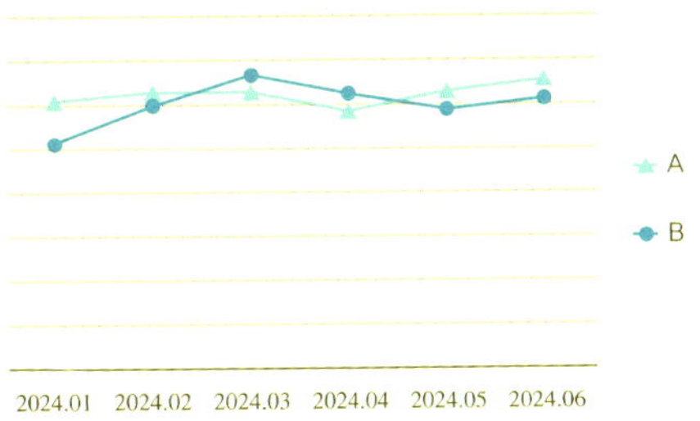

④

⑤

10 다음은 스마트 팜을 운영하는 K사에 대한 SWOT 분석 결과이다. 이에 따른 전략이 나머지와 다른 것은?

〈K사 스마트 팜 SWOT 분석 결과〉

구분		분석 결과
내부환경요인	강점(Strength)	• 차별화된 기술력 : 기존 스마트 팜 솔루션과 차별화된 센서 기술, AI 기반 데이터 분석 기술 보유 • 젊고 유연한 조직 : 빠른 의사결정과 시장 변화에 대한 적응력 • 정부 사업 참여 경험 : 스마트 팜 관련 정부 사업 참여 가능성
	약점(Weakness)	• 자금 부족 : 연구개발, 마케팅 등에 필요한 자금 확보 어려움 • 인력 부족 : 다양한 분야의 전문 인력 확보 필요 • 개발력 부족 : 신규 기술 개발 속도 느림
외부환경요인	기회(Opportunity)	• 스마트 팜 시장 성장 : 스마트 팜에 대한 관심 증가와 이에 따른 정부의 적극적인 지원 • 해외 시장 진출 가능성 : 글로벌 스마트 팜 시장 진출 기회 확대 • 활발한 관련 연구 : 스마트 팜 관련 공동연구 및 포럼, 설명회 등 정보 교류가 활발하게 논의
	위협(Threat)	• 경쟁 심화 : 후발 주자의 등장과 기존 대기업의 시장 장악 가능성 • 기술 변화 : 빠르게 변화하는 기술 트렌드에 대한 대응 어려움 • 자연재해 : 기후 변화 등 예측 불가능한 자연재해로 인한 피해 가능성

① 정부 지원을 바탕으로 연구개발에 필요한 자금을 확보
② 스마트 팜 관련 공동연구에 참가하여 빠르게 신규 기술을 확보
③ 스마트 팜에 대한 높은 관심을 바탕으로 온라인 펀딩을 통해 자금을 확보
④ 포럼 등 설명회에 적극적으로 참가하여 전문 인력 확충을 위한 인맥을 확보
⑤ 스마트 팜 관련 정부 사업 참여 경험을 바탕으로 정부의 적극적인 지원을 확보

11 다음 대화에서 공통적으로 나타나는 논리적 오류로 가장 적절한 것은?

A : 반려견 출입 금지라고 쓰여 있는 카페에 갔는데 거절당했어. 반려견 출입 금지면 고양이는 괜찮은 거 아니야?
B : 어제 직장동료가 "조심히 들어가세요."라고 했는데 집에 들어갈 때만 조심하라는 건가?
C : 친구가 비가 와서 우울하다고 했는데, 비가 안 오면 행복해지겠지?
D : 이웃을 사랑하라는 선생님의 가르침을 실천하기 위해 사기를 저지른 이웃을 숨겨 주었어.
E : 의사가 건강을 위해 채소를 많이 먹으라고 하던데 앞으로는 채소만 먹으면 되겠어.
F : 긍정적인 생각을 하면 좋은 일이 생기니까 아무리 나쁜 일이 있어도 긍정적으로만 생각하면 될 거야.

① 무지의 오류
② 연역법의 오류
③ 과대해석의 오류
④ 허수아비 공격의 오류
⑤ 권위나 인신공격에 의존한 논증

12 A ~ E열차를 운행거리가 가장 긴 순서대로 나열하려고 한다. 운행시간 및 평균 속력이 다음과 같을 때, C열차는 몇 번째로 운행거리가 긴 열차인가?(단, 열차 대기시간은 고려하지 않는다)

〈A ~ E열차 운행시간 및 평균 속력〉

구분	운행시간	평균 속력
A열차	900분	50m/s
B열차	10시간 30분	150km/h
C열차	8시간	55m/s
D열차	720분	2.5km/min
E열차	10시간	2.7km/min

① 첫 번째
② 두 번째
③ 세 번째
④ 네 번째
⑤ 다섯 번째

| 코레일 한국철도공사 / 문제해결능력

13 다음 글에서 나타난 문제해결 절차의 단계로 가장 적절한 것은?

> K대학교 기숙사는 최근 학생들의 불만이 끊이지 않고 있다. 특히, 식사의 질이 낮고, 시설이 노후화되었으며, 인터넷 연결 상태가 불안정하다는 의견이 많았다. 이에 K대학교 기숙사 운영위원회는 문제해결을 위해 긴급회의를 소집했다.
> 회의에서 학생 대표들은 식단의 다양성 부족, 식재료의 신선도 문제, 식당 내 위생 상태 불량 등을 지적했다. 또한, 시설 관리 담당자는 건물 외벽의 균열, 낡은 가구, 잦은 누수 현상 등 시설 노후화 문제를 강조했다. IT 담당자는 기숙사 내 와이파이 연결 불안정, 인터넷 속도 저하 등 통신환경 문제를 제기했다.
> 운영위원회는 이러한 다양한 의견을 종합하여 문제를 더욱 구체적으로 분석하기로 결정했다. 먼저, 식사 문제의 경우 학생들의 식습관 변화에 따른 메뉴 구성의 문제점, 식자재 조달 과정의 비효율성, 조리 시설의 부족 등의 문제점을 파악했다. 시설 문제는 건물의 노후화로 인한 안전 문제, 에너지 효율 저하, 학생들의 편의성 저하 등으로 세분화했다. 마지막으로, 통신환경 문제는 기존 네트워크 장비의 노후화, 학생 수 증가에 따른 네트워크 부하 증가 등의 세부 문제가 제시되었다.

① 문제 인식　　② 문제 도출
③ 원인 분석　　④ 해결안 개발
⑤ 실행 및 평가

| 한국전력공사 / 의사소통능력

14 다음 중 빈칸에 들어갈 단어로 가장 적절한 것은?

> 감사원의 조사 결과 J공사는 공공사업을 위해 투입된 세금을 본래의 목적에 사용하지 않고 무단으로 ______ 했음이 밝혀졌다.

① 전용(轉用)　　② 남용(濫用)
③ 적용(適用)　　④ 활용(活用)
⑤ 준용(遵用)

15 다음 중 비행을 하기 위한 시조새의 신체 조건으로 가장 적절한 것은?

> 시조새(Archaeopteryx)는 약 1억 5천만 년 전 중생대 쥐라기 시대에 살았던 고대 생물로, 조류와 공룡의 중간 단계에 위치한 생물이다. 1861년 독일 바이에른 지방에 있는 졸른호펜 채석장에서 화석이 발견된 이후, 시조새는 조류의 기원과 공룡에서 새로의 진화 과정을 밝히는 데 중요한 단서를 제공해 왔다. '시조(始祖)'라는 이름에서 알 수 있듯이 시조새는 현대 조류의 조상으로 여겨지며 고생물학계에서 매우 중요한 연구 대상으로 취급된다.
> 시조새는 오늘날의 새와는 여러 가지 차이점이 있다. 이빨이 있는 부리, 긴 척추뼈로 이루어진 꼬리, 그리고 날개에 있는 세 개의 갈고리 발톱은 공룡의 특징을 잘 보여준다. 비록 현대 조류처럼 가슴뼈가 비행에 최적화된 형태로 발달되지는 않았지만, 갈비뼈와 팔에 강한 근육이 붙어있어 짧은 거리를 활강하거나 나뭇가지 사이를 오르내리며 이동할 수 있었던 것으로 추정된다.
> 한편, 시조새는 비대칭형 깃털을 가진 최초의 동물 중 하나로, 이는 비행을 하기에 적합한 형태이다. 시조새의 깃털은 현대의 날 수 있는 조류처럼 바람을 맞는 곳의 깃털은 짧고, 뒤쪽은 긴 형태인데, 이러한 비대칭형 깃털은 양력을 제공해 짧은 거리의 활강을 가능하게 했으며, 새의 조상으로서 비행의 초기 형태를 보여준다. 이로 인해 시조새는 공룡에서 새로 이어지는 진화 과정을 이해하는 데 있어 중요한 생물학적 증거로 여겨지고 있다.
> 시조새의 화석 연구는 당시의 생태계에 대한 정보도 제공하고 있다. 시조새는 열대 우림이나 활엽수림 근처에서 생활하며 나뭇가지를 오르내렸을 가능성이 큰 것으로 추정된다. 시조새의 이동 방식에 대해서는 여러 가설이 존재하지만, 짧은 거리의 활강을 통해 먹이를 찾고 이동했을 것이라는 주장이 유력하다.
> 결론적으로 시조새는 공룡과 새의 특성을 모두 가진 중간 단계의 생물로, 진화의 과정을 이해하는 데 핵심적인 역할을 한다. 시조새의 다양한 신체적 특징들은 공룡에서 새로 이어지는 진화의 연결고리를 보여주며, 조류 비행의 기원을 이해하는 중요한 증거로 평가된다.

① 날개 사이에 근육질의 익막이 있다.
② 날개에는 세 개의 갈고리 발톱이 있다.
③ 날개의 깃털이 비대칭 구조로 형성되어 있다.
④ 척추뼈가 꼬리까지 이어지는 유선형 구조이다.
⑤ 현대 조류처럼 가슴뼈가 비행에 최적화된 구조이다.

16 다음 글의 주제로 가장 적절한 것은?

> 사람들에게 의학을 대표하는 인물을 물어본다면 대부분 히포크라테스(Hippocrates)를 떠올릴 것이다. 히포크라테스는 당시 신의 징벌이나 초자연적인 힘으로 생각되었던 질병을 관찰을 통해 자연적 현상으로 이해하였고, 당시 마술이나 철학으로 여겨졌던 의학을 분리하였다. 이에 따라 의사라는 직업이 과학적인 기반 위에 만들어지게 되었다. 현재에는 의학의 아버지로 불리며 히포크라테스 선서라고 불리는 의사의 윤리적 기준을 저술한 것으로 알려져 있다. 이처럼 히포크라테스는 서양의학의 상징으로 받아들여지지만, 서양의학에 절대적인 영향을 준 사람은 클라우디오스 갈레노스(Claudius Galenus)이다.
>
> 갈레노스는 로마 시대 검투사 담당의에서 황제 마르쿠스 아우렐리우스의 주치의로 활동한 의사로, 해부학, 생리학, 병리학에 걸친 방대한 의학체계를 집대성하여 이후 1,000년 이상 서양의학의 토대를 닦았다. 당시에는 인체의 해부가 금지되어 있었기 때문에 갈레노스는 원숭이, 돼지 등을 사용하여 해부학적 지식을 쌓았으며, 임상 실험을 병행하여 의학적 지식을 확립하였다. 이러한 해부 및 실험을 통해 갈레노스는 여러 장기의 기능을 밝히고, 근육과 뼈를 구분하였으며, 심장의 판막이나 정맥과 동맥의 차이점 등을 밝혀내거나, 혈액이 혈관을 통해 신체 말단까지 퍼져나가며 신진대사를 조절하는 물질을 운반한다고 밝혀냈다. 물론 갈레노스도 히포크라테스가 주장한 4원소에 따른 4체액설(혈액, 담즙, 황담즙, 흑담즙)을 믿거나 피를 뽑아 치료하는 사혈법을 주장하는 등 현대 의학과는 거리가 있지만, 당시에 의학 이론을 해부와 실험을 통해 증명하고 방대한 저술을 남겼다는 놀라운 업적을 가지고 있으며, 이것이 실제로 가장 오랫동안 서양의학을 실제로 지배하는 토대가 되었다.

① 갈레노스의 생애와 의학의 발전
② 고대에서 현대까지 해부학의 발전 과정
③ 히포크라테스 선서에 의한 전문직의 도덕적 기준
④ 히포크라테스와 갈레노스가 서양의학에 끼친 영향과 중요성
⑤ 히포크라테스와 갈레노스의 4체액설이 현대 의학에 끼친 영향

ㅣ 한국전력공사 / 의사소통능력

17 다음 중 제시된 단어와 가장 비슷한 단어는?

비상구

① 진입로
② 출입구
③ 돌파구
④ 여울목
⑤ 탈출구

ㅣ 한국전력공사 / 수리능력

18 A열차가 어떤 터널을 진입하고 5초 후 B열차가 같은 터널에 진입하였다. 그로부터 5초 후 B열차가 터널을 빠져나왔고 5초 후 A열차가 터널을 빠져나왔다. A열차가 터널을 빠져나오는 데 걸린 시간이 14초일 때, B열차는 A열차보다 몇 배 빠른가?(단, A열차와 B열차 모두 속력의 변화는 없으며, 두 열차의 길이는 서로 같다)

① 2배
② 2.5배
③ 3배
④ 3.5배
⑤ 4배

ㅣ 한국전력공사 / 수리능력

19 A팀은 5일부터 5일마다 회의실을 사용하고, B팀은 4일부터 4일마다 회의실을 사용하기로 하였으며, 두 팀이 사용하고자 하는 날이 겹칠 경우에는 A, B팀이 번갈아가며 사용하기로 하였다. 어느 날 A팀과 B팀이 사용하고자 하는 날이 겹쳤을 때, 겹친 날을 기준으로 A팀이 9번, B팀이 8번 회의실을 사용했다면, 이때까지 A팀은 회의실을 최대 몇 번 이용하였는가?(단, 회의실 사용일이 첫 번째로 겹친 날에는 A팀이 먼저 사용하였으며, 회의실 사용일은 주말 및 공휴일도 포함한다)

① 61회
② 62회
③ 63회
④ 64회
⑤ 65회

20 다음 모스 굳기 10단계에 해당하는 광물 A ~ C가 〈조건〉을 만족할 때, 이에 대한 설명으로 옳은 것은?

〈모스 굳기 10단계〉

단계	1단계	2단계	3단계	4단계	5단계
광물	활석	석고	방해석	형석	인회석
단계	6단계	7단계	8단계	9단계	10단계
광물	정장석	석영	황옥	강옥	금강석

- 모스 굳기 단계의 단계가 낮을수록 더 무른 광물이고, 단계가 높을수록 단단한 광물이다.
- 단계가 더 낮은 광물로 단계가 더 높은 광물을 긁으면 긁힘 자국이 생기지 않는다.
- 단계가 더 높은 광물로 단계가 더 낮은 광물을 긁으면 긁힘 자국이 생긴다.

조건

- 광물 A로 광물 B를 긁으면 긁힘 자국이 생기지 않는다.
- 광물 A로 광물 C를 긁으면 긁힘 자국이 생긴다.
- 광물 B로 광물 C를 긁으면 긁힘 자국이 생긴다.
- 광물 B는 인회석이다.

① 광물 C는 석영이다.
② 광물 A는 방해석이다.
③ 광물 A가 가장 무르다.
④ 광물 B가 가장 단단하다.
⑤ 광물 B는 모스 굳기 단계가 7단계 이상이다.

21 J공사는 지방에 있는 지점 사무실을 공유 오피스로 이전하고자 한다. 다음 사무실 이전 조건을 참고할 때, 〈보기〉 중 이전할 오피스로 가장 적절한 곳은?

〈사무실 이전 조건〉

- 지점 근무 인원 : 71명
- 사무실 예상 이용 기간 : 5년
- 교통 조건 : 역이나 버스 정류장에서 도보 10분 이내
- 시설 조건 : 자사 홍보영상 제작을 위한 스튜디오 필요, 회의실 필요
- 비용 조건 : 다른 조건이 모두 가능한 공유 오피스 중 가장 저렴한 곳(1년 치 비용 선납 가능)

보기

구분	가용 인원수	보유시설	교통 조건	임대비용
A오피스	100인	라운지, 회의실, 스튜디오, 복사실, 탕비실	A역에서 도보 8분	1인당 연간 600만 원
B오피스	60인	회의실, 스튜디오, 복사실	B정류장에서 도보 5분	1인당 월 40만 원
C오피스	100인	라운지, 회의실, 스튜디오	C역에서 도보 7분	월 3,600만 원
D오피스	90인	회의실, 복사실, 탕비실	D정류장에서 도보 4분	월 3,500만 원 (1년 치 선납 시 8% 할인)
E오피스	80인	라운지, 회의실, 스튜디오	E역과 연결된 사무실	월 3,800만 원 (1년 치 선납 시 10% 할인)

① A오피스
② B오피스
③ C오피스
④ D오피스
⑤ E오피스

※ 다음은 에너지바우처 사업에 대한 자료이다. 이어지는 질문에 답하시오. [22~23]

〈에너지바우처〉

1. 에너지바우처란?

국민 모두가 시원한 여름, 따뜻한 겨울을 보낼 수 있도록 에너지 취약계층을 위해 에너지바우처(이용권)를 지급하여 전기, 도시가스, 지역난방, 등유, LPG, 연탄을 구입할 수 있도록 지원하는 제도

2. 신청대상 : 소득기준과 세대원 특성기준을 모두 충족하는 세대

- 소득기준 : 국민기초생활 보장법에 따른 생계급여 / 의료급여 / 주거급여 / 교육급여 수급자
- 세대원 특성기준 : 주민등록표 등본상 기초생활수급자(본인) 또는 세대원이 다음 중 어느 하나에 해당하는 경우
  - 노인 : 65세 이상
  - 영유아 : 7세 이하의 취학 전 아동
  - 장애인 : 장애인복지법에 따라 등록한 장애인
  - 임산부 : 임신 중이거나 분만 후 6개월 미만인 여성
  - 중증질환자, 희귀질환자, 중증난치질환자 : 국민건강보험법 시행령에 따라 보건복지부장관이 정하여 고시하는 중증질환, 희귀질환, 중증난치질환을 가진 사람
  - 한부모가족 : 한부모가족지원법에 따른 '모' 또는 '부'로서 아동인 자녀를 양육하는 사람
  - 소년소녀가정 : 보건복지부에서 정한 아동분야 지원대상에 해당하는 사람(아동복지법에 의한 가정위탁보호 아동 포함)
- 지원 제외 대상 : 세대원 모두가 보장시설 수급자
- 다음의 경우 동절기 에너지바우처 중복 지원 불가
  - 긴급복지지원법에 따라 동절기 연료비를 지원받은 자(세대)
  - 한국에너지공단의 등유바우처를 발급받은 자(세대)
  - 한국광해광업공단의 연탄쿠폰을 발급받은 자(세대)

  ※ 하절기 에너지바우처를 사용한 수급자가 동절기에 위 사업들을 신청할 경우 동절기 에너지바우처를 중지 처리한 후 신청(중지사유 : 타동절기 에너지이용권 수급)

  ※ 단, 동절기 에너지바우처를 일부 사용한 경우 위 사업들은 신청 불가

3. 바우처 지원금액

구분	1인 세대	2인 세대	3인 세대	4인 이상 세대
하절기	55,700원	73,800원	90,800원	117,000원
동절기	254,500원	348,700원	456,900원	599,300원
총액	310,200원	422,500원	547,700원	716,300원

4. 지원방법

- 요금차감
  - 하절기 : 전기요금 고지서에서 요금을 자동으로 차감
  - 동절기 : 도시가스 / 지역난방 중 하나를 선택하여 고지서에서 요금을 자동으로 차감
- 실물카드 : 동절기 도시가스, 등유, LPG, 연탄을 실물카드(국민행복카드)로 직접 결제

| 한국전력공사 / 자원관리능력

22 **다음 중 에너지바우처에 대한 설명으로 옳지 않은 것은?**

① 36개월의 아이가 있는 의료급여 수급자 A는 에너지바우처를 신청할 수 있다.
② 혼자서 아이를 3명 키우는 교육급여 수급자 B는 1년에 70만 원을 넘게 지원받을 수 있다.
③ 보장시설인 양로시설에 살면서 생계급여를 받는 70세 독거노인 C는 에너지바우처를 신청할 수 있다.
④ 에너지바우처 기준을 충족하는 D는 겨울에 연탄보일러를 사용하므로 실물카드를 받는 방법으로 지원을 받아야 한다.
⑤ 희귀질환을 앓고 있는 어머니와 함께 단둘이 사는 생계급여 수급자 E는 에너지바우처를 통해 여름에 전기비에서 73,800원이 차감될 것이다.

| 한국전력공사 / 자원관리능력

23 **다음은 A, B가족의 에너지바우처 정보이다. A, B가족이 올해 에너지바우처를 통해 지원받는 금액의 총합은 얼마인가?**

〈A, B가족의 에너지바우처 정보〉

구분	세대 인원	소득기준	세대원 특성기준	특이사항
A가족	5명	의료급여 수급자	영유아 2명	연탄쿠폰 발급받음
B가족	2명	생계급여 수급자	소년소녀가정	지역난방 이용

① 190,800원
② 539,500원
③ 948,000원
④ 1,021,800원
⑤ 1,138,800원

| 한국전력공사 / 정보능력

24 다음 C 프로그램을 실행하였을 때의 결과로 옳은 것은?

```
#include <stdio.h>
int main() {
    int result=0;
    while (result<2) {
        result=result+1;
        printf("%d₩n",result);
        result=result-1;
    }
}
```

① 실행되지 않는다.

② 0
1

③ 0
−1

④ 1
1

⑤ 1이 무한히 출력된다.

| 한국전력공사 / 정보능력

25 다음은 A국과 B국의 물가지수 동향에 대한 자료이다. [E2] 셀에 「=ROUND(D2, −1)」를 입력하였을 때, 출력되는 값은?

〈A, B국 물가지수 동향〉

	A	B	C	D	E
1		A국	B국	평균 판매지수	
2	2024년 1월	122.313	112.36	117.3365	
3	2024년 2월	119.741	110.311	115.026	
4	2024년 3월	117.556	115.379	116.4675	
5	2024년 4월	124.739	118.652	121.6955	
6	⋮	⋮	⋮	⋮	
7					

① 100
② 105
③ 110
④ 115
⑤ 120

26 다음 중 빈칸에 들어갈 내용으로 가장 적절한 것은?

주의력 결핍 과잉행동장애(ADHD)는 학령기 아동에게 흔히 나타나는 질환으로, 주의력 결핍, 과잉행동, 충동성의 증상을 보인다. 이는 아동의 학교 및 가정생활에 큰 영향을 미치며, 적절한 치료와 관리가 필요하다. ADHD의 원인은 신경화학적 요인과 유전적 요인이 복합적으로 작용하는 것으로 여겨진다. 도파민과 노르에피네프린 같은 신경전달물질의 불균형이 주요 원인으로 지목되며, 가족력이 있는 경우 ADHD 발병 확률이 높아진다. 연구에 따르면, ADHD는 상당한 유전적 연관성을 보이며, 부모나 형제 중에 ADHD를 가진 사람이 있을 경우 그 위험이 증가한다.
환경적 요인도 ADHD 발병에 영향을 미칠 수 있다. 임신 중 음주, 흡연, 약물 사용 등이 위험을 높일 수 있으며, 조산이나 저체중 출산도 연관성이 있다. 이러한 환경적 요인들은 태아의 뇌 발달에 영향을 미쳐 ADHD 발병 가능성을 증가시킬 수 있다. 그러나 이러한 요인들이 단독으로 ADHD를 유발하는 것은 아니며, 다양한 요인이 복합적으로 작용하여 증상이 나타난다.
ADHD 치료는 약물요법과 비약물요법으로 나뉜다. 약물요법에서는 메틸페니데이트 같은 중추신경자극제가 널리 사용된다. 이 약물은 도파민과 노르에피네프린의 재흡수를 억제해 증상을 완화한다. 이러한 약물은 주의력 향상과 충동성 감소에 효과적이며, 많은 연구에서 그 효능이 입증되었다. 비약물요법으로는 행동개입 요법과 심리사회적 프로그램이 있다. 이는 구조화된 환경에서 집중을 방해하는 요소를 최소화하고, 연령에 맞는 개입방법을 적용한다. 예를 들어, 학령기 아동에게는 그룹 부모훈련과 교실 내 행동개입 프로그램이 추천된다.
가정에서는 부모가 아이가 해야 할 일을 목록으로 작성하도록 돕고, 한 번에 한 가지씩 처리하도록 지도해야 한다. 특히 아이의 바람직한 행동에는 칭찬하고, 잘못된 행동에는 책임을 지도록 하는 것이 중요하다. 이러한 방법은 아이의 자존감을 높이고 긍정적인 행동을 강화하는 데 도움이 된다. 학교에서는 과제를 짧게 나누고, 수업이 지루하지 않도록 하며, 규칙과 보상을 일관되게 유지해야 한다. 교사는 ADHD 아동이 주의가 산만해질 수 있는 환경적 요소를 제거하고, 많은 격려와 칭찬을 통해 학습 동기를 유발해야 한다.
ADHD는 완치가 어려운 만성 질환이지만 적절한 치료와 관리를 통해 증상을 개선할 수 있다. 약물 치료와 비약물 치료를 병행하고 가정과 학교에서 적절한 지원이 이루어지면 ADHD 아동도 건강하고 행복한 삶을 영위할 수 있다. 결론적으로, ADHD는 ____________________
따라서 다양한 원인에 부합하는 맞춤형 치료와 환경 조성을 통해 아동의 잠재력을 최대한 발휘할 수 있도록 지원해야 한다. 이는 아동이 자신의 능력을 충분히 발휘하고 성공적인 삶을 살아가는 데 중요한 역할을 한다.

① 완벽한 치료가 불가능한 불치병이다.
② 약물 치료를 통해 쉽게 치료가 가능하다.
③ 다양한 원인이 복합적으로 작용하는 질환이다.
④ 아동에게 적극적으로 개입해 충동성을 감소시켜야 하는 질환이다.

| 건강보험심사평가원 / 의사소통능력

27 다음 중 밑줄 친 단어가 맞춤법상 옳지 않은 것은?

① 김주임은 지난 분기 매출을 조사하여 증가량을 <u>백분율</u>로 표기하였다.
② 젊은 세대를 중심으로 빠른 이직 트렌드가 형성되어 <u>이직률</u>이 높아지고 있다.
③ 이번 학기 <u>출석율</u>이 이전보다 크게 향상되어 학생들의 참여도가 높아지고 있다.
④ 이번 시험의 <u>합격률</u>이 역대 최고치를 기록하며 수험생들에게 희망을 안겨주었다.

| 건강보험심사평가원 / 수리능력

28 S공사는 2024년 상반기에 신입사원을 채용하였다. 전체 지원자 중 채용에 불합격한 남성 수와 여성 수의 비율은 같으며, 합격한 남성 수와 여성 수의 비율은 2 : 3이라고 한다. 남성 전체 지원자와 여성 전체 지원자의 비율이 6 : 7일 때, 합격한 남성 수가 32명이면 전체 지원자는 몇 명인가?

① 192명
② 200명
③ 208명
④ 216명

29 다음은 직장가입자 보수월액보험료에 대한 자료이다. A씨가 〈조건〉에 따라 장기요양보험료를 납부할 때, A씨의 2023년 보수 월액은?(단, 소수점 첫째 자리에서 반올림한다)

〈직장가입자 보수월액보험료〉

- 개요 : 보수월액보험료는 직장가입자의 보수월액에 보험료율을 곱하여 산정한 금액에 경감 등을 적용하여 부과한다.
- 보험료 산정 방법
  - 건강보험료는 다음과 같이 산정한다.
    (건강보험료)=(보수월액)×(건강보험료율)
    ※ 보수월액 : 동일사업장에서 당해 연도에 지급받은 보수총액을 근무월수로 나눈 금액
  - 장기요양보험료는 다음과 같이 산정한다.
    2022.12.31. 이전 : (장기요양보험료)=(건강보험료)×(장기요양보험료율)
    2023.01.01. 이후 : (장기요양보험료)=(건강보험료)× $\frac{\text{(장기요양보험료율)}}{\text{(건강보험료율)}}$

〈2020 ~ 2024년 보험료율〉

(단위 : %)

구분	2020년	2021년	2022년	2023년	2024년
건강보험료율	6.67	6.86	6.99	7.09	7.09
장기요양보험료율	10.25	11.52	12.27	0.9082	0.9182

조건

- A씨는 K공사에서 2011년 3월부터 2023년 9월까지 근무하였다.
- A씨는 3개월 후 2024년 1월부터 S공사에서 현재까지 근무하고 있다.
- A씨의 2023년 장기요양보험료는 35,120원이었다.

① 3,866,990원　② 3,974,560원
③ 4,024,820원　④ 4,135,970원

30 **다음 중 개인정보보호법에서 사용하는 용어에 대한 정의로 옳지 않은 것은?**

① '가명처리'란 추가 정보 없이도 특정 개인을 알아볼 수 있도록 처리하는 것을 말한다.

② '정보주체'란 처리되는 정보에 의하여 알아볼 수 있는 사람으로서 그 정보의 주체가 되는 사람을 말한다.

③ '개인정보'란 살아 있는 개인에 관한 정보로서 성명, 주민등록번호 및 영상 등을 통하여 개인을 알아볼 수 있는 정보를 말한다.

④ '처리'란 개인정보의 수집, 생성, 연계, 연동, 기록, 저장, 보유, 가공, 편집, 검색, 출력, 정정, 복구, 이용, 제공, 공개, 파기, 그 밖에 이와 유사한 행위를 말한다.

31 **다음은 생활보조금 신청자의 소득 및 결과에 대한 자료이다. 월 소득이 100만 원 이하인 사람은 보조금 지급이 가능하고, 100만 원을 초과한 사람은 보조금 지급이 불가능할 때, 보조금 지급을 받는 사람의 수를 구하는 함수로 옳은 것은?**

〈생활보조금 신청자 소득 및 결과〉

	A	B	C	D	E
1	지원번호	소득(만 원)	결과		
2	1001	150	불가능		
3	1002	80	가능		보조금 지급 인원 수
4	1003	120	불가능		
5	1004	95	가능		
6	⋮	⋮	⋮		
7					

① =COUNTIF(A:C,"<=100")　　② =COUNTIF(A:C,<=100)

③ =COUNTIF(B:B,"<=100")　　④ =COUNTIF(B:B,<=100)

| 건강보험심사평가원 / 정보능력

32 다음은 초등학생의 주차별 용돈에 대한 자료이다. 빈칸에 들어갈 함수를 바르게 짝지은 것은?(단, 한 달은 4주로 한다)

〈초등학생 주차별 용돈〉

	A	B	C	D	E	F
1	학생번호	1주	2주	3주	4주	합계
2	1	7,000	8,000	12,000	11,000	(A)
3	2	50,000	60,000	45,000	55,000	
4	3	70,000	85,000	40,000	55,000	
5	4	10,000	6,000	18,000	14,000	
6	5	24,000	17,000	34,000	21,000	
7	6	27,000	56,000	43,000	28,000	
8	한 달 용돈이 150,000원 이상인 학생 수					(B)

	(A)	(B)
①	=SUM(B2:E2)	=COUNTIF(F2:F7,">=150,000")
②	=SUM(B2:E2)	=COUNTIF(B2:E2,">=150,000")
③	=SUM(B2:E2)	=COUNTIF(B2:E7,">=150,000")
④	=SUM(B2:E7)	=COUNTIF(F2:F7,">=150,000")

| 건강보험심사평가원 / 정보능력

33 다음 중 빅데이터 분석 기획 절차를 순서대로 바르게 나열한 것은?

① 범위 설정 → 프로젝트 정의 → 위험 계획 수립 → 수행 계획 수립
② 범위 설정 → 프로젝트 정의 → 수행 계획 수립 → 위험 계획 수립
③ 프로젝트 정의 → 범위 정의 → 위험 계획 수립 → 수행 계획 수립
④ 프로젝트 정의 → 범위 설정 → 수행 계획 수립 → 위험 계획 수립

| 경기도 공공기관 통합채용 / 의사소통능력

34 다음 중 밑줄 친 부분의 단어가 어법상 옳은 것은?

> K씨는 항상 ㉠ 짜깁기 / 짜집기한 자료로 보고서를 작성했다. 처음에는 아무도 눈치채지 못했지만, 시간이 지나면서 K씨의 작업이 다른 사람들의 것과 비교해 질적으로 떨어지는 것이 분명해졌다. K씨는 결국 동료들 사이에서 ㉡ 뒤처지기 / 뒤쳐지기 시작했고, 격차를 좁히기 위해 더 많은 시간을 투자해야 했다.

	㉠	㉡
①	짜깁기	뒤처지기
②	짜깁기	뒤쳐지기
③	짜집기	뒤처지기
④	짜집기	뒤쳐지기

| 경기도 공공기관 통합채용 / 의사소통능력

35 다음 중 공문서 작성 시 유의해야 할 점으로 옳지 않은 것은?

① 한 장에 담아내는 것이 원칙이다.
② 부정문이나 의문문의 형식은 피한다.
③ 마지막엔 반드시 '끝'자로 마무리한다.
④ 날짜 다음에 괄호를 사용할 경우에는 반드시 마침표를 찍는다.

| 경기도 공공기관 통합채용 / 수리능력

36 영서가 어머니와 함께 40분 동안 만두를 60개 빚었다고 한다. 어머니가 혼자서 1시간 동안 만두를 빚을 수 있는 개수가 영서가 혼자서 1시간 동안 만두를 빚을 수 있는 개수보다 10개 더 많을 때, 영서는 1시간 동안 만두를 몇 개 빚을 수 있는가?

① 30개　　② 35개
③ 40개　　④ 45개

| 경기도 공공기관 통합채용 / 수리능력

37 대칭수는 순서대로 읽은 수와 거꾸로 읽은 수가 같은 수를 가리키는 말이다. 예컨대, 121, 303, 1,441, 85,058 등은 대칭수이다. 1,000 이상 50,000 미만의 대칭수는 모두 몇 개인가?

① 180개
② 325개
③ 405개
④ 490개

| 경기도 공공기관 통합채용 / 수리능력

38 어떤 자연수 '25□'가 3의 배수일 때, □에 들어갈 수 있는 모든 자연수의 합은?

① 12
② 13
③ 14
④ 15

| 경기도 공공기관 통합채용 / 문제해결능력

39 바이올린, 호른, 오보에, 플루트 4가지의 악기를 다음 〈조건〉에 따라 좌우로 4칸인 선반에 각각 1대씩 보관하려 한다. 각 칸에는 한 대의 악기만 배치할 수 있을 때, 왼쪽에서 두 번째 칸에 배치할 수 없는 악기는?

조건

- 호른은 바이올린 바로 왼쪽에 위치한다.
- 오보에는 플루트 왼쪽에 위치하지 않는다.

① 바이올린
② 호른
③ 오보에
④ 플루트

| 경기도 공공기관 통합채용 / 조직이해능력

40 다음 중 비영리 조직에 해당하지 않는 것은?

① 교육기관
② 자선단체
③ 사회적 기업
④ 비정부기구

| 한국도로공사 / 수리능력

41 다음은 D기업의 분기별 재무제표에 대한 자료이다. 2022년 4분기의 영업이익률은 얼마인가?

〈D기업 분기별 재무제표〉

(단위 : 십억 원, %)

구분	2022년 1분기	2022년 2분기	2022년 3분기	2022년 4분기	2023년 1분기	2023년 2분기	2023년 3분기	2023년 4분기
매출액	40	50	80	60	60	100	150	160
매출원가	30	40	70	80	100	100	120	130
매출총이익	10	10	10	( )	−40	0	30	30
판관비	3	5	5	7	8	5	7.5	10
영업이익	7	5	5	( )	−8	−5	22.5	20
영업이익률	17.5	10	6.25	( )	−80	−5	15	12.5

※ (영업이익률)=(영업이익)÷(매출액)×100

※ (영업이익)=(매출총이익)−(판관비)

※ (매출총이익)=(매출액)−(매출원가)

① −30%
② −45%
③ −60%
④ −75%

| 한국도로공사 / 수리능력

42 5km/h의 속력으로 움직이는 무빙워크를 이용하여 이동하는 데 36초가 걸렸다. 무빙워크 위에서 무빙워크와 같은 방향으로 4km/h의 속력으로 걸어 이동할 때 걸리는 시간은?

① 10초
② 15초
③ 20초
④ 25초

43 다음 순서도에서 출력되는 result 값은?

〈순서도 기호〉

기호	설명	기호	설명
	시작과 끝을 나타낸다.	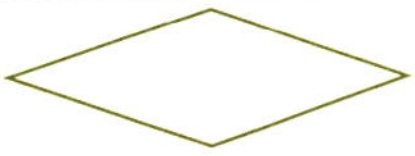	어느 것을 택할 것인지 판단한다.
	데이터를 입력하거나 계산하는 등의 처리를 한다.	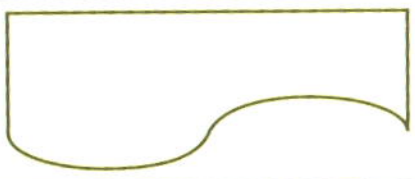	선택한 값을 출력한다.

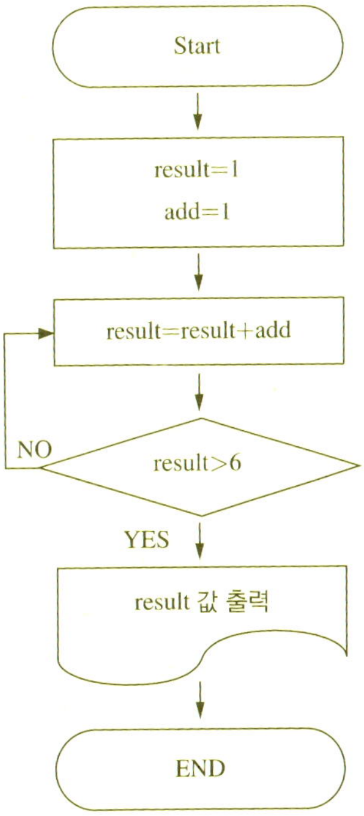

① 11
② 10
③ 9
④ 8
⑤ 7

44 다음은 A컴퓨터 A/S센터의 하드디스크 수리 방문접수 과정에 대한 순서도이다. 하드디스크 데이터 복구를 문의할 때, 출력되는 도형은 무엇인가?

〈순서도 기호〉

기호	설명	기호	설명
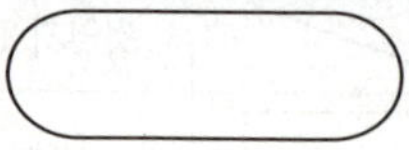	시작과 끝을 나타낸다.		어느 것을 택할 것인지 판단한다.
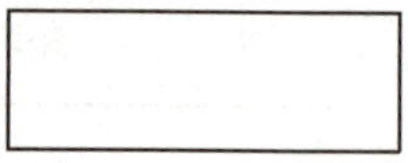	데이터를 입력하거나 계산하는 등의 처리를 한다.	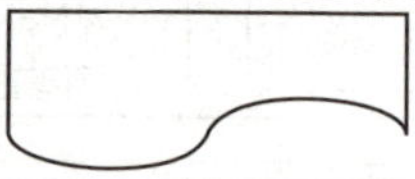	선택한 값을 출력한다.

〈A컴퓨터 하드디스크 수리 방문접수 순서도〉

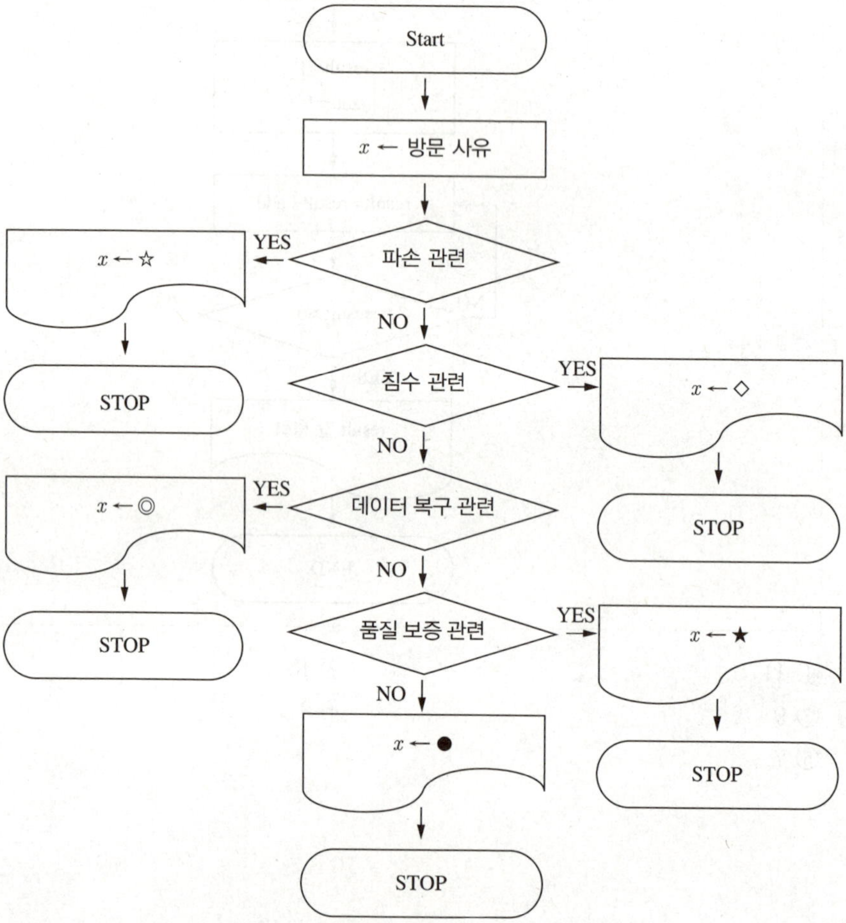

① ☆
② ◇
③ ◎
④ ★
⑤ ●

45 다음은 EAN-13 바코드 부여 규칙에 대한 자료이다. 상품코드의 맨 앞 자릿수가 9일 때, 2 ~ 7번째 자릿수가 '387655'라면 이를 이진코드로 바르게 변환한 것은?

〈EAN-13 바코드 부여 규칙〉

1. 13자리 상품코드의 맨 앞 자릿수에 따라 다음과 같이 변환한다.

상품코드 번호	2 ~ 7번째 자릿수	8 ~ 13번째 자릿수
0	AAAAAA	CCCCCC
1	AABABB	CCCCCC
2	AABBAB	CCCCCC
3	AABBBA	CCCCCC
4	ABAABB	CCCCCC
5	ABBAAB	CCCCCC
6	ABBBAA	CCCCCC
7	ABABAB	CCCCCC
8	ABABBA	CCCCCC
9	ABBABA	CCCCCC

2. A, B, C는 다음과 같이 상품코드 번호를 이진코드로 변환한 값이다.

상품코드 번호	A	B	C
0	0001101	0100111	1110010
1	0011001	0110011	1100110
2	0010011	0011011	1101100
3	0111101	0100001	1000010
4	0100011	0011101	1011100
5	0110001	0111001	1001110
6	0101111	0000101	1010000
7	0111011	0010001	1000100
8	0110111	0001001	1001000
9	0001011	0010111	1110100

	2번째 수	3번째 수	4번째 수	5번째 수	6번째 수	7번째 수
①	0111101	0001001	0010001	0101111	0111001	0110001
②	0100001	0001001	0010001	0000101	0111101	0111101
③	0111101	0110111	0111011	0101111	0111001	0111101
④	0100001	0101111	0010001	0010111	0100111	0001011
⑤	0111101	0011001	0010001	0101111	0011001	0111001

※ 다음은 청소 유형별 청소기 사용 방법 및 고장 유형별 확인 사항에 대한 자료이다. 이어지는 질문에 답하시오. [46~47]

〈청소 유형별 청소기 사용 방법〉

유형	사용 방법
일반 청소	1. 기본형 청소구를 장착해 주세요. 2. 작동 버튼을 눌러 주세요.
틈새 청소	1. 기본형 청소구의 입구 돌출부를 누르고 잡아당기면 좁은 흡입구를 꺼낼 수 있습니다. 반대로 돌출부를 누르면서 밀어 넣으면 좁은 흡입구를 안쪽으로 정리할 수 있습니다. 2. 1.의 좁은 흡입구를 꺼낸 상태에서 돌출부를 시계 방향으로 돌리면 돌출부를 고정할 수 있습니다. 3. 좁은 흡입구를 고정한 후 작동 버튼을 눌러 주세요. (좁은 흡입구에는 솔이 함께 들어 있습니다)
카펫 청소	1. 별도의 돌기 청소구로 교체해 주세요. (기본형으로도 카펫 청소를 할 수 있으나, 청소 효율이 떨어집니다) 2. 작동 버튼을 눌러 주세요.
스팀 청소	1. 별도의 스팀 청소구로 교체해 주세요. 2. 스팀 청소구의 물통에 물을 충분히 채운 후 뚜껑을 잠가 주세요. ※ 반드시 전원을 분리한 상태에서 진행해 주세요. 3. 걸레판에 걸레를 부착한 후 스팀 청소구의 노즐에 장착해 주세요. ※ 반드시 전원을 분리한 상태에서 진행해 주세요. 4. 스팀 청소 버튼을 누르고 안전 스위치를 눌러 주세요. ※ 안전을 위해 안전 스위치를 누르는 동안에만 스팀이 발생합니다. ※ 스팀 청소 작업 도중 및 완료 직후에 청소기를 거꾸로 세우거나 스팀 청소구를 눕히면 뜨거운 물이 새어 나와 화상을 입을 수 있습니다. 5. 스팀 청소 완료 후 물이 충분히 식은 후 물통 및 스팀 청소구를 분리해 주세요. ※ 충분히 식지 않은 상태에서 분리 시 뜨거운 물이 새어 나와 화상의 위험이 있습니다.

〈고장 유형별 확인 사항〉

유형	확인 사항
흡입력 약화	• 흡입구, 호스, 먼지통, 먼지분리기에 크기가 큰 이물질이 걸려 있는지 확인해 주세요. • 필터를 교체해 주세요. • 먼지통, 먼지분리기, 필터의 조립 상태를 확인해 주세요.
청소기 미작동	• 전원이 제대로 연결되어 있는지 확인해 주세요.
물 보충 램프 깜빡임	• 물통에 물이 충분한지 확인해 주세요. • 물이 충분히 채워졌어도 꺼질 때까지 시간이 다소 걸립니다. 잠시 기다려 주세요.
스팀 안 나옴	• 물통에 물이 충분한지 확인해 주세요. • 안전 스위치를 눌렀는지 확인해 주세요.
바닥에 물이 남음	• 스팀 청소구를 너무 자주 좌우로 기울이면 물이 소량 새어 나올 수 있습니다. • 걸레가 많이 젖었으므로 걸레를 교체해 주세요.
악취 발생	• 제품 기능상의 문제는 아니므로 고장이 아닙니다. • 먼지통 및 필터를 교체해 주세요. • 스팀 청소구의 물통 등 청결 상태를 확인해 주세요.
소음 발생	• 흡입구, 호스, 먼지통, 먼지분리기에 크기가 큰 이물질이 걸려 있는지 확인해 주세요. • 먼지통, 먼지분리기, 필터의 조립 상태를 확인해 주세요.

46 **다음 중 청소 유형별 청소기 사용 방법에 대한 설명으로 옳지 않은 것은?**

① 기본형 청소구로 카펫 청소가 가능하다.
② 스팀 청소 직후 통을 분리하면 화상의 위험이 있다.
③ 기본형 청소구를 이용하여 좁은 틈새를 청소할 수 있다.
④ 안전 스위치를 1회 누르면 별도의 외부 입력 없이 스팀을 지속하여 발생시킬 수 있다.
⑤ 스팀 청소 시 물 보충 및 걸레 부착 작업은 반드시 전원을 분리한 상태에서 진행해야 한다.

47 **다음 중 고장 유형별 확인 사항이 바르게 연결되어 있지 않은 것은?**

① 물 보충 램프 깜빡임 : 잠시 기다리기
② 악취 발생 : 스팀 청소구의 청결 상태 확인하기
③ 흡입력 약화 : 먼지통, 먼지분리기, 필터 교체하기
④ 바닥에 물이 남음 : 물통에 물이 너무 많이 있는지 확인하기
⑤ 소음 발생 : 흡입구, 호스, 먼지통, 먼지분리기의 이물질 걸림 확인하기

48 다음 중 동료의 피드백을 장려하기 위한 방안으로 적절하지 않은 것은?

① 행동과 수행을 관찰한다.
② 즉각적인 피드백을 제공한다.
③ 뛰어난 수행성과에 대해서는 인정한다.
④ 간단하고 분명한 목표와 우선순위를 설정한다.
⑤ 긍정적인 상황에서는 피드백을 자제하는 것도 나쁘지 않다.

| 인천교통공사 / 대인관계능력

49 다음 중 내적 동기를 유발하는 방법으로 적절하지 않은 것은?

① 변화를 두려워하지 않는다.
② 업무 관련 교육을 생략한다.
③ 주어진 일에 책임감을 갖는다.
④ 창의적인 문제해결법을 찾는다.
⑤ 새로운 도전의 기회를 부여한다.

| 인천교통공사 / 대인관계능력

50 다음은 갈등 정도와 조직 성과의 관계에 대한 그래프이다. 이에 대한 설명으로 옳지 않은 것은?

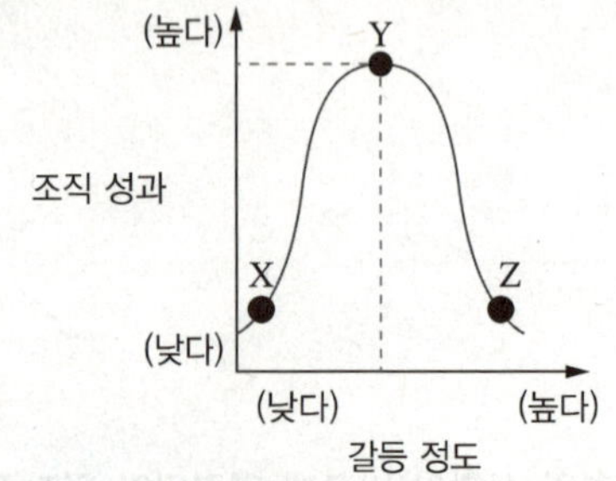

① 적절한 갈등이 있을 경우 가장 높은 조직 성과를 얻을 수 있다.
② 갈등이 없을수록 조직 내부가 결속되어 높은 조직 성과를 보인다.
③ Y점에서는 갈등의 순기능, Z점에서는 갈등의 역기능이 작용한다.
④ 갈등이 없을 경우 낮은 조직 성과를 얻을 수 있다.
⑤ 갈등이 잦을 경우 낮은 조직 성과를 얻을 수 있다.

PART 1

직업기초능력평가

CHAPTER 01

수리능력

합격 Cheat Key

수리능력은 사칙 연산·통계·확률의 의미를 정확하게 이해하고 이를 업무에 적용하는 능력으로, 기초 연산과 기초 통계, 도표 분석 및 작성의 문제 유형으로 출제된다. 수리능력 역시 채택하지 않는 공사·공단이 거의 없을 만큼 필기시험에서 중요도가 높은 영역이다.

특히, 난이도가 높은 공사·공단의 시험에서는 도표 분석, 즉 자료 해석 유형의 문제가 많이 출제되고 있고, 응용 수리 역시 꾸준히 출제하는 공사·공단이 많기 때문에 기초 연산과 기초 통계에 대한 공식의 암기와 자료 해석 능력을 기를 수 있는 꾸준한 연습이 필요하다.

1 응용 수리의 공식은 반드시 암기하라!

응용 수리는 공사·공단마다 출제되는 문제는 다르지만, 사용되는 공식은 비슷한 경우가 많으므로 자주 출제되는 공식을 반드시 암기하여야 한다. 문제에서 묻는 것을 정확하게 파악하여 그에 맞는 공식을 적절하게 적용하는 꾸준한 노력과 공식을 암기하는 연습이 필요하다.

2 자료의 해석은 자료에서 즉시 확인할 수 있는 지문부터 확인하라!

수리능력 중 도표 분석, 즉 자료 해석 능력은 많은 시간을 필요로 하는 문제가 출제되므로, 증가·감소 추이와 같이 눈으로 확인이 가능한 지문을 먼저 확인한 후 복잡한 계산이 필요한 지문을 확인하는 방법으로 문제를 풀이한다면 시간을 조금이라도 아낄 수 있다. 또한, 여러 가지 보기가 주어진 문제 역시 지문을 잘 확인하고 문제를 풀이한다면 불필요한 계산을 생략할 수 있으므로 항상 지문부터 확인하는 습관을 들여야 한다.

3 도표 작성에서 지문에 작성된 도표의 제목을 반드시 확인하라!

도표 작성은 하나의 자료 혹은 보고서와 같은 수치가 표현된 자료를 도표로 작성하는 형식으로 출제되는데, 대체로 표보다는 그래프를 작성하는 형태로 많이 출제된다. 지문을 살펴보면 각 지문에서 주어진 도표에도 소제목이 있는 경우가 대부분이다. 이때, 자료의 수치와 도표의 제목이 일치하지 않는 경우 함정이 존재하는 문제일 가능성이 높으므로 도표의 제목을 반드시 확인하는 것이 중요하다.

01 응용 수리

| 유형분석 |

- 문제에서 제공하는 정보를 파악한 뒤, 사칙연산을 활용하여 계산하는 전형적인 수리문제이다.
- 문제를 풀기 위한 정보가 산재되어 있는 경우가 많으므로 주어진 조건 등을 꼼꼼히 확인해야 한다.

세희네 가족의 올해 휴가비용은 작년 대비 교통비는 15%, 숙박비는 24% 증가하였고, 전체 휴가비용은 20% 증가하였다. 작년 전체 휴가비용이 36만 원일 때, 올해 숙박비는?(단, 전체 휴가비는 교통비와 숙박비의 합이다)

① 160,000원
② 184,000원
③ 200,000원
④ 248,000원
⑤ 268,000원

정답 ④

작년 교통비를 x원, 숙박비를 y원이라 하자.

$1.15x+1.24y=1.2(x+y)$ … ㉠

$x+y=36$ … ㉡

㉠과 ㉡을 연립하면 $x=16$, $y=20$이다.

따라서 올해 숙박비는 $20\times1.24=24.8$만 원이다.

풀이 전략!

문제에서 묻는 바를 정확하게 확인한 후, 필요한 조건 또는 정보를 구분하여 신속하게 풀어 나간다. 단, 계산에 착오가 생기지 않도록 유의한다.

대표기출유형 01 기출응용문제

01 수학시험에서 동욱이는 101점, 나경이는 105점, 윤진이는 108점을 받았다. 소희의 점수까지 합한 네 명의 수학시험 점수 평균이 105점일 때, 소희의 수학시험 점수는?

① 105점 ② 106점
③ 107점 ④ 108점
⑤ 109점

02 주사위를 두 번 던질 때, 두 눈의 합이 10 이상 나올 확률은?

① $\frac{1}{2}$ ② $\frac{1}{3}$
③ $\frac{1}{4}$ ④ $\frac{1}{5}$
⑤ $\frac{1}{6}$

03 등산을 하는데 올라갈 때는 시속 3km로 걷고, 내려올 때는 올라갈 때보다 5km 더 먼 길을 시속 4km로 걷는다. 올라갔다가 내려올 때 총 3시간이 걸렸다면, 올라갈 때 걸은 거리는 몇 km인가?

① 3km ② 4km
③ 5km ④ 6km
⑤ 7km

04 0 ~ 9까지의 숫자가 적힌 카드를 세 장 뽑아서 홀수인 세 자리의 수를 만들려고 할 때, 가능한 경우의 수는?

① 280가지
② 300가지
③ 320가지
④ 340가지
⑤ 360가지

05 조각 케이크 1조각을 정가로 팔면 3,000원의 이익을 얻는다. 조각 케이크를 정가보다 20%를 할인하여 5개 팔았을 때의 순이익과 조각 케이크 1개당 정가에서 2,000원씩 할인하여 4개 팔았을 때의 매출액이 같다면 조각 케이크의 정가는 얼마인가?

① 4,000원
② 4,100원
③ 4,300원
④ 4,400원
⑤ 4,600원

06 농도 8%의 소금물 200g에서 한 컵의 소금물을 떠내고 떠낸 양만큼 물을 부었다. 그리고 다시 농도 2%의 소금물을 더 넣었더니 농도 3%의 소금물 320g이 되었다고 할 때, 떠낸 소금물의 양은?

① 100g
② 110g
③ 120g
④ 130g
⑤ 140g

07 선규와 승룡이가 함께 일하면 5일이 걸리는 일을 선규가 먼저 4일을 진행하고, 승룡이가 7일을 진행하면 끝낼 수 있다고 한다. 승룡이가 이 일을 혼자 한다면 며칠이 걸리겠는가?

① 12일
② 13일
③ 14일
④ 15일
⑤ 16일

08 G공사에서 공청회를 개최하였다. 공청회 자리에 참석한 여자 인원수는 공청회에 참석한 전체 인원의 $\frac{3}{7}$보다 13명 적었고, 남자 인원수는 전체 인원의 $\frac{1}{2}$보다 33명 많았다. 공청회에 참석한 전체 인원은 몇 명인가?

① 210명
② 240명
③ 280명
④ 330명
⑤ 350명

09 G고등학교 운동장은 다음과 같이 양 끝이 반원 모양이다. 한 학생이 운동장 가장자리를 따라 한 바퀴를 달린다고 할 때, 학생이 달린 거리는 몇 m인가?(단, 원주율 $\pi \fallingdotseq 3$으로 계산한다)

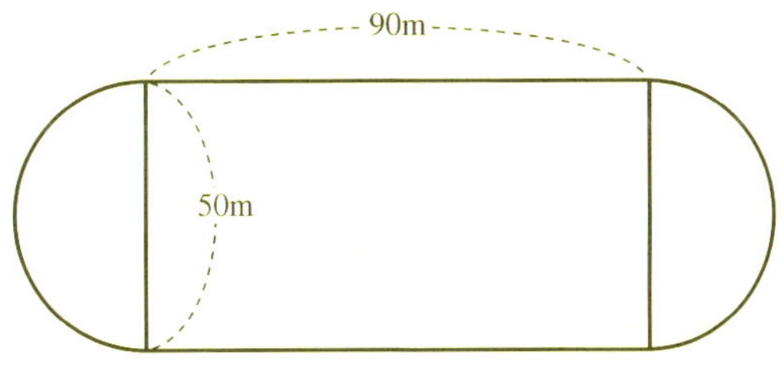

① 300m
② 310m
③ 320m
④ 330m
⑤ 340m

02 수열 규칙

| 유형분석 |

- 나열된 수의 규칙을 찾아 해결하는 문제이다.
- 등차·등비수열 등 다양한 수열 규칙에 대한 사전 학습이 요구된다.

다음과 같이 일정한 규칙으로 수를 나열할 때, 빈칸에 들어갈 수는 무엇인가?

24	60	120	( )	336	504	720

① 190　② 210　③ 240　④ 260　⑤ 280

정답 ②

제시된 수열은 n을 자연수라고 할 때, n항의 값이 $(n+1)\times(n+2)\times(n+3)$인 수열이다.

따라서 ($\quad$)$=(4+1)\times(4+2)\times(4+3)=5\times6\times7=210$이다.

풀이 전략!

- 수열을 풀이할 때는 다음과 같은 규칙이 적용되는지를 순차적으로 판단한다.
  1) 각 항에 일정한 수를 사칙연산(+, −, ×, ÷)하는 규칙
  2) 홀수 항, 짝수 항 규칙
  3) 피보나치 수열과 같은 계차를 이용한 규칙
  4) 군수열을 활용한 규칙
  5) 항끼리 사칙연산을 하는 규칙

주요 수열 규칙

구분	내용
등차수열	앞의 항에 일정한 수를 더해 이루어지는 수열
등비수열	앞의 항에 일정한 수를 곱해 이루어지는 수열
피보나치 수열	앞의 두 항의 합이 그 다음 항의 수가 되는 수열
건너뛰기 수열	두 개 이상의 수열 또는 규칙이 일정한 간격을 두고 번갈아가며 적용되는 수열
계차수열	앞의 항과 차가 일정하게 증가하는 수열
군수열	일정한 규칙성으로 몇 항씩 묶어 나눈 수열

대표기출유형 02 기출응용문제

※ 다음과 같이 일정한 규칙으로 수를 나열할 때, 빈칸에 들어갈 수를 고르시오. [1~3]

01

26	( )	37	62	48	91	59	120

① 21
② 26
③ 28
④ 30
⑤ 33

02

5	35	24	168	157	1,099	( )	7,616

① 1,088
② 1,110
③ 1,190
④ 2,148
⑤ 2,450

03

5	9	21	57	165	489	( )

① 1,355
② 1,402
③ 1,438
④ 1,461
⑤ 1,488

03 자료 계산

| 유형분석 |

- 문제에 주어진 도표를 분석하여 각 선택지의 정답 유무를 판단하는 문제이다.
- 주로 그래프와 표로 제시되며, 경영·경제·산업 등과 관련된 최신 이슈를 많이 다룬다.
- 자료 간의 증감률·비율·추세 등을 자주 묻는다.

다음은 G국의 부양인구비를 나타낸 자료이다. 2023년 15세 미만 인구 대비 65세 이상 인구의 비율은 얼마인가?(단, 비율은 소수점 둘째 자리에서 반올림한다)

〈부양인구비〉

구분	2020년	2021년	2022년	2023년	2024년
부양비	37.3	36.9	36.8	36.8	36.9
유소년부양비	22.2	21.4	20.7	20.1	19.5
노년부양비	15.2	15.6	16.1	16.7	17.3

※ $(\text{유소년부양비})=\frac{(15\text{세 미만 인구})}{(15\sim 64\text{세 인구})}\times 100$

※ $(\text{노년부양비})=\frac{(65\text{세 이상 인구})}{(15\sim 64\text{세 인구})}\times 100$

① 72.4%
② 77.6%
③ 81.5%
④ 88.7%

정답 ④

2024년 15세 미만 인구를 x명, 65세 이상 인구를 y명, 15～64세 인구를 a명이라 하면

15세 미만 인구 대비 65세 이상 인구 비율은 $\frac{y}{x}\times 100$이므로 다음과 같다.

$(\text{2024년 유소년부양비})=\frac{x}{a}\times 100=19.5 \rightarrow a=\frac{x}{19.5}\times 100 \cdots$ ㉠

$(\text{2024년 노년부양비})=\frac{y}{a}\times 100=17.3 \rightarrow a=\frac{y}{17.3}\times 100 \cdots$ ㉡

㉠, ㉡을 연립하면 $\frac{x}{19.5}=\frac{y}{17.3} \rightarrow \frac{y}{x}=\frac{17.3}{19.5}$이므로, 15세 미만 인구 대비 65세 이상 인구의 비율은 $\frac{17.3}{19.5}\times 100 \fallingdotseq 88.7\%$이다.

풀이 전략!

선택지를 먼저 읽고 필요한 정보를 도표에서 확인하도록 하며, 계산이 필요한 경우에는 실제 수치를 사용하여 복잡한 계산을 하는 대신, 대소 관계의 비교나 선택지의 옳고 그름만을 판단할 수 있을 정도로 간소화하여 계산해 풀이시간을 단축할 수 있도록 한다.

01 A는 이번 달에 350kWh의 전기를 사용하였고, B는 A가 내야 할 요금의 2배만큼 사용하였다. B가 이번 달에 사용한 전기량은 몇 kWh인가?

〈전기 사용량 구간별 요금〉

구간	요금
200kWh 이하	100원/kWh
400kWh 이하	200원/kWh
400kWh 초과	400원/kWh

① 350kWh
② 400kWh
③ 450kWh
④ 500kWh
⑤ 550kWh

02 다음은 G은행 영업부의 2024년 분기별 영업 실적을 나타낸 그래프이다. 2024년 전체 실적에서 1 ~ 2분기와 3 ~ 4분기가 각각 차지하는 비율을 바르게 나열한 것은?(단, 소수점 둘째 자리에서 반올림한다)

〈2024년 분기별 영업 실적〉

(단위 : 억 원)

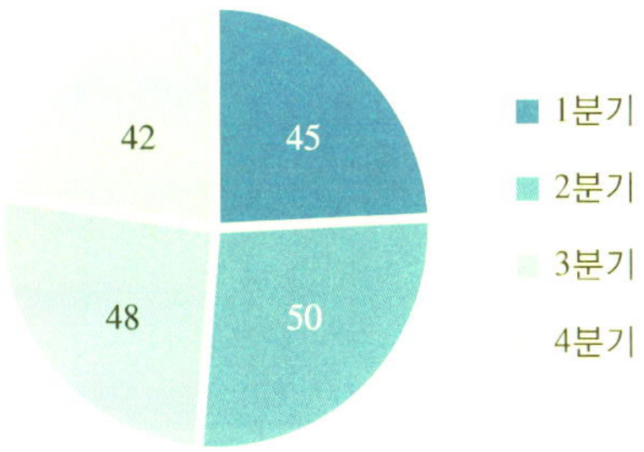

	1 ~ 2분기	3 ~ 4분기
①	48.6%	51.4%
②	50.1%	49.9%
③	51.4%	48.6%
④	49.9%	50.1%
⑤	50.0%	50.0%

03 다음은 공공기관 청렴도 평가 현황 자료이다. 내부청렴도가 가장 높은 해와 낮은 해를 바르게 나열한 것은?

〈공공기관 청렴도 평가 현황〉

(단위 : 점)

구분	2021년	2022년	2023년	2024년
종합청렴도	6.23	6.21	6.16	6.8
외부청렴도	8.0	8.0	8.0	8.1
내부청렴도	( )	( )	( )	( )
정책고객평가	6.9	7.1	7.2	7.3
금품제공률	0.7	0.7	0.7	0.5
향응제공률	0.7	0.8	0.8	0.4
편의제공률	0.2	0.2	0.2	0.2

※ 종합청렴도, 외부청렴도, 내부청렴도, 정책고객평가는 각각 10점 만점으로, 10점에 가까울수록 청렴도가 높다는 의미임

※ (종합청렴도)=[(외부청렴도)×0.6+(내부청렴도)×0.3+(정책고객평가)×0.1]−(감점요인)

※ 금품제공률, 향응제공률, 편의제공률은 감점요인임

	가장 높은 해	가장 낮은 해
①	2021년	2023년
②	2022년	2023년
③	2022년	2024년
④	2023년	2024년
⑤	2023년	2022년

04

다음은 전국 폐기물 발생 현황 자료이다. 빈칸에 들어갈 값을 바르게 나열한 것은?(단, 소수점 둘째 자리에서 반올림한다)

〈전국 폐기물 발생 현황〉

(단위 : 톤/일, %)

구분		2019년	2020년	2021년	2022년	2023년	2024년
총계	발생량	359,296	357,861	365,154	373,312	382,009	382,081
	증감률	6.6	−0.4	2.0	2.2	2.3	0.02
의료 폐기물	발생량	52,072	50,906	49,159	48,934	48,990	48,728
	증감률	3.4	−2.2	−3.4	(ㄱ)	0.1	−0.5
사업장 배출시설계 폐기물	발생량	130,777	123,604	137,875	137,961	146,390	149,815
	증감률	13.9	(ㄴ)	11.5	0.1	6.1	2.3
건설 폐기물	발생량	176,447	183,351	178,120	186,417	186,629	183,538
	증감률	2.6	3.9	−2.9	4.7	0.1	−1.7

	(ㄱ)	(ㄴ)
①	−0.5	−5.5
②	−0.5	−4.5
③	−0.6	−5.5
④	−0.6	−4.5
⑤	−0.7	−5.5

05

다음은 4개 국가의 연도별 관광 수입 및 지출을 나타낸 자료이다. 2023년 관광 수입이 가장 많은 국가와 가장 적은 국가의 2024년 관광 지출 대비 관광 수입 비율의 차이는 얼마인가?(단, 소수점 둘째 자리에서 반올림한다)

〈국가별 관광 수입 및 지출〉

(단위 : 백만 달러)

구분	관광 수입			관광 지출		
	2022년	2023년	2024년	2022년	2023년	2024년
한국	15,214	17,300	13,400	25,300	27,200	30,600
중국	44,969	44,400	32,600	249,800	250,100	257,700
홍콩	36,150	32,800	33,300	23,100	24,100	25,400
인도	21,013	22,400	27,400	14,800	16,400	18,400

① 25.0%p ② 27.5%p
③ 28.3%p ④ 30.4%p
⑤ 31.1%p

04 자료 이해

| 유형분석 |

- 제시된 자료를 분석하여 선택지의 정답 유무를 판단하는 문제이다.
- 표의 수치 등을 통해 변화량이나 증감률, 비중 등을 비교하여 판단하는 문제가 자주 출제된다.
- 지원하고자 하는 기업이나 산업과 관련된 자료 등이 문제의 자료로 많이 다뤄진다.

다음은 A ～ E 5개국의 경제 및 사회 지표 자료이다. 이에 대한 설명으로 옳지 않은 것은?

〈주요 5개국의 경제 및 사회 지표〉

구분	1인당 GDP(달러)	경제성장률(%)	수출(백만 달러)	수입(백만 달러)	총인구(백만 명)
A	27,214	2.6	526,757	436,499	50.6
B	32,477	0.5	624,787	648,315	126.6
C	55,837	2.4	1,504,580	2,315,300	321.8
D	25,832	3.2	277,423	304,315	46.1
E	56,328	2.3	188,445	208,414	24.0

※ (총 GDP)=(1인당 GDP)×(총인구)

① 경제성장률이 가장 큰 나라가 총 GDP는 가장 작다.
② 총 GDP가 가장 큰 나라의 GDP는 가장 작은 나라의 GDP보다 10배 이상 더 크다.
③ 5개국 중 수출과 수입에 있어서 규모에 따라 나열한 순위는 서로 일치한다.
④ A국이 E국보다 총 GDP가 더 크다.
⑤ 1인당 GDP에 따른 순위와 총 GDP에 따른 순위는 서로 일치한다.

정답 ⑤

1인당 GDP 순위는 E>C>B>A>D이다. 그런데 1인당 GDP가 가장 큰 E국은 1인당 GDP가 2위인 C국보다 1% 정도밖에 높지 않은 반면, 인구는 C국의 $\frac{1}{10}$ 이하이므로 총 GDP 역시 C국보다 작다. 따라서 1인당 GDP 순위와 총 GDP 순위는 일치하지 않는다.

풀이 전략!

평소 변화량이나 증감률, 비중 등을 구하는 공식을 알아두고 있어야 하며, 지원하는 기업이나 산업에 관한 자료 등을 확인하여 비교하는 연습 등을 한다.

대표기출유형 04 기출응용문제

01 다음은 G공항의 에너지 소비량 및 온실가스 배출량을 나타낸 자료이다. 〈보기〉 중 이에 대한 설명으로 옳은 것을 모두 고르면?

〈G공항 에너지 소비량〉

(단위 : TOE)

구분	에너지 소비량										
	합계	건설 부문				이동 부문					
		소계	경유	도시가스	수전전력	소계	휘발유	경유	도시가스	천연가스
2023년	11,658	11,234	17	1,808	9,409	424	25	196	13	190
2024년	17,298	16,885	58	2,796	14,031	413	28	179	15	191

〈G공항 온실가스 배출량〉

(단위 : 톤CO_2eq)

구분	온실가스 배출량				
	합계	고정 연소	이동 연소	공정 배출	간접 배출
2023년	30,823	4,052	897	122	25,752
2024년	35,638	6,121	965	109	28,443

보기

ㄱ. 에너지 소비량 중 이동 부문에서 경유가 차지하는 비중은 2024년에 전년 대비 10%p 이상 감소하였다.

ㄴ. 건설 부문의 도시가스 소비량은 2024년에 전년 대비 30% 이상 증가하였다.

ㄷ. 2024년 온실가스 배출량 중 간접 배출이 차지하는 비중은 2023년 온실가스 배출량 중 고정 연소가 차지하는 비중의 5배 이상이다.

① ㄱ ② ㄴ

③ ㄱ, ㄴ ④ ㄴ, ㄷ

⑤ ㄱ, ㄴ, ㄷ

PART 1

02 다음은 인터넷 공유활동 참여 현황을 정리한 자료이다. 이를 바르게 이해하지 못한 사람은?

〈인터넷 공유활동 참여율(복수응답)〉

(단위 : %)

구분		커뮤니티 이용	퍼나르기	블로그 운영	댓글 달기	UCC 게시
성별	남성	79.1	64.1	49.9	52.2	46.1
	여성	76.4	59.6	55.1	38.4	40.1
연령대별	10대	75.1	63.9	54.7	44.3	51.3
	20대	88.8	74.4	76.3	47.3	54.4
	30대	77.3	58.5	46.3	44.0	37.5
	40대	66.0	48.6	27.0	48.2	29.6

※ 성별, 연령대별 조사인원은 동일함

① A사원 : 자료에 의하면 20대가 다른 연령대에 비해 인터넷상에서 공유활동을 활발히 참여하고 있네요.

② B주임 : 대체로 남성이 여성에 비해 상대적으로 활발한 활동을 하고 있는 것 같아요. 그런데 블로그 운영 활동은 여성이 더 많네요.

③ C대리 : 남녀 간의 참여율 격차가 가장 큰 영역은 댓글 달기이네요. 반면에 커뮤니티 이용은 남녀 간의 참여율 격차가 가장 적네요.

④ D사원 : 10대와 30대의 공유활동 참여율을 크기순으로 나열하면 두 연령대의 활동 순위가 동일하네요.

⑤ E사원 : 40대는 대부분의 공유활동에서 모든 연령대의 참여율보다 낮지만, 댓글 달기에서는 가장 높은 참여율을 보이고 있네요.

03 다음은 지역별 마약류 단속에 대한 자료이다. 이에 대한 설명으로 옳은 것은?

〈지역별 마약류 단속 건수〉

(단위 : 건, %)

구분	대마	마약	향정신성의약품	합계	
					비중
서울	49	18	323	390	22.1
인천 · 경기	55	24	552	631	35.8
부산	6	6	166	178	10.1
울산 · 경남	13	4	129	146	8.3
대구 · 경북	8	1	138	147	8.3
대전 · 충남	20	4	101	125	7.1
강원	13	0	35	48	2.7
전북	1	4	25	30	1.7
광주 · 전남	2	4	38	44	2.5
충북	0	0	21	21	1.2
제주	0	0	4	4	0.2
전체	167	65	1,532	1,764	100.0

※ 수도권은 서울과 인천 · 경기를 합한 지역임

※ 마약류는 대마, 마약, 향정신성의약품으로만 구성됨

① 대마 단속 전체 건수는 마약 단속 전체 건수의 3배 이상이다.

② 수도권의 마약류 단속 건수는 마약류 단속 전체 건수의 50% 이상이다.

③ 마약 단속 건수가 없는 지역은 5곳이다.

④ 향정신성의약품 단속 건수는 대구 · 경북 지역이 광주 · 전남 지역의 4배 이상이다.

⑤ 강원 지역은 향정신성의약품 단속 건수가 대마 단속 건수의 3배 이상이다.

※ 다음은 G국의 교통사고 사상자 2,500명에 대해 조사한 자료이다. 이어지는 질문에 답하시오. **[4~5]**

〈교통사고 현황〉

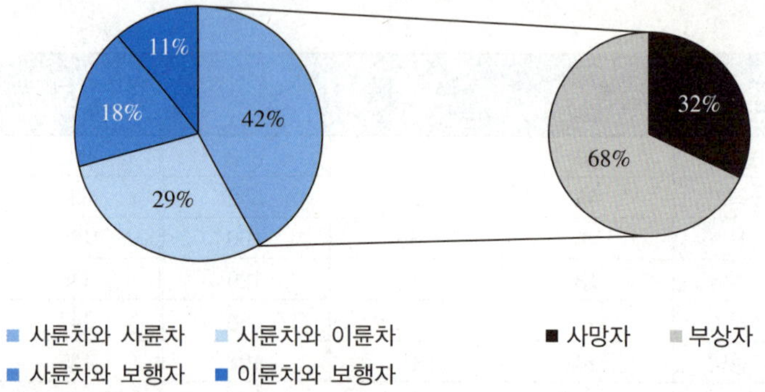

※ 사상자 수와 가해자 수는 같음

〈교통사고 가해자 연령〉

구분	20대	30대	40대	50대	60대 이상
비율	38%	21%	11%	8%	( )

※ 교통사고 가해자 연령 비율의 합은 100%임

04 다음 중 자료에 대한 설명으로 옳지 않은 것은?

① 교통사고 가해자 연령에서 60대 이상의 비율은 30대보다 높다.

② 사륜차와 사륜차 교통사고 사망사건의 가해자가 모두 20대라고 할 때, 20대 가해건수의 35% 이상을 차지한다.

③ 이륜차와 관련된 교통사고의 가해자 연령대가 모두 30대 이하라고 할 때, 30대 이하 가해건수의 70% 이상을 차지한다.

④ 보행자와 관련된 교통사고의 40%는 사망사건이라고 할 때, 보행자 관련 사망건수는 사륜차와 사륜차의 교통사고 건수보다 적다.

⑤ 사륜차와 이륜차 교통사고 사망자와 부상자의 비율이 사륜차와 사륜차 교통사고 사망자와 부상자 비율의 반대라고 할 때, 사륜차와 이륜차 교통사고 사망자 수가 사륜차와 사륜차 교통사고 사망자 수보다 많다.

05 이륜차 또는 보행자와 관련된 교통사고 중 가해자 20%가 20대라고 할 때, 이 인원이 20대 가해자에서 차지하는 비율은 얼마인가?(단, 비율은 소수점 첫째 자리에서 버림한다)

① 10%　② 15%

③ 20%　④ 25%

⑤ 30%

06 다음은 G기업의 주요 경영지표이다. 이에 대한 설명으로 옳은 것은?

〈경영지표〉

(단위 : 억 원)

구분	공정자산총액	부채총액	자본총액	자본금	매출액	당기순이익
2019년	2,610	1,658	952	464	1,139	170
2020년	2,794	1,727	1,067	481	2,178	227
2021년	5,383	4,000	1,383	660	2,666	108
2022년	5,200	4,073	1,127	700	4,456	−266
2023년	5,242	3,378	1,864	592	3,764	117
2024년	5,542	3,634	1,908	417	4,427	65

① 자본총액은 꾸준히 증가하고 있다.
② 직전 해의 당기순이익과 비교했을 때, 당기순이익이 가장 많이 증가한 해는 2020년이다.
③ 공정자산총액과 부채총액의 차가 가장 큰 해는 2024년이다.
④ 각 지표 중 총액 규모가 가장 큰 것은 매출액이다.
⑤ 2019 ~ 2022년 사이에 자본총액 중 자본금이 차지하는 비중은 계속 증가하고 있다.

PART 1

07 다음은 자동차 생산 · 내수 · 수출 현황에 대한 자료이다. 이에 대한 설명으로 옳지 않은 것은?

〈자동차 생산 · 내수 · 수출 현황〉

(단위 : 대, %)

구분		2020년	2021년	2022년	2023년	2024년
생산	차량 대수	4,086,308	3,826,682	3,512,926	4,271,741	4,657,094
	증감률	(6.4)	(▽6.4)	(▽8.2)	(21.6)	(9.0)
내수	차량 대수	1,219,335	1,154,483	1,394,000	1,465,426	1,474,637
	증감률	(4.7)	(▽5.3)	(20.7)	(5.1)	(0.6)
수출	차량 대수	2,847,138	2,683,965	2,148,862	2,772,107	3,151,708
	증감률	(7.5)	(▽5.7)	(▽19.9)	(29.0)	(13.7)

① 2020년에는 전년 대비 생산, 내수, 수출이 모두 증가했다.
② 내수가 가장 큰 폭으로 증가한 해에는 생산과 수출이 모두 감소했다.
③ 수출이 증가했던 해는 생산과 내수 모두 증가했다.
④ 내수는 증가했지만 생산과 수출이 모두 감소한 해도 있다.
⑤ 생산이 증가했지만 내수나 수출이 감소한 해가 있다.

CHAPTER 02

조직이해능력

합격 Cheat Key

조직이해능력은 업무를 원활하게 수행하기 위해 조직의 체제와 경영을 이해하고 국제적인 추세를 이해하는 능력이다. 현재 많은 공사·공단에서 출제 비중을 높이고 있는 영역이기 때문에 미리 대비하는 것이 중요하다. 실제 업무 능력에서 조직이해능력을 요구하기 때문에 중요도는 점점 높아질 것이다.

세부 유형은 조직 체제 이해, 경영 이해, 업무 이해, 국제 감각으로 나눌 수 있다. 조직도를 제시하는 문제가 출제되거나 조직의 체계를 파악해 경영의 방향성을 예측하고, 업무의 우선순위를 파악하는 문제가 출제된다.

1 문제 속에 정답이 있다!

경력이 없는 경우 조직에 대한 이해가 낮을 수밖에 없다. 그러나 문제 자체가 실무적인 내용을 담고 있어도 문제 안에는 해결의 단서가 주어진다. 부담을 갖지 않고 접근하는 것이 중요하다.

2 경영·경제학원론 정도의 수준은 갖추도록 하라!

지원한 직군마다 차이는 있을 수 있으나, 경영·경제이론을 접목시킨 문제가 꾸준히 출제되고 있다. 따라서 기본적인 경영·경제이론은 익혀 둘 필요가 있다.

3 지원하는 공사 · 공단의 조직도를 파악하라!

출제되는 문제는 각 공사 · 공단의 세부내용일 경우가 많기 때문에 지원하는 공사 · 공단의 조직도를 파악해 두어야 한다. 조직이 운영되는 방법과 전략을 이해하고, 조직을 구성하는 체제를 파악하고 간다면 조직이해능력에서 조직도가 나올 때 단기간에 문제를 풀 수 있을 것이다.

4 실제 업무에서도 요구되므로 이론을 익혀라!

각 공사 · 공단의 직무 특성상 일부 영역에 중요도가 가중되는 경우가 있어서 많은 취업준비생들이 일부 영역에만 집중하지만, 실제 업무 능력에서 직업기초능력 10개 영역이 골고루 요구되는 경우가 많고, 현재는 필기시험에서도 조직이해능력을 출제하는 기관의 비중이 늘어나고 있기 때문에 미리 이론을 익혀 둔다면 모듈형 문제에서 고득점을 노릴 수 있다.

01 경영 전략

| 유형분석 |

- 경영 전략에서 대표적으로 출제되는 문제는 마이클 포터(Michael Porter)의 본원적 경쟁 전략이다.
- 경영 전략의 기본적인 이해와 구조를 물어보는 문제가 자주 출제되므로 전략별 특징 및 개념에 대한 이론 학습이 요구된다.

경영이 어떻게 이루어지냐에 따라 조직의 생사가 결정된다고 할 만큼 경영은 조직에 있어서 핵심이다. 다음 중 경영 전략을 추진하는 과정에 대한 설명으로 옳지 않은 것은?

① 경영 전략은 조직 전략, 사업 전략, 부문 전략으로 분류된다.

② 환경 분석을 할 때는 조직의 내부환경뿐만 아니라 외부환경에 대한 분석도 필수이다.

③ 전략 목표는 비전과 미션으로 구분되는데, 둘 다 있어야 한다.

④ 경영 전략이 실행됨으로써 세웠던 목표에 대한 결과가 나오는데, 그것에 대한 평가 및 피드백 과정도 생략되어서는 안 된다.

⑤ '환경 분석 → 전략 목표 설정 → 경영 전략 도출 → 경영 전략 실행 → 평가 및 피드백'의 과정을 거쳐 이루어진다.

정답 ⑤

전략 목표를 먼저 설정하고 환경을 분석해야 한다.

풀이 전략!

대부분의 기업들은 마이클 포터의 본원적 경쟁 전략을 사용하고 있다. 각 전략에 해당하는 대표적인 기업을 연결하고, 그들의 경영 전략을 상기하며 문제를 풀어보도록 한다.

대표기출유형 01 기출응용문제

01 다음은 경영 전략 추진과정에 대한 자료이다. (가)에 대한 사례 중 그 성격이 다른 것은?

〈경영 전략 추진과정〉

전략 목표 설정 → (가) → 경영 전략 도출 → 경영 전략 실행 → 평가 및 피드백

① 제품 개발을 위해 우리가 가진 예산의 현황을 파악해야 해.
② 우리 제품의 시장 개척을 위해 법적으로 문제가 없는지 확인해 봐야겠군.
③ 우리가 공급받고 있는 원재료들의 원가를 확인해 보자.
④ 신제품 출시를 위해 경쟁사들의 동향을 파악해 봐야겠어.
⑤ 이번에 발표된 정부의 정책으로 우리 제품이 어떠한 영향을 받을 수 있는지 확인해 볼 필요가 있어.

02 다음 〈보기〉 중 경영 활동을 이루는 구성요소를 감안할 때, 경영 활동을 수행하고 있는 예시로 적절하지 않은 것은?

보기

(가) 다음 시즌 우승을 목표로 해외 전지훈련에 참여하여 열심히 구슬땀을 흘리고 있는 선수단과 이를 운영하는 구단 직원들
(나) 자발적인 참여로 뜻을 같이한 동료들과 함께 매주 어려운 이웃을 찾아다니며 봉사활동을 펼치고 있는 S씨
(다) 교육지원대대장으로서 사병들의 교육이 원활히 진행될 수 있도록 훈련장 관리와 유지에 최선을 다하고 있는 박대령과 참모진
(라) 영화 촬영을 앞두고 시나리오와 제작 콘셉트를 회의하기 위해 모인 감독 및 스태프와 출연 배우들
(마) 대기업을 그만두고 가족들과 함께 조그만 무역회사를 차려 손수 제작한 밀짚 가방을 동남아로 수출하고 있는 B씨

① (가)
② (나)
③ (다)
④ (라)
⑤ (마)

02 | 조직 구조

| 유형분석 |

- 조직 구조 유형에 대한 특징을 물어보는 문제가 자주 출제된다.
- 기계적 조직과 유기적 조직의 차이점과 사례 등을 숙지하고 있어야 한다.
- 조직 구조 형태에 따라 기능적 조직, 사업별 조직으로 구분하여 출제되기도 한다.

다음 〈보기〉 중 기계적 조직의 특징으로 옳은 것을 모두 고르면?

보기

㉠ 변화에 맞춰 쉽게 변할 수 있다.
㉡ 상하 간 의사소통이 공식적인 경로를 통해 이루어진다.
㉢ 대표적으로 사내 벤처팀, 프로젝트팀이 있다.
㉣ 구성원의 업무가 분명하게 규정되어 있다.
㉤ 다양한 규칙과 규제가 있다.

① ㉠, ㉡, ㉢
② ㉠, ㉣, ㉤
③ ㉡, ㉢, ㉣
④ ㉡, ㉣, ㉤
⑤ ㉢, ㉣, ㉤

정답 ④

오답분석

㉠·㉢ 유기적 조직에 대한 설명이다.

- 기계적 조직
  - 구성원의 업무가 분명하게 규정되어 있고, 많은 규칙과 규제가 있다.
  - 상하 간 의사소통이 공식적인 경로를 통해 이루어진다.
  - 대표적으로 군대, 정부, 공공기관 등이 있다.
- 유기적 조직
  - 업무가 고전되지 않아 업무 공유가 가능하다.
  - 규제나 통제의 정도가 낮아 변화에 맞춰 쉽게 변할 수 있다.
  - 대표적으로 권한위임을 받아 독자적으로 활동하는 사내 벤처팀, 특정한 과제 수행을 위해 조직된 프로젝트팀이 있다.

풀이 전략!

조직 구조는 유형에 따라 기계적 조직과 유기적 조직으로 나눌 수 있다. 기계적 조직과 유기적 조직은 서로 상반된 특징을 가지고 있으며, 기계적 조직이 관료제의 특징과 비슷함을 파악하고 있다면, 이와 상반된 유기적 조직의 특징도 수월하게 파악할 수 있다.

대표기출유형 02 기출응용문제

01 조직 구조의 형태 중 사업별 조직 구조는 제품이나 고객별로 부서를 구분한다. 다음 중 사업별 조직 구조의 형태로 옳지 않은 것은?

①
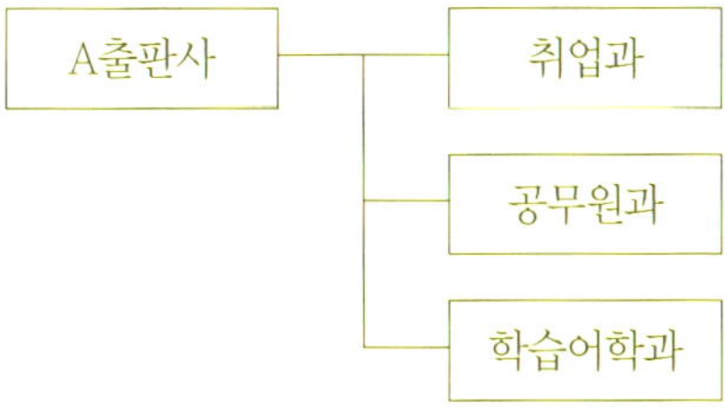

②
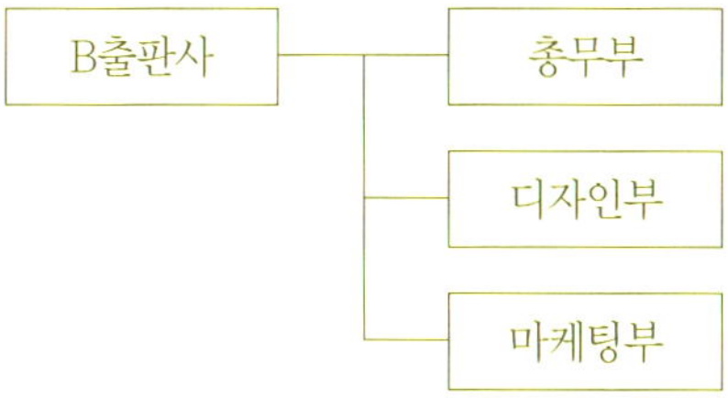

③
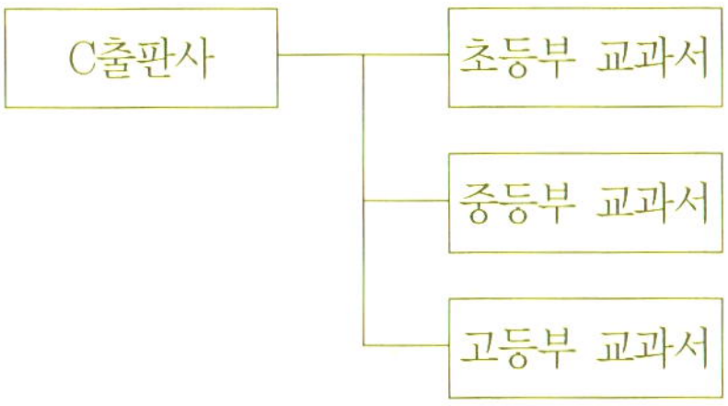

④
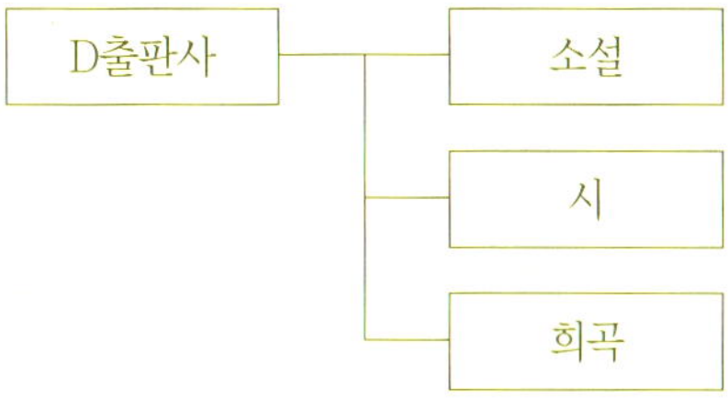

⑤
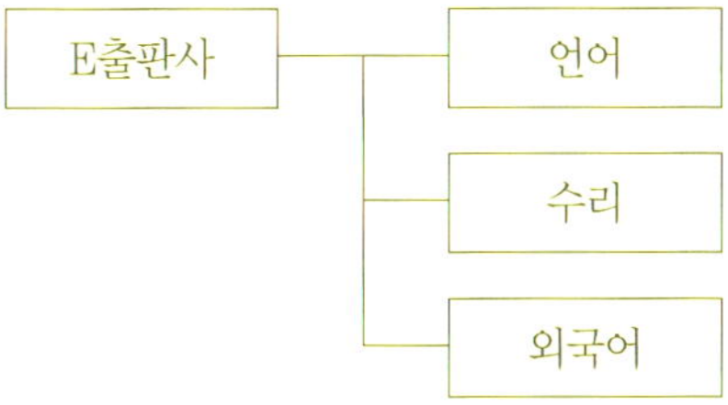

02 다음 중 조직 구조의 결정요인에 대한 설명으로 옳지 않은 것은?

① 급변하는 환경에서는 유기적 조직보다 원칙이 확립된 기계적 조직이 더 적합하다.
② 대규모 조직은 소규모 조직에 비해 업무의 전문화 정도가 높다.
③ 조직 구조의 주요 결정요인은 전략, 규모, 기술, 환경으로 4가지이다.
④ 조직 활동의 결과에 대한 만족은 조직의 문화적 특성에 따라 상이하다.
⑤ 일반적으로 소량생산기술을 가진 조직은 유기적 조직 구조를, 대량생산기술을 가진 조직은 기계적 조직 구조를 가진다.

03 다음 조직도에 대한 〈보기〉의 대화 중 옳은 것을 모두 고르면?

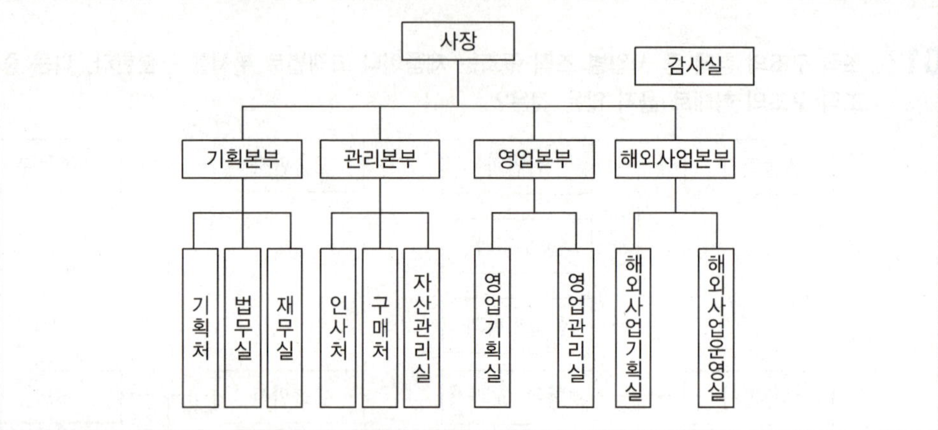

보기

A : 조직도를 보면 4개의 본부, 3개의 처, 8개의 실로 구성되어 있어.
B : 사장 직속으로 4개의 본부가 있고, 그중 한 본부에서는 인사업무만을 전담하고 있네.
C : 감사실은 사장 직속이지만 별도로 분리되어 있구나.
D : 해외사업기획실과 해외사업운영실은 둘 다 해외사업과 관련이 있으니까 해외사업본부에 소속되어 있는 것이 맞아.

① A, B
② A, C
③ A, D
④ B, C
⑤ B, D

04 새로운 조직 개편 기준에 따라 조직도 (가)를 조직도 (나)로 변경하려고 한다. 다음 중 조직도 (나)의 빈칸에 들어갈 팀으로 옳지 않은 것은?

(가)

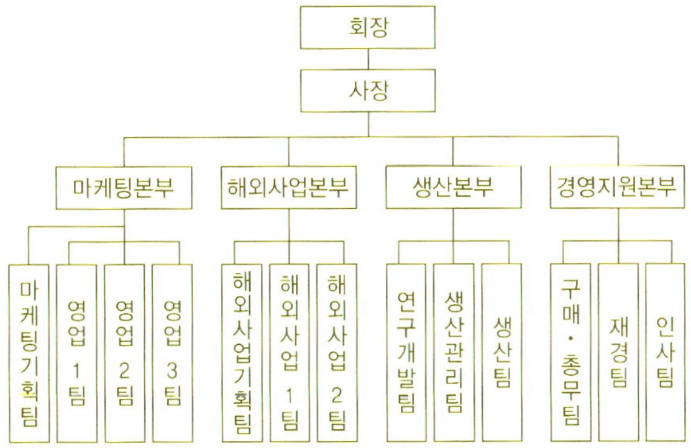

조직 개편 방향 및 기준

□ 명칭 변경 : 해외사업기획팀 → 해외마케팅기획팀

본부 이동 : 해외사업 1·2팀(해외사업본부 → 마케팅본부)

□ 기능중심의 조직 개편

○ 해외사업본부의 해외사업기획팀과 마케팅본부의 마케팅기획팀을 신설한 마케팅기획본부로 이동

○ 마케팅본부의 영업 1·2·3팀을 2개의 팀으로 통합

○ 해외사업 1·2팀 통합 후 해외영업팀 신설

○ 구매·총무팀에서 구매팀과 총무팀으로 분리

○ 총무팀과 재경팀 통합 후 재무팀 신설

(나)

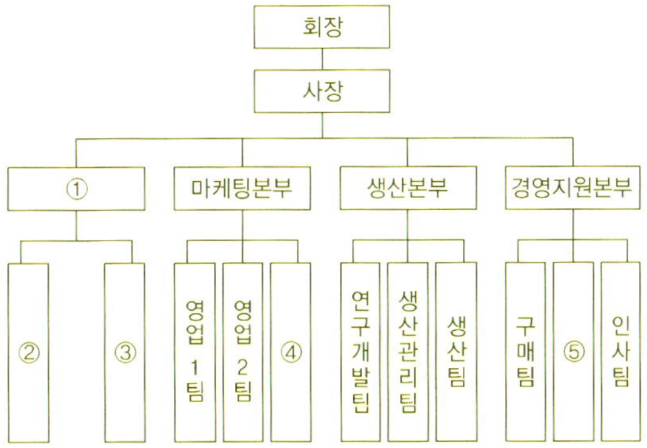

① 마케팅기획본부

② 해외마케팅기획팀

③ 영업 3팀

④ 해외영업팀

⑤ 재무팀

03 업무 종류

| 유형분석 |

- 부서별 주요 업무에 대해 묻는 문제이다.
- 부서별 특징과 담당 업무에 대한 이해가 필요하다.

다음 상황에서 팀장의 지시를 적절히 수행하기 위하여 오대리가 거쳐야 할 부서명을 바르게 나열한 것은?

오대리, 내가 내일 출장 준비 때문에 무척 바빠서 그러는데 자네가 좀 도와줘야 할 것 같군. 우선 박비서한테 가서 오후 사장님 회의 자료를 좀 가져다 주게나. 오는 길에 지난주 기자단 간담회 자료 정리가 되었는지 확인해 보고 완료됐으면 한 부 챙겨 오고. 다음 주에 승진자 발표가 있을 것 같은데 우리 팀 승진 대상자 서류가 잘 전달되었는지 그것도 확인 좀 해 줘야겠어. 참, 오후에 바이어가 내방하기로 되어 있는데 공항 픽업 준비는 잘 해 두었지? 배차 예약 상황도 다시 한 번 점검해 봐야 할 거야. 그럼 수고 좀 해 주게.

① 기획팀 – 홍보팀 – 총무팀 – 경영관리팀
② 비서실 – 홍보팀 – 인사팀 – 총무팀
③ 인사팀 – 법무팀 – 총무팀 – 기획팀
④ 경영관리팀 – 법무팀 – 총무팀 – 인사팀
⑤ 회계팀 – 경영관리팀 – 인사팀 – 총무팀

정답 ②

우선 박비서에게 회의 자료를 받아 와야 하므로 비서실을 들러야 한다. 다음으로 기자단 간담회는 대회 홍보 및 기자단 상대 업무를 맡은 홍보팀에서 자료를 정리할 것이므로 홍보팀을 거쳐야 한다. 또한, 승진자 인사 발표 소관 업무는 인사팀이 담당한다고 볼 수 있으며, 회사의 차량 배차에 대한 업무는 총무팀과 같은 지원부서의 업무로 보는 것이 적절하다.

풀이 전략!

조직은 목적의 달성을 위해 업무를 효과적으로 분배하고 처리할 수 있는 구조를 확립해야 한다. 조직의 목적이나 규모에 따라 업무의 종류는 다양하지만, 대부분의 조직에서는 총무, 인사, 기획, 회계, 영업으로 부서를 나누어 업무를 담당하고 있다. 따라서 5가지 업무 종류에 대해서는 미리 숙지해야 한다.

대표기출유형 03 기출응용문제

01 다음 상황에서 G주임이 처리해야 할 업무 순서로 가장 적절한 것은?

> 안녕하세요. G주임님. 언론홍보팀 L대리입니다. 다름이 아니라 이번에 공사에서 진행하는 '소셜벤처 성장지원사업'에 관한 보도 자료를 작성하려고 하는데, 디지털소통팀의 업무 협조가 필요하여 연락드렸습니다. 디지털소통팀 P팀장님께 G주임님이 협조해 주신다는 이야기를 전해 들었습니다. 자세한 요청 사항은 회의를 통해서 말씀드리도록 하겠습니다. 혹시 내일 오전 10시에 회의를 진행해도 괜찮을까요? 일정 확인하시고 오늘 내로 답변 주시면 감사하겠습니다. 일단 회의 전에 알아두시면 좋을 것 같은 자료는 메일로 발송하였습니다. 회의 전에 미리 확인하셔서 관련 사항 숙지하시고 회의에 참석해 주시면 좋을 것 같습니다. 아! 그리고 오늘 오후 2시에 홍보실 각 팀 팀장회의가 있다고 하니, P팀장님께 꼭 전해 주세요.

① 팀장회의 참석 – 익일 업무 일정 확인 – 메일 확인 – 회의 일정 답변 전달
② 팀장회의 참석 – 메일 확인 – 익일 업무 일정 확인 – 회의 일정 답변 전달
③ 팀장회의 일정 전달 – 메일 확인 – 회의 일정 답변 전달 – 익일 업무 일정 확인
④ 팀장회의 일정 전달 – 익일 업무 일정 확인 – 회의 일정 답변 전달 – 메일 확인
⑤ 팀장회의 일정 전달 – 익일 업무 일정 확인 – 메일 확인 – 회의 일정 답변 전달

02 다음 상황에서 G사원이 처리할 첫 업무와 마지막 업무를 바르게 나열한 것은?

> G씨, 우리 팀이 준비하는 프로젝트가 마무리 단계인 건 알고 있죠? 이제 곧 그동안 진행해 온 팀 프로젝트를 발표해야 하는데 G씨가 발표자로 선정되어서 몇 가지 말씀드릴 게 있어요. 3월 둘째 주 월요일 오후 4시에 발표를 할 예정이니 그 시간에 비어있는 회의실을 찾아보고 예약해 주세요. 오늘이 벌써 첫째 주 수요일이네요. 보통 일주일 전에는 예약해야 하니 최대한 빨리 확인하고 예약해 주셔야 합니다. 또 발표 내용을 PPT 파일로 만들어서 저한테 메일로 보내 주세요. 검토 후 수정 사항을 회신할 테니 반영해서 최종본 내용을 브로슈어에 넣어 주세요. 최종본 내용을 모두 입력하면 디자인팀 D대리님께 파일을 넘겨줘야 해요. 디자인팀에서 작업 후 인쇄소로 보낼 겁니다. 최종 브로슈어는 1층 인쇄소에서 받아오시면 되는데 원래는 한나절이면 찾을 수 있지만 이번에 인쇄 주문 건이 많아서 다음 주 월요일에 찾을 수 있을 거예요. 아, 그리고 브로슈어 내용 정리 전에 작년에 프로젝트 발표자였던 B주임에게 물어보면 어떤 식으로 작성해야 할지 이야기해 줄 거예요.

① PPT 작성하기 – D대리에게 파일 전달하기
② 회의실 예약하기 – B주임에게 조언 구하기
③ 회의실 예약하기 – 인쇄소 방문하기
④ B주임에게 조언 구하기 – 인쇄소 방문하기
⑤ 회의실 예약하기 – D대리에게 파일 전달하기

03 직무전결 규정상 전무이사가 전결인 '과장의 국내출장 건'의 결재를 시행하고자 한다. 박기수 전무이사가 해외출장으로 인해 부재중이어서 직무대행자인 최수영 상무이사가 결재하였다. 〈보기〉 중 옳지 않은 것을 모두 고르면?

보기

ㄱ. 최수영 상무이사가 결재한 것은 전결이다.
ㄴ. 공문의 결재표상에는 '과장 최경옥, 부장 김석호, 상무이사 전결, 전무이사 최수영'이라고 표시되어 있다.
ㄷ. 박기수 전무이사가 출장에서 돌아와서 해당 공문을 검토하는 것은 후결이다.

① ㄱ
② ㄷ
③ ㄱ, ㄴ
④ ㄴ, ㄷ
⑤ ㄱ, ㄴ, ㄷ

04 다음은 G회사의 신제품 관련 회의가 끝난 후 작성된 회의록이다. 이를 이해한 내용으로 적절하지 않은 것은?

회의일시	2025.○.○	부서	홍보팀, 영업팀, 기획팀
참석자	홍보팀 팀장, 영업팀 팀장, 기획팀 팀장		
회의안건	신제품 홍보 및 판매 방안		
회의내용	- 경쟁 업체와 차별화된 마케팅 전략 필요 - 적극적인 홍보 및 판매 전략 필요 - 대리점 실적 파악 및 소비자 반응 파악 필요 - 홍보팀 업무 증가에 따라 팀원 보충 필요		
회의결과	- 홍보용 보도 자료 작성 및 홍보용 사은품 구매 요청 - 대리점별 신제품 판매량 조사 실시 - 마케팅 기획안 작성 및 공유 - 홍보팀 경력직 채용 공고		

① 이번 회의안건은 여러 팀의 협업이 필요한 사안이다.
② 기획팀은 마케팅 기획안을 작성하고, 이를 다른 팀과 공유해야 한다.
③ 홍보팀 팀장은 경력직 채용 공고와 관련하여 인사팀에 업무협조를 요청해야 한다.
④ 대리점의 신제품 판매량 조사는 소비자들의 반응을 파악하기 위한 것이다.
⑤ 영업팀은 홍보용 보도 자료를 작성하고, 홍보용 사은품을 구매해야 한다.

05 총무부의 G부장은 오늘까지 처리해야 할 부서업무를 다음과 같이 정리하였고, 금일 스케줄을 토대로 부서원들에게 해당 업무를 배정하려고 한다. 처리해야 할 업무가 잘못 배정된 사람은?(단, 한 사람당 하나의 업무만 배정한다)

〈총무부 금일 업무〉

- 부서장 회의 참석(09:30 ~ 11:00)
- 사무용품 주문서 작성 및 주문 메일 발송
  - ※ 주문서 최종 결재자 : G부장
  - ※ 주문 메일은 퇴근 전에 발송할 것
- 행사 용품 오배송건 반품
  - ※ 택배 접수 마감 시간 16:00
- H프로젝트 보고서 초안 작성
- 행사 참여 안내문 등기 발송
  - ※ 우체국 영업시간(09:00 ~ 18:00) 내 방문

〈총무부 금일 스케줄〉

<table>
<tr><th>시간</th><th>G부장</th><th>S과장</th><th>J대리</th><th>L사원</th><th>O사원</th></tr>
<tr><td>09:00 ~ 10:00</td><td></td><td></td><td rowspan="3">오전 반차</td><td colspan="2" rowspan="2">사내 교육 프로그램 참여</td></tr>
<tr><td>10:00 ~ 11:00</td><td></td><td rowspan="2">H프로젝트 회의</td></tr>
<tr><td>11:00 ~ 12:00</td><td></td><td></td><td></td></tr>
<tr><td>12:00 ~ 13:00</td><td colspan="5">점심시간</td></tr>
<tr><td>13:00 ~ 14:00</td><td></td><td></td><td>오전 반차</td><td></td><td></td></tr>
<tr><td>14:00 ~ 15:00</td><td rowspan="3">외근</td><td></td><td rowspan="2">행사 진행 업체 사전미팅</td><td></td><td></td></tr>
<tr><td>15:00 ~ 16:00</td><td></td><td></td><td></td></tr>
<tr><td>16:00 ~ 17:00</td><td></td><td></td><td></td><td></td></tr>
<tr><td>17:00 ~ 18:00</td><td colspan="2">업무 보고</td><td></td><td colspan="2">비품 정리</td></tr>
</table>

① G부장 : 부서장 회의 참석

② S과장 : H프로젝트 보고서 초안 작성

③ J대리 : 행사 용품 오배송건 반품

④ L사원 : 우체국 방문 및 등기 발송

⑤ O사원 : 사무용품 주문서 작성 및 주문 메일 발송

CHAPTER 03

문제해결능력

합격 Cheat Key

문제해결능력은 업무를 수행하면서 여러 가지 문제 상황이 발생하였을 때, 창의적이고 논리적인 사고를 통하여 이를 올바르게 인식하고 적절히 해결하는 능력으로, 하위 능력에는 사고력과 문제처리능력이 있다.

문제해결능력은 NCS 기반 채용을 진행하는 대다수의 공사·공단에서 채택하고 있으며, 다양한 자료와 함께 출제되는 경우가 많아 어렵게 느껴질 수 있다. 특히, 난이도가 높은 문제로 자주 출제되기 때문에 다른 영역보다 더 많은 노력이 필요할 수는 있지만 그렇기에 차별화를 할 수 있는 득점 영역이므로 포기하지 말고 꾸준하게 노력해야 한다.

1 질문의 의도를 정확하게 파악하라!

문제해결능력은 문제에서 무엇을 묻고 있는지 정확하게 파악하여 먼저 풀이 방향을 설정하는 것이 가장 효율적인 방법이다. 특히, 조건이 주어지고 답을 찾는 창의적·분석적인 문제가 주로 출제되고 있기 때문에 처음에 정확한 풀이 방향이 설정되지 않는다면 문제를 제대로 풀지 못하게 되므로 첫 번째로 출제 의도 파악에 집중해야 한다.

2 중요한 정보는 반드시 표시하라!

출제 의도를 정확히 파악하기 위해서는 문제의 중요한 정보를 반드시 표시하거나 메모하여 하나의 조건, 단서도 잊고 넘어가는 일이 없도록 해야 한다. 실제 시험에서는 시간의 압박과 긴장감으로 정보를 잘못 적용하거나 잊어버리는 실수가 많이 발생하므로 사전에 충분한 연습이 필요하다.

3 반복 풀이를 통해 취약 유형을 파악하라!

문제해결능력은 특히 시간관리가 중요한 영역이다. 따라서 정해진 시간 안에 고득점을 할 수 있는 효율적인 문제 풀이 방법을 찾아야 한다. 이때, 반복적인 문제 풀이를 통해 자신이 취약한 유형을 파악하는 것이 중요하다. 정확하게 풀 수 있는 문제부터 빠르게 풀고 취약한 유형은 나중에 푸는 효율적인 문제 풀이를 통해 최대한 고득점을 맞는 것이 중요하다.

01 명제 추론

| 유형분석 |

- 주어진 문장을 토대로 논리적으로 추론하여 참 또는 거짓을 구분하는 문제이다.
- 대체로 연역추론을 활용한 명제 문제가 출제된다.
- 자료를 제시하고 새로운 결과나 자료에 주어지지 않은 내용을 추론해 가는 형식의 문제가 출제된다.

G공사는 공휴일 세미나 진행을 위해 인근의 사무용품점 A ~ F에서 필요한 물품을 구매하고자 한다. 다음 〈조건〉을 참고할 때, 공휴일에 영업하는 사무용품점의 수는?

조건

- C는 공휴일에 영업하지 않는다.
- B가 공휴일에 영업하지 않으면, C와 E는 공휴일에 영업한다.
- E 또는 F가 영업하지 않는 날이면, D는 영업한다.
- B가 공휴일에 영업하면, A와 E는 공휴일에 영업하지 않는다.
- B와 F 중 한 곳만 공휴일에 영업한다.

① 2곳
② 3곳
③ 4곳
④ 5곳
⑤ 6곳

정답 ①

주어진 조건을 순서대로 논리 기호화하면 다음과 같다.

- 첫 번째 조건 : ~C
- 두 번째 조건 : ~B → (C ∧ E)
- 세 번째 조건 : (~E ∨ ~F) → D
- 네 번째 조건 : B → (~A ∧ ~E)

첫 번째 조건이 참이므로 두 번째 조건의 대우[(~C ∨ ~E) → B]에 따라 B는 공휴일에 영업한다. 이때 네 번째 조건에 따라 A와 E는 영업하지 않고, 다섯 번째 조건에 따라 F도 영업하지 않는다. 마지막으로 세 번째 조건에 따라 D는 영업한다. 따라서 공휴일에 영업하는 사무용품점은 B와 D 2곳이다.

풀이 전략!

명제와 관련한 기본적인 논법에 대해서는 미리 학습해 두며, 이를 바탕으로 각 문장에 있는 핵심단어 또는 문구를 기호화하여 정리한 후, 선택지와 비교하여 참 또는 거짓을 판단한다.

01 9층 건물의 지하에서 출발한 엘리베이터에 타고 있던 A～I 9명은 1층부터 9층까지 각각 다른 층에 내렸다. 다음 〈조건〉을 근거로 할 때, 짝수 층에서 내리지 않은 사람은?

조건

- D는 F보다는 빨리 내렸고, A보다는 늦게 내렸다.
- H는 홀수 층에 내렸다.
- C는 3층에 내렸다.
- G는 C보다 늦게 내렸고, B보다 빨리 내렸다.
- B는 C보다 3층 후에 내렸고, F보다는 1층 전에 내렸다.
- I는 D보다 늦게 내렸고, G보다는 일찍 내렸다.

① B
② D
③ E
④ G
⑤ I

02 국제영화제 행사에 참석한 G는 A～F영화를 다음 〈조건〉에 맞춰 5월 1일부터 5월 6일까지 하루에 한 편씩 보려고 한다. 이때 반드시 참인 것은?

조건

- F영화는 3일과 4일 중 하루만 상영된다.
- D영화는 C영화가 상영된 날 이틀 후에 상영된다.
- B영화는 C, D영화보다 먼저 상영된다.
- 첫째 날 B영화를 본다면 5일에 반드시 A영화를 본다.

① A영화는 C영화보다 먼저 상영될 수 없다.
② B영화는 1일 또는 2일에 상영된다.
③ C영화는 E영화보다 먼저 상영된다.
④ D영화는 5일이나 폐막작으로 상영될 수 없다.
⑤ E영화는 개막작이나 폐막작으로 상영된다.

03 A ~ G 7명이 원형테이블에 다음 〈조건〉과 같이 앉아 있을 때, 직급이 사원인 사람과 대리인 사람을 바르게 나열한 것은?

조건

A, B, C, D, E, F, G는 모두 사원, 대리, 과장, 차장, 팀장, 부부장, 부장 중 하나의 직급에 해당하며, 이 중 동일한 직급인 직원은 없다.

- A의 왼쪽에는 부장이, 오른쪽에는 차장이 앉아 있다.
- E는 사원과 이웃하여 앉지 않았다.
- B는 부장과 이웃하여 앉아 있다.
- C의 직급은 차장이다.
- G는 차장과 과장 사이에 앉아 있다.
- D는 A와 이웃하여 앉아 있다.
- 사원은 부장, 대리와 이웃하여 앉아 있다.

	사원	대리
①	A	F
②	B	E
③	B	F
④	D	E
⑤	D	G

04 다음 〈조건〉에 따라 교육부, 행정안전부, 보건복지부, 농림축산식품부, 외교부 및 국방부에 대한 국정감사 순서를 정한다고 할 때, 반드시 참인 것은?

조건

- 행정안전부에 대한 감사는 농림축산식품부와 외교부에 대한 감사 사이에 한다.
- 국방부에 대한 감사는 보건복지부와 농림축산식품부에 대한 감사보다 늦게 시작되지만, 외교부에 대한 감사보다 먼저 시작되어야 한다.
- 교육부에 대한 감사는 아무리 늦어도 보건복지부 또는 농림축산식품부 중 적어도 어느 한 부서에 대한 감사보다는 먼저 시작되어야 한다.
- 보건복지부는 농림축산식품부보다 먼저 감사를 시작한다.

① 교육부는 첫 번째 또는 두 번째에 감사를 시작한다.
② 보건복지부는 두 번째로 감사를 시작한다.
③ 농림축산식품부보다 늦게 감사를 받는 부서의 수가 일찍 받는 부서의 수보다 적다.
④ 국방부는 행정안전부보다 감사를 일찍 시작한다.
⑤ 외교부보다 늦게 감사를 받는 부서가 있다.

05 G대학교의 기숙사에 거주하는 A ~ D는 1층부터 4층에 매년 새롭게 방을 배정받고 있으며, 올해도 방을 배정받는다. 다음 〈조건〉을 참고할 때, 반드시 참인 것은?

조건

- 한 번 배정받은 층에는 다시 배정받지 않는다.
- A와 D는 2층에 배정받은 적이 있다.
- B와 C는 3층에 배정받은 적이 있다.
- A와 B는 1층에 배정받은 적이 있다.
- A, B, D는 4층에 배정받은 적이 있다.

① C는 4층에 배정될 것이다.
② D는 3층에 배정받은 적이 있다.
③ C는 1층에 배정받은 적이 있다.
④ C는 2층에 배정받은 적이 있다.
⑤ 기숙사에 3년 이상 산 사람은 A밖에 없다.

06 G호텔 라운지에 둔 화분이 투숙자 중 1명에 의해 깨진 사건이 발생했다. 이 호텔에는 갑 ~ 무 5명의 투숙자가 있었으며, 각 투숙자는 다음과 같이 진술하였다. 5명의 투숙자 중 4명은 진실을 말하고 1명이 거짓말을 하고 있다면, 거짓말을 하고 있는 사람은?

갑 : 을은 화분을 깨뜨리지 않았다.
을 : 화분을 깨뜨린 사람은 정이다.
병 : 내가 화분을 깨뜨렸다.
정 : 을의 말은 거짓말이다.
무 : 나는 화분을 깨뜨리지 않았다.

① 갑 ② 을
③ 병 ④ 정
⑤ 무

02 자료 해석

| 유형분석 |

- 주어진 자료를 해석하고 활용하여 풀어가는 문제이다.
- 꼼꼼하고 분석적인 접근이 필요한 다양한 자료들이 출제된다.

다음 중 정수장 수질검사 현황에 대해 바르게 설명한 사람은?

〈정수장 수질검사 현황〉

급수 지역	항목						검사결과	
	일반세균 100 이하 (CFU/mL)	대장균 불검출 (수/100mL)	NH3-N 0.5 이하 (mg/L)	잔류염소 4.0 이하 (mg/L)	구리 1 이하 (mg/L)	망간 0.05 이하 (mg/L)	적합 여부	기준 초과
함평읍	0	불검출	불검출	0.14	0.045	불검출	적합	없음
이삼읍	0	불검출	불검출	0.27	불검출	불검출	적합	없음
학교면	0	불검출	불검출	0.13	0.028	불검출	적합	없음
엄다면	0	불검출	불검출	0.16	0.011	불검출	적합	없음
나산면	0	불검출	불검출	0.12	불검출	불검출	적합	없음

① A사원 : 함평읍의 잔류염소는 가장 낮은 수치를 보였고, 기준치에 적합하네.

② B사원 : 모든 급수지역에서 일반세균이 나오지 않았어.

③ C사원 : 기준치를 초과한 곳은 없었지만 적합하지 않은 지역은 있어.

④ D사원 : 대장균과 구리가 검출되면 부적합 판정을 받는구나.

⑤ E사원 : 구리가 검출되지 않은 지역은 세 곳이야.

정답 ②

오답분석

① 잔류염소에서 가장 낮은 수치를 보인 지역은 나산면(0.12mg/L)이고, 함평읍(0.14mg/L)은 세 번째로 낮다.

③ 기준치를 초과한 곳도 없고, 모두 적합 판정을 받았다.

④ 함평읍과 학교면, 엄다면은 구리가 검출되었지만 적합 판정을 받았다.

⑤ 구리가 검출되지 않은 지역은 이삼읍과 나산면으로 두 곳이다.

풀이 전략!

문제 해결을 위해 필요한 정보가 무엇인지 먼저 파악한 후, 제시된 자료를 분석적으로 읽고 해석한다.

01 다음 자료를 근거로 판단할 때, 연구모임 A～E 중 두 번째로 많은 지원금을 받는 모임은?

〈지원계획〉

- 지원을 받기 위해서는 모임당 6명 이상 9명 미만으로 구성되어야 한다.
- 기본지원금은 모임당 1,500천 원이다. 단, 상품개발을 위한 모임의 경우는 2,000천 원을 지원한다.
- 추가지원금

등급	상	중	하
추가지원금(천 원/명)	120	100	70

※ 추가지원금은 연구 계획 사전평가결과에 따라 달라짐

- 협업 장려를 위해 협업이 인정되는 모임에는 위의 두 지원금을 합한 금액의 30%를 별도로 지원한다.

〈연구모임 현황 및 평가 결과〉

모임	상품개발 여부	구성원 수	연구 계획 사전평가 결과	협업 인정 여부
A	○	5	상	○
B	×	6	중	×
C	×	8	상	○
D	○	7	중	×
E	×	9	하	×

① A모임 ② B모임
③ C모임 ④ D모임
⑤ E모임

02 다음 글과 상황을 근거로 판단할 때, 출장을 함께 갈 수 있는 직원들의 조합으로 가능한 것은?

G공사 B지사에서는 2월 11일 회계감사 관련 서류 제출을 위해 본사로 출장을 가야 한다. 오전 8시 정각 출발이 확정되어 있으며, 출발 후 B지사에 복귀하기까지 총 8시간이 소요된다. 단, 비가 오는 경우 1시간이 추가로 소요된다.

- 출장인원 중 한 명이 직접 운전하여야 하며, '운전면허 1종 보통' 소지자만 운전할 수 있다.
- 출장시간에 사내 업무가 겹치는 경우에는 출장을 갈 수 없다.
- 출장인원 중 부상자가 포함되어 있는 경우, 서류 박스 운반 지연으로 인해 30분이 추가로 소요된다.
- 차장은 책임자로서 출장인원에 적어도 한 명은 포함되어야 한다.
- 주어진 조건 외에는 고려하지 않는다.

〈상황〉

- 2월 11일은 하루 종일 비가 온다.
- 2월 11일 당직 근무는 17시 10분에 시작한다.

직원	직위	운전면허	건강상태	출장 당일 사내 업무
갑	차장	1종 보통	부상	없음
을	차장	2종 보통	건강	17시 15분 계약업체 면담
병	과장	없음	건강	17시 35분 관리팀과 회의
정	과장	1종 보통	건강	당직 근무
무	대리	2종 보통	건강	없음

① 갑, 을, 병　　② 갑, 병, 정

③ 을, 병, 무　　④ 을, 정, 무

⑤ 병, 정, 무

03 귀하는 점심식사 중 식당에 있는 TV에서 정부의 정책에 대한 뉴스가 나오는 것을 보았다. 함께 점심을 먹는 동료들과 뉴스를 보고 나눈 대화의 내용으로 적절하지 않은 것은?

〈뉴스〉

앵커 : 저소득층에게 법률서비스를 제공하는 정책을 구상 중입니다. 정부는 무료로 법률자문을 하겠다고 자원하는 변호사를 활용하는 자원봉사제도, 정부에서 법률 구조공단 등의 기관을 신설하고 변호사를 유급으로 고용하여 법률서비스를 제공하는 유급법률구조제도, 정부가 법률서비스의 비용을 대신 지불하는 법률보호제도 등의 세 가지 정책대안 중 하나를 선택할 계획입니다.

이 정책대안을 비교하는 데 고려해야 할 정책목표는 비용저렴성, 접근용이성, 정치적 실현가능성, 법률서비스의 전문성입니다. 정책대안과 정책목표의 상관관계는 화면으로 보여드립니다. 각 대안이 정책목표를 달성하는 데 유리한 경우는 (+)로, 불리한 경우는 (−)로 표시하였으며, 유・불리 정도는 같습니다. 정책목표에 대한 가중치의 경우, '0'은 해당 정책목표를 무시하는 것을, '1'은 해당 정책목표를 고려하는 것을 의미합니다.

〈정책대안과 정책목표의 상관관계〉

정책목표	가중치		정책대안		
	A안	B안	자원봉사제도	유급법률구조제도	법률보호제도
비용저렴성	0	0	+	−	−
접근용이성	1	0	−	+	−
정치적 실현가능성	0	0	+	−	+
전문성	1	1	−	+	−

① 전문성 면에서는 유급법률구조제도가 자원봉사제도보다 더 좋은 정책 대안으로 평가받게 되겠군.
② A안에 가중치를 적용할 경우 유급법률구조제도가 적절한 정책대안으로 평가받게 되지 않을까?
③ 반대로 B안에 가중치를 적용할 경우 자원봉사제도가 적절한 정책대안으로 평가받게 될 것 같아.
④ A안과 B안 중 어떤 것을 적용하더라도 정책대안 비교의 결과는 달라지지 않을 것으로 보여.
⑤ 비용저렴성을 달성하기에 가장 유리한 정책대안은 자원봉사제도로군.

※ G건설회사에서는 B시에 건물을 신축하고 있다. 다음 자료를 보고 이어지는 질문에 답하시오. [4~5]

B시에서는 친환경 건축물 인증제도를 시행하고 있다. 이는 건축물의 설계, 시공 등의 건설과정이 쾌적한 거주환경과 자연환경에 미치는 영향을 점수로 평가하여 인증하는 제도로, 건축물에 인증등급을 부여한다.

〈평가점수별 인증등급〉

평가점수	인증등급
80점 이상	최우수
70 ~ 80점 미만	우수
60 ~ 70점 미만	우량
50 ~ 60점 미만	일반

또한 친환경 건축물 최우수, 우수 등급이면서 건축물 에너지효율 1등급 또는 2등급을 추가로 취득한 경우, 취·등록세액 감면 혜택을 얻게 된다.

〈취·등록세액 감면 비율〉

구분	최우수 등급	우수 등급
에너지효율 1등급	12%	8%
에너지효율 2등급	8%	4%

04 다음 상황에 근거할 때, 〈보기〉 중 옳은 것을 모두 고르면?

〈상황〉

- G건설회사가 신축하고 있는 건물의 예상되는 친환경 건축물 평가점수는 63점이고 에너지효율은 3등급이다.
- 친환경 건축물 평가점수를 1점 높이기 위해서는 1,000만 원, 에너지효율을 한 등급 높이기 위해서는 2,000만 원의 추가 투자비용이 든다.
- 신축 건물의 감면 전 취·등록세 예상액은 총 20억 원이다.
- G건설회사는 경제적 이익을 극대화하고자 한다.

※ 경제적 이익 또는 손실 : (취·등록세 감면액)−(추가 투자액)

※ 기타 비용과 이익은 고려하지 않음

보기

ㄱ. 추가 투자함으로써 경제적 이익을 얻을 수 있는 최소 투자금액은 1억 1,000만 원이다.

ㄴ. 친환경 건축물 우수 등급, 에너지효율 1등급을 받기 위해 추가 투자할 경우 경제적 이익이 가장 크다.

ㄷ. 친환경 건축물 우수 등급, 에너지 효율 2등급을 받기 위해 최소로 투자할 경우 경제적 손실이 2,000만 원 발생한다.

① ㄱ
② ㄷ
③ ㄱ, ㄴ
④ ㄴ, ㄷ
⑤ ㄱ, ㄴ, ㄷ

05 G건설회사의 직원들이 신축 건물에 대해 대화를 나누고 있다. 다음 중 옳지 않은 것은?

① 갑 : 현재 우리 회사 신축 건물의 등급은 우량 등급이야.
② 을 : 신축 건물 예상평가결과 취 · 등록세액 감면 혜택을 받을 수 있어.
③ 병 : 추가 투자를 해서 에너지효율을 높일 필요가 있어.
④ 정 : 얼마만큼의 투자가 필요한지 계획하는 것은 예산 관리의 일환이야.
⑤ 무 : 추가 투자에 예산을 배정하기에 앞서 우선순위를 결정해야 해.

PART 1

06 G공사 홍보실에 근무하는 A사원은 12일부터 15일까지 워크숍을 가게 되었다. 워크숍을 떠나기 직전 A사원은 스마트폰의 날씨예보 어플을 통해 워크숍 장소인 춘천의 날씨를 확인해 보았다. 다음 중 A사원이 확인한 날씨예보의 내용으로 가장 적절한 것은?

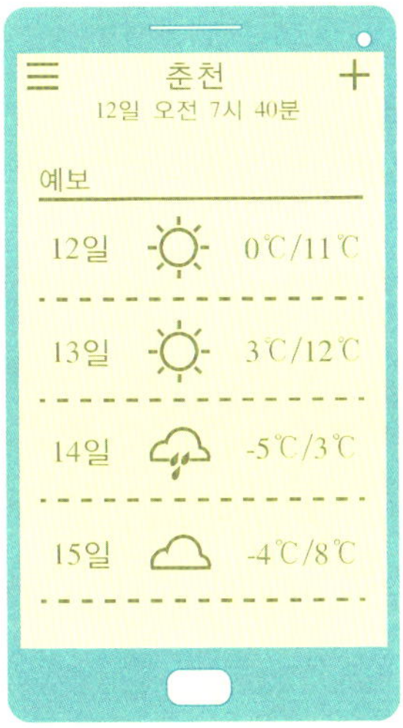

① 워크숍 기간 중 오늘이 일교차가 가장 크므로 감기에 유의해야 한다.
② 내일 춘천지역의 미세먼지가 심하므로 주의해야 한다.
③ 워크숍 기간 중 비를 동반한 낙뢰가 예보된 날이 있다.
④ 내일모레 춘천지역의 최고 · 최저기온이 모두 영하이므로 야외활동 시 옷을 잘 챙겨 입어야 한다.
⑤ 글피엔 비가 내리지 않지만 최저기온이 영하이다.

대표기출유형

03 규칙 적용

| 유형분석 |

- 주어진 상황과 규칙을 종합적으로 활용하여 풀어가는 문제이다.
- 일정, 비용, 순서 등 다양한 내용을 다루고 있어 유형을 한 가지로 단일화하기 어려우므로 여러 문제를 접해 보는 것이 좋다.

A팀과 B팀은 보안등급 상에 해당하는 문서를 나누어 보관하고 있다. 이에 따라 두 팀은 보안을 위해 아래와 같은 규칙에 따라 각 팀의 비밀번호를 지정하였다. 다음 중 A팀과 B팀에 들어갈 수 있는 암호배열은?

〈규칙〉

- 1 ~ 9까지의 숫자로 (한 자릿수)×(두 자릿수)=(세 자릿수)=(두 자릿수)×(한 자릿수) 형식의 비밀번호로 구성한다.
- 가운데에 들어갈 세 자릿수의 숫자는 156이며 숫자는 중복 사용할 수 없다. 즉, 각 팀의 비밀번호에 1, 5, 6이란 숫자가 들어가지 않는다.

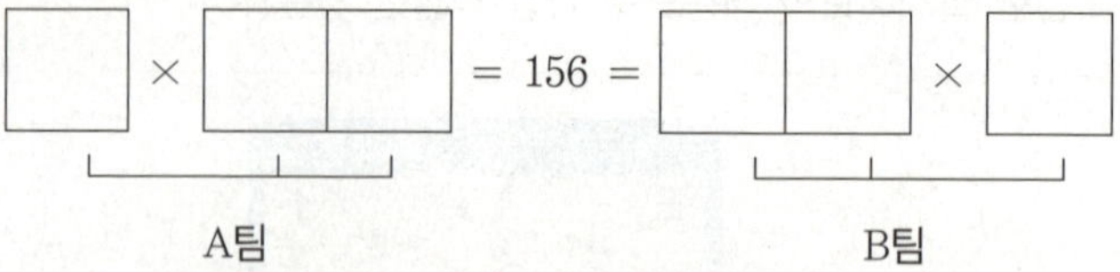

① 23
② 27
③ 29
④ 35
⑤ 39

정답 ⑤

규칙에 따라 사용할 수 있는 숫자는 1, 5, 6을 제외한 나머지 2, 3, 4, 7, 8, 9의 총 6개이다. (한 자릿수)×(두 자릿수)=156이 되는 수를 알기 위해서는 156의 소인수를 구해보면 된다. 156의 소인수는 3, 2^2, 13으로 여기서 156이 되는 수의 곱 중에 조건을 만족하는 것은 2×78과 4×39이다. 따라서 선택지 중에 A팀 또는 B팀에 들어갈 수 있는 암호배열은 39이다.

풀이 전략!

문제에 제시된 조건이나 규칙을 정확히 파악한 후, 선택지나 상황에 적용하여 문제를 풀어나간다.

대표기출유형 03 기출응용문제

01 다음 글을 근거로 판단할 때, 그림 2의 정육면체 아랫면에 쓰인 36개 숫자의 합은?

> 정육면체인 하얀 블록 5개와 검은 블록 1개를 일렬로 붙인 막대 30개를 만든다. 각 막대의 윗면에는 가장 위에 있는 블록부터, 아랫면에는 가장 아래에 있는 블록부터 세어 검은 블록이 몇 번째 블록인지를 나타내는 숫자를 쓴다. 이런 규칙에 따르면 그림 1의 예에서는 윗면에 2를, 아랫면에 5를 쓰게 된다. 다음으로 검은 블록 없이 하얀 블록 6개를 일렬로 붙인 막대를 6개 만든다. 검은 블록이 없으므로 윗면과 아랫면 모두에 0을 쓴다.
>
> 이렇게 만든 36개의 막대를 붙여 그림 2와 같은 큰 정육면체를 만들었더니, 윗면에 쓰인 36개 숫자의 합이 109였다.

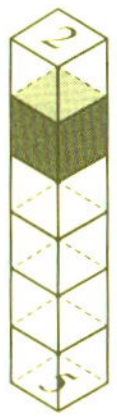

〈그림 1〉

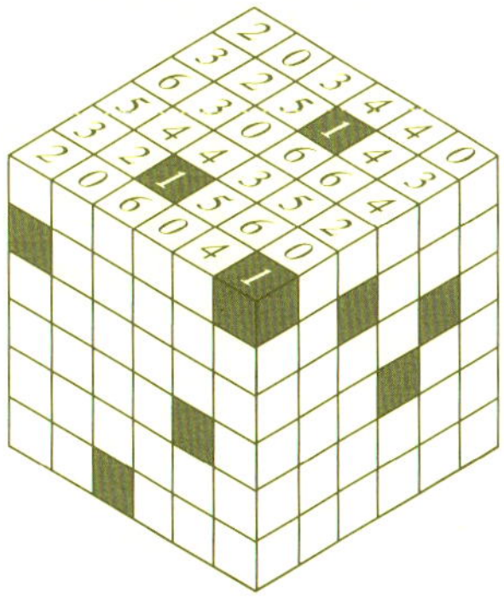

〈그림 2〉

① 97　② 100
③ 101　④ 103
⑤ 106

02 A사원은 전세버스 대여를 전문으로 하는 여행업체인 G사에 근무하고 있다. 지난 10년 동안 상당한 규모로 성장해 온 G사는 현재 보유하고 있는 버스의 현황을 실시간으로 파악할 수 있도록 식별 코드를 부여하였다. 식별 코드 부여 방식과 보유 전세버스 현황이 다음과 같을 때, 옳지 않은 것은?

〈식별 코드 부여 방식〉

[버스등급] – [승차인원] – [제조국가] – [모델번호] – [제조연월]

버스등급	코드	제조국가	코드
대형버스	BX	한국	KOR
중형버스	MF	독일	DEU
소형버스	RT	미국	USA

예 BX – 45 – DEU – 15 – 2502
2025년 2월 독일에서 생산된 45인승 대형버스 15번 모델

〈보유 전세버스 현황〉

BX – 28 – DEU – 24 – 1308	MF – 35 – DEU – 15 – 0910	RT – 23 – KOR – 07 – 0628
MF – 35 – KOR – 15 – 1206	BX – 45 – USA – 11 – 0712	BX – 45 – DEU – 06 – 1105
MF – 35 – DEU – 20 – 1110	BX – 41 – DEU – 05 – 1408	RT – 16 – USA – 09 – 0712
RT – 25 – KOR – 18 – 0803	RT – 25 – DEU – 12 – 0904	MF – 35 – KOR – 17 – 0901
BX – 28 – USA – 22 – 1404	BX – 45 – USA – 19 – 1108	BX – 28 – USA – 15 – 1012
RT – 16 – DEU – 23 – 1501	MF – 35 – KOR – 16 – 0804	BX – 45 – DEU – 19 – 1312
MF – 35 – DEU – 20 – 1005	BX – 45 – USA – 14 – 1007	–

① 보유하고 있는 소형버스의 절반 이상은 독일에서 생산되었다.
② 대형버스 중 28인승은 3대이며, 한국에서 생산된 차량은 없다.
③ 보유 중인 대형버스는 전체의 40% 이상을 차지한다.
④ 중형버스는 3대 이상이며, 모두 2013년 이전에 생산되었다.
⑤ 미국에서 생산된 버스 중 중형버스는 없다.

※ 김대리는 사내 메신저의 보안을 위해 다음과 같이 암호화 규칙을 만들어 동료들과 대화하기로 하였다. 이어지는 질문에 답하시오. [3~4]

〈암호화 규칙〉

- 한글 자음은 사전 순서에 따라 바로 뒤의 한글 자음으로 변환한다.
  예 ㄱ → ㄴ … ㅎ → ㄱ
- 쌍자음의 경우 자음 두 개로 풀어 표기한다.
  예 ㄲ → ㄴㄴ
- 한글 모음은 사전 순서에 따라 알파벳 a, b, c …로 변환한다.
  예 ㅏ → a, ㅐ → b … ㅢ → t, ㅣ → u
- 겹받침의 경우 풀어 표기한다.
  예 맑다 → ㅂaㅁㄴㄹa
- 공백은 0으로 표현한다.

03 메신저를 통해 김대리가 오늘 점심 메뉴로 'ㄴuㅂㅋuㅊㅊuㄴb'를 먹자고 했을 때, 김대리가 말한 메뉴는?

① 김치김밥
② 김치찌개
③ 계란말이
④ 된장찌개
⑤ 부대찌개

04 김대리는 이번 주 금요일에 사내 워크숍에서 사용할 조별 구호를 '존중과 배려'로 결정하였고, 메신저를 통해 조원들에게 알리려고 한다. 다음 중 김대리가 전달할 구호를 암호화 규칙에 따라 바르게 변환한 것은?

① ㅊiㄷㅊuㅈㄴjㅅbㅁg
② ㅊiㄷㅊnㅈㄴjㅅbㅁg
③ ㅊiㄷㅊnㅈㄴj0ㅅbㅁg
④ ㅊiㄷㅊnㅈㄴia0ㅅbㅁg
⑤ ㅊiㄷㅊuㅈㄴia0ㅅbㅁg

04 | SWOT 분석

| 유형분석 |

- 상황에 대한 환경 분석 결과를 통해 주요 과제를 도출하는 문제이다.
- 주로 3C 분석 또는 SWOT 분석을 활용한 문제들이 출제되고 있으므로 해당 분석도구에 대한 사전 학습이 요구된다.

다음은 미용실에 대한 SWOT 분석 결과이다. 이에 대한 대응 방안으로 가장 적절한 것은?

S(강점)	W(약점)
• 뛰어난 실력으로 미용대회에서 여러 번 우승한 경험이 있다. • 인건비가 들지 않아 비교적 저렴한 가격에 서비스를 제공한다.	• 한 명이 운영하는 가게라 동시에 많은 손님을 받을 수 없다. • 홍보가 미흡하다.
O(기회)	**T(위협)**
• 바로 옆에 유명한 프랜차이즈 레스토랑이 생겼다. • 미용실을 위한 소셜 네트워크 예약 서비스가 등장했다.	• SNS를 활용하여 주변 미용실들이 열띤 가격경쟁을 펼치고 있다. • 대규모 프랜차이즈 미용실들이 잇따라 등장하고 있다.

① ST전략 : 여러 번 대회에서 우승한 경험을 가지고 가맹점을 낸다.

② WT전략 : 여러 명의 직원을 고용해 오히려 가격을 올리는 고급화 전략을 펼친다.

③ SO전략 : 소셜 네트워크 예약 서비스를 이용해 방문한 사람들에게만 저렴한 가격에 서비스를 제공한다.

④ WO전략 : 유명한 프랜차이즈 레스토랑과 연계하여 홍보물을 비치한다.

정답 ④

WO전략은 약점을 극복함으로써 기회를 활용할 수 있도록 내부 약점을 보완해 좀 더 효과적으로 시장 기회를 추구한다. 따라서 바로 옆에 유명한 프랜차이즈 레스토랑이 생겼다는 사실을 이용하여 홍보가 미흡한 점을 보완할 수 있도록 레스토랑과 제휴하여 레스토랑 내에 홍보물을 비치하는 방법은 WO전략으로 적절하다.

풀이 전략!

문제에 제시된 분석도구를 확인한 후, 분석 결과를 종합적으로 판단하여 각 선택지의 전략 과제와 일치 여부를 판단한다.

대표기출유형 04 기출응용문제

01 다음은 G섬유회사에 대한 SWOT 분석 결과이다. 〈보기〉 중 분석에 따른 대응 전략으로 적절한 것을 모두 고르면?

〈G섬유회사 SWOT 분석 결과〉

S(강점)	W(약점)
• 첨단 신소재 관련 특허 다수 보유	• 신규 생산 설비 투자 미흡 • 브랜드의 인지도 부족
O(기회)	**T(위협)**
• 고기능성 제품에 대한 수요 증가 • 정부 주도의 문화 콘텐츠 사업 지원	• 중저가 의류용 제품의 공급 과잉 • 저임금의 개발도상국과 경쟁 심화

보기

ㄱ. SO전략으로 첨단 신소재를 적용한 고기능성 제품을 개발한다.
ㄴ. ST전략으로 첨단 신소재 관련 특허를 개발도상국의 경쟁업체에 무상 이전한다.
ㄷ. WO전략으로 문화 콘텐츠와 디자인을 접목한 신규 브랜드 개발을 통해 적극적으로 마케팅 한다.
ㄹ. WT전략으로 기존 설비에 대한 재투자를 통해 대량생산 체제로 전환한다.

① ㄱ, ㄷ
② ㄱ, ㄹ
③ ㄴ, ㄷ
④ ㄴ, ㄹ
⑤ ㄷ, ㄹ

02 다음은 중국에 진출한 프랜차이즈 커피전문점에 대해 SWOT 분석을 한 것이다. 〈보기〉의 (가)~(라)에 들어갈 전략을 바르게 나열한 것은?

〈중국 진출 프랜차이즈 커피전문점에 대한 SWOT 분석 결과〉

S(강점)	W(약점)
• 풍부한 원두커피의 맛 • 독특한 인테리어 • 브랜드 파워 • 높은 고객 충성도	• 낮은 중국 내 인지도 • 높은 시설비 • 비싼 임대료
O(기회)	**T(위협)**
• 중국 경제 급성장 • 서구문화에 대한 관심 • 외국인 집중 • 경쟁업체 진출 미비	• 중국의 차 문화 • 유명 상표 위조 • 커피 구매 인구의 감소

보기

(가)	(나)
• 브랜드가 가진 미국 고유문화 고수 • 독특하고 차별화된 인테리어 유지 • 공격적 점포 확장	• 외국인 많은 곳에 점포 개설 • 본사 직영으로 인테리어
(다)	**(라)**
• 고품질 커피로 상위 소수고객에 집중	• 녹차 향 커피 • 개발 상표 도용 감시

	(가)	(나)	(다)	(라)
①	SO전략	ST전략	WO전략	WT전략
②	WT전략	ST전략	WO전략	SO전략
③	SO전략	WO전략	ST전략	WT전략
④	ST전략	WO전략	SO전략	WT전략
⑤	WT전략	WO전략	ST전략	SO전략

03 다음은 레저용 차량을 생산하는 G기업에 대한 SWOT 분석 결과이다. 〈보기〉 중 각 전략에 따른 대응으로 적절한 것을 모두 고르면?

SWOT 분석은 조직의 외부환경 분석을 통해 기회와 위협 요인을 파악하고, 조직의 내부 역량 분석을 통해서 조직의 강점과 약점을 파악하여, 이를 토대로 강점은 최대화하고 약점은 최소화하며, 기회는 최대한 활용하고 위협에는 최대한 대처하는 전략을 세우기 위한 분석 방법이다.

〈SWOT 분석 매트릭스〉

구분	강점(Strength)	약점(Weakness)
기회(Opportunity)	SO전략 : 공격적 전략 강점으로 기회를 살리는 전략	WO전략 : 방향전환 전략 약점을 보완하여 기회를 살리는 전략
위협(Threat)	ST전략 : 다양화 전략 강점으로 위협을 최소화하는 전략	WT전략 : 방어적 전략 약점을 보완하여 위협을 최소화하는 전략

〈G기업 SWOT 분석 결과〉

강점(Strength)	약점(Weakness)
• 높은 브랜드 이미지 · 평판 • 훌륭한 서비스와 판매 후 보증수리 • 확실한 거래망, 딜러와의 우호적인 관계 • 막대한 R&D 역량 • 자동화된 공장 • 대부분의 차량 부품 자체 생산	• 한 가지 차종에만 집중 • 고도의 기술력에 대한 과도한 집중 • 생산설비에 막대한 투자 → 차량모델 변경의 어려움 • 한 곳의 생산 공장만 보유 • 전통적인 가족형 기업 운영
기회(Opportunity)	**위협(Threat)**
• 소형 레저용 차량에 대한 수요 증대 • 새로운 해외시장의 출현 • 저가형 레저용 차량에 대한 선호 급증	• 휘발유의 부족 및 가격의 급등 • 레저용 차량 전반에 대한 수요 침체 • 다른 회사들과의 경쟁 심화 • 차량 안전 기준의 강화

보기

ㄱ. ST전략 : 기술개발을 통하여 연비를 개선한다.
ㄴ. SO전략 : 대형 레저용 차량을 생산한다.
ㄷ. WO전략 : 규제강화에 대비하여 보다 안전한 레저용 차량을 생산한다.
ㄹ. WT전략 : 생산량 감축을 고려한다.
ㅁ. WO전략 : 국내 다른 지역이나 해외에 공장들을 분산 설립한다.
ㅂ. ST전략 : 경유용 레저 차량 생산을 고려한다.
ㅅ. SO전략 : 해외 시장 진출보다는 내수 확대에 집중한다.

① ㄱ, ㄴ, ㅁ, ㅂ
② ㄱ, ㄹ, ㅁ, ㅂ
③ ㄱ, ㄹ, ㅁ, ㅅ
④ ㄴ, ㄹ, ㅁ, ㅂ
⑤ ㄴ, ㄹ, ㅂ, ㅅ

CHAPTER 04

자원관리능력

합격 Cheat Key

자원관리능력은 현재 NCS 기반 채용을 진행하는 많은 공사·공단에서 핵심영역으로 자리 잡아, 일부를 제외한 대부분의 시험에서 출제되고 있다.

세부 유형은 비용 계산, 해외파견 지원금 계산, 주문 제작 단가 계산, 일정 조율, 일정 선정, 행사 대여 장소 선정, 최단거리 구하기, 시차 계산, 소요시간 구하기, 해외파견 근무 기준에 부합하는 또는 부합하지 않는 직원 고르기 등으로 나눌 수 있다.

1 시차를 먼저 계산하라!

시간 자원 관리의 대표유형 중 시차를 계산하여 일정에 맞는 항공권을 구입하거나 회의시간을 구하는 문제에서는 각각의 나라 시간을 한국 시간으로 전부 바꾸어 계산하는 것이 편리하다. 조건에 맞는 나라들의 시간을 전부 한국 시간으로 바꾸고 한국 시간과의 시차만 더하거나 빼면 시간을 단축하여 풀 수 있다.

2 선택지를 잘 활용하라!

계산을 해서 값을 요구하는 문제 유형에서는 선택지를 먼저 본 후 자리 수가 몇 단위로 끝나는지 확인해야 한다. 예를 들어 412,300원, 426,700원, 434,100원인 선택지가 있다고 할 때, 제시된 조건에서 100원 단위로 나올 수 있는 항목을 찾아 그 항목만 계산하는 방법이 있다. 또한, 일일이 계산하는 문제가 많다. 예를 들어 640,000원, 720,000원, 810,000원 등의 수를 이용해 푸는 문제가 있다고 할 때, 만 원 단위를 절사하고 계산하여 64, 72, 81처럼 요약하는 방법이 있다.

3 최적의 값을 구하는 문제인지 파악하라!

물적 자원 관리의 대표유형에서는 제한된 자원 내에서 최대의 만족 또는 이익을 얻을 수 있는 방법을 강구하는 문제가 출제된다. 이때, 구하고자 하는 값을 x, y로 정하고 연립방정식을 이용해 x, y 값을 구한다. 최소 비용으로 목표생산량을 달성하기 위한 업무 및 인력 할당, 정해진 시간 내에 최대 이윤을 낼 수 있는 업체 선정, 정해진 인력으로 효율적 업무 배치 등을 구하는 문제에서 사용되는 방법이다.

4 각 평가항목을 비교하라!

인적 자원 관리의 대표유형에서는 각 평가항목을 비교하여 기준에 적합한 인물을 고르거나, 저렴한 업체를 선정하거나, 총점이 높은 업체를 선정하는 문제가 출제된다. 이런 유형은 평가항목에서 가격이나 점수 차이에 영향을 많이 미치는 항목을 찾아 1 ~ 2개의 선택지를 삭제하고, 남은 3 ~ 4개의 선택지만 계산하여 시간을 단축할 수 있다.

01 | 시간 계획

| 유형분석 |

- 시간 자원과 관련된 다양한 정보를 활용하여 풀어가는 문제이다.
- 대체로 교통편 정보나 국가별 시차 정보가 제공되며, 이를 근거로 '현지 도착시간 또는 약속된 시간 내에 도착하기 위한 방안'을 고르는 문제가 출제된다.

해외영업부 A대리는 B부장과 함께 샌프란시스코에 출장을 가게 되었다. 샌프란시스코의 시각은 한국보다 16시간 느리고, 비행시간은 10시간 25분일 때 샌프란시스코 현지 시각으로 11월 17일 오전 10시 35분에 도착하는 비행기를 타려면 한국 시각으로 인천공항에 몇 시까지 도착해야 하는가?

구분	날짜	출발 시각	비행 시간	날짜	도착 시각
인천 → 샌프란시스코	11월 17일		10시간 25분	11월 17일	10:35
샌프란시스코 → 인천	11월 21일	17:30	12시간 55분	11월 22일	22:25

※ 비행기 출발 한 시간 전에 공항에 도착해 티켓팅을 해야 함

① 12:10
② 13:10
③ 14:10
④ 15:10
⑤ 16:10

정답 ④

인천에서 샌프란시스코까지 비행 시간은 10시간 25분이므로, 샌프란시스코 도착 시각에서 거슬러 올라가면 샌프란시스코 시각으로 00시 10분에 출발한 것이 된다. 이때 한국은 샌프란시스코보다 16시간 빠르기 때문에 한국 시각으로는 16시 10분에 출발한 것이다. 하지만 비행기 티켓팅을 위해 출발 한 시간 전에 인천공항에 도착해야 하므로 15시 10분까지 공항에 가야 한다.

풀이 전략!

문제에서 묻는 것을 정확히 파악한다. 특히 제한사항에 대해서는 빠짐없이 확인해 두어야 한다. 이후 제시된 정보(시차 등)에서 필요한 것을 선별하여 문제를 풀어간다.

대표기출유형 01 기출응용문제

01 다음은 G제품의 생산계획을 나타낸 자료이다. 〈조건〉에 따라 공정이 진행될 때, 첫 번째 완제품이 생산되기 위해서는 최소 몇 시간이 소요되는가?

〈G제품 생산계획〉

공정	선행공정	소요 시간
A	없음	3
B	A	1
C	B, E	3
D	없음	2
E	D	1
F	C	2

조건

- 공정별로 1명의 작업 담당자가 공정을 수행한다.
- A공정과 D공정의 작업 시점은 같다.
- 공정 간 제품의 이동 시간은 무시한다.

① 6시간
② 7시간
③ 8시간
④ 9시간
⑤ 10시간

02 G공사에서 H기능사 실기시험 일정을 5월 중에 3일간 진행하려고 한다. 일정은 다른 국가기술자격 실기시험일 또는 행사일에는 할 수 없으며, 필기시험일은 중복이 가능하다. H기능사 실기시험 날짜로 가장 적절한 것은?

〈5월 달력〉

일요일	월요일	화요일	수요일	목요일	금요일	토요일
			1	2	3 체육대회	4
5 어린이날	6	7	8	9 A기술사 필기시험	10	11
12 석가탄신일	13	14 B산업기사 실기시험	15 B산업기사 실기시험	16 B산업기사 실기시험	17	18
19	20	21	22	23	24	25
26	27	28	29	30	31	

※ 실기시험은 월 ~ 토요일에 실시함
※ 24 ~ 29일 동안 시험장 보수공사를 실시함

① 3 ~ 6일
② 7 ~ 9일
③ 13 ~ 15일
④ 23 ~ 25일
⑤ 29 ~ 31일

03 G공사 인사팀에는 팀장 1명, 과장 2명과 A대리가 있다. 팀장 1명과 과장 2명은 4월 안에 휴가를 다녀와야 하고, 팀장이나 과장이 1명이라도 없는 경우, A대리는 자리를 비울 수 없다. 다음 〈조건〉에 따른 A대리의 연수 마지막 날짜는?

조건

- 4월 1일은 월요일이며, G공사는 주5일제이다.
- 마지막 주 금요일에는 중요한 세미나가 있어 그 주에는 모든 팀원이 자리를 비울 수 없다.
- 팀장은 첫째 주 화요일부터 3일 동안 휴가를 신청했다.
- B과장은 둘째 주 수요일부터 5일 동안 휴가를 신청했다.
- C과장은 셋째 주에 2일간의 휴가를 마치고 금요일부터 출근할 것이다.
- A대리는 주말 없이 진행되는 연수에 5일 연속 참여해야 한다.

① 8일 ② 9일
③ 23일 ④ 24일
⑤ 30일

04 자동차 부품을 생산하는 G기업은 반자동과 자동 생산라인을 하나씩 보유하고 있다. 최근 일본의 자동차 회사와 수출계약을 체결하여 자동차 부품 34,500개를 납품하였다. 다음 G기업의 생산조건을 고려할 때, 일본에 납품할 부품을 생산하는 데 소요된 시간은 얼마인가?

〈자동차 부품 생산조건〉

- 반자동라인은 4시간에 300개의 부품을 생산하며, 그중 20%는 불량품이다.
- 자동라인은 3시간에 400개의 부품을 생산하며, 그중 10%는 불량품이다.
- 반자동라인은 8시간마다 2시간씩 생산을 중단한다.
- 자동라인은 9시간마다 3시간씩 생산을 중단한다.
- 불량 부품은 생산 후 폐기하고 정상인 부품만 납품한다.

① 230시간 ② 240시간
③ 250시간 ④ 260시간
⑤ 270시간

02 비용 계산

| 유형분석 |

- 예산 자원과 관련된 다양한 정보를 활용하여 풀어가는 문제이다.
- 대체로 한정된 예산 내에서 수행할 수 있는 업무 및 예산 가격을 묻는 문제가 출제된다.

연봉 실수령액을 구하는 식이 〈보기〉와 같을 때, 연봉이 3,480만 원인 G씨의 연간 실수령액은?(단, 원 단위는 절사한다)

보기

- (연봉 실수령액)=(월 실수령액)×12
- (월 실수령액)=(월 급여)−[(국민연금)+(건강보험료)+(고용보험료)+(장기요양보험료)+(소득세)+(지방세)]
- (국민연금)=(월 급여)×4.5%
- (건강보험료)=(월 급여)×3.12%
- (고용보험료)=(월 급여)×0.65%
- (장기요양보험료)=(건강보험료)×7.38%
- (소득세)=68,000원
- (지방세)=(소득세)×10%

① 30,944,400원
② 31,078,000원
③ 31,203,200원
④ 32,150,800원
⑤ 32,497,600원

정답 ①

G씨의 월 급여는 3,480만÷12=290만 원이다.
국민연금, 건강보험료, 고용보험료를 제외한 금액을 계산하면 다음과 같다.
290만−[290만×(0.045+0.0312+0.0065)]
→ 290만−(290만×0.0827)
→ 290만−239,830=2,660,170원
- 장기요양보험료 : (290만×0.0312)×0.0738≒6,670원(∵ 원 단위 이하 절사)
- 지방세 : 68,000×0.1=6,800원

따라서 G씨의 월 실수령액은 2,660,170−(6,670+68,000+6,800)=2,578,700원이고,
연 실수령액은 2,578,700×12=30,944,400원이다.

풀이 전략!

제한사항인 예산을 고려하여 문제에서 묻는 것을 정확히 파악한 후, 제시된 정보에서 필요한 것을 선별하여 문제를 풀어간다.

대표기출유형 02 기출응용문제

01 다음은 임직원 출장여비 지급규정과 G차장의 출장비 지출 내역이다. G차장이 받을 수 있는 여비는?

〈임직원 출장여비 지급규정〉

- 출장여비는 일비, 숙박비, 식비, 교통비로 구성된다.
- 일비는 출장일수에 따라 매일 10만 원씩 지급한다.
- 숙박비는 숙박일수에 따라 실비 지급한다. 다만, 항공 또는 선박 여행 시 항공기 내 또는 선박 내에서의 숙박은 숙박비를 지급하지 아니한다.
- 식비는 일수에 따라 식사 여부에 상관없이 1일 3식으로 지급하며, 1끼니당 1만 원씩 지급한다. 단, 항공 또는 선박 여행 시에는 기내식이 포함되지 않을 경우만 지급하며, 출장 마지막 날 저녁은 지급하지 않는다.
- 교통비는 교통편의 운임 혹은 유류비 산출액을 실비 지급한다.

〈G차장의 2박 3일 출장비 지출 내역〉

8월 8일	8월 9일	8월 10일
• 인천 – 일본 항공편 84,000원 (아침 기내식 포함 ×) • 점심 식사 7,500원 • 일본 J공항 – B호텔 택시비 10,000원 • 저녁 식사 12,000원 • B호텔 숙박비 250,000원	• 아침 식사 8,300원 • 호텔 – 거래처 택시비 16,300원 • 점심 식사 10,000원 • 거래처 – 호텔 택시비 17,000원 • B호텔 숙박비 250,000원	• 아침 식사 5,000원 • 일본 – 인천 항공편 89,000원 (점심 기내식 포함)

① 880,000원
② 1,053,000원
③ 1,059,100원
④ 1,086,300원
⑤ 1,106,300원

02 다음 글을 바탕으로 전세 보증금이 1억 원인 전세 세입자가 월세 보증금 1천만 원에 전월세 전환율 한도 수준까지의 월세 전환을 원할 경우, 월 임대료 지불액은 얼마인가?

> 나날이 치솟는 전세 보증금! 집주인이 2년 만에 전세 보증금을 올려달라고 하는데 사실 월급쟁이로 생활비를 쓰고 남은 돈을 저축하자면 그 목돈을 마련하지 못해 전세자금 대출을 알아보곤 한다. 그럴 때 생각해 볼 수 있는 것이 반전세나 월세 전환이다. 이렇게 되면 임대인들도 보증금 몇 천만 원에서 나오는 이자보다 월 임대료가 매달 나오는 것이 좋다 보니 먼저 요구하기도 한다. 바로 그것이 '전월세 전환율'이다.
> 전월세 전환율은 [(월 임대료)×(12개월)÷{(전세 보증금)−(월세 보증금)}]×100으로 구할 수 있다.
> 그렇다면 전월세 전환율 비율의 제한은 어떻게 형성되는 걸까?
> 우리나라는 주택임대차보호법에서 산정률 제한을 두고 있다. 보통 10%, 기준금리 4배수 중 낮은 비율의 범위를 초과할 수 없다고 규정하고 있기 때문에 현재 기준금리가 1.5%로 인상되어 6%가 제한선이 된다.

① 450,000원 ② 470,000원
③ 500,000원 ④ 520,000원
⑤ 550,000원

03 G기업은 창고업체를 통해 A～C 세 제품군을 보관하고 있다. 각 제품군에 대한 정보를 토대로 다음 〈조건〉에 따라 G기업이 보관료로 지급해야 할 총금액은 얼마인가?

제품군	매출액(억 원)	용량	
		용적(CUBIC)	무게(톤)
A	300	3,000	200
B	200	2,000	300
C	100	5,000	500

조건

- A제품군은 매출액의 1%를 보관료로 지급한다.
- B제품군은 1CUBIC당 20,000원의 보관료를 지급한다.
- C제품군은 1톤당 80,000원의 보관료를 지급한다.

① 3억 2천만 원 ② 3억 4천만 원
③ 3억 6천만 원 ④ 3억 8천만 원
⑤ 4억 원

04 A씨는 G마트에서 온라인으로 주문을 하려고 한다. 다음과 같이 장바구니에 담아놓은 상품 중 선택한 상품을 구매하려고 할 때, 할인쿠폰을 적용한 최소 주문 금액은 얼마인가?

■ 장바구니

선택	상품	수량	단가
☑	완도김	⊟ 2 ⊞	2,300원
☑	냉동 블루베리	⊟ 1 ⊞	6,900원
☐	김치 250g	⊟ 3 ⊞	2,500원
☑	느타리 버섯	⊟ 1 ⊞	5,000원
☐	냉동 만두	⊟ 2 ⊞	7,000원
☑	토마토	⊟ 2 ⊞	8,500원

■ 할인쿠폰

적용	쿠폰	중복 할인
☐	상품 총액의 10% 할인 쿠폰	불가
☐	배송비 무료 쿠폰	가능
☐	G카드 사용 시 2% 할인 쿠폰	가능

■ 결제 방법

선택

☐ G페이

☑ 신용카드

↳ 선택

☐ K카드

☑ G카드

☐ L카드

■ 총주문금액

(주문 상품 금액)+3,000원(배송비)

① 31,830원
② 32,830원
③ 33,150원
④ 34,150원
⑤ 35,830원

03 | 품목 확정

| 유형분석 |

- 물적 자원과 관련된 다양한 정보를 활용하여 풀어가는 문제이다.
- 주로 공정도·제품·시설 등에 대한 가격·특징·시간 정보가 제시되며, 이를 종합적으로 고려하는 문제가 출제된다.

G공사에 근무하는 김대리는 사내시험에서 2점짜리 문제를 8개, 3점짜리 문제를 10개, 5점짜리 문제를 6개 맞혀 총 76점을 받았다. 다음 〈조건〉을 토대로 5점짜리 문제의 총개수와 최대리가 맞힌 문제의 총개수를 더하면 몇 개인가?

〈사내시험 규정〉

문제 수 : 43문제
만점 : 141점
- 2점짜리 문제 수는 3점짜리 문제 수보다 12문제 적다.
- 5점짜리 문제 수는 3점짜리 문제 수의 절반이다.

조건

- 최대리가 맞힌 2점짜리 문제의 개수는 김대리와 동일하며, 이는 2점짜리 문제의 80%이다.
- 최대리의 점수는 총 38점이다.

① 23개
② 25개
③ 26개
④ 28개
⑤ 30개

정답 ②

최대리는 2점짜리 문제를 김대리가 맞힌 개수만큼 맞혔으므로 8개, 즉 16점을 획득했다. 최대리가 맞힌 3점짜리와 5점짜리 문제를 합하면 38−16=22점이 나와야 한다. 3점과 5점의 합으로 22가 나오기 위해서는 3점짜리는 4문제, 5점짜리는 2문제를 맞혀야 한다. 그러므로 최대리가 맞힌 문제의 총개수는 8개(2점)+4개(3점)+2개(5점)=14개이다.
또한 김대리와 최대리가 맞힌 2점짜리 문제의 개수는 8개이고 이때 8개가 80%라고 했으므로 2점짜리 문제는 총 10개이다. 따라서 3점짜리 문제의 총개수는 10+12=22개이고, 5점짜리 문제의 총개수는 22×0.5=11개이다.
따라서 5점짜리 문제의 총개수와 최대리가 맞힌 문제의 총개수를 더하면 11+14=25개이다.

풀이 전략!

문제에서 묻고자 하는 바를 정확히 파악하는 것이 중요하다. 문제에서 제시한 물적 자원의 정보를 문제의 의도에 맞게 선별하면서 풀어간다.

01 다음은 G기업의 재고 관리에 대한 자료이다. 금요일까지 부품 재고 수량이 남지 않게 완성품을 만들 수 있도록 월요일에 주문할 부품 A ~ C의 개수를 바르게 나열한 것은?(단, 주어진 조건 이외에는 고려하지 않는다)

〈부품 재고 수량과 완성품 1개당 소요량〉

부품	부품 재고 수량(개)	완성품 1개당 소요량(개)
A	500	10
B	120	3
C	250	5

〈완성품 납품 수량〉

구분	월요일	화요일	수요일	목요일	금요일
완성품 납품 수량(개)	없음	30	20	30	20

※ 부품 주문은 월요일에 한 번 신청하며, 화요일 작업 시작 전에 입고됨

※ 완성품은 부품 A, B, C를 모두 조립해야 함

	A	B	C
①	100개	100개	100개
②	100개	180개	200개
③	500개	100개	100개
④	500개	150개	200개
⑤	500개	180개	250개

02 G공사에서 근무하는 S사원은 새로 도입되는 교통 관련 정책 홍보자료를 만들어서 배포하려고 한다. 다음 중 가장 저렴한 비용으로 인쇄할 수 있는 인쇄소는?

〈인쇄소별 비용 견적〉

(단위 : 원)

인쇄소	페이지당 비용	표지 가격		권당 제본 비용	할인
		유광	무광		
A	50	500	400	1,500	–
B	70	300	250	1,300	–
C	70	500	450	1,000	100부 초과 시 초과 부수만 총비용에서 5% 할인
D	60	300	200	1,000	–
E	100	200	150	1,000	총 인쇄 페이지 5,000페이지 초과 시 총비용에서 20% 할인

※ 홍보자료는 관내 20개 지점에 배포하고, 지점마다 10부씩 배포함
※ 홍보자료는 30페이지 분량으로 제본하며, 표지는 유광표지로 함

① A인쇄소
② B인쇄소
③ C인쇄소
④ D인쇄소
⑤ E인쇄소

03 김팀장은 G사에서 사무용품을 구입하려고 한다. G사의 사무용품 할인행사를 고려하여 10,000원의 예산 내에서 구입하려고 할 때, 다음 중 효용의 합이 가장 높은 조합은?

〈품목별 가격 및 효용〉

품목	결재판	서류봉투(중) (50매)	서류봉투(대) (50매)	스테이플러	A4 파일 (20매)
가격(원/개)	2,500	1,300	1,800	2,200	3,200
효용	80	20	25	35	55

〈G사 사무용품 할인행사〉

1. 결재판 2개 구매 시 A4 파일 1묶음 무료제공
2. 서류봉투(중) 3묶음 구매 시 서류봉투(대) 2묶음 무료제공
3. 스테이플러 3개 구매 시 결재판 1개 무료제공
4. A4 파일 2묶음 구매 시 스테이플러 1개 무료제공

① 결재판 2개, 서류봉투(대) 2묶음
② 서류봉투(중) 4묶음, A4 파일 1묶음
③ 서류봉투(대) 2묶음, 스테이플러 3개
④ 스테이플러 2개, 결재판 1개, 서류봉투(대) 1묶음
⑤ A4파일 2묶음, 서류봉투(중) 2묶음

04 G회사 마케팅 팀장은 팀원 50명에게 선물하기 위해 물품을 구매하려고 한다. 다음은 업체별 품목 가격과 팀원들의 품목 선호도를 나타낸 자료이다. 〈조건〉에 따라 팀장이 구매하는 물품과 업체를 순서대로 바르게 나열한 것은?

〈업체별 품목 가격〉

구분		한 벌당 가격(원)
A업체	티셔츠	6,000
	카라 티셔츠	8,000
B업체	티셔츠	7,000
	후드 집업	10,000
	맨투맨	9,000

〈팀원 품목 선호도〉

순위	품목
1	카라 티셔츠
2	티셔츠
3	후드 집업
4	맨투맨

조건

- 팀원의 선호도를 우선으로 품목을 선택한다.
- 총구매금액이 30만 원 이상이면 총금액에서 5%를 할인해 준다.
- 차순위 품목이 1순위 품목보다 총금액이 20% 이상 저렴하면 차순위를 선택한다.

① 티셔츠, A업체
② 카라 티셔츠, A업체
③ 티셔츠, B업체
④ 후드 집업, B업체
⑤ 맨투맨, B업체

PART 1

04 인원 선발

| 유형분석 |

- 인적 자원과 관련된 다양한 정보를 활용하여 풀어가는 문제이다.
- 주로 근무명단, 휴무일, 업무할당 등의 주제로 다양한 정보를 활용하여 종합적으로 풀어가는 문제가 출제된다.

G버스회사에서 A시에서 B시를 연결하는 버스 노선을 개통하기 위해 새로운 버스를 구매하려고 한다. 다음 〈조건〉과 같이 노선을 운행하려고 할 때, 최소 몇 대의 버스를 구매해야 하며 이때 필요한 운전사는 최소 몇 명인가?

조건

- 새 노선의 왕복 시간 평균은 2시간이다(승하차 시간을 포함).
- 배차시간은 15분 간격이다.
- 운전사의 휴식시간은 매 왕복 후 30분씩이다.
- 첫차는 05시 정각에, 막차는 23시에 A시를 출발한다.
- 모든 차는 A시에 도착하자마자 B시로 곧바로 출발하는 것을 원칙으로 한다. 즉, A시에 도착하는 시간이 바로 B시로 출발하는 시간이다.
- 모든 차는 A시에서 출발해서 A시로 복귀한다.

	버스	운전사
①	6대	8명
②	8대	10명
③	10대	12명
④	12대	14명
⑤	14대	16명

정답 ②

왕복 시간이 2시간, 배차 간격이 15분이라면 첫차가 재투입되는 데 필요한 앞차의 수는 첫차를 포함해서 8대이다(∵ 15분×8대=2시간이므로 8대 버스가 운행된 이후 9번째에 첫차 재투입 가능).

운전사는 왕복 후 30분의 휴식을 취해야 하므로 첫차를 운전했던 운전사는 2시간 30분 뒤에 운전을 시작할 수 있다. 따라서 8대의 버스로 운행하더라도 운전자는 150분 동안 운행되는 버스 150÷15=10대를 운전하기 위해서는 10명의 운전사가 필요하다.

풀이 전략!

문제에서 신입사원 채용이나 인력배치 등의 주제가 출제될 경우에는 주어진 규정 혹은 규칙을 꼼꼼히 확인하여야 한다. 이를 근거로 각 선택지가 어긋나지 않는지 검토하여 문제를 풀어간다.

대표기출유형 04 기출응용문제

01 G회사에서는 신입사원 2명을 채용하기 위하여 서류와 필기 전형을 통과한 갑 ~ 정 4명의 최종 면접을 실시하려고 한다. 네 개 부서의 팀장이 각각 4명을 모두 면접하여 채용 우선순위를 결정하였다. 다음 〈보기〉 중 옳은 것을 모두 고르면?

〈면접 결과〉

면접관 / 순위	인사팀장	경영관리팀장	영업팀장	회계팀장
1순위	을	갑	을	병
2순위	정	을	병	정
3순위	갑	정	정	갑
4순위	병	병	갑	을

※ 우선순위가 높은 순서대로 2명을 채용함
※ 동점자는 인사, 경영관리, 영업, 회계팀장 순서의 고순위자로 결정함
※ 각 팀장이 매긴 순위에 대한 가중치는 모두 동일함

보기

㉠ 을 또는 정 중 한 명이 입사를 포기하면 갑이 채용된다.
㉡ 인사팀장이 을과 정의 순위를 바꿨다면 갑이 채용된다.
㉢ 경영관리팀장이 갑과 병의 순위를 바꿨다면 정은 채용되지 못한다.

① ㉠
② ㉠, ㉡
③ ㉠, ㉢
④ ㉡, ㉢
⑤ ㉠, ㉡, ㉢

02 다음은 G학교의 성과급 기준표이다. G학교 교사들의 성과급 배점을 계산하고자 할 때, 〈보기〉 중 가장 높은 배점을 받을 교사는?

〈성과급 기준표〉

구분	평가사항	배점기준	
수업지도	주당 수업시간	24시간 이하	14점
		25시간	16점
		26시간	18점
		27시간 이상	20점
	수업 공개 유무	교사 수업 공개	10점
		학부모 수업 공개	5점
생활지도	담임 유무	담임교사	10점
		비담임교사	5점
담당업무	업무 곤란도	보직교사	30점
		비보직교사	20점
경력	호봉	10호봉 이하	5점
		11～15호봉	10점
		16～20호봉	15점
		21～25호봉	20점
		26～30호봉	25점
		31호봉 이상	30점

※ 수업지도 항목에서 교사 수업 공개, 학부모 수업 공개를 모두 진행했을 경우 10점으로 배점하며, 수업 공개를 하지 않았을 경우 배점은 없음

보기

교사	주당 수업시간	수업 공개 유무	담임 유무	업무 곤란도	호봉
A	20시간	–	담임교사	비보직교사	32호봉
B	29시간	–	비담임교사	비보직교사	35호봉
C	26시간	학부모 수업 공개	비담임교사	보직교사	22호봉
D	22시간	교사 수업 공개	담임교사	보직교사	17호봉
E	25시간	교사 수업 공개, 학부모 수업 공개	비담임교사	비보직교사	30호봉

① A교사
② B교사
③ C교사
④ D교사
⑤ E교사

03 다음은 부서별로 핵심역량가치 중요도 자료와 신입사원들의 핵심역량평가 결과 자료이다. C사원과 E사원의 부서 배치로 옳은 것은?(단, '–'는 중요도를 고려하지 않는다는 표시이다)

〈핵심역량가치 중요도〉

구분	창의성	혁신성	친화력	책임감	윤리성
영업팀	–	중	상	중	–
개발팀	상	상	하	중	상
지원팀	–	중	–	상	하

〈핵심역량평가 결과〉

구분	창의성	혁신성	친화력	책임감	윤리성
A사원	상	하	중	상	상
B사원	중	중	하	중	상
C사원	하	상	상	중	하
D사원	하	하	상	하	중
E사원	상	중	중	상	하

	C사원	E사원
①	개발팀	지원팀
②	개발팀	영업팀
③	지원팀	영업팀
④	영업팀	개발팀
⑤	영업팀	지원팀

CHAPTER 05

의사소통능력

합격 Cheat Key

의사소통능력은 평가하지 않는 공사·공단이 없을 만큼 필기시험에서 중요도가 높은 영역으로, 세부 유형은 문서 이해, 문서 작성, 의사 표현, 경청, 기초 외국어로 나눌 수 있다. 문서 이해·문서 작성과 같은 지문에 대한 주제 찾기, 내용 일치 문제의 출제 비중이 높으며, 문서의 특성을 파악하는 문제도 출제되고 있다.

1 문제에서 요구하는 바를 먼저 파악하라!

의사소통능력에서 가장 중요한 것은 제한된 시간 안에 빠르고 정확하게 답을 찾아내는 것이다. 의사소통능력에서는 지문이 아니라 문제가 주인공이므로 지문을 보기 전에 문제를 먼저 파악해야 하며, 문제에 따라 전략적으로 빠르게 풀어내는 연습을 해야 한다.

2 잠재되어 있는 언어 능력을 발휘하라!

세상에 글은 많고 우리가 학습할 수 있는 시간은 한정적이다. 이를 극복할 수 있는 방법은 다양한 글을 접하는 것이다. 실제 시험장에서 어떤 내용의 지문이 나올지 아무도 예측할 수 없으므로 평소에 신문, 소설, 보고서 등 여러 글을 접하는 것이 필요하다.

3 상황을 가정하라!

업무 수행에 있어 상황에 따른 언어 표현은 중요하다. 같은 말이라도 상황에 따라 다르게 해석될 수 있기 때문이다. 그런 의미에서 자신의 의견을 효과적으로 전달할 수 있는 능력을 평가하는 것이다. 업무를 수행하면서 발생할 수 있는 여러 상황을 가정하고 그에 따른 올바른 언어표현을 정리하는 것이 필요하다.

4 말하는 이의 입장에서 생각하라!

잘 듣는 것 또한 하나의 능력이다. 상대방의 이야기에 귀 기울이고 공감하는 태도는 업무를 수행하는 관계 속에서 필요한 요소이다. 그런 의미에서 다양한 상황에서 듣는 능력을 평가하는 것이다. 말하는 이가 요구하는 듣는 이의 태도를 파악하고, 이에 따른 판단을 할 수 있도록 언제나 말하는 사람의 입장이 되는 연습이 필요하다.

01 문서 내용 이해

| 유형분석 |

- 주어진 지문을 읽고 선택지를 고르는 전형적인 독해 문제이다.
- 지문은 주로 신문기사(보도자료 등)나 업무 보고서, 시사 등이 제시된다.
- 공사공단에 따라 자사와 관련된 내용의 기사나 법조문, 보고서 등이 출제되기도 한다.

G씨는 성장기인 아들의 수면습관을 바로 잡기 위해 수면습관에 관련된 다음 글을 찾아보았다. 이를 이해한 반응으로 적절하지 않은 것은?

수면은 비렘(non-REM)수면과 렘수면으로 이뤄진 사이클이 반복되면서 이뤄지는 복잡한 신경계의 상호작용이며, 좋은 수면이란 이 사이클이 끊어지지 않고 충분한 시간 동안 유지되도록 하는 것이다. 수면 패턴은 일정한 것이 좋으며, 깨는 시간을 지키는 것이 중요하다. 그리고 수면 패턴은 휴일과 평일 모두 일정하게 지키는 것이 성장하는 아이들의 수면 리듬을 유지하는 데 좋다. 수면 상태에서 깨어날 때 영향을 주는 자극들은 '빛, 식사 시간, 운동, 사회 활동' 등이 있으며, 이 중 가장 강한 자극은 '빛'이다. 침실을 밝게 하는 것은 적절한 수면 자극을 방해하는 것이다. 반대로 깨어날 때 강한 빛 자극을 주면 수면 상태에서 빠르게 벗어날 수 있다. 이는 뇌의 신경 전달 물질인 멜라토닌의 농도와 연관되어 나타나는 현상이다. 수면 중 최대치로 올라간 멜라토닌은 시신경이 강한 빛에 노출되면 빠르게 줄어들게 되는데, 이때 수면 상태에서 벗어나게 된다. 아침 일찍 일어나 커튼을 젖히고 밝은 빛이 침실 안으로 들어오게 하는 것은 매우 효과적인 각성 방법인 것이다.

① 잠에서 깨는 데 가장 강력한 자극을 주는 것은 빛이었구나.
② 멜라토닌의 농도에 따라 수면과 각성이 영향을 받는구나.
③ 평일에 잠이 모자란 우리 아들은 잠을 보충해 줘야 하니까 휴일에 늦게까지 자도록 둬야겠어.
④ 좋은 수면은 비렘수면과 렘수면의 사이클이 충분한 시간 동안 유지되도록 하는 것이구나.
⑤ 우리 아들 침실이 좀 밝은 편이니 충분한 수면을 위해 암막커튼을 달아줘야겠어.

정답 ③

수면 패턴은 휴일과 평일 모두 일정하게 지키는 것이 성장하는 아이들의 수면 리듬을 유지하는 데 좋다. 따라서 휴일에 늦잠을 자는 것은 적절하지 않다.

풀이 전략!

주어진 선택지에서 키워드를 체크한 후, 지문의 내용과 비교해 가면서 내용의 일치 유무를 빠르게 판단한다.

대표기출유형 01 기출응용문제

※ 다음 글의 내용으로 가장 적절한 것을 고르시오. [1~3]

01

일반적으로 종자를 발아시킨 후 약 1주일 정도 된 채소의 어린 싹을 새싹 채소라고 말한다. 씨앗에서 싹을 틔우고 뿌리를 단단히 뻗은 성체가 되기까지 열악한 환경을 극복하고 성장하기 위하여, 종자 안에는 각종 영양소가 많이 포함되어 있다.
이러한 종자의 에너지를 이용하여 틔운 새싹은 성숙한 채소에 비해 영양성분이 약 3～4배 더 많이 함유되어 있으며 종류에 따라서는 수십 배 이상의 차이를 보이기도 하는 것으로 보고된다.
식물의 성장과정 중 씨에서 싹이 터 어린잎이 두세 개 달릴 즈음이 생명유지와 성장에 필요한 생리활성 물질을 가장 많이 만들어 내는 때라고 한다. 그렇기 때문에 그 모든 영양이 새싹 안에 그대로 모일뿐더러 단백질과 비타민, 미네랄 등의 영양적 요소도 결집하게 된다. 고로 새싹 채소는 영양면에 있어서도 다 자란 채소나 씨앗 자체보다도 월등히 나은 데다가 신선함과 맛까지 덤으로 얻을 수 있으니 더없이 매력적인 채소라 하겠다. 따라서 성체의 채소류들이 가지는 각종 비타민, 미네랄 및 생리활성 물질들을 소량의 새싹 채소 섭취로 충분히 공급받을 수 있다. 채소류에 포함되어 있는 각종 생리활성 물질이 암의 발생을 억제하고 치료에 도움을 준다는 것은 많은 연구에서 입증되고 있으며, 이에 따라 새싹 채소는 식이요법 등에도 활용되고 있다.
예를 들어 브로콜리에 다량 함유되어 있는 황 화합물인 설포라펜의 항암활성 및 면역활성작용은 널리 알려져 있는데, 성숙한 브로콜리보다 어린 새싹에 설포라펜의 함량이 약 40배 이상 많이 들어있는 것으로 보고되기도 한다. 메밀 싹에는 항산화 활성이 높은 플라보노이드 화합물인 루틴이 다량 함유되어 있어 체내 유해산소의 제거를 통하여 암의 발생과 성장의 억제에 도움을 줄 수 있다. 새싹 채소는 기존에 널리 쓰여온 무 싹 정도 이외에는 많이 알려져 있지 않았으나, 최근 관심이 고조되면서 다양한 새싹 채소나 이를 재배할 수 있는 종자 등을 쉽게 구할 수 있게 되었다.
새싹 채소는 종자를 뿌린 후 1주일 정도면 식용이 가능하므로 재배기간이 짧고 키우기가 쉬워 근래에는 가정에서도 직접 재배하여 섭취하기도 한다. 새싹으로 섭취할 수 있는 채소로는 순무 싹, 밀싹, 메밀 싹, 브로콜리 싹, 청경채 싹, 보리 싹, 케일 싹, 녹두 싹 등이 있는데 다양한 종류를 섭취하는 것이 좋다.

① 종자 상태에서는 아직 영양분을 갖고 있지 않다.
② 다 자란 식물은 새싹 상태에 비해 3～4배 많은 영양분을 갖게 된다.
③ 씨에서 싹이 바로 나왔을 때 비타민, 미네랄과 같은 물질을 가장 많이 생성한다.
④ 새싹 채소 역시 성체와 마찬가지로 항암 효과를 보이는 물질을 가지고 있다.
⑤ 무 싹은 새싹 채소 중 하나이며 아직 많은 사람들에게 알려지지 않았다.

02

지진해일은 지진, 해저 화산폭발 등으로 바다에서 발생하는 파장이 긴 파도이다. 지진에 의해 바다 밑바닥이 솟아오르거나 가라앉으면 바로 위의 바닷물이 갑자기 상승 또는 하강하게 된다. 이 영향으로 지진해일파가 빠른 속도로 퍼져나가 해안가에 엄청난 위험과 피해를 일으킬 수 있다.
전 세계의 모든 해안 지역이 지진해일의 피해를 받을 수 있지만, 우리에게 피해를 주는 지진해일의 대부분은 태평양과 주변해역에서 발생한다. 이는 태평양의 규모가 거대하고 이 지역에서 대규모 지진이 많이 발생하기 때문이다. 태평양에서 발생한 지진해일은 발생 하루 만에 발생지점에서 지구의 반대편까지 이동할 수 있으며, 수심이 깊을 경우 파고가 낮고 주기가 길기 때문에 선박이나 비행기에서도 관측할 수 없다.
먼 바다에서 지진해일 파고는 해수면으로부터 수십 cm 이하이지만 얕은 바다에서는 급격하게 높아진다. 수심이 6,000m 이상인 곳에서 지진해일은 비행기의 속도와 비슷한 시속 800km로 이동할 수 있다. 지진해일은 얕은 바다에서 파고가 급격히 높아짐에 따라 그 속도가 느려지며 지진해일이 해안가의 수심이 얕은 지역에 도달할 때 그 속도는 시속 45 ~ 60km까지 느려지면서 파도가 강해진다. 이것이 해안을 강타함에 따라 파도의 에너지는 더 짧고 더 얕은 곳으로 모여 무시무시한 파괴력을 가져 우리의 생명을 위협하는 파도로 발달하게 된다. 최악의 경우, 파고가 15m 이상으로 높아지고 지진의 진앙 근처에서 발생한 지진해일의 경우 파고가 30m를 넘을 수도 있다. 파고가 3 ~ 6m 높이가 되면 많은 사상자와 피해를 일으키는 아주 파괴적인 지진해일이 될 수 있다.
지진해일의 파도 높이와 피해 정도는 에너지의 양, 지진해일의 전파 경로, 앞바다와 해안선의 모양 등으로 결정될 수 있다. 또한 암초, 항만, 하구나 해저의 모양, 해안의 경사 등 모든 것이 지진해일을 변형시키는 요인이 된다.

① 지진해일은 파장이 짧으며, 화산폭발 등으로 인해 발생한다.
② 태평양 인근에서 발생한 지진해일은 대부분 한 달에 걸쳐 지구 반대편으로 이동하게 된다.
③ 바다가 얕을수록 지진해일의 파고가 높아진다.
④ 지진해일이 해안가에 도달할수록 파도가 강해지며 속도는 800km에 달한다.
⑤ 해안의 경사는 지진해일에 아무런 영향을 주지 않는다.

03

우리는 '재활용'이라고 하면 생활 속에서 자주 접하는 종이, 플라스틱, 유리 등을 다시 활용하는 것만을 생각한다. 하지만 에너지도 재활용이 가능하다고 한다.
에너지는 우리가 인지하지 못하는 일상생활 속 움직임을 통해 매 순간 만들어지고 사라진다. 문제는 이렇게 생산되고 사라지는 에너지의 양이 적지 않다는 것이다. 이처럼 버려지는 에너지를 수집해 우리가 사용할 수 있도록 하는 기술이 바로 에너지 하베스팅이다.
에너지 하베스팅은 열, 빛, 운동, 바람, 진동, 전자기 등 주변에서 버려지는 에너지를 모아 전기를 얻는 기술을 의미한다. 이처럼 우리 주위 자연에 존재하는 청정에너지를 반영구적으로 사용하기 때문에 공급의 안정성, 보안성 및 지속 가능성이 높고, 이산화탄소를 배출하는 화석연료를 사용하지 않기 때문에 환경공해를 줄일 수 있어 친환경 에너지 활용 기술로도 각광받고 있다.
이처럼 에너지원의 종류가 많은 만큼 에너지 하베스팅의 유형도 매우 다양하다. 체온, 정전기 등 신체의 움직임을 이용하는 신체 에너지 하베스팅, 태양광을 이용하는 광 에너지 하베스팅, 진동이나 압력을 가해 이용하는 진동 에너지 하베스팅, 산업 현장에서 발생하는 수많은 폐열을 이용하는 열에너지 하베스팅, 방송 전파나 휴대전화 전파 등의 전자파 에너지를 이용하는 전자파 에너지 하베스팅 등이 폭넓게 개발되고 있다.
영국의 어느 에너지기업은 사람의 운동 에너지를 전기 에너지로 바꾸는 기술을 개발했다. 사람이 많이 다니는 인도 위에 버튼식 패드를 설치하여 사람이 밟을 때마다 전기가 생산되도록 하는 것이다. 이 장치는 2012년 런던올림픽에서 테스트를 한 이후 현재 영국의 12개 학교 및 미국 뉴욕의 일부 학교에서 설치하여 활용 중이다.
전 세계적으로 화석 연료에서 신재생 에너지로 전환하려는 노력이 계속되고 있는 만큼, 에너지 전환 기술인 에너지 하베스팅에 대한 관심은 계속될 것이며 다양한 분야에 적용될 것으로 예상되고 있다.

① 재활용은 유체물만 가능하다.
② 에너지 하베스팅은 버려진 에너지를 또 다른 에너지로 만드는 것이다.
③ 에너지 하베스팅을 통해 열, 빛, 전기 등 여러 에너지를 얻을 수 있다.
④ 태양광과 폐열은 같은 에너지원에 속한다.
⑤ 사람의 운동 에너지를 전기 에너지로 바꾸는 기술은 사람의 체온을 이용한 신체 에너지 하베스팅 기술이다.

02 글의 주제 · 제목

| 유형분석 |

- 주어진 지문을 파악하여 전달하고자 하는 핵심 주제를 고르는 문제이다.
- 정보를 종합하고 중요한 내용을 구별하는 능력이 필요하다.
- 설명문부터 주장, 반박문까지 다양한 성격의 지문이 제시되므로 글의 성격별 특징을 알아두는 것이 좋다.

다음 글의 주제로 가장 적절한 것은?

표준화된 언어는 의사소통을 효과적으로 하기 위하여 의도적으로 선택해야 할 공용어로서의 가치가 있다. 반면에 방언은 지역이나 계층의 언어와 문화를 보존하고 드러냄으로써 국가 전체의 언어와 문화를 다양하게 발전시키는 토대로서의 가치가 있다. 이러한 의미에서 표준화된 언어와 방언은 상호 보완적인 관계에 있다. 표준화된 언어가 있기에 정확한 의사소통이 가능하며, 방언이 있기에 개인의 언어생활에서나 언어 예술 활동에서 자유롭고 창의적인 표현이 가능하다. 결국 우리는 표준화된 언어와 방언 둘 다의 가치를 인정해야 하며, 발화(發話) 상황(狀況)을 잘 고려해서 표준화된 언어와 방언을 잘 가려서 사용할 줄 아는 능력을 길러야 한다.

① 창의적인 예술 활동에서는 방언의 기능이 중요하다.
② 표준화된 언어와 방언에는 각각 독자적인 가치와 역할이 있다.
③ 정확한 의사소통을 위해서는 표준화된 언어가 꼭 필요하다.
④ 표준화된 언어와 방언을 구분할 줄 아는 능력을 길러야 한다.
⑤ 표준화된 언어는 방언보다 효용가치가 있다.

정답 ②

마지막 문장의 '표준화된 언어와 방언 둘 다의 가치를 인정'하고, '잘 가려서 사용할 줄 아는 능력을 길러야 한다.'는 내용을 바탕으로 ②와 같은 주제를 이끌어 낼 수 있다.

풀이 전략!

'결국', '즉', '그런데', '그러나', '그러므로' 등의 접속어 뒤에 주제가 드러나는 경우가 많다는 것에 주의하면서 지문을 읽는다.

대표기출유형 02 기출응용문제

01 다음 글의 제목으로 가장 적절한 것은?

일반적으로 소비자들은 합리적인 경제 행위를 추구하기 때문에 최소 비용으로 최대 효과를 얻으려 한다는 것이 소비의 기본 원칙이다. 그들은 '보이지 않는 손'이라고 일컬어지는 시장 원리 아래에서 생산자와 만난다. 그러나 이러한 일차적 의미의 합리적 소비가 언제나 유효한 것은 아니다. 생산보다는 소비가 화두가 된 소비 자본주의 시대에 소비는 단순히 필요한 재화, 그리고 경제학적으로 유리한 재화를 구매하는 행위에 머물지 않는다. 최대 효과 자체에 정서적이고 사회 심리학적인 요인이 개입하면서, 이제 소비는 개인이 세계와 만나는 다분히 심리적인 방법이 되어버린 것이다. 곧 인간의 기본적인 생존 욕구를 충족시켜 주는 합리적 소비 수준에 머물지 않고, 자신을 표현하는 상징적 행위가 된 것이다. 이처럼 오늘날의 소비문화는 물질적 소비 차원이 아닌 심리적 소비 형태를 띠게 된다.

소비 자본주의의 화두는 과소비가 아니라 '과시 소비'로 넘어간 것이다. 과시 소비의 중심에는 신분의 논리가 있다. 신분의 논리는 유용성의 논리, 나아가 시장의 논리로 설명되지 않는 것들을 설명해 준다. 혈통으로 이어지던 폐쇄적 계층 사회는 소비 행위에 대해 계급에 근거한 제한을 부여했다. 먼 옛날 부족 사회에서 수장들만이 걸칠 수 있었던 장신구에서부터, 제아무리 권문세가의 정승이라도 아흔아홉 칸을 넘을 수 없던 집이 좋은 예이다. 권력을 가진 자는 힘을 통해 자기의 취향을 주위 사람들과 분리시킴으로써 경외감을 강요하고, 그렇게 자기 취향을 과시함으로써 잠재적 경쟁자들을 통제한 것이다.

가시적 신분 제도가 사라진 현대 사회에서도 이러한 신분의 논리는 여전히 유효하다. 이제 개인은 소비를 통해 자신의 물질적 부를 표현함으로써 신분을 과시하려 한다.

① '보이지 않는 손'에 의한 합리적 소비의 필요성
② 소득을 고려하지 않은 무분별한 과소비의 폐해
③ 계층별 소비 규제의 필요성
④ 신분사회에서 의복 소비와 계층의 관계
⑤ 소비가 곧 신분이 되는 과시 소비의 원리

PART 1

02 다음 (가) ~ (마) 문단의 주제로 적절하지 않은 것은?

(가) 우리는 최근 '사회가 많이 깨끗해졌다.'라는 말을 많이 듣는다. 실제 우리의 일상생활은 정말 많이 깨끗해졌다. 과거에 비하면 일상생활에서 뇌물이 오가는 경우가 거의 없어진 것이다. 그런데 왜 부패인식지수가 나아지기는커녕 도리어 나빠지고 있을까? 일상생활과 부패인식지수가 전혀 다른 모습을 보이는 이유는 어디에 있을까?

(나) 부패인식지수가 산출되는 과정에서 그 물음의 답을 찾을 수 있다. 부패인식지수는 국제투명성기구에서 매년 조사하여 발표하고 있는 세계적으로 가장 권위 있는 부패 지표로, 지수는 국제적인 조사 및 평가를 실시하고 있는 여러 기관의 조사 결과를 바탕으로 산출된다. 각 기관의 조사 항목과 조사 대상은 서로 다르지만, 주요 항목은 공무원의 직권 남용 억제 기능, 공무원의 공적 권력의 사적 이용, 공공서비스와 관련한 뇌물 등으로 공무원의 뇌물과 부패에 초점이 맞추어져 있다.

(다) 부패인식지수를 이해하는 데 주목하여야 할 또 하나의 중요한 점은 부패인식지수 계산에 사용된 각 지수의 조사 대상이다. 조사에 따라 약간의 차이가 있기는 하지만 조사는 주로 해당 국가나 해당 국가와 거래하고 있는 고위 기업인과 전문가들을 대상으로 이루어진다. 일반 시민이 아닌 기업 활동에서 공직자들과 깊숙한 관계를 맺고 있어 공직자들의 행태를 누구보다 잘 알고 있을 것으로 추정되는 사람들의 의견을 대상으로 하는 것이다. 결국 부패인식지수는 고위 기업경영인과 전문가들의 공직 사회의 뇌물과 부패에 대한 평가라 할 수 있다.

(라) 그렇다면 부패인식지수를 개선하는 방법은 무엇일까? 그간 정부는 공무원행동강령, 청탁금지법, 부패방지기구 설치 등 많은 제도적인 노력을 기울여왔다. 이러한 정부의 노력에도 불구하고 정부 반부패정책은 대부분 효과가 없는 것으로 보인다. 정부 노력에 대한 일반 시민들의 시선도 차갑기만 하다. 결국 법과 제도적 장치는 우리 사회에 만연한 연줄 문화 앞에서 힘을 쓰지 못하고 있는 것으로 해석할 수 있다.

(마) 천문학적인 뇌물을 받아도 마스크를 낀 채 휠체어를 타고 교도소를 나오는 기업경영인과 공직자들의 모습을 우리는 자주 보아왔다. 이처럼 솜방망이 처벌이 반복되는 상황에서 부패는 계속될 수밖에 없다. 예상되는 비용에 비해 기대 수익이 큰 상황에서 부패는 끊어질 수 없는 것이다. 이러한 상황이 인간의 욕망을 도리어 자극하여 사람들은 연줄을 찾아 더 많은 부당이득을 노리려 할지 모른다. 연줄로 맺어지든 다른 방식으로 이루어지든 부패로 인하여 지불해야 할 비용이 크다면 부패에 대한 유인이 크게 줄어들 수 있을 것이다.

① (가) : 일상부패에 대한 인식과 부패인식지수의 상반되는 경향에 대한 의문

② (나) : 공공분야에 맞추어진 부패인식지수의 산출과정

③ (다) : 특정 계층으로 집중된 부패인식지수의 조사 대상

④ (라) : 부패인식지수의 효과적인 개선방안

⑤ (마) : 부패가 계속되는 원인과 부패 해결 방향

03 다음 글의 주제로 가장 적절한 것은?

최근에 사이버공동체를 중심으로 한 시민의 자발적 정치 참여 현상이 많은 관심을 끌고 있다. 이러한 현상과 관련하여 A의 연구가 새삼 주목받고 있다. A의 연구에 따르면 공동체의 구성원이 됨으로써 얻게 되는 '사회적 자본'이 시민사회의 성숙과 민주주의 발전을 가져오는 원동력이다. A의 이론에서는 공동체에 대한 자발적 참여를 통해 사회 구성원 간의 상호 의무감과 신뢰, 구성원들이 공유하는 규칙과 관행, 사회적 유대 관계와 같은 사회적 자본이 늘어나면 사회 구성원 간의 협조적인 행위가 가능하게 된다고 보았다. 더 나아가 A는 자원봉사자와 같이 공동체 참여도가 높은 사람이 투표할 가능성이 높고 정부 정책에 대한 의견 개진도 활발해지는 등 정치 참여도가 높아진다고 주장하였다.

몇몇 학자들은 A의 이론을 적용하여 면대면 접촉에 따른 인간관계의 산물인 사회적 자본이 사이버공동체에서도 충분히 형성될 수 있다고 보았다. 그리고 사이버공동체에서 사회적 자본의 증가가 정치 참여도 활성화시킬 것으로 기대했다. 하지만 이러한 기대와는 달리 정치 참여는 활성화되지 않았다. 요즘 젊은이들을 보면 각종 사이버공동체에 자발적으로 참여하는 수준은 높지만, 투표나 다른 정치 활동에는 무관심하거나 심지어 정치를 혐오하기도 한다. 이런 측면에서 A의 주장은 사이버공동체가 활성화된 오늘날에는 잘 맞지 않는다.

이러한 이유 때문에 오늘날 사이버공동체를 중심으로 한 정치 참여를 더 잘 이해하기 위해서 '정치적 자본' 개념의 도입이 필요하다. 정치적 자본은 사회적 자본의 구성 요소와는 달리 정치 정보의 습득과 이용, 정치적 토론과 대화, 정치적 효능감 등으로 구성된다. 정치적 자본은 사회적 자본과 마찬가지로 공동체 참여를 통해서 획득되지만, 정치 과정에의 관여를 촉진한다는 점에서 사회적 자본과는 구분될 필요가 있다. 사회적 자본만으로는 정치 참여를 기대하기 어렵고, 사회적 자본과 정치 참여 사이를 정치적 자본이 매개할 때 비로소 정치 참여가 활성화된다.

① 사이버공동체를 통해 축적된 사회적 자본에 정치적 자본이 더해질 때 정치 참여가 활성화된다.
② 사회적 자본은 정치적 자본을 포함하기 때문에 그 자체로 정치 참여의 활성화를 가져온다.
③ 사회적 자본이 많은 사회는 정치 참여가 활발하기 때문에 민주주의가 실현된다.
④ 사이버공동체의 특수성으로 인해 시민들의 정치 참여가 어렵게 되었다.
⑤ 사이버공동체에의 자발적 참여 증가는 정치 참여를 활성화시킨다.

PART 1

03 | 문단 나열

| 유형분석 |

- 각 문단의 내용을 파악하고 논리적 순서에 맞게 배열하는 복합적인 문제이다.
- 전체적인 글의 흐름을 이해하는 것이 중요하며, 각 문장의 지시어나 접속어에 주의한다.

다음 문단을 논리적 순서대로 바르게 나열한 것은?

(가) 상품의 가격은 기본적으로 수요와 공급의 힘으로 결정된다. 시장에 참여하고 있는 경제 주체들은 자신이 가진 정보를 기초로 하여 수요와 공급을 결정한다.

(나) 이런 경우에는 상품의 가격이 우리의 상식으로는 도저히 이해하기 힘든 수준까지 일시적으로 뛰어오르는 현상이 나타날 가능성이 있다. 이런 현상은 특히 투기의 대상이 되는 자산의 경우 자주 나타나는데, 우리는 이를 '거품 현상'이라고 부른다.

(다) 그러나 현실에서는 사람들이 서로 다른 정보를 갖고 시장에 참여하는 경우가 많다. 어떤 사람은 특정한 정보를 갖고 있는데 거래 상대방은 그 정보를 갖고 있지 못한 경우도 있다.

(라) 일반적으로 거품 현상이란 것은 어떤 상품, 자산의 가격이 지속해서 급격히 상승하는 현상을 가리킨다. 이와 같은 지속적인 가격 상승이 일어나는 이유는 애초에 발생한 가격 상승이 추가적인 가격 상승의 기대로 이어져 투기 바람이 형성되기 때문이다.

(마) 이들이 똑같은 정보를 함께 갖고 있으며 이 정보가 아주 틀린 것이 아닌 한, 상품의 가격은 어떤 기본적인 수준에서 크게 벗어나지 않을 것이라고 예상할 수 있다.

① (가) – (다) – (나) – (라) – (마)
② (가) – (마) – (다) – (나) – (라)
③ (라) – (가) – (다) – (나) – (마)
④ (라) – (다) – (가) – (나) – (마)
⑤ (마) – (가) – (다) – (라) – (나)

정답 ②

제시문은 가격을 결정하는 요인과 이를 통해 일반적으로 할 수 있는 예상을 언급하고, 현실적인 여러 요인으로 인해 '거품 현상'이 나타나기도 하며 '거품 현상'이란 구체적으로 무엇인지를 설명하는 글이다. 따라서 (가) 수요와 공급에 의해 결정되는 가격 – (마) 상품의 가격에 대한 일반적인 예상 – (다) 현실적인 가격 결정 요인 – (나) 이로 인해 예상치 못하게 나타나는 '거품 현상' – (라) '거품 현상'에 대한 구체적인 설명의 순서로 나열해야 한다.

풀이 전략!

상대적으로 시간이 부족하다고 느낄 때는 선택지를 참고하여 문장의 순서를 생각해 본다.

01 다음 문단을 논리적 순서대로 바르게 나열한 것은?

(가) 매년 수백만 톤의 황산이 애팔래치아 산맥에서 오하이오 강으로 흘러들어 간다. 이 황산은 강을 붉게 물들이고 산성으로 변화시킨다. 이렇듯 강이 붉게 물드는 것은 티오바실러스라는 세균으로 인해 생성된 침전물 때문이다. 철2가 이온(Fe^{2+})과 철3가 이온(Fe^{3+})의 용해도가 이러한 침전물의 생성에 중요한 역할을 한다.

(나) 애팔래치아 산맥의 석탄 광산에 있는 황철광에는 이황화철(FeS_2)이 함유되어 있다. 티오바실러스는 이 황철광에 포함된 이황화철(FeS_2)을 산화시켜 철2가 이온(Fe^{2+})과 강한 산인 황산을 만든다. 이 과정에서 티오바실러스는 일차적으로 에너지를 얻는다. 일단 만들어진 철2가 이온(Fe^{2+})은 티오바실러스에 의해 다시 철3가 이온(Fe^{3+})으로 산화되는데, 이 과정에서 또 다시 티오바실러스는 에너지를 이차적으로 얻는다.

(다) 이황화철(FeS_2)의 산화는 다음과 같이 가속된다. 티오바실러스에 의해 생성된 황산은 황철광을 녹이게 된다. 황철광이 녹으면 황철광 안에 들어 있던 이황화철(FeS_2)은 티오바실러스와 공기 중의 산소에 더 노출되어 화학반응이 폭발적으로 증가하게 된다. 티오바실러스의 생장과 번식에는 이와 같이 에너지의 원료가 되는 이황화철(FeS_2)과 산소 그리고 세포 구성에 필요한 무기질이 꼭 필요하다. 이러한 환경조건이 자연적으로 완비된 광산 지역에서는 일반적인 방법으로 티오바실러스의 생장을 억제하기가 힘들다. 이황화철(FeS_2)과 무기질이 다량으로 광산에 있으므로 이 경우 오하이오 강의 오염을 막기 위한 방법은 광산을 밀폐시켜 산소의 공급을 차단하는 것뿐이다.

(라) 철2가 이온(Fe^{2+})은 강한 산(pH 3.0 이하)에서 물에 녹은 상태를 유지한다. 그러한 철2가 이온(Fe^{2+})은 자연 상태에서 pH 4.0 ~ 5.0 사이가 되어야 철3가 이온(Fe^{3+})으로 산화된다. 놀랍게도 티오바실러스는 강한 산에서 잘 자라고 강한 산에 있는 철2가 이온(Fe^{2+})을 적극적으로 산화시켜 철3가 이온(Fe^{3+})을 만든다. 그리고 물에 녹지 않는 철3가 이온(Fe^{3+})은 다른 무기 이온과 결합하여 붉은 침전물을 만든다. 환경에 영향을 미칠 정도로 다량의 붉은 침전물을 만들기 위해서는 엄청난 양의 철2가 이온(Fe^{2+})과 강한 산이 있어야 한다. 이것들은 어떻게 만들어지는 것일까?

① (가) – (나) – (라) – (다)
② (가) – (라) – (나) – (다)
③ (라) – (가) – (다) – (나)
④ (라) – (나) – (가) – (다)
⑤ (라) – (나) – (다) – (가)

02 **다음 제시된 문단을 읽고, 이어질 문단을 논리적 순서대로 바르게 나열한 것은?**

> '휘슬블로어'란 호루라기를 뜻하는 '휘슬(Whistle)'과 부는 사람을 뜻하는 '블로어(Blower)'가 합쳐진 말이다. 즉, 호루라기를 부는 사람이라는 뜻으로, 자신이 속해 있거나 속해 있었던 집단의 부정부패를 고발하는 사람을 가리키며, 흔히 '내부고발자'라고도 불린다. 부정부패는 고발당해야 마땅한 것인데 이렇게 '휘슬블로어'라는 용어가 따로 있는 것은 그만큼 자신이 속한 집단의 부정부패를 고발하는 것이 쉽지 않다는 뜻일 것이다.

(가) 또한 법의 울타리 밖에서 행해지는 것에 대해서도 휘슬블로어는 보호받지 못한다. 일단 기업이나 조직 속에서 배신자가 되었다는 낙인과 상급자들로부터 괘씸죄로 인해 받게 되는 업무 스트레스, 집단 따돌림 등으로 인해 고립되게 되기 때문이다. 뿐만 아니라 익명성이 철저히 보장되어야 하지만 조직에서는 휘슬블로어를 찾기 위해 혈안이 된 상급자의 집요한 색출로 인해 밝혀지는 경우가 많다. 그렇게 될 경우 휘슬블로어들은 권고사직을 통해 해고를 당하거나 괴롭힘을 당한 채 일할 수밖에 없다.

(나) 실제로 휘슬블로어의 절반은 제보 후 1년간 자살충동 등 정신 및 신체적 질환으로 고통을 받는다고 한다. 또한 73%에 해당되는 상당수의 휘슬블로어들은 동료로부터 집단적으로 따돌림을 당하거나 가정에서도 불화를 겪는다고 한다. 우리는 이들이 공정한 사회와 개인의 양심에 손을 얹고 중대한 결정을 한 사람이라는 것을 외면해서는 안 되며, 이러한 휘슬블로어들을 법적으로 보호할 필요가 있다.

(다) 내부고발이 어려운 큰 이유는 내부고발을 한 후에 맞게 되는 후폭풍 때문이다. 내부고발은 곧 기업의 이미지가 떨어지는 것부터 시작해 영업 정지와 같은 실질적 징벌로 이어지는 경우가 많기 때문에 내부고발자들은 배신자로 취급되는 경우가 많다. 실제 양심에 따라 내부고발을 한 이후 닥쳐오는 후폭풍에 못 이겨 자신의 발로 회사를 나오는 경우도 많으며, 또한 기업과 동료로부터 배신자로 취급되거나 보복성 업무, 인사이동 등으로 불이익을 받는 경우도 많다.

(라) 현재 이러한 휘슬블로어를 보호하기 위한 법으로는 2011년 9월부터 시행되어 오고 있는 공익신고자 보호법이 있다. 하지만 이러한 법 제도만으로는 휘슬블로어들을 보호하는 데 무리가 있다. 공익신고자 보호법은 181개 법률 위반행위에 대해서만 공익신고로 보호하고 있는데, 만일 공익신고자 보호법에서 규정하고 있는 법률 위반행위가 아닌 경우에는 보호를 받지 못하고 있는 것이다.

① (다) – (가) – (라) – (나)
② (다) – (나) – (가) – (라)
③ (다) – (나) – (라) – (가)
④ (라) – (가) – (다) – (나)
⑤ (라) – (다) – (가) – (나)

03 다음 문단을 논리적 순서대로 바르게 나열한 것은?

(가) 결국 이를 다시 생각하면, 과거와 현재의 문화 체계와 당시 사람들의 의식 구조, 생활상 등을 역추적할 수 있다는 말이 된다. 즉, 동물의 상징적 의미가 문화를 푸는 또 하나의 열쇠이자 암호가 되는 것이다. 그리고 동물의 상징적 의미를 통해 인류의 총체인 문화의 실타래를 푸는 것은 우리는 어떤 존재인가라는 정체성에 대한 답을 하는 과정이 될 수 있다.

(나) 인류는 선사시대부터 생존을 위한 원초적 본능에서 동굴이나 바위에 그림을 그리는 일종의 신앙 미술을 창조했다. 신앙 미술은 동물에게 여러 의미를 부여하기 시작했고, 동물의 상징적 의미는 현재까지도 이어지고 있다. 1억 원 이상 복권 당첨자의 23%가 돼지꿈을 꿨다거나, 황금돼지해에 태어난 아이는 만복을 타고난다는 속설 때문에 결혼과 출산이 줄을 이었고, 대통령 선거에서 '두 돼지가 나타나 두 뱀을 잡아 먹는다.'라는 식으로 후보들이 홍보를 하기도 했다. 이렇게 동물의 상징적 의미는 우리 시대에도 여전히 유효한 관념으로 남아 있는 것이다.

(다) 동물의 상징적 의미는 시대나 나라에 따라 변하고 새로운 역사성을 담기도 했다. 예를 들면 뱀은 다산의 상징이자 불사의 존재이기도 했지만, 사악하고 차가운 간사한 동물로 여겨지기도 했다. 하지만 그리스에서 뱀은 지혜의 신이자, 아테네의 상징물이었고, 논리학의 상징이었다. 그리고 과거에 용은 숭배의 대상이었으나, 상상의 동물일 뿐이라는 현대의 과학적 사고는 지금의 용에 대한 믿음을 약화시키고 있다.

(라) 동물의 상징적 의미가 이렇게 다양하게 변하는 것은 문화가 살아 움직이기 때문이다. 문화는 인류의 지식, 신념, 행위의 총체로서 동물의 상징적 의미 또한 문화에 속한다. 문화는 항상 현재 진행형이기 때문에 현재의 생활이 바로 문화이며, 이것은 미래의 문화로 전이된다. 문화는 과거, 현재, 미래가 따로 떨어진 게 아니라 뫼비우스의 띠처럼 연결되어 있는 것이다. 다시 말하면 그 속에 포함된 동물의 상징적 의미 또한 거미줄처럼 얽히고설켜 형성된 것으로, 그 시대의 관념과 종교, 사회·정치적 상황에 따라 의미가 달라질 수밖에 없다는 말이다.

① (가) – (다) – (라) – (나)
② (나) – (다) – (라) – (가)
③ (나) – (라) – (다) – (가)
④ (다) – (나) – (라) – (가)
⑤ (다) – (라) – (가) – (나)

04 내용 추론

| 유형분석 |

- 주어진 지문을 바탕으로 도출할 수 있는 내용을 찾는 문제이다.
- 선택지의 내용을 정확하게 확인하고 지문의 정보와 비교하여 추론하는 능력이 필요하다.

다음 글을 읽고 추론한 내용으로 적절하지 않은 것은?

1977년 개관한 퐁피두 센터의 정식명칭은 국립 조르주 퐁피두 예술문화 센터로, 공공정보기관(BPI), 공업창작센터(CCI), 음악·음향의 탐구와 조정연구소(IRCAM), 파리 국립 근현대 미술관(MNAM) 등이 있는 종합문화예술 공간이다. 퐁피두라는 이름은 이 센터의 창설에 힘을 기울인 조르주 퐁피두 대통령의 이름을 딴 것이다.

1969년 당시 대통령이었던 퐁피두는 파리의 중심지에 미술관이면서 동시에 조형예술과 음악, 영화, 서적 그리고 모든 창조적 활동의 중심이 될 수 있는 문화 복합센터를 지어 프랑스 미술을 더욱 발전시키고자 했다. 요즘 미술관들은 미술관의 이러한 복합적인 기능과 역할을 인식하고 변화를 시도하는 곳이 많다. 미술관은 더 이상 전시만 보는 곳이 아니라 식사도 하고 영화도 보고 강연도 들을 수 있는 곳으로, 대중과의 거리 좁히기를 시도하고 있는 것도 그리 특별한 일은 아니다. 그러나 이미 40년 전에 21세기 미술관의 기능과 역할을 미리 내다볼 줄 아는 혜안을 가지고 설립된 퐁피두 미술관은 프랑스가 왜 문화강국이라 불리는지를 알 수 있게 해준다.

① 퐁피두 미술관의 모습은 기존 미술관의 모습과 다를 것이다.
② 퐁피두 미술관을 찾는 사람들의 목적은 다양할 것이다.
③ 퐁피두 미술관은 전통적인 예술작품들을 선호할 것이다.
④ 퐁피두 미술관은 파격적인 예술작품들을 배척하지 않을 것이다.
⑤ 퐁피두 미술관은 현대 미술관의 선구자라는 자긍심을 가지고 있을 것이다.

정답 ③

제시문에 따르면 퐁피두 미술관은 모든 창조적 활동을 위한 공간이므로, 퐁피두가 전통적인 예술작품을 선호할 것이라는 내용은 추론할 수 없다.

풀이 전략!

주어진 지문이 어떠한 내용을 다루고 있는지 파악한 후 선택지의 키워드를 확실하게 체크하고, 지문의 정보에서 도출할 수 있는 내용을 찾는다.

대표기출유형 04 기출응용문제

01 다음 글을 읽고 ㉠과 같은 현상이 나타나게 된 이유를 추론한 내용으로 적절하지 않은 것은?

> 고려와 조선은 국가적으로 금속화폐의 통용을 추진한 적이 있다. 화폐 주조권을 장악하여 세금을 효과적으로 징수하고 효율적으로 저장하려는 것이 그 목적이었다. 그러나 물품화폐에 익숙한 농민들은 금속화폐를 불편하게 여겼으며 금속화폐의 유통 범위는 한정되고 끝내는 삼베를 비롯한 물품화폐에 압도당하고 말았다. ㉠ 조선 태종 때와 세종 때에도 동전의 유통을 시도하였지만 실패하였다. 조선 전기 은화(銀貨)는 서울을 중심으로 유통되었고, 주로 왕실과 관청, 지배층과 상인, 역관(譯官) 등이 이용한 '돈'이었다. 그러나 은화(銀貨)는 고액 화폐였다. 그 때문에 서민의 경제생활에서는 여전히 무명 옷감이 화폐의 기능을 담당하였다.
>
> 그러한 가운데서도 농업생산력의 발전과 인구의 증가, 17세기 이후 지방시장의 성장은 금속화폐 통용을 위한 여건이 마련되었음을 뜻하였다. 17세기 전반 이미 개성에서는 모든 거래가 동전으로 이루어지고 있었다. 이러한 여건 아래에서 1678년(숙종 4년)부터 강력한 통용책이 추진되면서 금속화폐가 널리 보급될 수 있었다. 동전인 상평통보 1개는 1푼(分)이었다. 10푼이 1전(錢), 10전이 1냥(兩), 10냥이 1관(貫)이다. 대원군이 집권할 때 주조된 당백전(當百錢)과 1883년 주조된 당오전(當五錢)은 1개가 각각 100푼과 5푼의 가치를 가지는 동전이었다. 동전 주조가 늘면서 그 유통 범위가 경기, 충청지방으로부터 점차 확산되었고, 18세기 초에는 전국에 미칠 정도였다. 동전을 시전(市廛)에 무이자로 대출하고, 관리의 녹봉을 동전으로 지급하고, 일부 세금을 동전으로 거두어들이는 등의 국가 정책도 동전의 통용을 촉진하였다. 화폐경제의 성장은 상업적 동기를 촉진시키고 경제생활, 나아가 사회생활에 변화를 주었다.
>
> 이러한 가운데 일부 위정자들은 화폐경제로 인한 부작용을 우려했는데, 특히 농촌 고리대금업(高利貸金業)의 성행을 가장 심각한 문제로 생각했다. 그래서 동전의 폐지를 주장하는 이도 있었다. 1724년 등극한 영조는 이 주장을 받아들여 동전 주조를 정지하였다. 그런데 당시에 동전은 이미 일상생활로 퍼졌기 때문에 동전의 수요에 비해 공급이 부족한 현상이 일어나 동전주조의 정지는 화폐 유통질서와 상품경제에 타격을 가하였다. 돈이 매우 귀하여 농민과 상인의 교역에 불편을 가져다준 것이다. 또한 소수의 부유한 상인이 동전을 집중적으로 소유하여 고리대금업(高利貸金業) 활동을 강화함에 따라서 오히려 농민 몰락이 조장되었다. 결국 영조 7년 이후 동전은 다시 주조되기 시작했다.

① 화폐가 통용될 시장이 발달하지 않았다.

② 화폐가 주로 일부 계층 위주로 통용되었다.

③ 백성들이 화폐보다 물품화폐를 선호하였다.

④ 국가가 화폐수요량에 맞추어 원활하게 공급하지 못했다.

⑤ 화폐가 필요할 만큼 농업생산력이 발전하지 못했다.

02 다음 글을 읽고 추론할 수 있는 반응으로 적절하지 않은 것은?

인류는 미래의 에너지로 청정하고 고갈될 염려가 없는 풍부한 에너지를 기대하며, 신재생 에너지인 태양광과 풍력에너지에 많은 기대를 걸고 있다. 그러나 태양광이나 풍력으로는 화력발전을 통해 생산되는 전력 공급량을 대체하기 어렵고, 기상 환경에 많은 영향을 받는다는 점에서 한계가 있다. 이에 대한 대안으로 많은 전문가들은 '핵융합 에너지'에 기대를 걸고 있다.

핵융합발전은 핵융합 현상을 이용하는 발전 방식으로, 핵융합은 말 그대로 원자의 핵이 융합하는 것을 말한다. 우라늄의 원자핵이 분열하면서 방출되는 에너지를 이용하는 원자력발전과 달리, 핵융합발전은 수소 원자핵이 융합해 헬륨 원자핵으로 바뀌는 과정에서 방출되는 에너지를 이용해 물을 가열하고 수증기로 터빈을 돌려 전기를 생산한다.

핵융합발전이 다음 세대를 이끌어갈 전력 생산 방식이 될 수 있는 이유는 인류가 원하는 에너지원의 조건을 모두 갖추고 있기 때문이다. 우선 연료가 거의 무한대라고 할 수 있을 정도로 풍부하다. 핵융합발전에 사용되는 수소는 일반적인 수소가 아닌 수소의 동위원소로, 지구의 70%를 덮고 있는 바닷물을 이용해서 얼마든지 생산할 수 있다. 게다가 적은 연료로 원자력발전에 비해 훨씬 많은 에너지를 얻을 수 있다. 1g으로 석유 8t을 태워서 얻을 수 있는 전기를 생산할 수 있고, 원자력발전에 비하면 같은 양의 연료로 3～4배의 전기를 생산할 수 있다.

무엇보다 오염물질을 거의 배출하지 않는 점이 큰 장점이다. 미세먼지와 대기오염을 일으키는 오염물질은 전혀 나오지 않고 오직 헬륨만 배출된다. 약간의 방사선이 방출되지만, 원자력발전에서 배출되는 방사성 폐기물에 비하면 거의 없다고 볼 수 있을 정도이다.

핵융합발전은 안전 문제에서도 자유롭다. 원자력발전은 수개월 혹은 1년 치 연료를 원자로에 넣고 연쇄적으로 핵분열 반응을 일으키는 방식이라 문제가 생겨도 당장 가동을 멈춰 사태가 악화되는 것을 막을 수 없다. 하지만 핵융합발전은 연료가 아주 조금 들어가기 때문에 문제가 생겨도 원자로가 녹아내리는 것과 같은 대형 재난으로 이어지지 않는다. 문제가 생기면 즉시 핵융합 반응이 중단되고 발전장치가 꺼져버린다. 핵융합 반응을 제어하는 일이 극도로 까다롭기 때문에 오히려 발전장치가 꺼지지 않도록 정밀하게 제어하는 것이 중요하다.

현재 세계 각국은 각자 개별적으로 핵융합발전 기술을 개발하는 한편 프랑스 남부 카다라슈 지역에 '국제핵융합실험로(ITER)'를 건설해 공동으로 실증 실험을 할 준비를 진행하고 있다. 한국과 유럽연합(EU), 미국, 일본, 러시아, 중국, 인도 등 7개국이 참여해 구축하고 있는 ITER은 2025년 12월 완공될 예정이며, 2025년 이후에는 그동안 각국이 갈고 닦은 기술을 적용해 핵융합 반응을 일으켜 상용화 가능성을 검증하게 된다. 불과 10년 내로 세계 전력산업의 패러다임을 바꾸는 역사적인 핵융합 실험이 지구상에서 이뤄지게 되는 것이다.

① 핵융합발전이 태양열발전보다 더 많은 양의 전기를 생산할 수 있겠어.
② 핵융합발전과 원자력발전은 원자의 핵을 다르게 이용한다는 점에서 차이가 있군.
③ 같은 양의 전력 생산을 목표로 한다면 원자력발전의 연료비는 핵융합발전의 3배 이상이겠어.
④ 헬륨은 대기오염을 일으키는 오염물질에 해당하지 않는군.
⑤ 핵융합발전에는 발전장치를 제어하는 사람의 역할이 중요하겠어.

03 다음 중 밑줄 친 사람들의 주장으로 가장 적절한 것은?

최근 여러 나라들은 화석연료 사용으로 인한 기후 변화를 억제하기 위해, 화석연료의 사용을 줄이고 목재연료의 사용을 늘리고 있다. 다수의 과학자와 경제학자들은 목재를 '탄소 중립적 연료'라고 생각하고 있다. 나무를 태우면 이산화탄소가 발생하지만, 새로 심은 나무가 자라면서 다시 이산화탄소를 흡수하는데, 나무를 베어낸 만큼 다시 심으면 전체 탄소배출량은 '0'이 된다는 것이다. 대표적으로 유럽연합이 화석연료를 목재로 대체하려고 하는데, 탄소 중립적 연료로 전체 전력의 20%를 생산할 계획을 가지고 있다. 영국, 벨기에, 덴마크 네덜란드 등의 국가에서는 나무 화력발전소를 건설하거나 기존의 화력발전소에서 나무를 사용할 수 있도록 전환하는 등의 설비를 갖추고 있다. 우리나라 역시 재생에너지원을 중요시하면서 나무 펠릿 수요가 증가하고 있다.
하지만 일부 과학자들은 목재가 친환경 연료가 아니라고 주장한다. 이들 주장의 핵심은 지금 심은 나무가 자라는 데는 수십 ~ 수백 년이 걸린다는 것이다. 즉, 지금 나무를 태워 나온 이산화탄소는 나무를 심는다고 해서 줄어드는 것이 아니라 수백 년에 걸쳐서 천천히 흡수된다는 것이다. 또 화석연료에 비해 발전 효율이 낮기 때문에 같은 전력을 생산하는 데 발생하는 이산화탄소의 양은 더 많아질 것이라고 강조한다. 눈앞의 배출량만 줄이는 것은 마치 지금 당장 지갑에서 현금이 나가지 않는다고 해서 신용카드를 무분별하게 사용하는 것처럼 위험할 수 있다는 생각이다. 이들은 기후 변화 방지에서 배출량을 줄이는 것이 아니라 배출하지 않는 방법을 택하는 것이 더 낫다고 강조한다.

① 나무의 발전 효율을 높이는 연구가 선행되어야 한다.
② 목재연료를 통한 이산화탄소 절감은 전 세계가 동참해야만 가능하다.
③ 목재연료의 사용보다는 화석연료의 사용을 줄이는 것이 중요하다.
④ 목재연료의 사용보다는 태양광과 풍력 등의 발전효율을 높이는 것이 효과적이다.
⑤ 목재연료의 사용은 현재의 상황에서 가장 합리적인 대책이다.

05 빈칸 삽입

| 유형분석 |

- 주어진 지문을 바탕으로 빈칸에 들어갈 내용을 찾는 문제이다.
- 선택지의 내용을 정확하게 확인하고 빈칸 앞뒤 문맥을 파악하는 능력이 필요하다.

다음 글의 빈칸에 들어갈 내용으로 가장 적절한 것은?

미세먼지와 황사는 여러모로 비슷하면서도 뚜렷한 차이점을 지니고 있다. 삼국사기에도 기록되어 있는 황사는 중국 내륙 내몽골 사막에 강풍이 불면서 날아오는 모래와 흙먼지를 일컫는데, 장단점이 존재했던 과거와 달리 중국 공업지대를 지난 황사에 미세먼지와 중금속 물질이 더해지며 심각한 환경문제로 대두되었다. 이와 달리 미세먼지는 일반적으로는 대기오염물질이 공기 중에 반응하여 형성된 황산염이나 질산염 등 이온 성분, 석탄·석유 등에서 발생한 탄소화합물과 검댕, 흙먼지 등 금속화합물의 유해성분으로 구성된다. 미세먼지의 경우 통념적으로는 먼지를 미세먼지와 초미세먼지로 구분하고 있지만, 대기환경과 환경 보전을 목적으로 하는 환경정책기본법에서는 미세먼지를 PM(Particulate Matter)이라는 단위로 구분한다. 즉, 미세먼지(PM_{10})의 경우 입자의 크기가 $10\mu m$ 이하인 먼지이고, 미세먼지($PM_{2.5}$)는 입자의 크기가 $2.5\mu m$ 이하인 먼지로 정의하고 있다. 이에 비해 황사는 통념적으로는 입자 크기로 구분하지 않으나 주로 지름 $20\mu m$ 이하의 모래로 구분하고 있다. 때문에 ________________

① 황사 문제를 해결하기 위해서는 근본적으로 황사의 발생 자체를 억제할 필요가 있다.
② 황사와 미세먼지의 차이를 입자의 크기만으로 구분 짓긴 어렵다.
③ 미세먼지의 역할 또한 분명히 존재함을 기억해야 할 것이다.
④ 황사와 미세먼지의 근본적인 구별법은 그 역할에서 찾아야 할 것이다.
⑤ 초미세먼지를 차단할 수 있는 마스크라 해도 황사와 초미세먼지를 동시에 차단하긴 어렵다.

정답 ②

미세먼지의 경우 최소 $10\mu m$ 이하의 먼지로 정의되고 있지만, 황사의 경우 주로 지름 $20\mu m$ 이하의 모래로 구분하되 통념적으로는 입자 크기로 구분하지 않는다. 따라서 $10\mu m$ 이하의 황사의 입자의 크기만으로 미세먼지와 구분 짓기는 어렵다.

오답분석

①·⑤ 제시문을 통해서 알 수 없는 내용이다.
③ 미세먼지의 역할에 대한 설명을 찾을 수 없다.
④ 제시문에서 설명하는 황사와 미세먼지의 근본적인 구별법은 구성성분의 차이이다.

풀이 전략!

빈칸 앞뒤의 문맥을 파악한 후 선택지에서 가장 어울리는 내용을 찾는다. 빈칸 앞에 접속어가 있다면 이를 활용한다.

대표기출유형 05 기출응용문제

※ 다음 글의 빈칸에 들어갈 내용으로 가장 적절한 것을 고르시오. [1~3]

01

오존층 파괴의 주범인 프레온 가스로 대표되는 냉매는 그 피해를 감수하고도 사용할 수밖에 없는 필요악으로 인식되어 왔다. 지구 온난화 문제를 해결할 수 있는 대체 물질이 요구되는 이러한 상황에서 최근 이를 만족할 수 있는 4세대 신냉매가 새롭게 등장해 각광을 받고 있다. 그중 온실가스 배출량을 크게 줄인 대표적인 4세대 신냉매가 수소불화올레핀(HFO)계 냉매이다.

HFO는 기존 냉매에 비해 비싸고 불에 탈 수 있다는 단점이 있으나, 온실가스 배출이 거의 없고 에너지 효율성이 높은 장점이 있다. 이러한 장점으로 4세대 신냉매에 대한 관심이 최근 급격히 증가하고 있다. 지난 2003 ~ 2017년 중 냉매 관련 특허 출원 건수는 총 686건이었고, 온실가스 배출량을 크게 줄인 4세대 신냉매 관련 특허 출원들은 꾸준히 늘어나고 있다. 특히 2008년부터 HFO계 냉매를 포함한 출원 건수가 큰 폭으로 증가하면서 같은 기간의 HFO계 비중이 65%까지 증가했다. 이러한 출원 경향은 국제 규제로 2008년부터 온실가스를 많이 배출하는 기존 3세대 냉매의 생산과 사용을 줄이면서 4세대 신냉매가 필수적으로 요구됐기 때문으로 분석된다.

냉매는 자동차, 냉장고, 에어컨 등 우리 생활 곳곳에 사용되는 물질로서 시장 규모가 대단히 크지만, 최근 환경 피해와 관련된 엄격한 국제 표준이 요구되고 있다. 우수한 친환경 냉매가 조속히 개발될 수 있도록 관련 특허 동향을 제공해야 할 것이며, 4세대 신냉매 개발은 ____________

① 인공지능 기술의 확장을 열게 될 것이다.
② 엄격한 환경 국제 표준을 약화시킬 것이다.
③ 또 다른 오존층 파괴의 원인으로 이어질 것이다.
④ 지구 온난화 문제 해결의 열쇠가 될 것이다.
⑤ 새로운 일자리 창출에 많은 도움이 될 것이다.

PART 1

02

> 포논(Phonon)이라는 용어는 소리(Pho－)라는 접두어에 입자(－non)라는 접미어를 붙여 만든 단어로, 실제로 포논이 고체 안에서 소리를 전달하기 때문에 이런 이름이 붙었다. 어떤 고체의 한쪽을 두드리면 포논이 전파한 소리를 반대쪽에서 들을 수 있다.
>
> 아인슈타인이 새롭게 만든 고체의 비열 공식(아인슈타인 모형)은 실험결과와 상당히 잘 맞았다. 그런데 그의 성공은 고체 내부의 진동을 포논으로 해석한 데만 있지 않다. 그는 포논이 보존(Boson) 입자라는 사실을 간파하고, 고체 내부의 세상에 보존의 물리학(보즈－아인슈타인 통계)을 적용했으며, 비로소 고체의 비열이 온도에 따라 달라진다는 결론을 얻을 수 있었다.
>
> 양자역학의 세계에서 입자는 스핀 상태에 따라 분류된다. 스핀이 1/2의 홀수배(1/2, 3/2, …)인 입자들은 원자로를 개발한 유명한 물리학자 엔리코 페르미의 이름을 따 '페르미온'이라고 부른다. 오스트리아의 이론물리학자 볼프강 파울리는 페르미온들은 같은 에너지 상태를 가질 수 없고 서로 배척한다는 사실을 알아냈다. 즉, 같은 에너지 상태에서는 ＋/－ 반대의 스핀을 갖는 페르미온끼리만 같이 존재할 수 있다. 이를 '파울리의 배타원리'라고 한다. 페르미온은 대개 양성자, 중성자, 전자 같은 물질을 구성하며, 파울리의 배타원리에 따라 페르미온 입자로 이뤄진 물질은 우리가 손으로 만질 수 있다.
>
> 스핀이 0, 1, 2, … 등 정수 값인 입자도 있다. 바로 보존이다. 인도의 무명 물리학자였던 사티엔드라 나트 보즈의 이름을 본떴다. 보즈는 페르미가 개발한 페르미 통계를 공부하고 보존의 물리학을 만들었다. 당시 그는 박사학위도 없는 무명의 물리학자여서 논문을 작성한 뒤 아인슈타인에게 편지로 보냈다. 다행히 아인슈타인은 그 논문을 쓰레기통에 넣지 않고 꼼꼼히 읽어 본 뒤 자신의 생각을 첨가하고 독일어로 번역해 학술지에 제출했다. 바로 보존 입자의 물리학(보즈－아인슈타인 통계)이다. 이에 따르면, 보존 입자는 페르미온과 달리 파울리의 배타원리를 따르지 않는다. 따라서 같은 에너지 상태를 지닌 입자라도 서로 겹쳐서 존재할 수 있다. 만져지지 않는 에너지 덩어리인 셈이다. 이들 보존 입자는 대개 힘을 매개한다.
>
> 빛 알갱이, 즉 ____________________ 빛은 실험을 해 보면 입자의 특성을 보이지만, 질량이 없고 물질을 투과하며 만져지지 않는다. 포논은 어떨까? 원자 사이의 용수철 진동을 양자화 한 것이므로 물질이 아니라 단순한 에너지의 진동으로서 파울리의 배타원리를 따르지 않는다. 즉, 포논은 광자와 마찬가지로 스핀이 0인 보존 입자이다.

① 광자는 파울리의 배타원리를 따른다.

② 광자는 스핀 상태에 따라 분류할 수 없다.

③ 광자는 스핀이 1/2의 홀수배인 입자의 대표적인 예이다.

④ 광자는 보존의 대표적인 예이다.

⑤ 광자는 페르미온의 대표적인 예이다.

03

스마트팩토리는 인공지능(AI), 사물인터넷(IoT) 등 다양한 기술이 융합된 자율화 공장으로, 제품 설계와 제조, 유통, 물류 등의 산업 현장에서 생산성 향상에 초점을 맞췄다. 이곳에서는 기계, 로봇, 부품 등의 상호 간 정보 교환을 통해 제조 활동을 하고, 모든 공정 이력이 기록되며, 빅데이터 분석으로 사고나 불량을 예측할 수 있다. 스마트팩토리에서는 컨베이어 생산 활동으로 대표되는 산업 현장의 모듈형 생산이 컨베이어를 대체하고 IoT가 신경망 역할을 한다. 센서와 기기 간 다양한 데이터를 수집하고, 이를 서버에 전송하면 서버는 데이터를 분석해 결과를 도출한다. 서버는 AI 기계학습 기술이 적용돼 빅데이터를 분석하고 생산성 향상을 위한 최적의 방법을 제시한다.
스마트팩토리의 대표 사례로는 고도화된 시뮬레이션 '디지털 트윈'을 들 수 있다. 디지털 트윈은 데이터를 기반으로 가상공간에서 미리 시뮬레이션하는 기술이다. 시뮬레이션을 위해 빅데이터를 수집하고 분석과 예측을 위한 통신·분석 기술에 가상현실(VR), 증강현실(AR)과 같은 기술을 더한다. 이를 통해 산업 현장에서 작업 프로세스를 미리 시뮬레이션하고, VR·AR로 검증함으로써 실제 시행에 따른 손실을 줄이고, 작업 효율성을 높일 수 있다.
한편 '에지 컴퓨팅'도 스마트팩토리의 주요 기술 중 하나이다. 에지 컴퓨팅은 산업 현장에서 발생하는 방대한 데이터를 클라우드로 한 번에 전송하지 않고, 에지에서 사전 처리한 후 데이터를 선별해서 전송한다. 서버와 에지가 연동해 데이터 분석 및 실시간 제어를 수행하여 산업 현장에서 생산되는 데이터가 기하급수로 늘어도 서버에 부하를 주지 않는다. 현재 클라우드 컴퓨팅이 중앙 데이터센터와 직접 소통하는 방식이라면 에지 컴퓨팅은 기기 가까이에 위치한 일명 '에지 데이터 센터'와 소통하며, 저장을 중앙 클라우드에 맡기는 형식이다. 이를 통해 데이터 처리 지연 시간을 줄이고 즉각적인 현장 대처를 가능하게 한다.
이러한 스마트팩토리의 발전은 ______________________ 최근 선진국에서 나타나는 주요 현상 중의 하나는 바로 '리쇼어링'의 가속화이다. 리쇼어링이란 인건비 등 각종 비용 절감을 이유로 해외에 나간 자국 기업들이 다시 본국으로 돌아오는 현상을 의미하는 용어이다. 2000년대 초반까지는 국가적 차원에서 세제 혜택 등의 회유책을 통해 추진되어왔지만, 스마트팩토리의 등장으로 인해 자국 내 스마트팩토리에서의 제조 비용과 중국이나 멕시코와 같은 제3국에서 제조 후 수출 비용에 큰 차이가 없어 리쇼어링 현상은 더욱 가속화되고 있다.

① 공장의 제조 비용을 절감시키고 있다.
② 공장의 세제 혜택을 사라지게 하고 있다.
③ 공장의 위치를 변화시키고 있다.
④ 수출 비용을 줄이는 데 도움이 된다.
⑤ 공장의 생산성을 높이고 있다.

CHAPTER 06

기술능력

합격 Cheat Key

기술능력은 업무를 수행함에 있어 도구, 장치 등을 포함하여 필요한 기술에 어떠한 것들이 있는지 이해하고, 실제 업무를 수행함에 있어 적절한 기술을 선택하여 적용하는 능력이다.

세부 유형은 기술 이해 · 기술 선택 · 기술 적용으로 나눌 수 있다. 제품설명서나 상황별 매뉴얼을 제시하는 문제 또는 명령어를 제시하고 규칙을 대입할 수 있는지 묻는 문제가 출제되기 때문에 이런 유형들을 공략할 수 있는 전략을 세워야 한다.

1 긴 지문이 출제될 때는 보기의 내용을 미리 보라!

기술능력에서 자주 출제되는 제품설명서나 상황별 매뉴얼을 제시하는 문제에서는 기술을 이해하고, 상황에 알맞은 원인 및 해결방안을 고르는 문제가 출제된다. 실제 시험장에서 문제를 풀 때는 시간적 여유가 없기 때문에 보기를 먼저 읽고, 그 다음 긴 지문을 보면서 동시에 보기와 일치하는 내용이 나오면 확인해 가면서 푸는 것이 좋다.

2 모듈형에도 대비하라!

모듈형 문제의 비중이 늘어나는 추세이므로 공기업을 준비하는 취업준비생이라면 모듈형 문제에 대비해야 한다. 기술능력의 모듈형 이론 부분을 학습하고 모듈형 문제를 풀어보고 여러 번 읽으며 이론을 확실히 익혀두면 실제 시험장에서 이론을 묻는 문제가 나왔을 때 단번에 답을 고를 수 있다.

3 전공 이론도 익혀 두어라!

지원하는 직렬의 전공 이론이 기술능력으로 출제되는 경우가 많기 때문에 전공 이론을 익혀두는 것이 좋다. 깊이 있는 지식을 묻는 문제가 아니더라도 출제되는 문제의 소재가 전공과 관련된 내용일 가능성이 크기 때문에 최소한 지원하는 직렬의 전공 용어는 확실히 익혀 두어야 한다.

4 쉽게 포기하지 말라!

직업기초능력에서 주요 영역이 아니면 소홀한 경우가 많다. 시험장에서 기술능력을 읽어 보지도 않고 포기하는 경우가 많은데 차근차근 읽어보면 지문만 잘 읽어도 풀 수 있는 문제들이 출제되는 경우가 있다. 이론을 모르더라도 풀 수 있는 문제인지 파악해보자.

01 기술 이해

| 유형분석 |

- 업무수행에 필요한 기술의 개념 및 원리, 관련 용어에 대한 문제가 자주 출제된다.
- 기술 시스템의 개념과 발전 단계에 대한 문제가 출제되므로 각 단계의 순서와 그에 따른 특징을 숙지하여야 하며, 단계별로 요구되는 핵심 역할이 다름에 유의한다.

다음 글에서 설명하고 있는 것은?

> 농부는 농기계와 화학비료를 써서 밀을 재배하고 수확한다. 이렇게 생산된 밀은 보관업자, 운송업자, 제분회사, 제빵 공장을 거쳐 시장으로 판매된다. 보다 높은 생산성을 위해 화학비료를 연구하고, 공장을 가동하기 위해 공작기계와 전기를 생산한다. 보다 빠른 운송을 위해서 트럭이나 기차, 배가 개발되었고, 보다 효과적인 운송수단과 농기계를 운용하기 위해 증기기관에서 석유에너지로 발전하였다. 이렇듯 우리의 식탁에 올라오는 빵은 여러 기술이 네트워크로 결합하여 시너지를 내고 있다.

① 기술시스템
② 기술혁신
③ 기술경영
④ 기술이전
⑤ 기술경쟁

정답 ①

기술시스템(Technological System)은 개별 기술이 네트워크로 결합하는 것을 말한다. 인공물의 집합체만이 아니라 투자회사, 법적 제도, 정치, 과학, 자연자원을 모두 포함하는 것으로, 사회기술시스템이라고도 한다.

풀이 전략!

문제에 제시된 내용만으로는 풀이가 어려울 수 있으므로, 사전에 관련 기술 이론을 숙지하고 있어야 한다. 자주 출제되는 개념을 확실하게 암기하여 빠르게 문제를 풀 수 있도록 하는 것이 좋다.

대표기출유형 01 기출응용문제

01 다음은 기술선택을 위한 절차를 나타낸 자료이다. 빈칸 ㉠ ~ ㉣에 들어갈 내용을 바르게 나열한 것은?

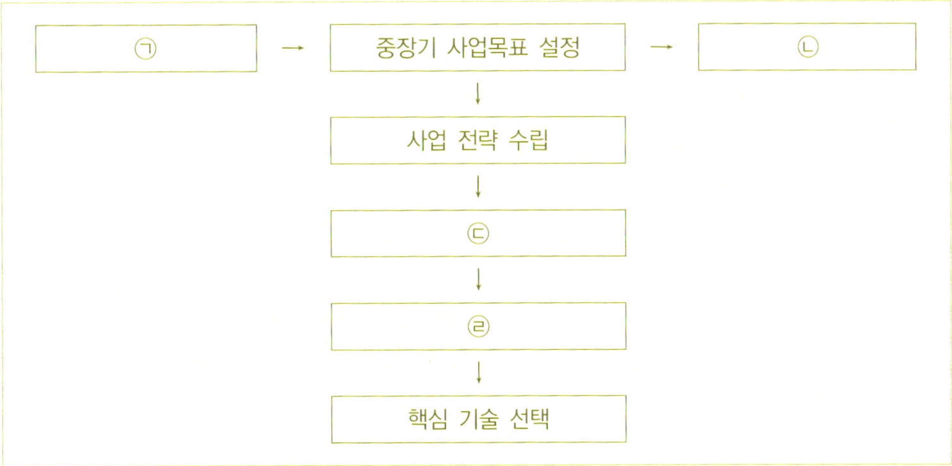

	㉠	㉡	㉢	㉣
①	내부 역량 분석	외부 환경 분석	요구 기술 분석	기술 전략 수립
②	내부 역량 분석	외부 환경 분석	기술 전략 수립	요구 기술 분석
③	외부 환경 분석	내부 역량 분석	요구 기술 분석	기술 전략 수립
④	외부 환경 분석	내부 역량 분석	기술 전략 수립	요구 기술 분석
⑤	외부 환경 분석	기술 전략 수립	내부 역량 분석	요구 기술 분석

02 다음 뉴스 내용에서 알 수 있는 기술경영자의 능력으로 옳은 것은?

> 앵커 : 현재 국제 원유 값이 고공 행진을 계속하면서 석유자원에서 탈피하려는 기술 개발이 활발히 진행되고 있는데요. 석유자원을 대체하고 에너지의 효율성을 높일 수 있는 연구개발 현장을 이은경 기자가 소개합니다.
>
> 기자 : 네. 여기는 메탄올을 화학 산업에 많이 쓰이는 에틸렌과 프로필렌, 부탄 등의 경질 올레핀으로 만드는 공정 현장입니다. 석탄과 바이오매스, 천연가스를 원료로 만들어진 메탄올에서 촉매반응을 통해 경질 올레핀을 만들기 때문에 석유 의존도를 낮출 수 있는 기술을 볼 수 있는데요. 기존 석유 나프타 열분해 공정보다 수율이 높고, 섭씨 400℃ 이하에서 제조가 가능해 온실가스는 물론 에너지 비용을 50% 이상 줄일 수 있어 화제가 되고 있습니다.

① 빠르고 효과적으로 새로운 기술을 습득하고 기존의 기술에서 탈피하는 능력
② 기술 전문 인력을 운용할 수 있는 능력
③ 조직 내의 기술 이용을 수행할 수 있는 능력
④ 새로운 제품개발 시간을 단축할 수 있는 능력
⑤ 기술을 효과적으로 평가할 수 있는 능력

02 기술 적용

| 유형분석 |

- 주어진 자료를 해석하고 기술을 적용하여 풀어가는 문제이다.
- 자료 등을 읽고 제시된 문제 상황에 적절한 해결 방법을 찾는 문제가 자주 출제된다.
- 지문의 길이가 길고 복잡하므로, 문제에서 요구하는 정보를 놓치지 않도록 주의해야 한다.

G사는 생산팀 직원들을 위해 작업장에 의류 건조기를 설치했다. 이에 비품 담당자인 B사원은 다음 제품 설명서를 토대로 '건조기 사용 전 필독 유의사항'을 작성하려고 한다. 이때 유의사항에 들어갈 내용으로 옳지 않은 것은?

[사용 전 알아두어야 할 사항]
1. 물통 또는 제품 내부에 절대 의류 외에 다른 물건을 넣지 마십시오.
2. 제품을 작동시키기 전 문이 제대로 닫혔는지 확인하십시오.
3. 필터는 제품 사용 전후로 반드시 청소해 주십시오.
4. 제품의 성능유지를 위해서 물통을 자주 비워 주십시오.
5. 겨울철이거나 건조기가 설치된 곳의 기온이 낮을 경우 건조시간이 길어질 수 있습니다.
6. 과도한 건조물을 넣고 기계를 작동시키면 완벽하게 건조되지 않거나 의류에 구김이 생길 수 있습니다. 최대용량 5kg 이내로 의류를 넣어 주십시오.
7. 가죽, 슬립, 전기담요, 마이크로 화이바 소재 의류, 이불, 동·식물성 충전재 사용 제품은 사용을 피해 주십시오.

[동결 시 조치방법]
1. 온도가 낮아지게 되면 물통이나 호스가 얼 수 있습니다.
2. 동결 시 작동 화면에 'ER' 표시가 나타납니다. 이 경우 일시정지 버튼을 눌러 작동을 멈춰 주세요.
3. 물통이 얼었다면 물통을 꺼내 따뜻한 물에 20분 이상 담가 주세요.
4. 호스가 얼었다면 호스 안의 이물질을 모두 꺼내고, 호스를 따뜻한 물 또는 따뜻한 수건으로 20분 이상 녹여 주세요.

① 사용 전후로 필터는 꼭 청소해 주세요.
② 건조기에 넣는 의류는 5kg 이내로 해 주세요.
③ 사용이 불가한 의류 제품 목록을 꼭 확인해 주세요.
④ 화면에 ER 표시가 떴을 때는 전원을 끄고 작동을 멈춰 주세요.
⑤ 호스가 얼었다면 호스를 따뜻한 물 또는 따뜻한 수건으로 20분 이상 녹여 주세요.

정답 ④

제시문의 동결 시 조치방법에서는 화면에 'ER' 표시가 나타나면 전원 버튼이 아닌 일시정지 버튼을 눌러 작동을 멈추라고 설명하고 있다.

오답분석

① 필터는 제품 사용 전후로 반드시 청소해 주라고 설명하고 있다.

② 과도한 건조물을 넣고 기계를 작동시키면 완벽하게 건조되지 않거나 의류에 구김이 생길 수 있으니 최대용량 5kg 이내로 의류를 넣어 주라고 설명하고 있다.

③ 건조기 사용이 불가한 제품 목록이 설명되어 있다.

⑤ 호스가 얼었다면 호스 안의 이물질을 모두 꺼내고, 호스를 따뜻한 물 또는 따뜻한 수건으로 20분 이상 녹여 주라고 설명하고 있다.

PART 1

풀이 전략!

문제에 제시된 자료 중 필요한 정보를 빠르게 파악하는 것이 중요하다. 질문을 먼저 읽고 문제 상황을 파악한 뒤 제시된 선택지를 하나씩 소거하며 문제를 푸는 것이 좋다.

대표기출유형 02 기출응용문제

※ G씨는 이번 달 내로 모든 사무실의 복합기를 ★★복합기로 교체하라는 지시를 받았다. 모든 사무실의 복합기를 교체하였지만, 추후 문제가 생길 것을 대비해 신형 복합기의 문제 해결법을 인트라넷에 게시하였다. 이어지는 질문에 답하시오. **[1~2]**

〈문제 해결법〉

Q. 복합기가 비정상적으로 종료됩니다.

A. 제품의 전원 어댑터가 전원 콘센트에 정상적으로 연결되었는지 확인하십시오.

Q. 제품에서 예기치 못한 소음이 발생합니다.

A. 복합기의 자동 서비스 기능으로 프린트 헤드의 수명을 관리할 때에 제품에서 예기치 못한 소음이 발생할 수 있습니다.

▲ 참고

- 프린트 헤드의 손상을 방지하려면, 복합기에서 인쇄하는 동안에는 복합기를 끄지 마십시오.
- 복합기의 전원을 끌 때에는 반드시 전원 버튼을 사용하고, 복합기가 정지할 때까지 기다린 후 전원을 끄십시오.
- 잉크 카트리지를 모두 바르게 장착했는지 확인합니다.
- 잉크 카트리지가 하나라도 없을 경우, 복합기는 프린트 헤드를 보호하기 위해 자동으로 서비스 기능을 수행할 수 있습니다.

Q. 복합기가 응답하지 않습니다(인쇄되지 않음).

A. 1. 인쇄 대기열에 걸려 있는 인쇄 작업이 있는지 확인하십시오.

- 인쇄 대기열을 열어 모든 문서 작업을 취소한 다음 PC를 재부팅합니다.
- PC를 재부팅한 후 인쇄를 다시 시작합니다.

2. ★★소프트웨어 설치를 확인하십시오.

- 인쇄 도중 복합기가 꺼지면 PC 화면에 경고 메시지가 나타납니다.
- 메시지가 나타나지 않을 경우 ★★소프트웨어가 제대로 설치되지 않았을 수 있습니다.
- ★★소프트웨어를 완전히 제거한 다음 다시 설치합니다. 자세한 내용은 [프린터 소프트웨어 삭제하기]를 참고하십시오.

3. 케이블 및 연결 상태를 확인하십시오.

① USB 케이블이 복합기와 PC에 제대로 연결되었는지 확인합니다.
② 복합기가 무선 네트워크에 연결되어 있을 경우 복합기와 PC의 네트워크 연결 상태를 확인합니다.
③ PC에 개인 방화벽 소프트웨어가 설치되어 있는지 확인합니다.
④ 개인 소프트웨어 방화벽은 외부 침입으로부터 PC를 보호하는 보안 프로그램입니다.
⑤ 방화벽으로 인해 PC와 복합기의 통신이 차단될 수 있습니다.
⑥ 복합기와 통신이 문제가 될 경우에는 방화벽을 일시적으로 해제하십시오. 해제 후에도 문제가 발생하면 방화벽에 의한 문제가 아니므로 방화벽을 다시 실행하십시오.

Q. 인쇄 속도가 느립니다.

A. 1. 인쇄 품질 설정을 확인하십시오.
- 인쇄 품질(해상도)이 최상 및 최대 DPI로 설정되었을 경우 인쇄 품질이 향상되나 인쇄 속도가 느려질 수 있습니다.

2. 잉크 카트리지의 잉크 잔량을 확인하십시오.
- 잉크 카트리지에 남아 있는 예상 잉크량을 확인합니다.
- 잉크 카트리지가 소모된 상태에서 인쇄를 할 경우 인쇄 속도가 느려질 수 있습니다.
- 위와 같은 방법으로 해결되지 않을 경우 복합기에 문제가 있을 수 있으므로, ★★서비스 센터에 서비스를 요청하십시오.

01 **A사원은 ★★복합기에서 소음이 발생하자 문제 해결법을 통해 복합기의 자동 서비스 기능으로 프린트 헤드의 수명을 관리할 때 소음이 발생할 수 있다는 것을 알았다. 다음 중 A사원이 숙지할 수 있는 참고 사항으로 옳지 않은 것은?**

① 프린트 헤드의 손상을 방지하려면, 복합기에서 인쇄하는 동안에는 복합기를 끄지 않는다.

② 프린트 헤드 정렬 및 청소를 불필요하게 실시하면 많은 양의 잉크가 소모된다.

③ 잉크 카트리지를 모두 올바르게 장착했는지 확인한다.

④ 복합기의 전원을 끌 때에는 반드시 전원 버튼을 사용하고, 복합기가 정지할 때까지 기다린 후 전원을 끈다.

⑤ 잉크 카트리지가 하나라도 없을 경우, 복합기는 프린트 헤드를 보호하기 위해 자동으로 서비스 기능을 수행하게 된다.

02 **팀장에게 보고서를 제출하기 위해 인쇄를 하려던 Z사원은 보고서가 인쇄되지 않는다는 것을 알았다. 다음 중 Z사원이 복합기 문제를 해결할 수 있는 방안으로 옳지 않은 것은?**

① 인쇄 작업이 대기 중인 문서가 있는지 확인한다.

② 복합기 소프트웨어를 완전히 제거한 다음 다시 설치한다.

③ USB 케이블이 복합기와 PC에 연결이 되어 있는지 확인한다.

④ 잉크 카트리지에 남아 있는 예상 잉크량을 확인한다.

⑤ 대기 문서를 취소한 후 PC를 재부팅한다.

※ 다음은 전열 난방기구의 설명서이다. 이어지는 질문에 답하시오. [3~5]

■ 설치방법

[스탠드형]

1) 제품 밑 부분이 위를 향하게 하고, 스탠드와 히터의 나사 구멍이 일치하도록 맞추세요.
2) 십자드라이버를 사용해 스탠드 조립용 나사를 단단히 고정시켜 주세요.
3) 스탠드 2개를 모두 조립한 후 제품을 똑바로 세워 놓고 흔들리지 않는지 확인합니다.

[벽걸이형]

1) 벽걸이용 거치대를 본체에서 분리해 주세요.
2) 벽걸이용 거치대 양쪽 구멍의 거리에 맞춰 벽에 작은 구멍을 냅니다(단단한 콘크리트나 타일이 있을 경우 전동드릴로 구멍을 내면 좋습니다).
3) 제공되는 나사를 이용해 거치대를 벽에 고정시켜 줍니다.
4) 양손으로 본체를 들어서 평행을 맞춰 거치대에 제품을 고정시킵니다.
5) 거치대의 고정 나사를 단단히 조여 흔들리지 않도록 고정시킵니다.

■ 사용방법

1) 전원선을 콘센트에 연결합니다.
2) 전원버튼을 누르면 작동을 시작합니다.
3) 1단(750W), 2단(1,500W)의 출력 조절버튼을 터치해 출력을 조절할 수 있습니다.
4) 온도 조절버튼을 터치하여 온도를 조절할 수 있습니다.
   - 설정 가능한 온도 범위는 15 ~ 40℃입니다.
   - 에너지 절약을 위해 실내온도가 설정온도에 도달하면 자동으로 전원이 차단됩니다.
   - 실내온도가 설정온도보다 약 2 ~ 3℃ 내려가면 다시 작동합니다.
5) 타이머 버튼을 터치하여 작동 시간을 설정할 수 있습니다.
6) 출력 조절버튼을 5초 이상 길게 누르면 잠금 기능이 활성화됩니다.

■ 주의사항

- 제품을 사용하지 않을 때나 제품을 점검할 때는 전원코드를 반드시 콘센트에서 분리하세요.
- 사용자가 볼 수 있는 위치에서만 사용하세요.
- 사용 시에 화상을 입을 수 있으니 손을 대지 마세요.
- 바닥이 고르지 않은 곳에서는 사용하지 마세요.
- 젖은 수건, 의류 등을 히터 위에 올려 놓지 마세요.
- 장난감, 철사, 칼, 도구 등을 넣지 마세요.
- 제품 사용 중 이상이 발생한 경우 분해하지 마시고, A/S센터로 문의해 주세요.
- 본체 가까이에서 스프레이 캔이나 인화성 위험물을 사용하지 마세요.
- 휘발유, 신나, 벤젠, 등유, 알칼리성 비눗물, 살충제 등을 이용하여 청소하지 마세요.
- 제품을 물에 담그지 마세요.
- 젖은 손으로 전원코드, 본체, 콘센트 등을 만지지 마세요.
- 전원 케이블이 과도하게 꺾이거나 피복이 벗겨진 경우에는 전원을 연결하지 마시고, A/S센터로 문의해 주세요.

※ 주의사항을 지키지 않을 경우 고장 및 감전, 화재의 원인이 될 수 있습니다.

03 **작업장에 벽걸이형 난방기구를 설치하고자 한다. 다음 중 벽걸이형 난방기구의 설치방법으로 옳은 것은?**

① 벽걸이용 거치대의 양쪽 구멍과 상단 구멍의 위치에 맞게 벽에 작은 구멍을 낸다.
② 스탠드 2개를 조립한 후 벽걸이형 거치대를 본체에서 분리한다.
③ 벽이 단단한 콘크리트로 되어 있을 경우 거치대를 따로 고정하지 않아도 된다.
④ 거치대를 벽에 고정시킨 뒤 평행을 맞추어 거치대에 제품을 고정시킨다.
⑤ 스탠드의 고정 나사를 조여 제품이 흔들리지 않는지 확인한다.

04 **다음 중 난방기구의 사용방법으로 옳지 않은 것은?**

① 전원선을 콘센트에 연결 후 전원버튼을 누른다.
② 출력 조절버튼을 터치하여 출력을 1단으로 낮춘다.
③ 히터를 작동시키기 위해 설정온도를 현재 실내온도인 20℃로 조절하였다.
④ 전기료 절감을 위해 타이머를 1시간으로 맞추어 놓고 사용하였다.
⑤ 잠금 기능을 활성화하기 위해 출력 조절버튼을 5초 이상 길게 눌렀다.

05 **난방기구가 사용 도중 갑자기 작동하지 않았다. 다음 중 난방기구의 고장 원인이 될 수 없는 것은?**

① 바닥 면이 고르지 않은 곳에 두었다.
② 젖은 수건을 히터 위에 두었다.
③ 열원이 방출되는 구멍에 연필이 들어갔다.
④ 전원 케이블의 피복이 벗겨져 있었다.
⑤ 작동되고 있는 히터를 손으로 만졌다.

CHAPTER 07

정보능력

합격 Cheat Key

정보능력은 업무를 수행함에 있어 기본적인 컴퓨터를 활용하여 필요한 정보를 수집・분석・활용하는 능력으로, 업무와 관련된 정보를 수집하고, 이를 분석하여 의미 있는 정보를 얻는 능력을 의미한다. 세부 유형은 컴퓨터 활용, 정보 처리로 나눌 수 있다.

1 평소에 컴퓨터 활용 스킬을 틈틈이 익혀라!

윈도우(OS)에서 어떠한 설정을 할 수 있는지, 응용프로그램(엑셀 등)에서 어떠한 기능을 활용할 수 있는지를 평소에 직접 사용해 본다면 문제를 보다 수월하게 해결할 수 있다. 여건이 된다면 컴퓨터 활용 능력에 관련된 자격증 공부를 하는 것도 이론과 실무를 익히는 데 도움이 될 것이다.

2 문제의 규칙을 찾는 연습을 하라!

일반적으로 코드체계나 시스템 논리체계를 제공하고 이를 분석하여 문제를 해결하는 유형이 출제된다. 이러한 문제는 문제해결능력과 같은 맥락으로 규칙을 파악하여 접근하는 방식으로 연습이 필요하다.

3 현재 보고 있는 그 문제에 집중하라!

정보능력의 모든 것을 공부하려고 한다면 양이 너무나 방대하다. 그렇기 때문에 수험서에서 본인이 현재 보고 있는 문제들을 집중적으로 공부하고 기억하려고 해야 한다. 그러나 엑셀의 함수 수식, 연산자 등 암기를 필요로 하는 부분들은 필수적으로 암기를 해서 출제가 되었을 때 오답률을 낮출 수 있도록 한다.

4 사진 · 그림을 기억하라!

컴퓨터 활용 능력을 파악하는 영역이다 보니 컴퓨터 속 옵션, 기능, 설정 등의 사진 · 그림이 문제에 같이 나오는 경우들이 있다. 그런 부분들은 직접 컴퓨터를 통해서 하나하나 확인을 하면서 공부한다면 더 기억에 잘 남게 된다. 조금 귀찮더라도 한 번씩 클릭하면서 확인해 보도록 한다.

대표기출유형

01 정보 이해

| 유형분석 |

- 정보능력 전반에 대한 이해를 확인하는 문제이다.
- 정보능력 이론이나 새로운 정보 기술에 대한 문제가 자주 출제된다.

다음 중 정보의 가공 및 활용에 대한 설명으로 옳지 않은 것은?

① 정보는 원형태 그대로 혹은 가공하여 활용할 수 있다.

② 수집된 정보를 가공하여 다른 형태로 재표현하는 방법도 가능하다.

③ 정적정보의 경우 이용한 이후에도 장래활용을 위해 정리하여 보존한다.

④ 비디오테이프에 저장된 영상정보는 동적정보에 해당한다.

⑤ 동적정보는 입수하여 처리 후에는 해당 정보를 즉시 폐기해도 된다.

정답 ④

저장매체에 저장된 자료는 시간이 지나도 언제든지 동일한 형태로 재생이 가능하므로 정적정보에 해당한다.

오답분석

① 정보는 원래 형태 그대로 활용하거나 분석 및 정리 등 가공하여 활용할 수 있다.
② 정보를 가공하는 것뿐 아니라 일정한 형태로 재표현하는 것도 가능하다.
③ 시의성이 사라지면 정보의 가치가 떨어지는 동적정보와 달리, 정적정보의 경우 이용 후에도 장래에 활용을 하기 위해 정리하여 보존하는 것이 좋다.
⑤ 동적정보의 특징은 입수 후 처리한 경우에는 폐기하여도 된다는 것이다. 오히려 시간의 경과에 따라 시의성이 점점 떨어지는 동적정보를 축적하는 것은 비효율적이다.

풀이 전략!

자주 출제되는 정보능력 이론을 확인하고, 확실하게 암기해야 한다. 특히 새로운 정보 기술이나 컴퓨터 전반에 대해 관심을 가지는 것이 좋다.

대표기출유형 01 기출응용문제

01 **다음 중 SSD와 HDD에 대한 설명으로 옳지 않은 것은?**

① SSD는 HDD에 비해 전력 소모량이 적고 발열이 적다.
② 장기간 데이터를 보존하려면 SSD보다 HDD가 더 유리하다.
③ SSD는 내구성이 높아 충격이나 진동에 덜 민감하지만, HDD는 이에 민감하여 외부 충격에 의해 데이터가 손실될 수 있다.
④ SSD는 기계적인 방식을 사용하여 데이터를 읽고 쓰는 반면, HDD는 전기적인 방식으로 데이터를 저장한다.
⑤ 일반적으로 SSD는 보다 신속한 데이터 접근 속도를 제공하지만, HDD는 더 큰 저장 용량을 제공한다.

02 **다음은 데이터베이스에 대한 설명이다. 빈칸 ㉠, ㉡에 들어갈 말을 바르게 나열한 것은?**

> 파일시스템에서 하나의 파일은 독립적이고 어떤 업무를 처리하는 데 필요한 모든 정보를 가지고 있다. 파일도 데이터의 집합이므로 데이터베이스라고 볼 수도 있으나 일반적으로 데이터베이스라 함은 ___㉠___을 의미한다. 따라서 사용자는 여러 개의 파일에 있는 정보를 한 번에 검색해 볼 수 있다. 데이터베이스 관리시스템은 데이터와 파일, 그들의 관계 등을 생성하고 유지하고 검색할 수 있게 해 주는 소프트웨어이다. 반면에 파일관리시스템은 ___㉡___에 대해서 생성, 유지, 검색을 할 수 있는 소프트웨어이다.

	㉠	㉡
①	여러 개의 연관된 파일	한 번에 한 개의 파일
②	여러 개의 연관된 파일	한 번에 복수의 파일
③	여러 개의 독립된 파일	한 번에 복수의 파일
④	여러 개의 독립된 파일	한 번에 한 개의 파일
⑤	여러 개의 독립된 파일	여러 개의 연관된 파일

※ 정보운영처에 근무하는 김대리는 랜섬웨어에 대한 대비책을 직원들에게 전파하려고 한다. 다음 메일을 읽고 이어지는 질문에 답하시오. [3~4]

발신 : 김○○대리(정보운영처, ***@kepco.or.kr) 2025.02.27 14:25:32

수신 : 전 임직원
참조 :
제목 : [긴급 공지] 랜섬웨어 유포 관련 주의사항

내용 :
안녕하십니까? 정보운영팀 김○○ 대리입니다.
최근 해외에서 기승을 부리던 랜섬웨어가 국내로까지 확장되고 있다는 보도가 나왔습니다. 이와 관련하여 직원 여러분들께 관련 보도자료와 몇 가지 주의사항을 당부드리고자 합니다.

〈보도자료〉

랜섬웨어(Ransomware)란 몸값을 의미하는 랜섬(Ransom)과 소프트웨어(Software)의 합성어로, 금전 갈취를 목표로 하는 신종 악성코드(Malware)의 일종이다. 랜섬웨어에 감염된 컴퓨터는 시스템에 대한 접근이 제한되고 이를 해결하기 위해서는 랜섬웨어 제작자에게 대가로 금품을 제공해야 한다. 이러한 랜섬웨어가 확산되기 시작하면서 컴퓨터 보안업계에 비상이 걸렸다. 그간 미국, 일본, 영국 등 해외에서 기승을 부리던 랜섬웨어가 이제는 한국어 버전으로 출현해 국내도 더 이상 안전지대가 아니라는 게 전문가들의 지적이다. 특히 문서, 사진, 동영상 등 데이터를 암호화하는 '크립토 랜섬웨어(Crypto Ransomware)'는 한번 감염되면 복구가 쉽지 않아 보안이 허술한 중소기업 등의 경영 활동에 걸림돌이 될 수 있다는 우려도 제기된다.

〈주의사항〉

__________________ 이외 랜섬웨어 대응에 대해 궁금한 점이 있으시면 언제든지 정보운영처로 연락주시기 바랍니다. 감사합니다.

정보운영처 김○○ 드림.

03 다음 중 김대리가 보낸 메일의 빈칸에 들어갈 주의사항으로 적절하지 않은 것은?

① 모바일 OS나 인터넷 브라우저 등을 최신 버전으로 유지하십시오.
② 출처가 명확하지 않은 앱이나 프로그램은 설치하지 마십시오.
③ 비트코인 등 전자 화폐를 구입하라는 메시지는 즉시 삭제하고, 유사 사이트에 접속하지 마십시오.
④ 파일이 랜섬웨어에 감염되면 복구 프로그램을 활용해서 최대한 빨리 복구하십시오.
⑤ 중요한 자료는 정기적으로 백업하십시오.

04 **김대리는 메일을 발송하려던 중 랜섬웨어와 같은 컴퓨터 악성코드에 대해 잘 모르는 직원들을 위해 설명을 더 추가하기로 하였다. 다음 중 김대리가 메일에 추가할 내용으로 적절하지 않은 것은?**

① 악성코드는 악의적인 용도로 사용될 수 있는 유해 프로그램을 말합니다.
② 악성코드는 외부 침입을 탐지하고 분석하는 프로그램을 말합니다.
③ 악성코드는 때로 실행하지 않은 파일을 저절로 삭제하거나 변형된 모습으로 나타나게 합니다.
④ 악성코드에는 대표적으로 스파이웨어, 트로이 목마 같은 것이 있습니다.
⑤ 악성코드는 마치 다른 프로그램의 한 유형인 것처럼 가장하여 활동할 수도 있습니다.

05 **다음 중 빈칸에 들어갈 용어로 가장 적절한 것은?**

> 이것은 기업이 경쟁에서 우위를 확보하려고 구축·이용하는 것이다. 기존의 정보시스템이 기업 내 업무의 합리화·효율화에 역점을 두었던 것에 반해, 기업이 경쟁에서 승리해 살아남기 위한 필수적인 시스템이라는 뜻에서 ______________(이)라고 한다. 그 요건으로는 경쟁 우위의 확보, 신규 사업의 창출이나 상권의 확대, 업계 구조의 변혁 등을 들 수 있다. 실례로는 금융 기관의 대규모 온라인시스템, 체인점 등의 판매시점관리(POS)를 들 수 있다.

① 비즈니스 프로세스 관리(BPM; Business Process Management)
② 전사적 자원관리(ERP; Enterprise Resource Planning)
③ 경영정보 시스템(MIS; Management Information System)
④ 전략정보 시스템(SIS; Strategic Information System)
⑤ 의사결정 지원 시스템(DSS; Decision Support System)

대표기출유형

02 엑셀 함수

| 유형분석 |

- 컴퓨터 활용과 관련된 상황에서 문제를 해결하기 위한 행동이 무엇인지 묻는 문제이다.
- 주로 업무수행 중에 많이 활용되는 대표적인 엑셀 함수(COUNTIF, ROUND, MAX, SUM, COUNT, AVERAGE, …)가 출제된다.
- 종종 엑셀시트를 제시하여 각 셀에 들어갈 함수식이 무엇인지 고르는 문제가 출제되기도 한다.

다음 시트에서 판매수량과 추가판매의 합계를 구하기 위해서 [B6] 셀에 들어갈 수식으로 옳은 것은?

	A	B	C
1	일자	판매수량	추가판매
2	06월19일	30	8
3	06월20일	48	
4	06월21일	44	
5	06월22일	42	12
6	합계	184	

① =SUM(B2, C2, C5)
② =LEN(B2:B5, 3)
③ =COUNTIF(B2:B5, ">=12")
④ =SUM(B2:B5)
⑤ =SUM(B2:B5, C2, C5)

정답 ⑤

「=SUM(합계를 구할 처음 셀:합계를 구할 마지막 셀)」으로 표시해야 한다. 판매수량과 추가판매를 더하는 것은 비연속적인 셀을 더하는 것이므로 연속하는 영역을 입력하고 ','로 구분한 다음 영역을 다시 지정해야 한다. 따라서 [B6] 셀에 작성해야 할 수식으로는 「=SUM(B2:B5, C2, C5)」이 옳다.

풀이 전략!

제시된 상황에서 사용할 엑셀 함수가 무엇인지 파악한 후, 선택지에서 적절한 함수식을 골라 식을 만들어야 한다. 평소 대표적으로 문제에 자주 출제되는 몇몇 엑셀 함수를 익혀두면 풀이시간을 단축할 수 있다.

대표기출유형 02 기출응용문제

01 다음은 G공사의 신입공채 지원자들에 대한 평가점수를 정리한 자료이다. [B9] 셀에 다음과 같은 함수식을 입력하였을 때, [B9] 셀에 표시되는 결괏값으로 옳지 않은 것은?

	A	B	C	D	E
1	이름	협동점수	태도점수	발표점수	필기점수
2	부경필	75	80	92	83
3	김효남	86	93	74	95
4	박현정	64	78	94	80
5	백자영	79	86	72	97
6	이병현	95	82	79	86
7	노경미	91	86	80	79
8					
9	점수				

	함수식	결괏값
①	=AVERAGE(LARGE(B2:E2,3),SMALL(B5:E5,2))	79.5
②	=SUM(MAX(B3:E3),MIN(B7:E7))	174
③	=AVERAGE(MAX(B7:E7),COUNTA(B6:E6))	50
④	=SUM(MAXA(B4:E4),COUNT(B3:E3))	98
⑤	=AVERAGE(SMALL(B3:E3,3),LARGE(B7:E7,3))	86.5

02 다음 시트에서 [E2:E7] 영역처럼 표시하려고 할 때, [E2] 셀에 입력할 함수식으로 옳은 것은?

	A	B	C	D	E
1	순번	이름	주민등록번호	생년월일	백넘버
2	1	박민석 11	831121-1092823	831121	11
3	2	최성영 20	890213-1928432	890213	20
4	3	이형범 21	911219-1223457	911219	21
5	4	임정호 26	870211-1098432	870211	26
6	5	박준영 28	850923-1212121	850923	28
7	6	김민욱 44	880429-1984323	880429	44

① =MID(B2,5,2)

② =LEFT(B2,2)

③ =RIGHT(B2,5,2)

④ =MID(B2,5)

⑤ =LEFT(B2,5,2)

03 다음 워크시트를 참조하여 작성한 수식 「=INDEX(B2:D9,2,3)」의 결괏값은?

	A	B	C	D
1	코드	정가	판매수량	판매가격
2	L-001	25,400	503	12,776,000
3	D-001	23,200	1,000	23,200,000
4	D-002	19,500	805	15,698,000
5	C-001	28,000	3,500	98,000,000
6	C-002	20,000	6,000	96,000,000
7	L-002	24,000	750	18,000,000
8	L-003	26,500	935	24,778,000
9	D-003	22,000	850	18,700,000

① 805
② 1,000
③ 19,500
④ 12,776,000
⑤ 23,200,000

04 다음 시트에서 'O' 한 개당 20점으로 시험 점수를 계산하여 점수 필드에 입력하려고 할 때, [H2] 셀에 입력해야 할 함수식으로 옳은 것은?

	A	B	C	D	E	F	G	H
1	수험번호	성명	문항 1	문항 2	문항 3	문항 4	문항 5	점수
2	20250001	구대영	O	O	×	O	O	
3	20250002	오해영	×	O	O	O	×	
4	20250003	김은희	O	O	O	O	O	

① =COUNT(C2:G2,"ㅇ")*20
② =COUNTIF(C2:G2,"ㅇ")*20
③ =SUM(C2:G2,"ㅇ")*20
④ =SUMIF(C2:G2,"ㅇ")*20
⑤ =SUM(C2:G2,"ㅇ")

05 G공사의 A사원은 고객의 지출성향을 파악하기 위하여 다음과 같은 내역을 조사하여 파일을 작성하였다. 외식비로 지출된 금액의 총액을 구하고자 할 때, [G5] 셀에 들어갈 함수식으로 옳은 것은?

	A	B	C	D	E	F	G
1							
2		날짜	항목	지출금액			
3		01월 02일	외식비	35,000			
4		01월 05일	교육비	150,000			
5		01월 10일	월세	500,000		외식비 합계	
6		01월 14일	외식비	40,000			
7		01월 19일	기부	1,000,000			
8		01월 21일	교통비	8,000			
9		01월 25일	외식비	20,000			
10		01월 30일	외식비	15,000			
11		01월 31일	교통비	2,000			
12		02월 05일	외식비	22,000			
13		02월 07일	교통비	6,000			
14		02월 09일	교육비	120,000			
15		02월 10일	월세	500,000			
16		02월 13일	외식비	38,000			
17		02월 15일	외식비	32,000			
18		02월 16일	교통비	4,000			
19		02월 20일	외식비	42,000			
20		02월 21일	교통비	6,000			
21		02월 23일	외식비	18,000			
22		02월 24일	교통비	8,000			
23							
24							

① =SUMIF(C4:C23,"외식비",D4:D23)

② =SUMIF(C3:C22,"외식비",D3:D22)

③ =SUMIF(C3:C22,"C3",D3:D22)

④ =SUMIF("외식비",C3:C22,D3:D22)

⑤ =SUMIF(C3:C22,D3:D22,"외식비")

03 프로그램 언어(코딩)

| 유형분석 |

- 프로그램의 실행 결과를 코딩을 통해 파악하여 이를 풀이하는 문제이다.
- 대체로 문제에서 규칙을 제공하고 있으며, 해당 규칙을 적용하여 새로운 코드번호를 만들거나 혹은 만들어진 코드번호를 해석하는 등의 문제가 출제된다.

다음 C 프로그램의 실행 결과에서 p의 값으로 옳은 것은?

```
#include <stdio.h>
int main()
{
    int x, y, p;
    x = 3;
    y = x ++;
    printf("x = %d y = %d\n", x, y);
    x = 10;
    y = ++x;
    printf("x = %d y = %d\n", x, y);
    y++;
    p = x+y;
    printf("x = %d y = %d\n", x, y);
    printf("p = %d\n", p);
    return 0;
}
```

① p=22　　② p=23

③ p=24　　④ p=25

정답 ②

x값을 1 증가하여 x에 저장하고, 변경된 x값을 y값에 저장한 후 y값을 1 증가하여 y값에 저장한다. 이후 x값과 y값을 더하여 p에 저장한다.

따라서 x=10+1=11, y=x+1=12 → p=x+y=23이다.

풀이 전략!

문제에서 실행 프로그램 내용이 주어지면 핵심 키워드를 확인한다. 코딩 프로그램을 통해 요구되는 내용을 알아맞혀 정답 유무를 판단한다.

대표기출유형 03 기출응용문제

※ 다음 프로그램의 실행 결과로 옳은 것을 고르시오. [1~2]

01

```
#include <stdio.h>
void main() {
  int array[10] = { 1, 2, 3, 4, 5, 6, 7, 8, 9, 10 };
  int i;
  int num = 0;

  for (i = 0; i < 10; i += 2) {
    num += array[i];
  }
  printf("%d", num);
}
```

① 55 ② 45
③ 35 ④ 25
⑤ 15

02

```
public class test {
public static void main(String[] args) {
int i = 0;
int c = 0;

while (i<10) {
i++;
c*=i;
}
System.out.println(sum);
}
}
```

① 0 ② 1
③ 3 ④ 4
⑤ 8

무언가를 위해 목숨을 버릴 각오가 되어 있지 않는 한
그것이 삶의 목표라는 어떤 확신도 가질 수 없다.

– 체 게바라 –

PART 2

최종점검 모의고사

제1회
최종점검 모의고사

※ 한국가스안전공사 최종점검 모의고사는 최신 채용공고와 후기를 기준으로 구성한 것으로, 실제 시험과 다를 수 있습니다.

■ 취약영역 분석

| 01 | 공통

번호	01	02	03	04	05	06	07	08	09	10	11	12	13	14	15	16	17	18	19	20
O/×																				
영역	수리능력																			

번호	21	22	23	24	25	26	27	28	29	30	31	32	33	34	35	36	37	38	39	40
O/×																				
영역	조직이해능력																			

번호	41	42	43	44	45	46	47	48	49	50	51	52	53	54	55	56	57	58	59	60
O/×																				
영역	문제해결능력																			

| 02 | 행정직

번호	61	62	63	64	65	66	67	68	69	70	71	72	73	74	75	76	77	78	79	80
O/×																				
영역	자원관리능력										의사소통능력									

| 03 | 기술직

번호	61	62	63	64	65	66	67	68	69	70	71	72	73	74	75	76	77	78	79	80
O/×																				
영역	기술능력										정보능력									

평가문항	80문항	평가시간	80분
시작시간	:	종료시간	:
취약영역			

행정직 기술직

제 1 회 최종점검 모의고사

응시시간 : 80분 문항 수 : 80문항

정답 및 해설 p.046

01 공통

01 50명의 남학생 중에서 24명, 30명의 여학생 중에서 16명이 뮤지컬을 좋아한다고 한다. 전체 80명의 학생 중에서 임의로 선택한 한 명이 뮤지컬을 좋아하지 않는 학생이었을 때, 그 학생이 여학생일 확률은?

① $\frac{3}{20}$

② $\frac{1}{5}$

③ $\frac{1}{4}$

④ $\frac{3}{10}$

⑤ $\frac{7}{20}$

02 시속 300km/h로 달리는 KTX 열차가 있다. 목적지까지 거리는 400km이며, 7개역에 정차해야 한다. 정차역에서 10분간 대기 후 출발한다고 했을 때, 목적지까지 가는 데 걸린 시간은 총 얼마인가?(단, 일정한 속도로 달리는 것으로 가정한다)

① 1시간 10분

② 1시간 20분

③ 2시간 20분

④ 2시간 30분

⑤ 3시간

03 예선 경기에서 우승한 8명의 선수들이 본선 경기를 진행하려고 한다. 경기 방식은 토너먼트이고 작년에 우승한 1 ~ 4위까지의 선수들이 첫 경기에서 만나지 않도록 대진표를 정한다. 이때 가능한 대진표의 경우의 수는?

① 60가지

② 64가지

③ 68가지

④ 72가지

⑤ 76가지

04 다음은 G국의 최종에너지 소비량에 대한 자료이다. 〈보기〉 중 이에 대한 설명으로 옳은 것을 모두 고르면?

〈2022 ~ 2024년 유형별 최종에너지 소비량 비중〉

(단위 : %)

구분	석탄		석유제품	도시가스	전력	기타
	무연탄	유연탄				
2022년	2.7	11.6	53.3	10.8	18.2	3.4
2023년	2.8	10.3	54.0	10.7	18.6	3.6
2024년	2.9	11.5	51.9	10.9	19.1	3.7

〈2024년 부문별 · 유형별 최종에너지 소비량〉

(단위 : 천 TOE)

구분	석탄		석유제품	도시가스	전력	기타	합계
	무연탄	유연탄					
산업	4,750	15,317	57,451	9,129	23,093	5,415	115,155
가정 · 상업	901	4,636	6,450	11,105	12,489	1,675	37,256
수송	0	0	35,438	188	1,312	0	36,938
기타	0	2,321	1,299	669	152	42	4,483
합계	5,651	22,274	100,638	21,091	37,046	7,132	193,832

보기

ㄱ. 2022 ~ 2024년 동안 전력 소비량은 매년 증가한다.
ㄴ. 2024년 산업부문의 최종에너지 소비량은 전체 최종에너지 소비량의 50% 이상을 차지한다.
ㄷ. 2022 ~ 2024년 동안 석유제품 소비량 대비 전력 소비량의 비율은 매년 증가한다.
ㄹ. 2024년에는 산업부문과 가정 · 상업부문에서 유연탄 소비량 대비 무연탄 소비량의 비율이 각각 25% 미만이다.

① ㄱ, ㄴ
② ㄱ, ㄹ
③ ㄴ, ㄷ
④ ㄴ, ㄹ
⑤ ㄷ, ㄹ

※ 다음은 공공체육시설 현황 및 1인당 체육시설 면적을 나타낸 자료이다. 이어지는 질문에 답하시오. **[5~6]**

〈공공체육시설 현황 및 1인당 체육시설 면적〉

(단위 : 개소, m^2)

구분		2021년	2022년	2023년	2024년
공공체육시설의 수	축구장	467	558	618	649
	체육관	529	581	639	681
	간이운동장	9,531	10,669	11,458	12,194
	테니스장	428	487	549	565
	기타	1,387	1,673	1,783	2,038
1인당 체육시설 면적	계	2.54	2.88	3.12	3.29

05

2023년에 전년 대비 시설이 가장 적게 늘어난 곳과 가장 많이 늘어난 곳의 시설 수의 합은?(단, 기타는 제외한다)

① 10,197개소
② 11,037개소
③ 11,197개소
④ 12,097개소
⑤ 12,137개소

06

2021년 전체 공공체육시설 중 체육관이 차지하고 있는 비율은?(단, 소수점 둘째 자리에서 반올림한다)

① 4.4%
② 4.3%
③ 4.2%
④ 4.1%
⑤ 4.0%

07 G공사에서는 전력 사업 확장과 동시에 신입사원을 채용하려 한다. 부서별 배정 인원이 다음과 같을 때, 전체 신입사원의 수는?(단, 부서는 인사, 총무, 문화연구, 마케팅의 4개 부서만 있다)

> 전체 신입사원 중 $\frac{1}{5}$은 인사부, $\frac{1}{4}$은 총무부, $\frac{1}{2}$의 인원은 연구부이며, 마케팅부에 배정할 인원은 100명이다.

① 1,000명
② 1,200명
③ 1,500명
④ 2,000명
⑤ 2,100명

08 미술 전시를 위해 정육면체 모양의 석고 조각의 각 면에 빨강, 주황, 노랑, 초록, 파랑, 검정으로 색을 칠하려고 한다. 가지고 있는 색깔은 남김없이 모두 사용해야 하고, 이웃하는 면에는 같은 색깔을 칠하지 않는다. 회전해서 같아지는 조각끼리는 서로 같은 정육면체라고 할 때, 만들 수 있는 서로 다른 정육면체는 모두 몇 가지인가?

① 6가지
② 15가지
③ 30가지
④ 60가지
⑤ 120가지

09 A와 B는 1.2km 떨어진 직선거리의 양 끝에서부터 12분 동안 마주 보고 달려 한 지점에서 만났다. B는 A보다 1.5배가 빠르다고 할 때, A의 속도는?

① 28m/분
② 37m/분
③ 40m/분
④ 48m/분
⑤ 53m/분

※ 다음은 2024년 지역별 에너지 소비량을 나타낸 자료이다. 이어지는 질문에 답하시오. **[10~11]**

〈지역별 에너지 소비량〉

[단위 : 만 토(toe)]

구분	석탄	석유	천연가스	수력·풍력	원자력
서울	885	2,849	583	2	574
인천	1,210	3,120	482	4	662
경기	2,332	2,225	559	3	328
대전	1,004	998	382	0.5	112
강원	3,120	1,552	101	28	53
부산	988	1,110	220	6	190
충청	589	1,289	88	4	62
전라	535	1,421	48	2	48
경상	857	1,385	58	2	55
대구	1,008	1,885	266	1	258
울산	552	888	53	1.6	65
광주	338	725	31	1	40
제주	102	1,420	442	41	221
합계	13,520	20,867	3,313	96	2,668

10 다음 〈보기〉 중 자료에 대한 설명으로 옳은 것을 모두 고르면?

보기

ㄱ. 석유와 천연가스, 원자력의 소비량 상위 3개 지역은 동일하다.
ㄴ. 강원의 소비량 1위인 에너지원은 2가지이다.
ㄷ. 석유의 소비량이 가장 많은 지역의 소비량은 가장 적은 지역의 소비량의 4배 이상이다.
ㄹ. 수력·풍력의 소비량 상위 5개 지역의 소비량의 합은 전체 소비량의 90% 이상을 차지한다.

① ㄱ, ㄴ
② ㄱ, ㄷ
③ ㄱ, ㄹ
④ ㄴ, ㄷ
⑤ ㄷ, ㄹ

11 에너지 소비량이 가장 적은 지역의 소비량이 전체 소비량에서 차지하는 비율을 구해 그 비율이 큰 순서대로 에너지원을 바르게 나열한 것은?(단, 비율은 소수점 셋째 자리에서 반올림한다)

① 원자력 – 석유 – 천연가스 – 석탄 – 수력·풍력
② 석유 – 천연가스 – 원자력 – 석탄 – 수력·풍력
③ 석유 – 원자력 – 석탄 – 천연가스 – 수력·풍력
④ 석유 – 원자력 – 천연가스 – 수력·풍력 – 석탄
⑤ 석유 – 원자력 – 천연가스 – 석탄 – 수력·풍력

12 G통신회사는 이동전화의 통화시간에 따라 월 2시간까지는 기본요금이 부과되고, 2시간 초과 3시간까지는 분당 a원, 3시간 초과부터는 $2a$원을 부과한다. 다음과 같이 요금이 청구되었을 때, a의 값은 얼마인가?

〈휴대전화 이용요금〉

구분	통화시간	요금
8월	3시간 30분	21,600원
9월	2시간 20분	13,600원

① 50
② 80
③ 100
④ 120
⑤ 150

PART 2

13 다음은 어느 해 개최된 올림픽에 참가한 6개국의 성적이다. 이에 대한 설명으로 옳지 않은 것은?

〈올림픽 참가 6개국 메달 현황〉

국가	참가선수(명)	금메달(개)	은메달(개)	동메달(개)	메달 합계(개)
A	240	4	28	57	89
B	261	2	35	68	105
C	323	0	41	108	149
D	274	1	37	74	112
E	248	3	32	64	99
F	229	5	19	60	84

① 획득한 금메달 수가 많은 국가일수록 은메달 수는 적었다.
② 금메달을 획득하지 못한 국가가 가장 많은 메달을 획득했다.
③ 참가선수의 수가 많은 국가일수록 획득한 동메달 수도 많았다.
④ 획득한 메달의 합계가 큰 국가일수록 참가선수의 수도 많았다.
⑤ 참가선수가 가장 적은 국가의 메달 합계는 전체 6위이다.

※ 다음은 2020 ~ 2024년 우리나라의 분야별 재정지출 추이를 나타낸 자료이다. 이어지는 질문에 답하시오. **[14~15]**

〈우리나라의 분야별 재정지출 추이〉

(단위 : 조 원, %)

구분	2020년	2021년	2022년	2023년	2024년	연평균 증가율
예산	137.3	147.5	153.7	165.5	182.8	7.4
기금	59.0	61.2	70.4	72.9	74.5	6.0
교육	24.5	27.6	28.8	31.4	35.7	9.9
사회복지 · 보건	32.4	49.6	56.0	61.4	67.5	20.1
R&D	7.1	7.8	8.9	9.8	10.9	11.3
SOC	27.1	18.3	18.4	18.4	18.9	−8.6
농림 · 해양 · 수산	12.3	14.1	15.5	15.9	16.5	7.6
산업 · 중소기업	11.4	11.9	12.4	12.6	12.6	2.5
환경	3.5	3.6	3.8	4.0	4.4	5.9
국방비	18.1	21.1	22.5	24.5	26.7	10.2
통일 · 외교	1.4	2.0	2.6	2.4	2.6	16.7
문화 · 관광	2.3	2.6	2.8	2.9	3.1	7.7
공공질서 · 안전	7.6	9.4	11.0	10.9	11.6	11.2
균형발전	5.0	5.5	6.3	7.2	8.1	12.8
기타	43.6	35.2	35.1	37.0	38.7	−2.9
총지출	196.3	208.7	224.1	238.4	257.3	7.0

※ (총지출)=(예산)+(기금)

14 다음 중 자료에 대한 설명으로 옳은 것은?(단, 비율은 소수점 첫째 자리에서 반올림한다)

① 교육 분야의 전년 대비 재정지출 증가율이 가장 높은 해는 2021년이다.
② 재정지출액이 전년 대비 증가하지 않은 해가 있는 분야는 5개이다.
③ 사회복지 · 보건 분야가 예산에서 차지하고 있는 비율은 언제나 가장 높다.
④ 기금의 연평균 증가율보다 낮은 연평균 증가율을 보이는 분야는 3개이다.
⑤ 통일 · 외교 분야와 기타 분야의 2020 ~ 2024년 재정지출 증감 추이는 동일하다.

15 다음 중 2023년 사회복지 · 보건 분야와 공공질서 · 안전 분야 재정지출의 2022년 대비 증감률의 차이는 얼마인가?(단, 소수점 둘째 자리에서 반올림한다)

① 9.4%p
② 10.5%p
③ 11.2%p
④ 12.6%p
⑤ 13.2%p

16 G사의 감사팀은 과장 2명, 대리 3명, 사원 3명으로 구성되어 있다. A ~ D지역의 지사로 2명씩 나눠서 출장을 간다고 할 때, 각 출장 지역에 대리급 이상이 1명 이상 포함되어 있어야 하고 과장 2명이 각각 다른 지역으로 가야 한다. 과장과 대리가 한 조로 출장에 갈 확률은?

① $\frac{1}{2}$　② $\frac{1}{3}$
③ $\frac{2}{3}$　④ $\frac{3}{4}$
⑤ $\frac{3}{8}$

17 수열 (a_n)이 9, 11, 99, 101, 999, 1,001, …일 때, 22번째 항의 값은?

① $10^{10}+1$　② $10^{10}-1$
③ $10^{10}+2$　④ $10^{11}-1$
⑤ $10^{11}+1$

18 농도가 30%인 설탕물을 창가에 두고 물 50g을 증발시켜 농도가 35%인 설탕물을 만들었다. 여기에 설탕을 더 넣어 40%의 설탕물을 만든다면 몇 g의 설탕을 넣어야 하는가?

① 20g　② 25g
③ 30g　④ 35g
⑤ 40g

※ 다음은 5개 도시의 출산율과 사망률을 나타낸 자료이다. 이어지는 질문에 답하시오. [19~20]

〈2022년 5개 도시의 출산율 및 사망률 현황〉

(단위 : %)

구분	2020년 인구수	출산율	사망률
A도시	1,800만 명	12	8
B도시	1,450만 명	21	12
C도시	1,680만 명	16	9
D도시	1,250만 명	9	2
E도시	880만 명	26	11

〈2023년 5개 도시의 출산율과 사망률〉

(단위 : %)

구분	출산율	사망률
A도시	8	3
B도시	16	8
C도시	18	9
D도시	14	5
E도시	11	7

〈2024년 5개 도시의 출산율과 사망률〉

(단위 : %)

구분	출산율	사망률
A도시	15	4
B도시	18	8
C도시	12	2
D도시	18	6
E도시	21	11

※ 출산은 단태아를 기준으로 함. 예를 들어 인구가 100명일 때, 출산율이 20%라면 총인구수는 120명임

※ (당해 인구수)=(작년 인구수)×[1+(출산율)−(사망률)]

19 다음 〈보기〉 중 자료에 대한 설명으로 옳은 것을 모두 고르면?(단, 인구수는 천의 자리에서 버림한다)

보기

ㄱ. 2024년 5개 도시의 총인구수는 8,900만 명 이상이다.
ㄴ. 2024년 인구수가 2,000만 명을 넘은 도시는 두 곳뿐이다.
ㄷ. 2021년 인구수 대비 2024년 인구수가 가장 많이 증가한 도시는 A이다.
ㄹ. 2021년 인구수 대비 2024년 인구수의 증가율이 가장 높은 도시는 C이다.

① ㄱ, ㄴ
② ㄱ, ㄷ
③ ㄴ, ㄷ
④ ㄴ, ㄹ
⑤ ㄷ, ㄹ

20 다음 〈조건〉을 참고하여 2025년 예상 인구수를 기준으로 1 ~ 5위인 도시를 순서대로 바르게 나열한 것은?

조건

- 2025년의 A도시의 인구수는 2024년보다 (2023년 인구수) − (2021년 인구수)의 3배만큼 증가할 것이다.
- 2025년 B도시의 출산율과 사망률은 2024년과 같을 것이다.
- 2025년 C도시의 출산율은 2024년과 같고, 사망자 수는 출산자 수의 두 배일 것이다.
- 2025년 D도시의 출생자 수와 사망자 수는 각각 2024년 인구수의 30%, 10%일 것이다.
- 2025년 E도시의 출산율은 2022년과 같고, 사망률은 1%일 것이다.

① A − B − C − D − E
② A − B − C − E − D
③ A − B − D − C − E
④ A − C − B − D − E
⑤ A − C − B − E − D

PART 2

※ 다음은 G공사의 일부 조직도와 부서별 수행 업무이다. 이어지는 질문에 답하시오. **[21~22]**

〈조직도〉

기획상임이사

기획조정실	경영지원실	인재경영실	고객홍보실	정보통신실
• 기획예산부 • 경영전략부 • 성과관리부 • 법규송무부	• 총무부 • 관재부 • 정보보호부	• 인재개발부 • 인사부 • 노사복지부	• 고객서비스부 • 홍보부 • 진료비확인부	• 정보기획부 • 정보화지원부 • 경영정보부 • 정보자원부

〈부서별 수행 업무〉

부서	업무
기획조정실	• 기획예산부 : 연간 사업계획 수립 및 예산 편성 • 경영전략부 : 미래전략위원회 운영, 경영혁신 관련 업무 • 성과관리부 : 내부 성과관리체계 운영 • 법규송무부 : 소송 및 행정심판 지원·법률 검토
경영지원실	• 총무부 : 물품의 제조구매 및 용역 계약 • 관재부 : 사옥의 유지보수 등 시설 및 위탁업체 관리 • 정보보호부 : 개인정보보호 및 정보보안 관리·운영
인재경영실	• 인재개발부 : 최고위자과정 운영, 대내외 교육 지원 • 인사부 : 직원 채용·승진·승급·전보 및 퇴직 등 임용 • 노사복지부 : 임직원 급여 및 보수 관리에 관한 사항
고객홍보실	• 고객서비스부 : 고객만족도 조사, 고객센터 운영 • 홍보부 : 언론 대응, 홍보자료 발간 • 진료비확인부 : 진료비 확인요청 업무 처리
정보통신실	• 정보기획부 : IT 전략 계획 수립 및 분석·평가 • 정보화지원부 : 요양기관 업무포털 시스템 개발 및 운영 • 경영정보부 : 기관운영시스템 개발 및 운영 • 정보자원부 : 정보통신시스템 관리 및 운영

21 다음은 한 입찰공고 중 일부 내용이다. 공고문과 가장 관련이 높은 부서는?

〈입찰 공고〉

'기관홍보 브로슈어·리플릿 제작 용역' 사업자 선정을 위한 제안서 제출 안내 사항을 아래와 같이 공고합니다.

1. 입찰에 부치는 사항
   - 사업명 : G공사 기관홍보 브로슈어·리플릿 제작 용역
   - 입찰 등록 마감 일시 및 장소
     - 일시 : 3월 26일(수) 14:00
     - 장소 : G공사 25층

     ※ 입찰공고일로부터 입찰 등록 마감 일시까지 상시 접수 가능합니다.

2. 사업 개요
   - 목적
     - 설립목적, 주요 업무 등의 홍보를 통한 기관인지도 제고
     - 대내외 행사에 사용할 주요 업무 소개 간행물 제작
   - 사업 기간 : 계약체결일 ~ 5월

… (하략) …

① 총무부, 관재부
② 총무부, 홍보부
③ 총무부, 고객서비스부
④ 홍보부, 관재부
⑤ 홍보부, 인사부

PART 2

22 **다음은 홍보부의 S대리가 작성 중인 보도자료이다. 보도자료를 작성하던 S대리는 해당 내용에 대해 이해가 부족한 부분이 있어 이를 수정·보완하고자 한다. S대리가 업무 지원을 요청해야 하는 부서는 어디인가?**

□ G공사는 원주에서 '국민 참여 열린경영위원회' 5차 회의를 개최했다.
  ○ 국민 참여 열린경영위원회는 국민 중심의 현장 경영 실천을 위한 국민 참여 기구로서 소비자단체, 시민단체, 사회복지단체 등 16명으로 구성하여 출범했다.
  ○ 국민 참여 열린경영위원회는 그동안 지역인재 양성을 위한 '산·학·관 연계 오픈 캠퍼스' 운영, 시민과 함께하는 '도시농부 아카데미 하우스' 협업사업 추진 등 지역사회 상생·협력, 일자리 창출 등 다양한 제안과 의견을 제시하며 G공사의 사회적 가치 실현을 위한 국민 채널로서 역할을 수행했다.
□ 이날 회의는 '2025년 혁신계획'에 대한 의견수렴 및 소통의 시간을 가졌다.
  ○ 2025년 혁신계획은 국민안전과 지역사회 공헌사업이 확대·강화되었다.
□ 국민 참여 열린경영위원회 위원장은 "국민에게 유용한 G공사의 국민 서비스 및 정보를 좀더 친숙한 방법으로 홍보하고, 지역주민과 함께하는 활동을 확대하여 G공사가 A도 대표 공공기관으로 자리매김할 것을 기대한다."라고 밝혔다.

① 기획예산부
② 경영전략부
③ 총무부
④ 정보보호부
⑤ 노사복지부

23 다음은 조직의 문화를 기준에 따라 4가지로 구분한 자료이다. (가) ~ (라)에 대한 설명으로 옳지 않은 것은?

내부지향성, 통합 강조 (Internal Focus & Integration)	유연성, 자율성 강조 (Flexibility & Discretion)		외부지향성, 차별 강조 (External Focus & Differentiation)
	(가)	(나)	
	(다)	(라)	
	안정, 통제 강조 (Stability & Control)		

① (가)는 구성원 간 인화단결, 협동, 팀워크, 공유가치, 사기, 의사결정과정에 참여 등을 중요시한다.
② (가)는 개인의 능력개발에 대한 관심이 높고, 구성원에 대한 인간적 배려와 가족적인 분위기를 만들어낸다.
③ (나)는 규칙과 법을 준수하고, 관행과 안정, 문서와 형식, 명확한 책임소재 등을 강조하는 관리적 문화의 특징을 가진다.
④ (다)는 조직내부의 통합과 안정성을 확보하고, 현상유지 차원에서 계층화되는 조직문화이다.
⑤ (라)는 실적을 중시하고, 직무에 몰입하며, 미래를 위한 계획을 수립하는 것을 강조한다.

24 다음은 어느 부서의 분장업무를 나타낸 자료이다. 이를 토대로 유추할 수 있는 부서로 가장 적절한 것은?

분장업무	
• 판매방침 및 계획	• 외상매출금의 청구 및 회수
• 판매예산의 편성	• 제품의 재고 조절
• 시장조사	• 견본품, 반품, 지급품, 예탁품 등의 처리
• 판로의 개척, 광고 선전	• 거래처로부터의 불만처리
• 거래처의 신용조사와 신용한도의 신청	• 제품의 애프터서비스
• 견적 및 계약	• 판매원가 및 판매가격의 조사 검토
• 제조지시서의 발행	–

① 총무부
② 인사부
③ 기획부
④ 영업부
⑤ 자재부

25 **G기업 직원들은 이번 달 금융상품 홍보 방안을 모색하기 위한 회의를 하고 있다. 다음 중 회의에 임하는 태도가 적절하지 않은 직원은?**

> O계장 : 이번 달 실적을 향상시키기 위한 홍보 방안으로는 뭐가 있을까요? 의견이 있으면 주저하지 말고 뭐든지 말씀해 주세요.
> J사원 : 저는 조금은 파격적인 이벤트 같은 게 있었으면 좋겠어요. 예를 들면 곧 할로윈이니까 지점 내부를 할로윈 분위기로 꾸민 다음에 가면이나 가발 같은 걸 비치해 두고, 고객들이 인증샷을 찍으면 예금이나 환전 추가혜택을 주는 건 어떨까 싶어요.
> D주임 : 그건 좀 실현가능성이 없지 싶은데요. 그보다는 SNS로 이벤트 응모를 받아서 기프티콘 사은품을 쏘는 이벤트가 현실적이겠어요.
> C과장 : 가능성 여부를 떠나서 아이디어는 많을수록 좋으니 반박하지 말고 이야기하세요.
> H사원 : 의견 주시면 제가 전부 받아 적었다가 한꺼번에 정리하도록 할게요.

① O계장 ② J사원
③ D주임 ④ C과장
⑤ H사원

26 **다음 대화를 읽고 조직 목표의 기능과 특징으로 적절하지 않은 것은?**

> 이대리 : 박부장님께서 우리 회사의 목표가 무엇인지 생각해 본 적 있냐고 하셨을 때 당황했어. 평소에 딱히 생각하고 지내지 않았던 것 같아.
> 김대리 : 응, 그러기 쉽지. 개인에게 목표가 있어야 그것을 위해서 무언가를 하는 것처럼 당연히 조직에도 목표가 있어야 하는데 조직에 속해 있으면 당연히 알아두어야 한다고 생각해.

① 조직이 존재하는 정당성을 제공한다.
② 의사결정을 할 때뿐만 아니라 하고 나서의 기준으로도 작용한다.
③ 공식적 목표와 실제적 목표는 다를 수 있다.
④ 동시에 여러 개를 추구하는 것보다 하나씩 순차적으로 처리해야 한다.
⑤ 목표 간에는 위계 관계와 상호 관계가 공존한다.

27 G공사는 경영진과 직원의 자유로운 소통, 부서 간 화합 등을 통해 참여와 열린 소통의 조직문화를 조성하고자 노력한다. 이러한 조직문화는 조직의 방향을 결정하고 조직을 존속하게 하는 데 중요한 요인이다. 다음 중 조직문화에 대한 설명으로 적절하지 않은 것은?

① 조직구성원들에게 일체감과 정체성을 부여하고, 결속력을 강화시킨다.
② 조직구성원들의 조직몰입을 높여준다.
③ 조직구성원의 사고방식과 행동양식을 규정한다.
④ 조직구성원들의 생활양식이나 가치를 의미한다.
⑤ 대부분의 조직들은 서로 비슷한 조직문화를 만들기 위해 노력한다.

PART 2

28 다음 중 아래와 같은 제품 개발 프로세스에 대한 설명으로 적절하지 않은 것은?

아이디어 및 고객 수요 가설 수립 → 최소 요건 제품(시제품) 개발 → 고객 선호도 파악, 제품 개선 → 마케팅 전략 수립 → 제품 판매

① 일본 도요타 자동차의 린 제조 방식에서 차용한 전략이다.
② 만들기, 측정, 학습의 과정을 반복하면서 꾸준히 혁신한다.
③ 제품 생산의 전 프로세스에서 낭비를 줄이고 최대 효율을 내는 방식이다.
④ 제품 개발이 끝날 때까지 전 과정을 비밀로 한다.
⑤ 고객의 생애 가치나 획득 비용 등을 측정한다.

29 다음 중 밑줄 친 ㉠, ㉡에 대한 설명으로 가장 적절한 것은?

> 개발 프로세스 다양하게 이루어지며, 조직목표의 효과적 달성에 영향을 미친다. 조직 구조에 대한 많은 연구를 통해 조직 구조에 영향을 미치는 요인으로는 조직의 전략, 규모, 기술, 환경 등이 있음을 확인할 수 있다. 이에 따라 ㉠ 기계적 조직 혹은 ㉡ 유기적 조직으로 설계된다.

① ㉠은 의사결정 권한이 조직의 하부 구성원들에게 많이 위임되어 있다.
② ㉡은 상하 간의 의사소통이 공식적인 경로를 통해 이루어진다.
③ ㉠은 규제나 통제의 정도가 낮아 의사소통 결정이 쉽게 변할 수 있다.
④ ㉡은 구성원들의 업무가 분명하게 정의된다.
⑤ 안정적이고 확실한 환경에서는 ㉠이, 급변하는 환경에서는 ㉡이 적합하다.

※ 다음 글을 읽고 이어지는 질문에 답하시오. **[30~32]**

> 오토바이용 헬멧 제조업체인 G사는 국내 시장의 한계를 느끼고 미국 시장에 진출해 안전과 가격, 디자인 면에서 호평을 받으며 시장의 최강자가 되었다. 외환위기와 키코사태*로 위기 상황에 놓인 적도 있었지만 비상장 및 내실 있는 경영으로 은행에 출자 전환하도록 설득하여 오히려 기사회생하였다.
> 미국시장 진출 시 OEM 방식을 활용할 수 있었지만 자기 브랜드를 고집한 대표이사의 선택으로 해외에서 개별 도매상들을 상대로 직접 물건을 판매했다. 또한 평판이 좋은 중소규모 도매상을 선정해 유대관계를 강화했다. 한번 계약을 맺은 도매상과는 의리를 지켰고 그 결과 단단한 유통망을 갖출 수 있었다.
> 유럽 진출 시에는 미국과는 다른 소비자의 특성에 맞춰 고급스러운 디자인의 고가 제품을 포지셔닝하여 모토그랑프리를 후원하고 우승자와 광고 전속 계약을 맺었다. 여기에 신제품인 스피드와 레저를 동시에 즐길 수 있는 실용적인 변신 헬멧으로 유럽 소비자들을 공략해 시장 점유율을 높였다.
>
> *키코사태(KIKO; Knock In Knock Out) : 환율 변동으로 인한 위험을 줄이기 위해 만들어진 파생상품에 가입한 수출 중소기업들이 2008년 미국발 글로벌 금융위기 여파로 환율이 급등하자 막대한 손실을 보게 된 사건

30 다음 중 G사가 미국시장에 성공적으로 진출할 수 있었던 요인으로 적절하지 않은 것은?

① OEM 방식을 효율적으로 활용했다.
② 자사 브랜드를 알리는 데 주력했다.
③ 평판이 좋은 유통망을 찾아 계약을 맺었다.
④ 안전과 가격, 디자인 모두에 심혈을 기울였다.
⑤ 계약을 맺은 도매상과의 의리를 지켰다.

31 다음 중 G사가 유럽시장 진출에서 성공을 거둔 요인으로 적절하지 않은 것은?

① 소비자 특성에 맞춘 고가 제품 포지셔닝
② 모토그랑프리 후원 등 전략적 마케팅 실행
③ 중소규모 도매상과 유대관계 강화
④ 하이브리드가 가능한 실용적 제품 개발
⑤ 고급스러운 디자인 제품으로 소비자들을 공략

32 다음 〈보기〉 중 G사가 해외 진출 시 분석을 위해 활용한 요소들을 모두 고르면?

보기

㉠ 현지 시장의 경쟁상황
㉡ 경쟁업체
㉢ 시장점유율
㉣ 제품 가격 및 품질
㉤ 공급 능력

① ㉠, ㉡, ㉢
② ㉡, ㉢, ㉣
③ ㉢, ㉣, ㉤
④ ㉠, ㉡, ㉢, ㉣
⑤ ㉠, ㉡, ㉢, ㉣, ㉤

33 다음 중 이사원이 처리해야 할 업무를 〈보기〉에서 순서대로 바르게 나열한 것은?

현재 시각은 오전 10시 30분. 이사원은 30분 후 거래처 직원과의 미팅이 예정되어 있다. 거래처 직원에게는 회사의 제1회의실에서 미팅을 진행하기로 미리 안내하였으나, 오늘 오전 제1회의실 예약이 모두 완료되어 금일 사용이 불가능하다는 연락을 받았다. 또한 이사원은 오후 2시에 김팀장과 면담 예정이었으나, 오늘까지 문서 작업을 완료해 달라는 부서장의 요청을 받았다. 이사원은 면담 시간을 미뤄 보려 했지만 김팀장은 이사원과의 면담 이후 부서 회의에 참여해야 하므로 면담 시간을 미룰 수 없다고 답변했다.

보기

㉠ 거래처 직원과의 미팅
㉡ 오전 11시에 사용 가능한 회의실 사용 예약
㉢ 거래처 직원에게 미팅 장소 변경 안내
㉣ 김팀장과의 면담
㉤ 부서장이 요청한 문서 작업 완료

① ㉠ – ㉢ – ㉡ – ㉣ – ㉤
② ㉡ – ㉢ – ㉠ – ㉣ – ㉤
③ ㉡ – ㉢ – ㉠ – ㉤ – ㉣
④ ㉢ – ㉡ – ㉠ – ㉣ – ㉤
⑤ ㉢ – ㉡ – ㉠ – ㉤ – ㉣

※ 다음은 G기관에서 공지한 교육 홍보물의 내용 중 일부를 발췌한 자료이다. 이어지는 질문에 답하시오. [34~36]

– 상략 –

▶ 신청 자격 : 중소기업 재직자, 중소기업 관련 협회·단체 재직자
- 성공적인 기술 연구개발을 통해 기술 경쟁력을 강화하고자 하는 중소기업
- 정부의 중소기업 지원 정책을 파악하고 국가 연구개발 사업에 신청하고자 하는 중소기업

▶ 교육비용 : 100% 무료교육(교재 및 중식 제공)

▶ 교육일자 : 모든 교육과정은 2일 16시간 과정, 선착순 60명 마감

과정명	교육내용	교육일자	교육장소	접수마감
정규(일반)	연구개발의 성공을 보장하는 R&D 기획서 작성	10. 13(목) ~ 14(금)	B대학교	10. 12(수)
정규(종합)	R&D 기획서 작성 및 사업화 연계	10. 22(토) ~ 23(일)	A센터	10. 17(월)

※ 선착순 모집으로 접수마감일 전 정원 초과 시 조기 마감될 수 있음

본 교육과 관련하여 보다 자세한 정보를 원하시면 ___㉠___ S사원(123-4567)에게 문의하여 주시기 바랍니다.

34 다음 중 S사원이 속해 있을 부서에서 수행하고 있을 업무로 적절하지 않은 것은?

① 중소기업 R&D 지원 사업 기획 및 평가·관리
② R&D 교육 관련 전문 강사진 관리
③ 연구개발 기획 역량 개발 지원 사업 기획·평가·관리
④ R&D 관련 장비 활용 지원 사업 기획 및 평가·관리
⑤ R&D 사업화 연계·지원 관리

35 다음 중 교육 홍보물에 공지한 교육과 관련된 고객의 질문에 대한 S사원의 대답으로 적절하지 않은 것은?

① 교육 과정을 신청할 때 한 기업에서 참여할 수 있는 인원수 제한이 있습니까?
② 본 교육의 내용을 바탕으로 기획서를 작성한다면 저희 기업도 개발 지원이 가능합니까?
③ 접수 마감일인 12일 현재 신청이 마감되었습니까? 혹시 추가 접수도 가능합니까?
④ 이전 차수에서 동일한 교육 과정을 이수했을 경우 이번 교육은 참여가 불가능합니까?
⑤ 일반과 종합과정을 모두 신청하는 것도 가능합니까?

36 S사원은 상사로부터 위와 같은 교육 사업을 발전시키기 위해 세울 수 있는 목표와 그에 해당하는 과제를 발표하라는 과업을 받았다. 다음 중 교육 사업과 직접적인 관련성이 낮은 발언으로 가장 적절한 것은?

① 중소기업의 기술 혁신을 위한 교육 지원 체계를 혁신화하기 위해 중소기업 R&D와 관련 있는 정책연구를 강화하고, 중소기업을 위한 맞춤형 평가체계도 구축해야 할 것입니다. 또한, 기술 혁신을 필요로 하는 대상을 중심으로 하는 기술 혁신 지원 서비스의 강화도 필요할 것입니다.

② 중소기업이 R&D를 효과적으로 하기 위한 성공사례와 이에 대한 보상 등을 조사하고 체계화하여 중소기업의 동기를 강화하고, 단발성이 아닌 지속적 연구가 이루어지기 위한 지원과 정보를 제공해야 합니다.

③ 중소기업의 지속적인 발전을 위한 성장 동력 강화를 목표로 잡고, 혁신과 성장을 도울 수 있는 우리 조직의 역량을 강화해야 합니다. 또한, 사회적 책임을 항상 생각하고 고객에게는 신뢰를 주는 조직이 될 수 있도록 소통과 협업을 통해 창조적인 조직문화를 구축해야 합니다.

④ 중소기업의 혁신 수준별 기술경쟁력을 강화하자는 목표를 바탕으로 R&D를 기획하고 개발하는 역량을 강화할 수 있도록 돕고, 지속적으로 성과를 창출할 수 있는 능력을 향상시켜 주어야 합니다. 또한, 국내뿐만이 아닌 국외로도 진출할 수 있는 글로벌 기술혁신 역량을 제고할 수 있도록 지원해야 합니다.

⑤ 중소기업의 기술사업화 성과를 높이자는 목표를 바탕으로 중소기업들이 보유하고 있는 창의적 아이디어를 꾸준히 발굴해야 합니다. 또한, 시장지향적인 R&D 지원 확대를 통해 중소기업이 자체적인 R&D에서 끝나지 않고 사업화에 연계할 수 있도록 하여 중소기업의 직접적인 성장을 도와야 합니다.

37 **해외공항이나 국제기구 및 정부당국 등과 교육협약(MOU)을 맺고 이를 관리하는 업무를 담당하는 글로벌교육팀의 G팀장은 업무와 관련하여 팀원들이 글로벌 경쟁력을 갖출 수 있도록 글로벌 매너에 대해 교육하고자 한다. 다음 중 팀원들에게 교육해야 할 글로벌 매너로 적절하지 않은 것은?**

① 미국 사람들은 시간엄수를 중요하게 생각한다.
② 아랍 국가 사람들은 약속한 시간이 지나도 상대방이 당연히 기다려 줄 것으로 생각한다.
③ 아프리카 사람들과 이야기할 때는 눈을 바라보며 대화하는 것이 예의이다.
④ 미국 사람들과 인사를 하거나 이야기할 때는 적당한 거리를 유지하는 것이 좋다.
⑤ 러시아 사람들은 포옹으로 인사를 하는 경우가 많다.

38 **다음 중 경영참가제도에서 자본참가에 해당하는 사례로 가장 적절한 것은?**

① 임직원들에게 저렴한 가격으로 일정 수량의 주식을 매입할 수 있게 권리를 부여한다.
② 위원회제도를 활용하여 근로자의 경영참여와 개선된 생산의 판매가치를 기초로 성과를 배분한다.
③ 부가가치의 증대를 목표로 하여 이를 노사협력 체제를 통해 달성하고, 이에 따라 증가된 생산성 향상분을 노사 간에 배분한다.
④ 천재지변의 대응, 생산성 하락, 경영성과 전달 등과 같이 단체교섭에서 결정되지 않은 사항에 대하여 노사가 서로 협력할 수 있도록 한다.
⑤ 노동자 또는 노동조합의 대표가 기업의 최고결정기관에 직접 참가해서 기업경영의 여러 문제를 노사가 공동으로 결정한다.

※ 다음은 G공사 연구소의 주요 사업별 연락처이다. 이어지는 질문에 답하시오. [39~40]

〈주요 사업별 연락처〉

주요 사업	담당부서	연락처
고객 지원	고객지원팀	0××-739-7001
감사, 부패방지 및 지도 점검	감사실	0××-739-7011
국제협력, 경영 평가, 예산 기획, 규정, 이사회	전략기획팀	0××-739-7023
인재 개발, 성과 평가, 교육, 인사, ODA사업	인재개발팀	0××-739-7031
복무노무, 회계 관리, 계약 및 시설	경영지원팀	0××-739-7048
품질 평가 관리, 품질 평가 관련 민원	평가관리팀	0××-739-7062
가공품 유통 전반(실태조사, 유통정보), 컨설팅	유통정보팀	0××-739-7072
대국민 교육, 기관 마케팅, 홍보 관리, CS, 브랜드 인증	고객홍보팀	0××-739-7082
이력 관리, 역학조사 지원	이력관리팀	0××-739-7102
유전자 분석, 동일성 검사	유전자분석팀	0××-739-7111
연구사업 관리, 기준 개발 및 보완, 시장 조사	연구개발팀	0××-739-7133
정부3.0, 홈페이지 운영, 대외자료 제공, 정보 보호	정보사업팀	0××-739-7000

39 다음 중 G공사 연구소의 주요 사업별 연락처를 본 채용 지원자의 반응으로 적절하지 않은 것은?

① G공사 연구소는 1개의 실과 11개의 팀으로 이루어져 있구나.

② 예산 기획과 경영 평가는 같은 팀에서 종합적으로 관리하는구나.

③ 평가업무라 하더라도 평가 특성에 따라 담당하는 팀이 달라지는구나.

④ 홈페이지 운영은 고객홍보팀에서 마케팅과 함께 하는구나.

⑤ 부패방지를 위한 부서를 따로 두었구나.

40 다음 민원인의 요청을 듣고 난 후 민원을 해결하기 위해 연결할 부서로 가장 적절한 것은?

민원인	얼마 전 신제품 품질 평가 등급 신청을 했습니다. 신제품 품질에 대한 등급에 대해 이의가 있습니다. 관련 건으로 담당자분과 통화하고 싶습니다.
상담직원	불편을 드려서 죄송합니다. ____________________ 연결해 드리겠습니다. 잠시만 기다려 주십시오.

① 지도 점검 업무를 담당하고 있는 감사실로

② 연구사업을 관리하고 있는 연구개발팀으로

③ 기관의 홈페이지 운영을 전담하고 있는 정보사업팀으로

④ 이력 관리 업무를 담당하고 있는 이력관리팀으로

⑤ 품질 평가를 관리하는 평가관리팀으로

41 G휴게소의 물품 보관함에는 자물쇠로 잠긴 채 오랫동안 방치된 보관함 네 개가 있다. 휴게소 관리 직원인 L씨는 보관함을 정리하기 위해 보유하고 있는 1 ~ 6번까지의 열쇠로 네 개의 자물쇠를 모두 열어 보았다. 그 결과가 다음 〈조건〉과 같을 때, 항상 참인 것은?(단, 하나의 자물쇠는 정해진 하나의 열쇠로만 열린다)

> **조건**
> - 첫 번째 자물쇠는 1번 또는 2번 열쇠로 열렸다.
> - 두 번째 자물쇠와 네 번째 자물쇠는 3번 열쇠로 열리지 않았다.
> - 6번 열쇠로는 어떤 자물쇠도 열지 못했다.
> - 두 번째 또는 세 번째 자물쇠는 4번 열쇠로 열렸다.
> - 세 번째 자물쇠는 4번 또는 5번 열쇠로 열렸다.

① 첫 번째 자물쇠는 반드시 1번 열쇠로 열린다.
② 두 번째 자물쇠가 2번 열쇠로 열리면, 세 번째 자물쇠는 5번 열쇠로 열린다.
③ 세 번째 자물쇠가 5번 열쇠로 열리면, 네 번째 자물쇠는 2번 열쇠로 열린다.
④ 네 번째 자물쇠가 5번 열쇠로 열리면, 두 번째 자물쇠는 2번 열쇠로 열린다.
⑤ 3번 열쇠로는 어떤 자물쇠도 열지 못한다.

42 다음 기사에 나타난 문제 유형에 대한 설명으로 가장 적절한 것은?

> 도색이 완전히 벗겨진 차선과 지워지기 직전의 흐릿한 차선이 서울 강남의 도로 여기저기서 발견되고 있다. 알고 보니 규격 미달의 불량 도료 때문이었다. 시공 능력이 없는 업체들이 서울시가 발주한 도색 공사를 따낸 뒤 브로커를 통해 전문 업체에 공사를 넘겼고, 이 과정에서 수수료를 떼인 전문 업체들은 손해를 만회하기 위해 값싼 도료를 사용한 것이다. 차선용 도료에 값싼 일반용 도료를 섞다 보니 야간에 차선이 잘 보이도록 하는 유리알이 제대로 붙어 있지 못해 차선 마모는 더욱 심해졌다. 지난 4년간 서울 전역에서는 74건의 부실시공이 이뤄졌고, 공사 대금은 총 183억 원에 달하는 것으로 밝혀졌다.

① 발생형 문제로, 일탈 문제에 해당한다.
② 발생형 문제로, 미달 문제에 해당한다.
③ 탐색형 문제로, 잠재 문제에 해당한다.
④ 탐색형 문제로, 예측 문제에 해당한다.
⑤ 탐색형 문제로, 발견 문제에 해당한다.

43 다음은 섬유 산업에 대한 SWOT 분석 결과이다. 〈보기〉 중 이를 분석한 내용으로 적절한 것을 모두 고르면?

〈섬유 산업에 대한 SWOT 분석 결과〉

구분	분석 결과
강점(Strength)	• 빠른 제품 개발 시스템
약점(Weakness)	• 기능 인력 부족 심화 • 인건비 상승
기회(Opportunity)	• 한류의 영향으로 한국 제품 선호 • 국내 기업의 첨단 소재 개발 성공
위협(Threat)	• 외국산 저가 제품 공세 강화 • 선진국의 기술 보호주의

보기

ㄱ. 한류 배우를 모델로 브랜드 홍보 전략을 추진한다.
ㄴ. 단순 노동 집약적인 소품종 대량 생산 체제를 갖춘다.
ㄷ. 소비자 기호를 빠르게 분석하여 제품 생산에 반영한다.
ㄹ. 선진국의 원천 기술을 이용한 기능성 섬유를 생산한다.

① ㄱ, ㄴ
② ㄱ, ㄷ
③ ㄴ, ㄷ
④ ㄴ, ㄹ
⑤ ㄷ, ㄹ

PART 2

※ G공사의 ICT 센터는 정보보안을 위해 직원의 컴퓨터 암호를 다음과 같은 규칙으로 지정했다. 이어지는 질문에 답하시오. [44~47]

〈규칙〉

1. 자음과 모음의 배열은 국어사전의 배열 순서에 따른다.
   - 자음
     - 국어사전 배열 순서에 따라 알파벳 소문자(a, b, c, …)로 치환하여 사용한다.
     - 받침으로 사용되는 자음의 경우 대문자로 구분한다.
     - 겹받침일 경우, 먼저 쓰인 순서대로 알파벳을 나열한다.
   - 모음
     - 국어사전 배열 순서에 따라 숫자(1, 2, 3, …)로 치환하여 사용한다.
2. 비밀번호는 임의의 세 글자로 구성하되 마지막 음절 뒤 한 자리 숫자는 다음의 규칙에 따라 지정한다.
   - 음절에 사용된 각 모음의 합으로 구성한다.
   - 모음의 합이 두 자리 이상일 경우엔 각 자릿수를 다시 합하여 한 자리 숫자가 나올 때까지 더한다.
   - '–'을 사용하여 단어와 구별한다.

44 김사원 컴퓨터의 비밀번호는 '자전거'이다. 다음 중 이를 암호로 바르게 치환한 것은?

① m1m3ca5–9
② m1m5Ca5–2
③ n1n5ca3–9
④ m1m3Ca3–7
⑤ n1n5ca4–2

45 이대리 컴퓨터의 비밀번호는 '마늘쫑'이다. 다음 중 이를 암호로 바르게 치환한 것은?

① g1c19FN9L–2
② g1C11fN3H–6
③ g1c16FN2N–1
④ g1c19Fn9L–2
⑤ g1c16Fn3h–1

46 다음 중 조사원 컴퓨터의 암호 'e5Ah9Bl21–8'을 바르게 풀이한 것은?

① 매운탕
② 막둥이
③ 떡볶이
④ 떡붕어
⑤ 망둥어

47 다음 중 송주임 컴퓨터의 암호 'l15Cd5r14F–7'을 바르게 풀이한 것은?

① 워크숍
② 원더풀
③ 온누리
④ 올림픽
⑤ 원스톱

48 한 프랜차이즈 식당의 A ~ D매니저는 이번에 서울, 인천, 과천, 세종의 4개의 다른 지점에서 근무하게 되었다. 다음 〈조건〉을 참고할 때, 반드시 참인 것은?

조건

- 한 번 근무했던 지점에서는 다시 근무하지 않는다.
- A와 C는 서울 지점에서 근무했었다.
- B와 D는 세종 지점에서 근무했었다.
- B는 이번에 과천 지점에서 일하게 되었다.

① A는 과천 지점에서 일한 적이 있다.
② C는 과천 지점에서 일한 적이 있다.
③ D는 인천 지점에서 일한 적이 있다.
④ A가 일하게 되는 곳은 세종일 수도 있다.
⑤ D는 인천 지점에서 일할 것이다.

PART 2

49 G공사의 팀장은 효율성을 높이기 위해 순서를 정해서 A ~ G 7가지 업무를 수행하려고 한다. 다음 〈조건〉을 참고하여 가장 먼저 해야 하는 업무가 B일 때, 세 번째로 해야 할 업무는 무엇인가?

조건

- 중간에 수행하는 업무는 F이다.
- A는 F와 C 이후에 수행하는 업무이다.
- B 바로 다음에는 G를 수행한다.
- D와 E는 F 다음에 수행한다.
- E와 C 사이에 있는 업무는 두 가지이다.
- G와 F 사이에는 하나의 업무가 있다.
- D보다 나중에 하는 업무는 없다.

① A ② C
③ E ④ F
⑤ G

50 퇴직을 앞둔 회사원 G씨는 1년 뒤 샐러드 도시락 프랜차이즈 가게를 운영하고자 한다. 다음은 G씨가 회사 근처 샐러드 도시락 프랜차이즈 가게에 대해 SWOT 분석을 실시한 결과이다. 〈보기〉 중 분석에 따른 대응 전략으로 적절한 것을 모두 고르면?

〈샐러드 도시락 프랜차이즈 가게 SWOT 분석 결과〉

강점(Strength)	약점(Weakness)
• 다양한 연령층을 고려한 메뉴 • 월별 새로운 메뉴 제공	• 부족한 할인 혜택 • 홍보 및 마케팅 전략의 부재
기회(Opportunity)	**위협(Threat)**
• 건강한 식단에 대한 관심 증가 • 회사원들의 간편식 점심 수요 증가	• 경기 침체로 인한 외식 소비 위축 • 주변 음식점과의 경쟁 심화

보기

ㄱ. 다양한 연령층이 이용할 수 있도록 새로운 한식 도시락을 출시한다.
ㄴ. 계절 채소를 이용한 샐러드 런치 메뉴를 출시한다.
ㄷ. 제품의 가격 상승을 유발하는 홍보 방안보다 먼저 품질 향상 방안을 마련해야 한다.
ㄹ. 주변 회사와 제휴하여 이용 고객에 대한 할인 서비스를 제공한다.

① ㄱ, ㄴ
② ㄱ, ㄷ
③ ㄴ, ㄷ
④ ㄴ, ㄹ
⑤ ㄷ, ㄹ

51 G사는 신제품의 품번을 다음과 같은 규칙에 따라 정한다고 한다. 제품에 설정된 임의의 영단어가 'INTELLECTUAL'일 때, 이 제품의 품번으로 옳은 것은?

〈규칙〉

- 1단계 : 알파벳 A~Z를 숫자 1, 2, 3, …으로 변환하여 계산한다.
- 2단계 : 제품에 설정된 임의의 영단어를 숫자로 변환한 값의 합을 구한다.
- 3단계 : 임의의 영단어 속 자음의 합에서 모음의 합을 뺀 값의 절댓값을 구한다.
- 4단계 : 2단계와 3단계의 값을 더한 다음 4로 나누어 2단계의 값에 더한다.
- 5단계 : 4단계의 값이 정수가 아닐 경우에는 소수점 첫째 자리에서 버림한다.

① 120
② 140
③ 160
④ 180
⑤ 200

52 G공사는 워크숍에서 팀을 나눠 배드민턴 게임을 하기로 했다. 배드민턴 규칙은 실제 복식 경기 방식을 따르기로 하고, 전략팀 직원 A, B와 총무팀 직원 C, D가 먼저 대결을 한다고 할 때, 다음과 같은 경기 상황에 이어질 서브 방향 및 선수 위치로 옳은 것은?

〈배드민턴 복식 경기 방식〉

- 점수를 획득한 팀이 서브권을 갖는다. 다만, 서브권이 상대팀으로 넘어가기 전까지는 팀 내에서 같은 선수가 연속해서 서브권을 갖는다.
- 서브하는 팀은 자신의 팀 점수가 0이거나 짝수인 경우는 우측에서, 점수가 홀수인 경우는 좌측에서 서브한다.
- 서브하는 선수로부터 코트의 대각선 위치에 선 선수가 서브를 받는다.
- 서브를 받는 팀은 자신의 팀으로 서브권이 넘어오기 전까지는 팀 내에서 선수끼리 서로 코트 위치를 바꾸지 않는다.
- 좌측, 우측은 각 팀이 네트를 바라보고 인식하는 좌, 우이다.

〈경기 상황〉

- 전략팀(A · B), 총무팀(C · D) 간 복식 경기 진행
- 3 : 3 동점 상황에서 A가 C에 서브하고 전략팀(A · B)이 1점 득점

점수	서브 방향 및 선수 위치	득점한 팀
3 : 3	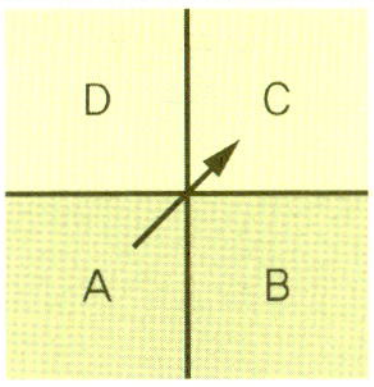	전략팀

①
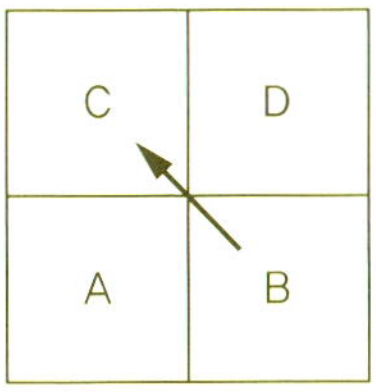

②
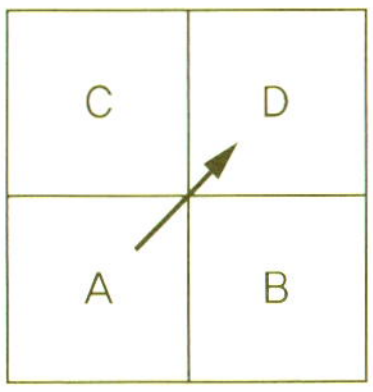

③
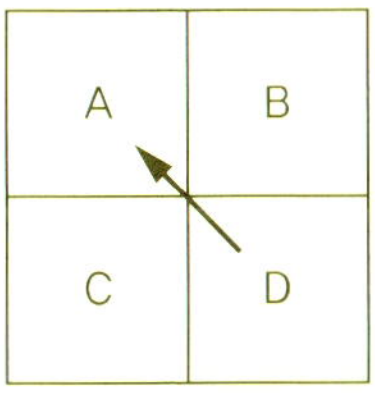

④
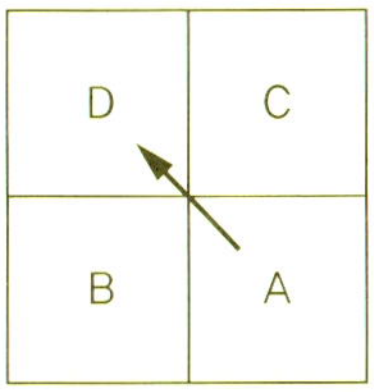

⑤
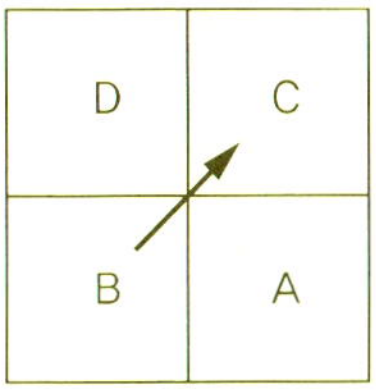

※ G아파트의 자전거 보관소에서는 입주민들의 자전거를 편리하게 관리하기 위해 다음과 같은 방법으로 자전거에 일련번호를 부여한다. 이어지는 질문에 답하시오. **[53~54]**

• 일련번호 순서

A	L	1	1	1	0	1	–	1
종류	무게	동	호수				–	등록순서

• 자전거 종류 구분

일반 자전거			전기 자전거
성인용	아동용	산악용	
A	K	T	B

• 자전거 무게 구분

10kg 이하	10kg 초과 20kg 미만	20kg 이상
S	M	L

• 동 구분 : 101동부터 110동까지의 끝자리를 1자리 숫자로 기재(예 101동 – 1)
• 호수 : 4자리 숫자로 기재(예 1101호 – 1101)
• 등록순서 : 동일 세대주당 자전거 등록순서를 1자리로 기재

53 다음 중 자전거의 일련번호가 바르게 표기된 것은?

① MT1109–2
② AM2012–2
③ AB10121–1
④ KS90101–2
⑤ BL82002–01

54 다음 중 일련번호가 'TM41205–2'인 자전거에 대한 설명으로 옳은 것은?

① 전기 모터를 이용해 주행할 수 있다.
② 자전거의 무게는 10kg 이하이다.
③ 204동 1205호에 거주하는 입주민의 자전거이다.
④ 자전거를 2대 이상 등록한 입주민의 자전거이다.
⑤ 해당 자전거의 소유자는 더 이상 자전거를 등록할 수 없다.

55 G중학교 백일장에 참여한 A ~ E학생에게 다음 〈조건〉에 따라 점수를 부여할 때, 점수가 가장 높은 학생은?

〈G중학교 백일장 채점표〉

학생	오탈자(건)	글자 수(자)	주제의 적합성	글의 통일성	가독성
A	33	654	A	A	C
B	7	476	B	B	B
C	28	332	B	B	C
D	25	572	A	A	A
E	12	786	C	B	A

조건

- 기본 점수는 80점이다.
- 오탈자가 10건 이상일 때 1점을 감점하고, 5건이 추가될 때마다 1점을 추가로 감점한다.
- 전체 글자 수가 350자 미만일 때 10점을 감점하고, 600자 이상일 때 1점을 부여하며, 25자가 추가될 때마다 1점을 추가로 부여한다.
- 주제의 적합성, 글의 통일성, 가독성을 A, B, C등급으로 나누며, 등급 개수에 따라 추가점수를 부여한다.
  - A등급 3개 : 25점
  - A등급 2개, B등급 1개 : 20점
  - A등급 2개, C등급 1개 : 15점
  - A등급 1개, B등급 2개 또는 A등급, B등급, C등급 1개 : 10점
  - B등급 3개 : 5점

예 오탈자 46건, 전체 글자 수 626자, 주제의 적합성, 글의 통일성, 가독성이 각각 A, B, A일 때 점수는 80−8+2+20=94점이다.

① A ② B
③ C ④ D
⑤ E

※ 유통업체인 G사는 유통대상의 정보에 따라 12자리로 구성된 분류 코드를 부여하여 관리하고 있다. 이어지는 질문에 답하시오. [56~57]

〈분류 코드 생성 방법〉

- 분류 코드는 한 개 상품당 하나가 부과된다.
- 분류 코드는 '발송 코드 – 배송 코드 – 보관 코드 – 운송 코드 – 서비스 코드'가 순서대로 연속된 12자리 숫자로 구성되어 있다.
- 발송 지역

발송 지역	발송 코드	발송 지역	발송 코드	발송 지역	발송 코드
수도권	a1	강원	a2	경상	b1
전라	b2	충청	c4	제주	t1
기타	k9	–	–	–	–

※ 수도권은 서울, 경기, 인천 지역임

- 배송 지역

배송 지역	배송 코드	배송 지역	배송 코드	배송 지역	배송 코드
서울	011	인천	012	강원	021
경기	103	충남	022	충북	203
경남	240	경북	304	전남	350
전북	038	제주	040	광주	042
대구	051	부산	053	울산	062
대전	071	세종	708	기타	009

- 보관 구분

보관 구분	보관 코드	보관 구분	보관 코드	보관 구분	보관 코드
냉동	FZ	냉장	RF	파손주의	FG
고가품	HP	일반	GN	–	–

- 운송 수단

운송 수단	운송 코드	운송 수단	운송 코드	운송 수단	운송 코드
5톤 트럭	105	15톤 트럭	115	30톤 트럭	130
항공운송	247	열차수송	383	기타	473

- 서비스 종류

배송 서비스	서비스 코드	배송 서비스	서비스 코드	배송 서비스	서비스 코드
당일 배송	01	지정일 배송	02	일반 배송	10

56 다음 분류 코드를 통해 확인할 수 있는 정보로 옳지 않은 것은?

c4304HP11501

① 해당 제품은 충청지역에서 발송되어 경북지역으로 배송되는 제품이다.
② 냉장보관이 필요한 제품이다.
③ 15톤 트럭에 의해 배송될 제품이다.
④ 당일 배송 서비스가 적용된 제품이다.
⑤ 해당 제품은 고가품이다.

PART 2

57 다음 〈조건〉에 따라 제품 A에 부여될 분류 코드로 옳은 것은?

조건

- A는 Q업체가 7월 5일에 경기도에서 울산지역에 위치한 구매자에게 발송한 제품이다.
- 수산품인 만큼 냉동보관이 필요하며, 발송자는 택배 도착일을 7월 7일로 지정하였다.
- A는 5톤 트럭을 이용해 배송된다.

① k9062RF10510
② a1062FZ10502
③ a1062FZ11502
④ a1103FZ10501
⑤ a1102FZ10502

※ 다음은 음료의 메뉴판과 이번 주 일기예보이다. G사원은 그 날의 날씨와 평균기온을 고려하여 〈조건〉에 따라 자신이 마실 음료를 고른다. 이어지는 질문에 답하시오. **[58~59]**

〈메뉴판〉

(단위 : 원)

커피류			차 및 에이드류		
구분	작은 컵	큰 컵	구분	작은 컵	큰 컵
아메리카노	3,900	4,300	자몽에이드	4,200	4,700
카페라테	4,400	4,800	레몬에이드	4,300	4,800
바닐라라테	4,600	5,000	자두에이드	4,500	4,900
카페모카	5,000	5,400	밀크티	4,300	4,800

〈이번 주 일기예보〉

구분	7월 22일 일요일	7월 23일 월요일	7월 24일 화요일	7월 25일 수요일	7월 26일 목요일	7월 27일 금요일	7월 28일 토요일
날씨	흐림	맑음	맑음	흐림	비	비	맑음
평균기온	24℃	26℃	28℃	27℃	27℃	25℃	26℃

조건

- G사원은 맑거나 흐린 날에는 차 및 에이드류를 마시고, 비가 오는 날에는 커피류를 마신다.
- 평균기온이 26℃ 미만인 날에는 작은 컵으로, 26℃ 이상인 날은 큰 컵으로 마신다.
- 커피를 마시는 날 중 평균기온이 25℃ 미만인 날은 아메리카노를, 25℃ 이상, 27℃ 미만인 날은 바닐라라테를, 27℃인 날은 카페라테를, 28℃ 이상인 날은 카페모카를 마신다.
- 차 및 에이드류를 마시는 날 중 평균기온이 27℃ 미만인 날은 자몽에이드를, 27℃ 이상인 날은 자두에이드를 마신다. 단, 비가 오지 않는 화요일과 목요일에는 반드시 밀크티를 마신다.

58 오늘이 7월 25일이라고 할 때, 다음 중 G사원이 내일 마실 음료는?

① 아메리카노 큰 컵
② 카페라테 큰 컵
③ 바닐라라테 작은 컵
④ 카페모카 큰 컵
⑤ 자두에이드 작은 컵

59 7월 24일인 오늘, G사원은 직장동료인 B사원에게 음료를 사주고자 한다. B사원에게는 자신이 전날 마신 음료와 같은 종류의 음료를 사준다고 할 때, G사원이 음료 두 잔을 주문하며 지불할 금액은?

① 8,700원
② 9,000원
③ 9,200원
④ 9,500원
⑤ 9,700원

60 다음 글과 상황을 근거로 판단할 때, 〈보기〉에서 옳은 것을 모두 고르면?

G국 사람들은 아래와 같이 한 손으로 1부터 10까지의 숫자를 표현한다.

숫자	1	2	3	4	5
펼친 손가락 개수	1개	2개	3개	4개	5개
펼친 손가락 모양					
숫자	**6**	**7**	**8**	**9**	**10**
펼친 손가락 개수	2개	3개	2개	1개	2개
펼친 손가락 모양					

〈상황〉

G국에 출장을 간 갑은 G국의 언어를 하지 못하여 물건을 살 때 상인의 손가락을 보고 물건의 가격을 추측한다. G국 사람의 숫자 표현법을 제대로 이해하지 못한 갑은 상인이 금액을 표현하기 위해 펼친 손가락 1개당 1원씩 돈을 지불하려고 한다(단, 갑은 하나의 물건을 구매하며, 물건의 가격은 최소 1원부터 최대 10원까지라고 가정한다).

보기

ㄱ. 물건의 가격과 갑이 지불하려는 금액이 일치했다면, 물건의 가격은 5원 이하이다.
ㄴ. 상인이 손가락 3개를 펼쳤다면, 물건의 가격은 최대 7원이다.
ㄷ. 물건의 가격과 갑이 지불하려는 금액이 8원만큼 차이가 난다면, 물건의 가격은 9원이거나 10원이다.
ㄹ. 갑이 물건의 가격을 초과하는 금액을 지불하려는 경우가 발생할 수 있다.

① ㄱ, ㄴ
② ㄴ, ㄷ
③ ㄴ, ㄹ
④ ㄷ, ㄹ
⑤ ㄱ, ㄴ, ㄷ

61 A씨는 여행을 가기 위해 G자동차를 대여하려 한다. 다음 〈조건〉을 바탕으로 A씨가 G자동차를 대여할 수 없는 요일은?

〈2월 달력〉

일	월	화	수	목	금	토
	1	2	3	4	5	6
7	8	9	10	11 설 연휴	12 설 연휴	13 설 연휴
14	15	16	17	18	19	20
21	22	23	24	25	26	27
28						

조건

- 2월에 주말을 포함하여 3일 동안 연속으로 대여한다.
- 설 연휴에는 대여하지 않는다.
- 설 연휴가 끝난 다음 주 월, 화에 출장이 있다(단, 출장 중에 대여하지 않는다).
- G자동차는 첫째 주 짝수 날에는 점검이 있어 대여할 수 없다.
- G자동차는 24일부터 3일간 B가 대여를 예약해 두었다.
- 설 연휴가 있는 주의 화요일과 수요일은 업무를 마쳐야 하므로 대여하지 않는다.

① 수요일　② 목요일
③ 금요일　④ 토요일
⑤ 일요일

62 다음은 G기업의 팀별 성과급 지급 기준 및 영업팀의 분기별 평가표이다. 영업팀에게 지급되는 성과급의 1년 총액은?(단, 성과평가등급이 A등급이면 직전 분기 차감액의 50%를 가산하여 지급한다)

〈성과급 지급 기준〉

성과평가 점수(점)	성과평가 등급	분기별 성과급 지급액
9.0 이상	A	100만 원
8.0 ~ 8.9	B	90만 원(10만 원 차감)
7.0 ~ 7.9	C	80만 원(20만 원 차감)
6.9 이하	D	40만 원(60만 원 차감)

〈영업팀 평가표〉

구분	1/4분기	2/4분기	3/4분기	4/4분기
유용성	8	8	10	8
안정성	8	6	8	8
서비스 만족도	6	8	10	8

※ (성과평가 점수)=[(유용성)×0.4]+[(안정성)×0.4]+[(서비스 만족도)×0.2]

① 350만 원
② 360만 원
③ 370만 원
④ 380만 원
⑤ 390만 원

63 G회사는 해외지사와 1시간 동안 화상 회의를 하기로 하였다. 모든 지사의 업무시간은 오전 9시부터 오후 6시까지이며, 점심시간은 낮 12시부터 오후 1시까지이다. 〈조건〉이 다음과 같을 때, 회의가 가능한 시간은 언제인가?(단, 회의가 가능한 시간은 서울 기준이다)

조건

- 헝가리는 서울보다 7시간 느리고, 현지시간으로 오전 10시부터 2시간 동안 외부출장이 있다.
- 호주는 서울보다 1시간 빠르고, 현지시간으로 오후 2시부터 3시간 동안 회의가 있다.
- 베이징은 서울보다 1시간 느리다.
- 헝가리와 호주는 서머타임 +1시간을 적용한다.

① 오전 10시 ~ 오전 11시
② 오전 11시 ~ 낮 12시
③ 오후 1시 ~ 오후 2시
④ 오후 2시 ~ 오후 3시
⑤ 오후 3시 ~ 오후 4시

※ G베이커리 사장은 새로운 직원을 채용하기 위해 아르바이트 공고문을 게재하였고, 지원자 명단은 다음과 같다. 이어지는 질문에 답하시오. **[64~65]**

■ 아르바이트 공고문

- 업체명 : G베이커리
- 업무내용 : 고객응대 및 매장관리
- 지원자격 : 경력, 성별, 학력 무관 / 나이 : 20 ~ 40세
- 근무조건 : 6개월 / 월 ~ 금요일 / 08:00 ~ 20:00(협의 가능)
- 급여 : 희망 임금
- 연락처 : 010-1234-1234

■ 아르바이트 지원자 명단

성명	성별	나이	근무가능시간	희망 임금	기타
김갑주	여성	28	08:00 ~ 16:00	시급 8,000원	• 1일 1회 출근만 가능함 • 최소 2시간 이상 연속 근무하여야 함
강을미	여성	29	15:00 ~ 20:00	시급 7,000원	
조병수	남성	25	12:00 ~ 20:00	시급 7,500원	
박정현	여성	36	08:00 ~ 14:00	시급 8,500원	
최강현	남성	28	14:00 ~ 20:00	시급 8,500원	
채미나	여성	24	16:00 ~ 20:00	시급 7,500원	
한수미	여성	25	10:00 ~ 16:00	시급 8,000원	

※ 근무시간은 지원자가 희망하는 근무시간대 내에서 조절 가능함

64 G베이커리 사장은 최소비용으로 가능한 최대인원을 채용하고자 한다. 매장에는 항상 2명의 직원이 상주하고 있어야 하며, 기존 직원 1명은 오전 8시부터 오후 3시까지 근무를 하고 있다. 지원자 명단을 참고하였을 때, 누구를 채용하겠는가?

① 김갑주, 강을미, 조병수
② 김갑주, 강을미, 박정현, 채미나
③ 김갑주, 강을미, 조병수, 채미나, 한수미
④ 강을미, 조병수, 박정현, 최강현, 채미나
⑤ 강을미, 조병수, 박정현, 최강현, 채미나, 한수미

65 64번에서 결정한 인원을 채용했을 때, 급여를 한 주 단위로 지급한다면 사장이 지급해야 하는 임금은?(단, 기존 직원의 시급은 8,000원으로 계산하며 주휴수당은 고려하지 않는다)

① 805,000원
② 855,000원
③ 890,000원
④ 915,000원
⑤ 1,000,000원

66 G는 인천에서 런던으로 가고자 한다. 다음은 인천과 런던을 잇는 항공 노선 목록이다. G는 노선 지수가 낮은 노선을 선호한다고 할 때, G가 선택할 노선으로 옳은 것은?(단, 노선 지수는 인천에서 런던까지의 각 요소의 총량의 합을 기준으로 계산한다)

〈노선 목록〉

노선	거리	시간	요금	마일리지	기타사항
인천 – 베이징	937km	1시간	50만 원	104	잠정 폐쇄
인천 – 하노이	2,717km	5시간	30만 원	302	–
인천 – 방콕	3,700km	5시간	50만 원	411	–
인천 – 델리	4,666km	6시간	55만 원	518	–
인천 – 두바이	6,769km	8시간	65만 원	752	–
인천 – 카이로	8,479km	8시간	70만 원	942	–
인천 – 상하이	843km	1시간	45만 원	94	–
베이징 – 런던	8,147km	9시간	100만 원	905	–
하노이 – 런던	9,244km	10시간	90만 원	1,027	–
방콕 – 런던	9,542km	11시간	55만 원	1,060	잠정 폐쇄
델리 – 런던	6,718km	7시간	55만 원	746	–
두바이 – 런던	5,479km	6시간	50만 원	609	–
카이로 – 런던	3,514km	4시간	55만 원	390	–
상하이 – 런던	9,208km	10시간	90만 원	1,023	–

※ (노선 지수)=[(총거리 순위)×0.8)]+[(총시간 순위)×0.7)]+[(총요금 순위)×0.2]
※ 마일리지를 제외한 모든 요소는 값이 작을수록 순위가 높음
※ 폐쇄노선은 현재 사용이 불가능함

① 인천 – 상하이 – 런던
② 인천 – 델리 – 런던
③ 인천 – 카이로 – 런던
④ 인천 – 하노이 – 런던
⑤ 인천 – 두바이 – 런던

PART 2

67 G과장은 월요일에 사천연수원에서 진행될 세미나에 참석해야 한다. 세미나는 월요일 낮 12시부터 시작이며, 수요일 오후 6시까지 진행된다. 갈 때는 세미나에 늦지 않게만 도착하면 되지만, 올 때는 목요일 회의 준비를 위해 최대한 일찍 서울로 올라와야 한다. 가능한 적은 비용으로 세미나 참석을 원할 때, 교통비는 얼마인가?

〈KTX〉

구분	월요일		수요일		가격
서울 – 사천	08:00 ~ 11:00	09:00 ~ 12:00	08:00 ~ 11:00	09:00 ~ 12:00	65,200원
사천 – 서울	16:00 ~ 19:00	20:00 ~ 23:00	16:00 ~ 19:00	20:00 ~ 23:00	66,200원 (10% 할인 가능)

※ 사천역에서 사천연수원까지 택시비는 22,200원이며, 30분이 걸림(사천연수원에서 사천역까지의 비용과 시간도 동일임)

〈비행기〉

구분	월요일		수요일		가격
서울 – 사천	08:00 ~ 09:00	09:00 ~ 10:00	08:00 ~ 09:00	09:00 ~ 10:00	105,200원
사천 – 서울	19:00 ~ 20:00	20:00 ~ 21:00	19:00 ~ 20:00	20:00 ~ 21:00	93,200원 (10% 할인 가능)

※ 사천공항에서 사천연수원까지 택시비는 21,500원이며, 30분이 걸림(사천연수원에서 사천공항까지의 비용과 시간도 동일함)

① 168,280원
② 178,580원
③ 192,780원
④ 215,380원
⑤ 232,080원

68 G물류회사에서 근무 중인 S사원에게 화물 운송기사 두 명이 찾아와 운송시간에 대한 질문을 하였다. 주요 도시 간 이동시간 자료를 참고했을 때, 두 기사에게 안내해야 할 시간은?(단, S사원과 두 기사는 A도시에 위치하고 있다)

R기사 : 저는 여기서 화물을 싣고 E도시로 운송한 후에 C도시로 가서 다시 화물을 싣고 여기로 돌아와야 하는데 시간이 얼마나 걸릴까요? 최대한 빨리 마무리 지었으면 좋겠는데….

P기사 : 저는 여기서 출발해서 모든 도시를 한 번씩 거쳐 다시 여기로 돌아와야 해요. 만약에 가장 짧은 이동시간으로 다녀오면 얼마나 걸릴까요?

〈주요 도시 간 이동시간〉

(단위 : 시간)

출발도시 \ 도착도시	A	B	C	D	E
A	–	1.0	0.5	–	–
B	–	–	–	1.0	0.5
C	0.5	2.0	–	–	–
D	1.5	–	–	–	0.5
E	–	–	2.5	0.5	–

※ 화물을 싣고 내리기 위해 각 도시에서 정차하는 시간은 고려하지 않음

※ '–' 표시가 있는 구간은 이동이 불가능함

	R기사	P기사
①	4시간	4시간
②	4.5시간	5시간
③	4.5시간	5.5시간
④	5.5시간	5시간
⑤	5.5시간	5.5시간

※ G공사에서는 임직원 해외연수를 추진하고 있다. 다음 자료를 보고 이어지는 질문에 답하시오. [69~70]

〈2025년 임직원 해외연수 공지사항〉

- 해외연수 국가 : 네덜란드, 독일
- 해외연수 일정 : 2025년 2월 11일 ~ 2025년 2월 20일(10일간)
- 해외연수 인원 : 나라별 2명씩 총 4명
- 해외연수 인원 선발 방법 : 2024년 하반기 업무평가 항목 평균 점수 상위 4명 선발

〈G공사 2024년 하반기 업무평가〉

(단위 : 점)

성명	직급	조직기여	대외협력	기획
유시진	팀장	58	68	83
최은서	팀장	79	98	96
양현종	과장	84	72	86
오선진	대리	55	91	75
이진영	대리	90	84	97
장수원	대리	78	95	85
김태균	주임	97	76	72
류현진	주임	69	78	54
강백호	사원	77	83	66
최재훈	사원	80	94	92

69 다음 중 해외연수 대상자가 될 수 있는 직원을 바르게 나열한 것은?

① 유시진, 최은서
② 양현종, 오선진
③ 이진영, 장수원
④ 김태균, 류현진
⑤ 강백호, 최재훈

70 G공사는 2025년 임직원 해외연수 인원을 나라별로 1명씩 늘려 총 6명으로 확대하려고 한다. 해외연수 대상자가 될 수 없는 직원은?

① 양현종
② 오선진
③ 이진영
④ 김태균
⑤ 최재훈

71 다음 글의 내용으로 적절하지 않은 것은?

길을 걷고, 한강을 달리고, 손을 흔들고, 책장을 넘기는 것과 같은 인체의 작은 움직임(주파수 2 ~ 5Hz)도 스마트폰이나 웨어러블(안경, 시계, 의복 등과 같이 신체에 착용하는 제품) 기기들의 전기 에너지원으로 사용될 수 있다. 이러한 인체의 움직임처럼 버려지는 운동 에너지로부터 전기를 생산하는 기술을 '에너지 하베스팅'이라 한다.
최근 과학 기술의 발전과 더불어 피트니스·헬스케어 모니터링 같은 다기능 휴대용·웨어러블 스마트 전자기기가 일상생활에서 많이 사용되고 있다. 동시에 사물인터넷(IoT)의 발달로 센서의 사용 또한 크게 늘고 있다. 이러한 스마트 전자기기 및 센서들은 소형이고 경량이며, 이동성 및 내구성을 갖춘 전원 공급원이 반드시 필요하다.
교체 및 충전식 전기 화학 배터리는 전원의 공급에는 탁월하지만 수명이 짧다. 또한 재충전 및 교체가 어렵다. 나아가 배터리 폐기로 인해 환경오염을 유발한다는 단점도 있다. 그러나 인체 움직임과 같은 작은 진동에너지 기반의 친환경 에너지 하베스팅 기술은 스마트폰 및 웨어러블 스마트기기를 위한 지속 가능한 반영구적 전원으로서 활용될 수 있다.
진동은 우리의 일상생활에 존재하며 버려지는 가장 풍부한 기계적 움직임 중 하나이다. 진동은 여러 유형과 넓은 범위의 주파수 및 진폭을 가지고 있다. 기계적 진동원은 움직이는 인체, 자동차, 진동 구조물, 물이나 공기의 흐름에 의한 진동 등을 모두 포함한다. 따라서 진동에너지를 효율적으로 수확하고 이를 전기에너지로 변환하기 위해서는 에너지 하베스팅 소자를 진동의 특성에 맞도록 설계해 제작해야 한다. 기계적 진동에너지 수집은 몇 가지 변환 메커니즘에 의해 이루어진다. 가장 활발하게 연구가 이루어지고 있는 진동 기반 에너지 하베스팅 기술에는 압전기력, 전자기력, 마찰전기 에너지 등이 활용된다. 압전기력 기반은 압전 효과를 이용하여 기계적 진동에너지를 전기에너지로 변환하는 기술이다. 압전 소재와 적절한 기판을 사용하여 제작되며, 높은 출력 전압을 발생시키지만 발생된 전류는 상대적으로 낮다. 전자기력 기반은 코일과 자석 사이의 상대적 움직임으로부터 얻어지는 기전력(패러데이의 유도법칙)을 이용하여 전기를 생산하는 기술이다. 낮은 주파수의 기계적 에너지를 전기에너지로 변환하는 매우 효율적인 방법이다. 마찰전기 기반은 맥스웰의 변위 전류를 이용하여 전기를 생산하는 기술이다. 저주파 진동 범위에서 높은 출력 전압을 수확하는 데 매우 효율적이다.

① 3Hz의 소량의 주파수도 전자기기의 에너지원으로 사용될 수 있다.
② 디지털 기술이 발달함에 따라 센서의 사용은 감소하는 추세이다.
③ 전기를 충전해야 하는 배터리 기술은 사용 기간이 짧다는 단점을 가지고 있다.
④ 물이나 공기의 흐름 역시 진동원의 하나가 될 수 있다.
⑤ 패러데이의 유도법칙을 이용하면 낮은 주파수의 에너지를 효율적으로 사용할 수 있다.

※ 다음 글을 읽고 이어지는 질문에 답하시오. **[72~73]**

(가) 인류가 바람을 에너지원으로 사용한 지 1만 년이 넘었고, 풍차는 수천 년 전부터 사용되었다. 풍력발전이 시작된 지도 100년이 넘었지만, 그동안 전력 생산비용이 저렴하고 사용하기 편리한 화력발전에 밀려 빛을 보지 못하다가 최근 온실가스 배출 등의 환경오염 문제를 해결하는 대안인 신재생 에너지로 주목받고 있다.

(나) 풍력발전은 바람의 운동에너지를 회전에너지로 변환하고, 발전기를 통해 전기에너지를 얻는 기술로, 공학자들은 계속적으로 높은 효율의 전기를 생산하기 위해 풍력발전시스템을 발전시켜 나가고 있다. 풍력발전시스템의 하나인 요우 시스템(Yaw System)은 바람에 따라 풍력발전기의 방향을 바꿔 회전날개가 항상 바람의 정면으로 향하게 하는 것이다. 또 다른 피치 시스템(Pitch System)은 비행기의 날개와 같이 바람에 따라 회전날개의 각도를 변화시킨다. 이 외에도 회전력을 잃지 않기 위해 직접 발전기에 연결하는 방식 등 다양한 방법을 활용한다. 또한 무게를 줄이면 높은 곳에 풍력발전기를 매달 수 있어 더욱 효율적인 발전이 가능해진다.

(다) 풍력발전기를 설치하는 위치도 중요하다. 풍력발전기의 출력은 풍속의 세제곱과 프로펠러 회전면적의 제곱에 비례한다. 풍속이 빠를수록, 프로펠러의 면적이 클수록 출력이 높아지는 것이다. 지상에서는 바람이 빠르지 않고, 바람도 일정하게 불지 않아 풍력발전의 출력을 높이는 데 한계가 있다. 따라서 풍력발전기는 최대 풍속이 아닌 최빈 풍속에 맞춰 설계된다. 이러한 한계를 극복하기 위해 고고도(High Altitude)의 하늘에 풍력발전기를 설치하려는 노력이 계속되고 있다.

(라) 그렇다면 어떻게 고고도풍(High Altitude Wind)을 이용할까? 방법은 비행선, 연 등에 발전기를 달아 하늘에 띄우는 것이다. 캐나다의 한 회사는 헬륨 가스 비행선에 발전기를 달아 공중에 떠 있는 발전기를 판매하고 있다. 이 발전기는 비행선에 있는 발전기가 바람에 의해 풍선이 회전하도록 만들어져 있으며, 회전하는 풍선이 발전기와 연결되어 있어 전기를 생산할 수 있다. 또 다른 회사는 이보다 작은 비행선 수십 대를 연결하여 바다 위에 띄우는 방식을 고안하고 있다. 서로 연결된 수십 대의 작은 비행선 앞에 풍차가 붙어 있어 발전할 수 있도록 되어 있다.

(마) 고고도풍을 이용한 풍력발전은 결국 대류권 상층부에 부는 초속 30m의 편서풍인 제트기류를 이용하게 될 것이다. 연구에 따르면 최대 초속 100m를 넘는 제트기류를 단 1%만 이용해도 미국에서 사용하는 전기에너지를 모두 충당할 수 있다고 한다. 우리나라 상공도 이 제트기류가 지나가기 때문에 이를 활용할 수 있다면 막대한 전기를 얻을 수 있을 것으로 전망된다.

72 다음 중 (가) 문단을 읽고 추론할 수 있는 내용으로 적절하지 않은 것은?

① 풍력에너지는 인류에서 가장 오래된 에너지원이다.
② 화력발전은 풍력발전보다 전력 생산비용이 낮다.
③ 신재생 에너지가 대두되면서 풍력발전이 새롭게 주목받고 있다.
④ 화력발전은 온실가스 배출 등 환경오염 문제를 일으킨다.
⑤ 신재생 에너지는 환경오염 등의 문제를 줄일 수 있다.

73 다음 중 (가) ~ (마) 문단에 대한 주제로 적절하지 않은 것은?

① (가) : 환경오염 문제의 새로운 대안인 풍력발전
② (나) : 바람 에너지를 이용한 다양한 풍력발전시스템
③ (다) : 풍력발전기 설치 위치의 중요성
④ (라) : 고고도풍을 이용하는 기술의 한계
⑤ (마) : 제트기류를 활용한 풍력발전의 가능성

74 다음 글의 주제로 가장 적절한 것은?

> 빅데이터는 스마트팩토리 등 산업 현장 및 ICT 소프트웨어 설계 등에 주로 활용되어 왔다. 유통이나 물류 업계의 '콘텐츠가 대량으로 이동하는 현장'에서는 데이터가 발생하면, 이를 분석하고 활용하는 쪽으로 주로 사용됐다. 이제는 다양한 영역에서 빅데이터의 적용이 빨라지고 있다. 대표적인 사례가 금융권이다. 국내의 은행들은 빅데이터 스타트업 회사를 상대로 대규모 투자에 나서고 있다. 뉴스와 포털 등 현존하는 데이터를 확보하여 금융 키워드 분석에 활용하기 위해서이다. 의료업계도 마찬가지이다. 정부는 바이오헬스 산업의 혁신전략을 통해 연구개발 투자를 내년까지 4조 원 이상으로 확대하겠다고 밝혔으며, 빅데이터와 인공지능 등을 연계한 다양한 로드맵을 준비하고 있다. 벌써 의료 현장에 빅데이터 전략을 구사하고 있는 병원도 다수이다. 국세청도 빅데이터에 관심이 많다. 빅데이터 플랫폼 인프라 구축을 끝내는 한편, 50명 규모의 빅데이터 센터를 가동하기 시작했다. 조세 행정에서 빅데이터를 통해 탈세를 예방·적발하는 등 다양한 쓰임새를 고민하고 있다.

① 빅데이터의 정의와 장·단점
② 빅데이터의 종류
③ 빅데이터의 중요성
④ 빅데이터의 다양한 활용 방안
⑤ 빅데이터의 한계

75 다음 글의 밑줄 친 ㉠~㉤을 바꾸어 쓸 때 적절하지 않은 것은?

> 적혈구는 일정한 수명을 가지고 있어서 그 수와 관계없이 총 적혈구의 약 0.8% 정도는 매일 몸 안에서 파괴된다. 파괴된 적혈구로부터 빌리루빈이라는 물질이 유리되고, 이 빌리루빈은 여러 생화학적 대사 과정을 통해 간과 소장에서 다른 물질로 변환된 후에 대변과 소변을 통해 배설된다. ㉠ 소변의 색깔을 통해 건강상태를 확인할 수 있다.
>
> 적혈구로부터 유리된 빌리루빈이라는 액체는 강한 지용성 물질이어서 혈액의 주요 구성물질인 물에 ㉡ 용해되지 않는다. 이런 빌리루빈을 비결합 빌리루빈이라고 하며, 혈액 내에서 비결합 빌리루빈은 알부민이라는 혈액 단백질에 부착된 상태로 혈류를 따라 간으로 이동한다. 간에서 비결합 빌리루빈은 담즙을 만드는 간세포에 흡수되고 글루쿠론산과 결합하여 물에 잘 녹는 수용성 물질인 결합 빌리루빈으로 바뀌게 된다. 결합 빌리루빈의 대부분은 간세포에서 만들어져 담관을 통해 ㉢ 분비돼는 담즙에 포함되어 소장으로 배출되지만, 일부는 다시 혈액으로 되돌려 보내져 혈액 내에서 알부민과 결합하지 않고 혈류를 따라 순환한다.
>
> 간세포에서 분비된 담즙을 통해 소장으로 들어온 결합 빌리루빈의 절반은 장세균의 작용에 의해 소장에서 흡수되어 혈액으로 이동하는 유로빌리노젠으로 전환된다. 나머지 절반의 결합 빌리루빈은 소장에서 흡수되지 않고 대변에 포함되어 배설된다. 혈액으로 이동한 유로빌리노젠의 일부분은 혈액이 신장을 통과할 때 혈액으로부터 여과되어 신장으로 이동한 후 소변으로 배설된다. 하지만 대부분의 혈액 내 유로빌리노젠은 간으로 이동하여 간세포에서 만든 담즙을 통해 소장으로 배출되어 대변을 통해 배설된다.
>
> 빌리루빈의 대사와 배설에 장애가 있을 때 여러 임상 증상이 나타날 수 있다. ㉣ 그러나 빌리루빈이나 빌리루빈 대사물의 양을 측정한 후, 그 값을 정상치와 비교하면 임상 증상을 일으키는 원인이 되는 질병이나 문제를 ㉤ 추측할수 있다.

① ㉠ : 글의 통일성을 해치고 있으므로 삭제한다.

② ㉡ : 문맥에 흐름을 고려하여 '융해되지'로 수정한다.

③ ㉢ : 맞춤법에 어긋나므로 '분비되는'으로 수정한다.

④ ㉣ : 문장을 자연스럽게 연결하기 위해 '따라서'로 고친다.

⑤ ㉤ : 띄어쓰기가 올바르지 않으므로 '추측할 수'로 수정한다.

76 다음 글의 서술상 특징으로 가장 적절한 것은?

> 내가 감각하는 사물들이 정말로 존재하는가? 내가 지금 감각하고 있는 이 책상이 내가 보지 않을 때에도 여전히 존재하는지, 혹시 이것들이 상상의 산물은 아닌지, 내가 꿈을 꾸고 있는 것은 아닌지 어떻게 알 수 있는가? 내 감각을 넘어서 물리적 대상들이 독립적으로 존재한다는 것을 증명할 길은 없다. 데카르트가 방법적 회의를 통해서 보여 주었듯이, 인생이 하나의 긴 꿈에 불과하다는 '꿈의 가설'에서 어떤 논리적 모순도 나오지 않기 때문이다. 그러나 논리적 가능성이 진리를 보장하지는 않으므로, 꿈의 가설을 굳이 진리라고 생각해야 할 이유도 없다.
>
> 꿈의 가설보다는, 나의 감각들은 나와 독립적으로 존재하는 대상들이 나에게 작용하여 만들어 낸 것들이라는 '상식의 가설'이 우리가 경험하는 사실들을 더 잘 설명한다. 개 한 마리가 한순간 방 한 편에서 보였다가 잠시 후 방의 다른 곳에 나타났다고 해 보자. 이 경우에 그것이 처음 위치에서 일련의 중간 지점들을 차례로 통과하여 나중 위치로 연속적인 궤적을 따라서 이동하였다고 생각하는 것이 자연스럽다. 그러나 그 개가 감각들의 집합에 불과하다면 내게 보이지 않는 동안에는 그것은 존재할 수가 없다. 꿈의 가설에 따르면 그 개는 내가 보고 있지 않은 동안에 존재하지 않다가 새로운 위치에서 갑자기 생겨났다고 해야 한다.
>
> 그 개가 내게 보일 때나 보이지 않을 때나 마찬가지로 존재한다면, 내 경우에 미루어 그 개가 한 끼를 먹고 나서 다음 끼니 때까지 어떻게 차츰 배고픔을 느끼게 되는지 이해할 수 있다. 그러나 그 개가 내가 보고 있지 않을 때에 존재하지 않는다면, 그것이 존재하지 않는 동안에도 점점 더 배고픔을 느끼게 된다는 것은 이상해 보인다. 따라서 나의 변화하는 감각 경험은, 실재하는 개를 표상하는 것으로 간주하면 아주 자연스럽게 이해되지만, 단지 나에게 감각되는 색깔과 형태들의 변화에 지나지 않는다고 간주하면 전혀 설명할 길이 없다.
>
> 사람의 경우 문제는 더 분명하다. 사람들이 말하는 것을 들을 때 내가 듣는 소리가 어떤 생각, 즉 내가 그러한 소리를 낼 때에 갖는 생각과 비슷한 어떤 생각을 표현하는 것이 아니라고 여기기는 어렵다. 그러므로 '최선의 설명을 제공하는 가설을 택하라.'라는 원칙에 따르면 나 자신과 나의 감각 경험을 넘어서 나의 지각에 의존하지 않는 대상들이 정말로 존재한다는 상식의 가설을 택하는 것이 합당하다.
>
> – 러셀, 『철학의 문제들』

① 상반된 이론을 제시한 후 절충적 견해를 이끌어 내고 있다.
② 구체적인 사례를 통해 독자의 이해를 돕고 있다.
③ 권위 있는 학자의 주장을 인용하여 내용을 전개하고 있다.
④ 정의를 통해 새로운 개념을 소개하고 있다.
⑤ 객관적 자료를 활용하여 자신의 주장을 강화하고 있다.

77 다음 문단을 논리적 순서대로 바르게 나열한 것은?

(가) '단어 연상법'은 프랜시스 골턴이 개발한 것으로, 지능의 종류를 구분하기 위한 것이었다. 이것은 피실험자에게 일련의 단어들을 또박또박 읽어주면서 각각의 단어를 듣는 순간 제일 먼저 떠오르는 단어를 말하게 하고, 실험자는 계시기를 들고 응답 시간, 즉 피실험자가 응답하는 데 걸리는 시간을 측정하여 차트에 기록하는 방법으로 진행한다. 실험은 대개 백 개가량의 단어들로 진행했다. 골턴은 응답 시간을 정확히 재기 위해 온갖 수단을 동원했지만, 그렇게 해서 얻은 정보의 양이 거의 없거나 지능의 수준을 평가하는 데 별로 중요하지 않은 경우가 많았다.

(나) 융이 그린 그래프들은 특정한 단어에 따르는 응답자의 심리 상태를 보여주었다. 이 결과를 통해 다음과 같은 두 가지 결론을 얻어낼 수 있었다. 첫째, 대답 과정에서 감정이 생겨난다. 둘째, 응답의 지연은 모종의 인식하지 못한 과정에 의해 자연 발생적으로 생겨난다. 하지만 이 기록을 토대로 결론을 내리거나 중요성을 따지기에는 너무 일렀다. 피실험자의 의식적 의도와는 별개로 작동하는 뭔가 알지 못하는 지연 행위가 있음이 분명했다.

(다) 당시에 성행했던 심리학 연구나 심리학을 정신의학에 응용하는 연구는 주로 의식에 초점이 맞춰져 있었다. 따라서 단어 연상법의 심리학에 대한 실험 연구도 의식을 바탕으로 해서 진행되었다. 하지만 융은 의식 또는 의지의 작용을 넘어서는 무엇인가가 있을 것이라고 생각했다. 여기서 그는 콤플렉스라는 개념을 끌어들인다. 융의 정의에 따르면 그것은 특수한 종류의 감정으로 이루어진 무의식 속의 관념 덩어리인데, 이것이 응답 시간을 지연시켰다는 것이다. 이후 여러 차례 실험을 거듭한 결과 그 결론은 사실임이 밝혀졌으며, 콤플렉스와 개인적 속성은 융의 사상 체계에서 핵심적인 요소가 되었다.

(라) 융의 연구 결과 단어 연상의 응답 시간은 피실험자의 정서에 큰 영향을 받으며, 그 실험법은 감춰진 정서를 찾아내는 데 더 유용하다는 점이 입증되었다. 정신적 연상의 연구를 통해 지능의 종류를 판단하고자 했던 단어 연상 실험이 오히려 그와는 다른 방향, 즉 무의식적인 감정이 빚어내는 효과를 드러내는 데 더 유용하다는 사실이 증명된 것이다. 그동안 골턴을 비롯하여 그 실험법을 수천 명의 사람들에게 실시했던 연구자들은 지연된 응답의 배후에 있는 피실험자의 정서에 주목하지 않았으며, 단지 응답의 지연을 피실험자가 반응하지 못한 것으로만 기록했던 것이다.

(마) 그런데 융은 이 실험에서 응답 시간이 늦어질 경우 피실험자에게 왜 응답을 망설이는지 물어보는 과정을 추가하였다. 그러자 놀랍게도 피실험자는 자신의 응답 시간이 늦어지는 것도 알지 못했을 뿐만 아니라, 그에 대해 아무런 설명도 하지 못했다. 융은 거기에 틀림없이 어떤 이유가 있으리라고 생각하고 구체적으로 파고들어 갔다. 한번은 말(馬)이라는 단어가 나왔는데 어떤 피실험자의 응답 시간이 무려 1분이 넘었다. 자세히 조사해 보니 그 피실험자는 과거에 사고로 말을 잃었던 아픈 기억을 지니고 있었다. 실험이 있기 전까지는 잊고 있었던 그 기억이 실험 과정에서 되살아난 것이다.

① (가) – (마) – (라) – (나) – (다)
② (가) – (마) – (라) – (다) – (나)
③ (나) – (다) – (가) – (마) – (라)
④ (다) – (가) – (마) – (라) – (나)
⑤ (다) – (나) – (가) – (마) – (라)

78 다음 글의 빈칸에 들어갈 내용으로 가장 적절한 것은?

1979년 경찰관 출신이자 샌프란시스코 시의원이었던 댄 화이트는 시장과 시의원을 살해했다는 이유로 1급 살인죄로 기소되었다. 화이트의 변호인은 피고인이 스낵을 비롯해 컵케이크, 캔디 등을 과다 섭취해서 당분 과다로 뇌의 화학적 균형이 무너져 정신에 장애가 왔다고 주장하면서 책임 경감을 요구하였다. 재판부는 변호인의 주장을 인정하여 계획 살인죄보다 약한 일반 살인죄를 적용하여 7년 8개월의 금고형을 선고했다. 이 항변은 당시 미국에서 인기 있던 스낵의 이름을 따 '트윙키 항변'이라 불렸고, 사건의 사회성이나 의외의 소송 전개 때문에 큰 화제가 되었다.

이를 계기로 1982년 슈엔달러는 교정시설에 수용된 소년범 276명을 대상으로 섭식과 반사회 행동의 상관관계에 대해 실험하였다. 기존의 식단에서 각설탕을 꿀로 바꾸어 보고, 설탕이 들어간 음료수에서 천연 과일 주스를 주는 등의 변화를 주었다. 이처럼 정제한 당의 섭취를 원천적으로 차단한 결과 시설 내 폭행, 절도, 규율 위반, 패싸움 등이 실험 전에 비해 무려 45%나 감소했다는 것을 알게 되었다. 따라서 이 실험을 통해 ____________________

① 과다한 영양 섭취가 범죄 발생에 영향을 미친다는 것을 알 수 있다.
② 과다한 정제당 섭취는 반사회적 행동을 유발할 수 있다는 것을 알 수 있다.
③ 가공 식품의 섭취가 일반적으로 폭력 행위를 증가시킨다는 것을 알 수 있다.
④ 정제당 첨가물로 인한 범죄 행위는 그 책임이 경감되어야 한다는 것을 알 수 있다.
⑤ 범죄 예방을 위해 교정시설 내에 정제당을 제공하지 말아야 한다는 것을 알 수 있다.

79 다음 글의 내용으로 가장 적절한 것은?

조선 후기의 대표적인 관료 선발 제도 개혁론인 유형원의 공거제 구상은 능력주의적, 결과주의적 인재 선발의 약점을 극복하려는 의도와 함께 신분적 세습의 문제점도 의식한 것이었다. 중국에서는 17세기 무렵 관료 선발에서 세습과 같은 봉건적인 요소를 부분적으로 재도입하려는 개혁론이 등장했다. 고염무는 관료제의 상층에는 능력주의적 제도를 유지하되, 지방관인 지현들은 어느 정도의 검증 기간을 거친 이후 그 지위를 평생 유지시켜 주고 세습의 길까지 열어 놓는 방안을 제안했다. 황종희는 지방의 관료가 자체적으로 관리를 초빙해서 시험한 후에 추천하는 '벽소'와 같은 옛 제도를 되살리는 방법으로 과거제를 보완하자고 주장했다.

이러한 개혁론은 갑작스럽게 등장한 것이 아니었다. 과거제를 시행했던 국가들에서는 수백 년에 걸쳐 과거제를 개선하라는 압력이 있었다. 시험 방식이 가져오는 부작용들은 과거제의 중요한 문제였으며 치열한 경쟁은 학문에 대한 깊이 있는 학습이 아니라 합격만을 목적으로 하는 형식적 학습을 하게 만들었다. 또한 많은 인재들이 수험 생활에 장기간 매달리면서 재능을 낭비하는 현상도 낳게 되었으며, 학습 능력 이외의 인성이나 실무 능력을 평가할 수 없기 때문에 서서히 과거제의 부족함이 드러나곤 했다.

과거제의 부작용에 대한 인식은 과거제를 통해 임용된 관리들의 활동에 대한 비판적 시각으로 연결되었다. 능력주의적 태도는 시험뿐 아니라 관리의 업무에 대한 평가에도 적용되었다. 세습적이지 않으면서 몇 년의 임기마다 다른 지역으로 이동하는 관리들은 승진을 위해 빨리 성과를 낼 필요가 있었기에, 지역 사회를 위해 장기적인 전망을 가지고 정책을 추진하기보다 가시적이고 단기적인 결과만을 중시하는 부작용을 가져왔다. 개인적 동기가 공공성과 상충되는 현상이 나타났던 것이다. 공동체 의식의 약화 역시 과거제의 부정적 결과로 인식되었다. 과거제 출신의 관리들이 공동체에 대한 소속감이 낮고 출세 지향적이기 때문에 세습 엘리트나 지역에서 천거된 관리에 비해 공동체에 대한 충성심이 약했던 것이다.

① 과거제 출신의 관리들은 공동체에 대한 소속감이 낮고 출세 지향적이었다.
② 과거제를 통해 임용된 관리들은 지역 사회를 위해 장기적인 전망을 가지고 정책을 추진하였다.
③ '벽소'는 과거제를 없애고자 등장한 새로운 제도이다.
④ 과거제는 학습 능력 이외의 인성이나 실무 능력까지 정확하게 평가할 수 있는 제도였다.
⑤ 고염무는 관료제의 상층에는 세습제를 실시하고, 지방관에게는 능력주의적 제도를 실시하자는 방안을 제안했다.

80 다음 글의 밑줄 친 ㉠과 가까운 사례를 추론한 내용으로 가장 적절한 것은?

화학 공정을 통하여 저렴하고 풍부한 원료로부터 원하는 물질을 제조하고자 할 때, 촉매는 활성화 에너지가 낮은 새로운 반응 경로를 제공하여 마치 마술처럼 원하는 반응이 쉽게 일어나도록 돕는다. 제1차 세계대전 직전에 식량 증산에 크게 기여하였던 철 촉매에서부터 최근 배기가스를 정화하는 데 사용되는 백금 촉매에 이르기까지 다양한 촉매가 여러 가지 문제 해결의 핵심 기술이 되고 있다. 그러나 전통적인 공업용 촉매 개발은 시행착오를 반복하다가 요행히 촉매를 발견하는 식이었다. 이러한 문제점을 해결하기 위해 촉매 설계 방법이 제안되었는데, 이는 표면 화학 기술과 촉매 공학의 발전으로 가능해졌다. 촉매 설계 방법은 ㉠ <u>회귀 경로를 통하여 오류를 최소 과정 내에서 통제할 수 있는 체계</u>로서 크게 세 단계로 이루어진다. 첫 번째 단계에서는 대상이 되는 반응을 선정하고, 열역학적 검토와 경제성 평가를 거쳐 목표치를 설정한다. 두 번째 단계에서는 반응물이 촉매 표면에 흡착되어 생성물로 전환되는 반응 경로 모델을 구상하며, 그 다음에 반응의 진행을 쉽게 하는 활성 물질, 활성 물질의 기능을 증진시키는 증진제, 그리고 반응에 적합한 촉매 형태를 유지시키는 지지체를 선정한다. 마지막 단계에서는 앞에서 선정된 조합으로 촉매 시료를 제조한 후 실험하고, 그 결과를 토대로 촉매의 활성·선택성·내구성을 평가한다. 여기서 결과가 목표치에 미달하면 다시 촉매 조합을 선정하는 단계로 돌아가며, 목표치를 달성하는 경우에도 설정된 경로 모델대로 반응이 진행되지 않았다면, 다시 경로 모델을 설정하는 단계로 회귀한다. 설정된 경로 모델에 따라 목표치에 도달하면 촉매 설계는 완료된다.

미래 사회에서는 에너지 자원의 효율적 사용과 환경 보존을 최우선시하여 다양한 촉매의 개발이 필요하게 될 것이다. 특히 반응 단계는 줄이면서도 효과적으로 원하는 물질을 생산하고, 낮은 온도에서 선택적으로 빠르게 반응을 진행시킬 수 있는 새로운 촉매가 필요하게 된다. 촉매 설계 방법은 환경 및 에너지 문제를 해결하는 마법의 돌을 만드는 체계적 접근법인 것이다.

① 민준이는 현관문 잠금 장치의 비밀번호를 잊어버려 여러 번호를 입력하다가 운 좋게 다섯 번 만에 문을 열었다.

② 승재는 고등학생 때 『목민심서』를 여러 번 읽었으나 잘 이해할 수 없었다. 그 후 대학생이 되어 다시 읽어 보니 내용을 보다 쉽게 이해할 수 있었다.

③ 수아는 좋은 시어를 찾기 위해 우리말 형용사 사전을 뒤졌으나 적절한 시어를 찾지 못했다. 그러던 어느 날 『토지』를 읽다가 적절한 시어를 찾아냈다.

④ 설아는 방송국 홈페이지에 글을 올리다가 우연히 경품 응모에 당첨되었다. 그 후 계속해서 글을 올렸고, 경품을 타는 횟수가 더욱 늘어났다.

⑤ 시안이는 설문지를 작성하여 설문 조사를 하던 중 설문지의 질문이 잘못된 것을 발견하여 설문지 작성 과정으로 돌아와 질문을 수정하였다.

PART 2

61 **다음은 산업 재해가 발생한 상황에 대해 예방 대책을 세운 자료이다. 재해 예방 대책에서 누락되어 보완해야 할 사항은?**

<table>
<tr><th colspan="3">사고 사례</th></tr>
<tr><td colspan="3">(G소속 정비공인 피재자 A가 대형 해상크레인의 와이어로프 교체작업을 위해 고소작업대(차량탑재형 이동식크레인) 바스켓에 탑승하여 해상크레인 상부 붐(33m)으로 공구를 올리던 중 해상크레인 붐이 바람과 파도에 의해 흔들려 피재자가 탑승한 바스켓에 충격을 가하였고, 바스켓 연결부(로드셀)가 파손되면서 바스켓과 함께 도크 바닥으로 떨어져 사망한 재해임</td></tr>
<tr><td rowspan="4">재해 예방 대책</td><td>1단계</td><td>사고 조사, 안전 점검, 현장 분석, 작업자의 제안 및 여론 조사, 관찰 및 보고서의 연구 등을 통하여 사실을 발견한다.</td></tr>
<tr><td>2단계</td><td>재해의 발생 장소, 재해 형태, 재해 정도, 관련 인원, 직원 감독의 적절성, 공구 장비의 상태 등을 정확히 분석한다.</td></tr>
<tr><td>3단계</td><td>원인 분석을 토대로 적절한 시정책, 즉 기술적 개선, 인사 조정 및 교체, 교육, 설득, 공학적 조치 등을 선정한다.</td></tr>
<tr><td>4단계</td><td>안전에 대한 교육 및 훈련 시행, 안전시설과 장비의 결함 개선, 안전 감독 실시 등의 선정된 시정책을 적용한다.</td></tr>
</table>

① 안전 관리 조직
② 사실의 발견
③ 원인 분석
④ 시정책 적용 및 뒤처리
⑤ 시정책 선정

62 **다음 중 상향식 기술선택과 하향식 기술선택에 대한 설명으로 옳지 않은 것은?**

① 상향식 기술선택은 연구자나 엔지니어들이 자율적으로 기술을 선택한다.
② 상향식 기술선택은 기술 개발자들의 창의적인 아이디어를 활용할 수 있다.
③ 상향식 기술선택은 기업 간 경쟁에서 승리할 수 없는 기술이 선택될 수 있다.
④ 하향식 기술선택은 단기적인 목표를 설정하고 달성하기 위해 노력한다.
⑤ 하향식 기술선택은 기업이 획득해야 하는 대상 기술과 목표기술수준을 결정한다.

63 다음 중 ㉠사와 ㉡사가 활용한 벤치마킹의 종류를 바르게 나열한 것은?

㉠사는 기존 신용카드사가 시도하지 않았던 새로운 분야를 개척하며 성장했다. ㉠사만의 독특한 문화와 경영방식 중 상당 부분은 회사 바깥에서 얻었다. 이런 작업의 기폭제가 바로 'Insight Tour'이다. ㉠사 직원들은 업종을 불문하고 새로운 마케팅으로 주목받는 곳을 방문한다. 심지어 혁신적인 미술관이나 자동차 회사까지 찾아간다. 금융회사는 가급적 가지 않는다. 카드사는 고객이 결제하는 카드만 취급하는 것이 아니라 회사의 고객 라이프 스타일까지 디자인하는 곳이라는 게 ㉠사의 시각이다. ㉠사의 브랜드 실장은 "카드사는 생활과 밀접한 분야에서 통찰을 얻어야 한다. 'Insight Tour'는 고객의 삶을 업그레이드시키는 데 역점을 둔다."라고 강조했다.

㉡사의 첫 벤치마킹 대상은 선반이 높은 창고형 매장을 운영한 월마트였다. 하지만 한국 문화에 맞지 않았다. 3년 후 일본 할인점인 이토요카토로 벤치마킹 대상을 바꿨다. 신선식품에 주력하고 시식행사도 마련하였고, 결과는 성공이었다. 또한 자체브랜드(PL; Private Label) 전략도 벤치마킹을 통해 가다듬었다. 기존 ㉡사의 PL은 저가 이미지가 강했지만, 이를 극복하기 위해 ㉡사는 'PL 종주국' 유럽을 벤치마킹했다. 유럽의 기업인 테스코는 PL 브랜드를 세분화해서 '테스코 파이니스트 – 테스코 노멀 – 테스코 벨류'란 브랜드를 달았다. 이와 유사하게 B사도 '베스트 – 벨류 – 세이브' 등의 브랜드로 개편했다.

	㉠사	㉡사
①	경쟁적 벤치마킹	비경쟁적 벤치마킹
②	간접적 벤치마킹	글로벌 벤치마킹
③	비경쟁적 벤치마킹	글로벌 벤치마킹
④	직접적 벤치마킹	경쟁적 벤치마킹
⑤	비경쟁적 벤치마킹	경쟁적 벤치마킹

PART 2

※ 다음은 G전력공사에서 발표한 전력수급 비상단계 발생 시 행동요령이다. 이어지는 질문에 답하시오. [64~65]

〈전력수급 비상단계 발생 시 행동요령〉

- 가정
  1. 전기 냉난방기기의 사용을 중지합니다.
  2. 다리미, 청소기, 세탁기 등 긴급하지 않은 모든 가전기기의 사용을 중지합니다.
  3. TV, 라디오 등을 통해 신속하게 재난상황을 파악하여 대처합니다.
  4. 안전, 보안 등을 위한 최소한의 조명을 제외한 실내외 조명은 모두 소등합니다.
- 사무실
  1. 건물관리자는 중앙조절식 냉난방설비의 가동을 중지하거나 온도를 낮춥니다.
  2. 사무실 내 냉난방설비의 가동을 중지합니다.
  3. 컴퓨터, 프린터, 복사기, 냉온수기 등 긴급하지 않은 모든 사무기기 및 설비의 전원을 차단합니다.
  4. 안전, 보안 등을 위한 최소한의 조명을 제외한 실내외 조명은 모두 소등합니다.
- 공장
  1. 사무실 및 공장 내 냉난방기의 사용을 중지합니다.
  2. 컴퓨터, 복사기 등 각종 사무기기의 전원을 일시적으로 차단합니다.
  3. 꼭 필요한 경우를 제외한 사무실 조명은 모두 소등하고 공장 내부의 조명도 최소화합니다.
  4. 비상발전기의 가동을 점검하고 운전 상태를 확인합니다.
- 상가
  1. 냉난방설비의 가동을 중지합니다.
  2. 안전·보안용을 제외한 모든 실내 조명등과 간판 등을 일시 소등합니다.
  3. 식기건조기, 냉온수기 등 식재료의 부패와 관련 없는 가전제품의 가동을 중지하거나 조정합니다.
  4. 자동문, 에어커튼의 사용을 중지하고 환기팬 가동을 일시 정지합니다.

64 다음 중 전력수급 비상단계 발생 시 행동요령에 대한 설명으로 적절하지 않은 것은?

① 가정에 있을 경우 대중매체를 통해 재난상황에 대한 정보를 파악할 수 있다.

② 사무실에 있을 경우 즉시 사용이 필요하지 않은 복사기, 컴퓨터 등의 전원을 차단하여야 한다.

③ 가정에 있을 경우 모든 실내외 조명을 소등하여야 한다.

④ 공장에 있을 경우 비상발전기 가동을 준비해야 한다.

⑤ 전력 회복을 위해 한동안 사무실의 업무가 중단될 수 있다.

65 다음 〈보기〉 중 전력수급 비상단계가 발생했을 때 전력수급 비상단계 발생 시 행동요령으로 적절하지 않은 것을 모두 고르면?

> **보기**
>
> ㉠ 가정에 있던 김사원은 세탁기 사용을 중지하고 실내조명을 최소화하였다.
> ㉡ 본사 전력관리실에 있던 이주임은 사내 중앙보안시스템의 전원을 즉시 차단하였다.
> ㉢ 공장에 있던 박주임은 즉시 공장 내부 조명 밝기를 최소화하였다.
> ㉣ 상가에서 횟집을 운영하는 최사장은 모든 냉동고의 전원을 차단하였다.

① ㉠, ㉡
② ㉠, ㉢
③ ㉡, ㉢
④ ㉡, ㉣
⑤ ㉢, ㉣

PART 2

66 다음 글에서 알 수 있는 벤치마킹의 종류에 대한 설명으로 가장 적절한 것은?

> 네스프레소는 가정용 커피머신 시장의 선두주자이다. 이러한 성장 배경으로 기존의 산업 카테고리를 벗어나 랑콤, 이브로쉐 등 고급 화장품 업계의 채널 전략을 벤치마킹했다. 고급 화장품 업체들은 독립 매장에서 고객들에게 화장품을 직접 체험할 수 있는 기회를 제공하고, 이를 적극적으로 수요와 연계하고 있었다. 네스프레소는 이를 통해 신규 수요를 창출하기 위해서는 커피머신의 기능을 강조하는 것이 아니라, 즉석에서 추출한 커피의 신선한 맛을 고객에게 체험하게 하는 것이 중요하다는 인사이트를 도출했다. 이후 전 세계 유명 백화점에 오프라인 단독 매장들을 개설해 고객에게 커피를 시음할 수 있는 기회를 제공했다. 이를 통해 네스프레소의 수요는 급속도로 늘어나 매출 부문에서 30 ~ 40%의 고속성장을 거두게 됐고 전 세계로 확장되며 여전히 높은 성장세를 이어가고 있다.

① 경영성과와 관련된 정보 입수가 가능하나, 윤리적인 문제가 발생할 소지가 있다.
② 문화 및 제도적인 차이로 문제가 발생할 소지가 있다.
③ 자료수집이 쉬우며 효과가 크지만, 편중된 내부시각에 대한 우려가 있다는 단점이 있다.
④ 새로운 아이디어가 나올 가능성이 높지만, 가공하지 않고 사용한다면 실패할 수 있다.
⑤ 비용 또는 시간적 측면에서 상대적으로 많이 절감할 수 있다는 장점이 있다.

※ 다음은 G공사에서 안전을 위해 정기적으로 시행하는 계기판 검침에 대한 안내사항이다. 이어지는 질문에 답하시오. **[67~68]**

〈계기판 검침 안내사항〉

정기적으로 매일 오전 9시에 다음의 안내사항에 따라 검침을 하고 그에 따른 조치를 취하도록 한다.

계기판 A·B·C의 표준 수치

계기판 A	계기판 B	계기판 C

[기계조작실]

1. 계기판을 확인하여 PSD 수치를 구한다.

※ 검침하는 시각에 바깥 온도계의 온도가 영상이면 B계기판은 고려하지 않는다.

※ 검침하는 시각에 실내 온도계의 온도가 20℃ 미만이면 Parallell Mode를, 20℃ 이상이면 Serial Mode를 적용한다.

- Parallel Mode
  (PSD)=(검침 시각 각 계기판 수치의 평균)
- Serial Mode
  (PSD)=(검침 시각 각 계기판 수치의 합)

2. PSD 수치에 따라서 적절한 버튼을 누른다.

수치	버튼
PSD≤기준치	정상
기준치<PSD<기준치+5	경계
기준치+5≤PSD	비정상

※ 화요일과 금요일은 세 계기판의 표준 수치의 합의 1/2을 기준치로 삼고, 나머지 요일은 세 계기판의 표준 수치의 합을 기준치로 삼는다(단, 온도에 영향을 받지 않는다).

3. 기계조작실에서 버튼을 누르면 버튼에 따라 상황통제실의 경고등에 불이 들어온다.

버튼	경고등
정상	녹색
경계	노란색
비정상	빨간색

[상황통제실]

들어온 경고등의 색을 보고 필요한 조치를 취한다.

경고등	조치
녹색	정상가동
노란색	안전요원 배치
빨간색	접근제한 및 점검

67 목요일 오전 9시에 실외 온도계의 수치는 15℃이고 실내 온도계의 수치는 22℃이며, 계기판 수치는 다음과 같았다. 눌러야 하는 버튼은 무엇이며, 이를 본 상황통제실에서는 어떤 조치를 취해야 하는가?

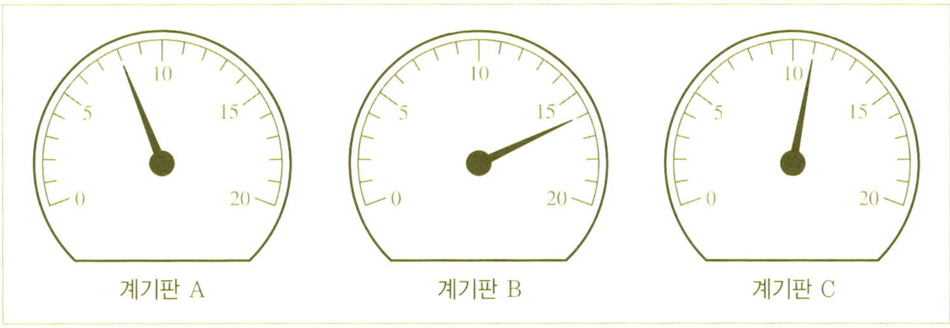

① 정상, 정상 가동
② 정상, 안전요원 배치
③ 경계, 안전요원 배치
④ 비정상, 접근 제한 및 점검
⑤ 비정상, 안전요원 배치

68 화요일 오전 9시에 실외 온도계의 수치는 −3℃이고 실내 온도계의 수치는 15℃이며, 계기판 수치는 다음과 같았다. 눌러야 하는 버튼은 무엇이며, 이를 본 상황통제실에서는 어떤 조치를 취해야 하는가?

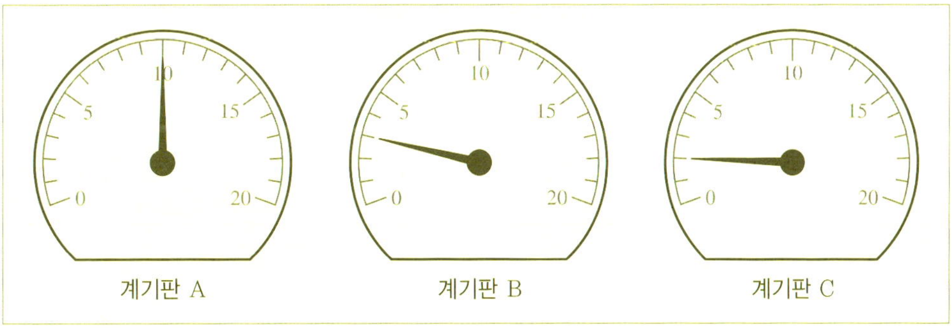

① 정상, 정상 가동
② 정상, 안전요원 배치
③ 경계, 안전요원 배치
④ 비정상, 접근 제한 및 점검
⑤ 비정상, 안전요원 배치

※ 기획전략팀에서는 사무실을 간편히 청소할 수 있는 청소기를 구매하였다. 기획전략팀의 G대리는 새 청소기를 사용하기 전에 다음 설명서를 참고하였다. 이어지는 질문에 답하시오. [69~70]

〈사용 설명서〉

1. 충전
- 충전 시 작동 스위치 2곳을 반드시 꺼주십시오.
- 타 제품의 충전기를 사용할 경우 고장의 원인이 되오니 반드시 전용 충전기를 사용하십시오.
- 충전 시 충전기에 열이 느껴지는 것은 고장이 아닙니다.
- 본 제품에는 배터리 보호를 위하여 과충전 보호회로가 내장되어 있어 적정 충전시간을 초과하여도 배터리는 심한 손상이 없습니다.
- 충전기의 줄을 잡고 뽑을 경우 감전, 쇼트, 발화 및 고장의 원인이 됩니다.
- 충전하지 않을 때는 전원 콘센트에서 충전기를 뽑아 주십시오. 절연 열화에 따른 화재, 감전 및 고장의 원인이 됩니다.

2. 이상발생 시 점검 방법

증상	확인사항	해결 방법
스위치를 켜도 청소기가 작동하지 않는다면?	• 청소기가 충전잭에 꽂혀 있는지 확인하세요. • 충전이 되어 있는지 확인하세요. • 본체에 핸디 청소기가 정확히 결합되었는지 확인하세요. • 접점부(핸디, 본체)를 부드러운 면으로 깨끗이 닦아 주세요.	청소기에서 충전잭을 뽑아 주세요.
사용 중 갑자기 흡입력이 떨어진다면?	• 흡입구를 커다란 이물질이 막고 있는지 확인하세요. • 먼지 필터가 막혀 있는지 확인하세요. • 먼지통 내에 오물이 가득 차 있는지 확인하세요.	이물질을 없애고 다시 사용하세요.
청소기가 멈추지 않는다면?	• 스틱 손잡이 / 핸디 손잡이 스위치 2곳 모두 꺼져 있는지 확인하세요. • 청소기 본체에서 핸디 청소기를 분리하세요.	–
사용시간이 짧다고 느껴진다면?	• 10시간 이상 충전하신 후 사용하세요.	–
라이트 불이 켜지지 않는다면?	• 청소기 작동 스위치를 ON으로 하셨는지 확인하세요. • 라이트 스위치를 ON으로 하셨는지 확인하세요.	–
파워브러시가 작동하지 않는다면?	• 머리카락이나 실 등 이물질이 감겨 있는지 확인하세요.	청소기 전원을 끄고 이물질 제거 후 전원을 켜면 파워브러시가 재작동하며, 평상시에도 파워브러시가 멈추었을 때는 전원 스위치를 껐다 켜시면 브러시가 재작동합니다.

69 사용 중 충전으로 인한 고장이 발생한 경우 그 원인으로 옳지 않은 것은?

① 충전 시 작동 스위치 2곳을 모두 끄지 않은 경우
② 충전기를 뽑을 때 줄을 잡고 뽑은 경우
③ 충전하지 않을 때 충전기를 계속 꽂아 둔 경우
④ 적정 충전시간을 초과하여 충전한 경우
⑤ 타 제품의 충전기를 사용한 경우

PART 2

70 G대리는 청소기의 전원을 껐다 켬으로써 청소기의 작동 불량을 해결하였다. 어떤 작동 불량이 발생하였는가?

① 청소기가 멈추지 않았다.
② 사용시간이 짧게 느껴졌다.
③ 파워브러시가 작동하지 않았다.
④ 사용 중 흡입력이 떨어졌다.
⑤ 라이트 불이 켜지지 않았다.

71 **다음 〈보기〉 중 개인정보의 분류에 대한 내용으로 옳지 않은 것을 모두 고르면?**

보기

ㄱ. 소득 정보 : 대부상황, 저당, 신용카드, 담보설정 여부 등
ㄴ. 의료 정보 : 가족병력기록, 과거 의료기록, 신체장애, 혈액형 등
ㄷ. 조직 정보 : 고용주, 회사주소, 상관의 이름, 직무수행 평가 기록, 훈련기록, 상벌기록 등
ㄹ. 법적 정보 : 전과기록, 구속기록, 이혼기록 등

① ㄱ, ㄴ
② ㄱ, ㄷ
③ ㄴ, ㄷ
④ ㄴ, ㄹ
⑤ ㄷ, ㄹ

72 **다음 글을 읽고 정보관리의 3원칙 중 밑줄 친 ㉠~㉢에 해당하는 내용을 바르게 나열한 것은?**

'구슬이 서말이라도 꿰어야 보배'라는 속담처럼 여러 가지 채널과 갖은 노력 끝에 입수한 정보가 우리가 필요한 시점에 즉시 활용되기 위해서는 모든 정보가 차곡차곡 정리되어 있어야 한다. 이처럼 정보의 관리란 수집된 다양한 형태의 정보를 어떤 문제해결이나 결론도출에 사용하기 쉬운 형태로 바꾸는 일이다. 정보를 관리할 때에는 특히 ㉠ 정보에 대한 사용목표가 명확해야 하며, ㉡ 정보를 쉽게 작업할 수 있어야 하고, ㉢ 즉시 사용할 수 있어야 한다.

	㉠	㉡	㉢
①	목적성	용이성	유용성
②	다양성	용이성	통일성
③	용이성	통일성	다양성
④	통일성	목적성	유용성
⑤	통일성	목적성	용이성

73 다음은 G공사에 지원한 지원자들의 PT면접 점수를 정리한 자료이며, 각 사원들의 점수로 면접 결과를 정리하고자 한다. 이를 위해 [F3] 셀에 〈보기〉와 같은 함수식을 입력하고, 채우기 핸들을 이용하여 [F6] 셀까지 드래그했을 경우, [F3] ~ [F6] 셀에 나타나는 결괏값으로 옳은 것은?

	A	B	C	D	E	F
1						(단위 : 점)
2	이름	발표내용	발표시간	억양	자료준비	결과
3	조재영	85	92	75	80	
4	박슬기	93	83	82	90	
5	김현진	92	95	86	91	
6	최승호	95	93	92	90	

보기

=IF(AVERAGE(B3:E3)>=90,"합격","불합격")

	[F3]	[F4]	[F5]	[F6]
①	불합격	불합격	합격	합격
②	합격	합격	불합격	불합격
③	합격	불합격	합격	불합격
④	불합격	합격	불합격	합격
⑤	불합격	불합격	불합격	합격

74 다음 글에서 설명하는 컴퓨터 시스템의 구성요소는?

- Main Memory이다.
- CPU 가까이에 위치하며, 반도체 기억장치 칩들로 고속 액세스 가능을 담당한다.
- 가격이 높고 면적을 많이 차지한다.
- 저장 능력이 없으므로 프로그램 실행 중 일시적으로 사용된다.

① 중앙처리장치
② 주기억장치
③ 보조저장장치
④ 입출력장치
⑤ LAN

PART 2

75 다음 프로그램의 실행 결과가 33이 되기 위해 빈칸에 들어가야 하는 값은?

```
#include <stdio.h>

int main()
{
int num1;
int num2 = 3;

num1 = 14 - num2;
num1 *= _______;

printf("%d₩n", num1);

return 0;
}
```

① 1
② 2
③ 3
④ 4
⑤ 5

76 다음 중 스프레드 시트의 메모에 대한 설명으로 옳지 않은 것은?

① 메모를 삭제하려면 메모가 삽입된 셀을 선택한 후 [검토] 탭 [메모]그룹의 [삭제]를 선택한다.
② [서식 지우기] 기능을 이용하여 셀의 서식을 지우면 설정된 메모도 함께 삭제된다.
③ 메모가 삽입된 셀을 이동하면 메모의 위치도 셀과 함께 변경된다.
④ 삽입된 메모가 메모 표시 상태로 있다면 보이는 메모의 텍스트를 클릭하여 바로 편집할 수 있다.
⑤ 작성된 메모의 내용을 수정하려면 메모가 삽입된 셀의 바로 가기 메뉴에서 [메모편집]을 선택한다.

77 다음 시트에서 [B9] 셀에 [B2:C8] 영역의 평균을 계산하고 자리 올림을 하여 천의 자리까지 표시하는 함수식으로 옳은 것은?

	A	B	C
1	1분기	2분기	3분기
2	91,000	91,000	91,000
3	81,000	82,000	83,000
4	71,000	72,000	73,000
5	61,000	62,000	63,000
6	51,000	52,000	53,000
7	41,000	42,000	43,000
8	91,000	91,000	91,000
9			

① =ROUNDUP(AVERAGE(B2:C8), -3)

② =ROUND(AVERAGE(B2:C8), -3)

③ =ROUNDUP(AVERAGE(B2:C8), 3)

④ =ROUND(AVERAGE(B2:C8), 3)

⑤ =ROUND(AVERAGE(B2:C8), -1)

78 다음 중 피벗테이블에 대한 설명으로 옳지 않은 것은?

① 피벗테이블 결과 표시는 동일한 시트 내에서만 가능하다.

② 피벗테이블로 작성된 목록에서 행 필드를 열 필드로 편집할 수 있다.

③ 피벗테이블 작성 후에도 사용자가 새로운 수식을 추가하여 표시할 수 있다.

④ 피벗테이블은 많은 양의 데이터를 손쉽게 요약하기 위해 사용되는 기능이다.

⑤ 피벗테이블에서 필터 기능을 사용할 수 있다.

79 다음 시트의 [B9] 셀에 「=DSUM(A1:C7,C1,A9:A10)」 함수를 입력했을 때, 결괏값은?

	A	B	C
1	이름	직급	상여금
2	장기동	과장	1,200,000
3	이승연	대리	900,000
4	김영신	차장	1,300,000
5	공경호	대리	850,000
6	표나리	사원	750,000
7	한미연	과장	950,000
8			
9	상여금		
10	>=1,000,000		

① 1,950,000
② 2,500,000
③ 2,800,000
④ 3,450,000
⑤ 3,500,000

80 다음 중 함수식에 대한 결괏값으로 옳지 않은 것은?

	함수식	결괏값
①	=ODD(12)	13
②	=EVEN(17)	18
③	=MOD(40,−6)	−2
④	=POWER(6,3)	18
⑤	=QUOTIENT(19,6)	3

지식에 대한 투자가 가장 이윤이 많이 남는 법이다.

– 벤자민 프랭클린 –

제2회
최종점검 모의고사

※ 한국가스안전공사 최종점검 모의고사는 최신 채용공고와 후기를 기준으로 구성한 것으로,
실제 시험과 다를 수 있습니다.

취약영역 분석

| 01 | 공통

번호	01	02	03	04	05	06	07	08	09	10	11	12	13	14	15	16	17	18	19	20
O/×																				
영역	수리능력																			

번호	21	22	23	24	25	26	27	28	29	30	31	32	33	34	35	36	37	38	39	40
O/×																				
영역	조직이해능력																			

번호	41	42	43	44	45	46	47	48	49	50	51	52	53	54	55	56	57	58	59	60
O/×																				
영역	문제해결능력																			

| 02 | 행정직

번호	61	62	63	64	65	66	67	68	69	70	71	72	73	74	75	76	77	78	79	80
O/×																				
영역	자원관리능력										의사소통능력									

| 03 | 기술직

번호	61	62	63	64	65	66	67	68	69	70	71	72	73	74	75	76	77	78	79	80
O/×																				
영역	기술능력										정보능력									

평가문항	80문항	평가시간	80분
시작시간	:	종료시간	:
취약영역			

행정직 기술직

제 2 회 최종점검 모의고사

응시시간 : 80분 문항 수 : 80문항

정답 및 해설 p.068

01 공통

01 G수건공장은 판매하고 남은 재고로 선물세트를 만들기 위해 포장을 하기로 하였다. 이때 4개씩 포장하면 1개가 남고, 5개씩 포장하면 4개가 남고, 7개씩 포장하면 1개가 남고, 8개씩 포장하면 1개가 남는다고 한다. 다음 중 가능한 재고량의 최솟값은?

① 166개
② 167개
③ 168개
④ 169개
⑤ 170개

02 G사에서 파견 근무를 나갈 10명을 뽑아 팀을 구성하려 한다. 새로운 팀 내에서 팀장 한 명과 회계 담당 2명을 뽑으려고 할 때, 가능한 경우의 수는 모두 몇 가지인가?

① 300가지
② 320가지
③ 348가지
④ 360가지
⑤ 396가지

03 A계열사와 B계열사의 제품 생산량의 비율은 3 : 7이고, 각각의 불량률은 2%, 3%이다. 신제품 생산을 위해서 부품을 선정하여 불량품이 나왔을 때, 그 불량품이 B계열사의 불량품일 확률은 얼마인가?

① $\frac{13}{21}$
② $\frac{7}{8}$
③ $\frac{7}{9}$
④ $\frac{13}{15}$
⑤ $\frac{15}{17}$

04 다음은 국가별 이산화탄소 배출량에 대한 자료이다. 〈조건〉에 따라 빈칸 ㉠~㉣에 해당하는 국가명을 순서대로 나열한 것은?

〈국가별 이산화탄소 배출량〉

(단위 : 백만 톤 CO_2eq)

국가	1995년	2005년	2015년	2020년	2024년
일본	1,041	1,141	1,112	1,230	1,189
미국	4,803	5,642	5,347	5,103	5,176
㉠	232	432	551	572	568
㉡	171	312	498	535	556
㉢	151	235	419	471	507
독일	940	812	759	764	723
인도	530	890	1,594	1,853	2,020
㉣	420	516	526	550	555
중국	2,076	3,086	7,707	8,980	9,087
러시아	2,163	1,474	1,529	1,535	1,468

조건

- 한국과 캐나다는 제시된 5개 연도의 이산화탄소 배출량 순위에서 8위를 두 번 했다.
- 사우디아라비아의 2020년 대비 2024년의 이산화탄소 배출량 증가율은 5% 이상이다.
- 이란과 한국의 이산화탄소 배출량의 합은 2015년부터 이란과 캐나다의 배출량의 합보다 많아진다.

① 캐나다, 이란, 사우디아라비아, 한국
② 한국, 사우디아라비아, 이란, 캐나다
③ 한국, 이란, 캐나다, 사우디아라비아
④ 이란, 한국, 사우디아라비아, 캐나다
⑤ 한국, 이란, 사우디아라비아, 캐나다

PART 2

05 다음은 공항철도를 이용한 월별 여객 수송실적이다. 빈칸 (A) ~ (C)에 들어갈 수를 바르게 나열한 것은?

〈월별 공항철도 이용 여객 현황〉

(단위 : 명)

구분	수송인원	승차인원	유입인원
1월	287,923	117,532	170,391
2월	299,876	(A)	179,743
3월	285,200	131,250	153,950
4월	272,345	152,370	119,975
5월	(B)	188,524	75,796
6월	268,785	203,557	65,228
7월	334,168	234,617	99,551
8월	326,394	215,890	110,504
9월	332,329	216,866	115,463
10월	312,208	224,644	(C)

※ 유입인원은 환승한 인원임

※ (승차인원)=(수송인원)−(유입인원)

	(A)	(B)	(C)
①	120,133	264,320	87,564
②	120,133	251,310	97,633
③	122,211	251,310	97,633
④	122,211	264,320	97,633
⑤	131,127	253,229	87,564

06 희경이의 회사는 본사에서 A지점까지의 거리가 총 50km이다. 본사에서 근무하는 희경이가 A지점에서의 미팅을 위해 버스를 타고 60km/h의 속력으로 20km를 갔더니 미팅시간이 얼마 남지 않아 택시로 바꿔 타고 90km/h의 속력으로 갔더니 오후 3시에 도착할 수 있었다. 희경이가 본사에서 나온 시각은 언제인가?(단, 본사에서 나와 버스를 기다린 시간과 버스에서 택시로 바꿔 탄 시간은 고려하지 않는다)

① 오후 1시 40분
② 오후 2시
③ 오후 2시 20분
④ 오후 2시 40분
⑤ 오후 3시

07 KTX와 새마을호가 서로 마주 보며 오고 있다. 속력은 7 : 5의 비로 운행하고 있으며, 현재 두 열차 사이의 거리는 6km이다. 두 열차가 서로 만났을 때 새마을호가 이동한 거리는?

① 2km
② 2.5km
③ 3km
④ 3.5km
⑤ 4km

08 녹차를 좋아하는 G씨는 농도가 40%인 녹차를 만들어 마시고자 한다. 뜨거운 물 120g에 녹차 30g을 넣었는데 원하는 농도가 안 나와 녹차가루를 더 넣고자 할 때, 더 넣어야 하는 녹차가루의 양은 최소 몇 g인가?

① 20g
② 30g
③ 40g
④ 50g
⑤ 60g

09 다음은 G회사의 모집단위별 지원자 수 및 합격자 수를 나타낸 자료이다. 이에 대한 설명으로 옳지 않은 것은?

〈모집단위별 지원자 수 및 합격자 수〉

(단위 : 명)

모집단위	남자		여자		합계	
	합격자 수	지원자 수	합격자 수	지원자 수	모집정원	지원자 수
A	512	825	89	108	601	933
B	353	560	17	25	370	585
C	138	417	131	375	269	792
합계	1,003	1,802	237	508	1,240	2,310

※ (경쟁률)$=\frac{\text{(지원자 수)}}{\text{(모집정원)}}$

① 3개의 모집단위 중 총지원자 수가 가장 많은 집단은 A이다.

② 3개의 모집단위 중 합격자 수가 가장 적은 집단은 C이다.

③ G회사 전체 남자 합격자 수는 여자 합격자 수의 5배 이상이다.

④ B집단의 경쟁률은 $\frac{117}{74}$ 이다.

⑤ C집단의 모집정원은 G회사 전체 모집정원의 약 22%를 차지한다.

10 다음과 같이 일정한 규칙으로 수를 나열할 때 빈칸에 들어갈 수로 옳은 것은?

10 49 33 47 102 45 ( )

① 306
② 307
③ 308
④ 309
⑤ 310

※ 다음은 연령대별 일자리 규모에 대한 자료이다. 이어지는 질문에 답하시오. [11~12]

〈연령대별 일자리 규모〉

(단위 : 만 개)

연령대	2023년			2024년		
	합계	지속 일자리	신규채용 일자리	합계	지속 일자리	신규채용 일자리
전체	2,301	1,563	738	2,323	1,587	736
19세 이하	26	3	23	25	3	22
20대	332	161	171	330	160	170
30대	545	390	155	530	382	148
40대	623	458	165	618	458	160
50대	515	373	142	532	388	144
60세 이상	260	178	82	288	196	92

PART 2

11 50대와 60세 이상의 2024년 전체 일자리의 2023년 대비 증가 수를 바르게 나열한 것은?

	50대	60세 이상
①	150,000개	150,000개
②	150,000개	170,000개
③	170,000개	280,000개
④	170,000개	310,000개
⑤	200,000개	310,000개

12 다음 중 자료에 대한 설명으로 옳지 않은 것은?(단, 소수점 둘째 자리에서 반올림한다)

① 2024년 전체 일자리 규모에서 20대가 차지하는 비중은 2023년보다 약 0.2%p 감소했다.
② 2024년 전체 일자리 규모에서 30대가 차지하는 비중은 20% 이상이다.
③ 2023년 40대의 지속 일자리 규모는 신규채용 일자리 규모의 2.5배 이상이다.
④ 2024년 연령대별 전체 일자리 규모는 2023년보다 모두 증가했다.
⑤ 2024년 전체 일자리 규모는 2023년에 비해 22만 개 증가했다.

13 다음은 G회사의 연도별 자동차 판매현황이다. 〈보기〉 중 이에 대한 설명으로 옳은 것을 모두 고르면?

〈자동차 판매현황〉

(단위 : 천 대)

구분	2022년	2023년	2024년
소형	27.8	32.4	30.2
준중형	181.3	179.2	180.4
중형	209.3	202.5	205.7
대형	186.1	185.0	177.6
SUV	452.2	455.7	450.8

보기

ㄱ. 2022 ~ 2024년 동안 판매량이 감소하는 차종은 2종류이다.
ㄴ. 2023년 대형 자동차 판매량은 전년 대비 2% 미만 감소했다.
ㄷ. SUV 자동차의 총판매량은 대형 자동차 총판매량의 2.5배 이하이다.
ㄹ. 2023년 대비 2024년 판매량 증가율이 가장 높은 차종은 준중형이다.

① ㄱ, ㄷ
② ㄴ, ㄷ
③ ㄴ, ㄹ
④ ㄱ, ㄴ, ㄹ
⑤ ㄱ, ㄷ, ㄹ

14 G사원은 비품 구입을 위해 한 자루에 500원 하는 볼펜과 한 자루에 700원 하는 색연필을 합하여 12자루를 샀다. 구입한 비품을 1,000원짜리 상자에 넣고 총금액으로 8,600원을 지불했을 때, G사원이 구입한 볼펜은 몇 자루인가?

① 8자루
② 7자루
③ 6자루
④ 5자루
⑤ 4자루

15 다음은 OECD 국가의 대학졸업자 취업에 대한 자료이다. A ~ L국가 중 '전체 대학졸업자' 대비 '대학졸업자 중 취업자' 비율이 OECD 평균보다 높은 국가로 바르게 짝지어진 것은?

〈OECD 국가의 대학졸업자 취업률 및 경제활동인구 비중〉

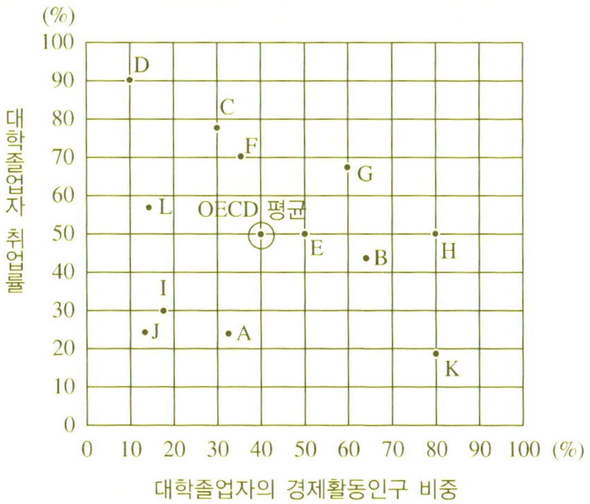

※ [대학졸업자 취업률(%)] $= \frac{\text{(대학졸업자 중 취업자)}}{\text{(대학졸업자 중 경제활동인구)}} \times 100$

※ [대학졸업자의 경제활동인구 비중(%)] $= \frac{\text{(대학졸업자 중 경제활동인구)}}{\text{(전체 대학졸업자)}} \times 100$

① A, D
② B, C
③ D, H
④ G, K
⑤ H, L

16 다음은 우편 매출액에 대한 자료이다. 이에 대한 설명으로 옳지 않은 것은?

〈우편 매출액〉

(단위 : 만 원)

구분	2020년	2021년	2022년	2023년	2024년				
					소계	1분기	2분기	3분기	4분기
일반통상	11,373	11,152	10,793	11,107	10,899	2,665	2,581	2,641	3,012
특수통상	5,418	5,766	6,081	6,023	5,946	1,406	1,556	1,461	1,523
소포우편	3,390	3,869	4,254	4,592	5,017	1,283	1,070	1,292	1,372
합계	20,181	20,787	21,128	21,722	21,862	5,354	5,207	5,394	5,907

① 매년 매출액이 가장 높은 분야는 일반통상 분야이다.

② 1년 집계를 기준으로 매년 매출액이 꾸준히 증가하고 있는 분야는 소포우편 분야뿐이다.

③ 2024년 1분기에 특수통상 분야의 매출액이 차지하고 있는 비율은 20% 이상이다.

④ 2024년 소포우편 분야의 2020년 대비 매출액 증가율은 60% 이상이다.

⑤ 2023년에는 일반통상 분야의 매출액이 전체의 50% 이상을 차지하고 있다.

17 6%의 소금물 700g에서 한 컵의 소금물을 퍼내고, 퍼낸 양만큼 13%의 소금물을 넣었더니 9%의 소금물이 되었다. 이때, 퍼낸 소금물의 양은?

① 300g
② 320g
③ 350g
④ 390g
⑤ 450g

18 다음은 도로별 일평균 교통량에 대한 자료이다. 이에 대한 설명으로 옳지 않은 것은?

〈고속국도의 일평균 교통량〉

(단위 : 대)

구분	2020년	2021년	2022년	2023년	2024년
승용차	28,864	31,640	32,593	33,605	35,312
버스	1,683	1,687	1,586	1,594	1,575
화물차	13,142	11,909	12,224	13,306	13,211
합계	43,689	45,236	46,403	48,505	50,098

〈일반국도의 일평균 교통량〉

(단위 : 대)

구분	2020년	2021년	2022년	2023년	2024년
승용차	7,951	8,470	8,660	8,988	9,366
버스	280	278	270	264	256
화물차	2,945	2,723	2,657	2,739	2,757
합계	11,176	11,471	11,587	11,991	12,379

〈국가지원지방도의 일평균 교통량〉

(단위 : 대)

구분	2020년	2021년	2022년	2023년	2024년
승용차	5,169	5,225	5,214	5,421	5,803
버스	230	219	226	231	240
화물차	2,054	2,126	2,059	2,176	2,306
합계	7,453	7,570	7,499	7,828	8,349

① 조사기간 중 고속국도와 일반국도의 일평균 버스 교통량의 증감 추이는 같다.

② 전년 대비 일반국도의 일평균 화물차 교통량은 2022년까지 감소하다가 2023년부터 다시 증가하고 있다.

③ 2021 ~ 2024년 중 국가지원지방도의 일평균 버스 교통량의 전년 대비 증가율이 가장 큰 해는 2024년이다.

④ 조사기간 중 고속국도의 일평균 승용차 교통량은 일반국도와 국가지원지방도의 일평균 승용차 교통량의 합보다 항상 많았다.

⑤ 2024년 고속국도의 일평균 화물차 교통량은 2024년 일반국도와 국가지원지방도의 일평균 화물차 교통량의 합의 2.5배 이상이다.

19 다음은 2024년 G국의 강수량에 대한 자료이다. 이를 그래프로 바르게 변환한 것은?

〈연 강수량〉

(단위 : mm, 위)

구분	1월	2월	3월	4월	5월	6월	7월	8월	9월	10월	11월	12월
강수량	15.3	29.8	24.1	65.0	29.5	60.7	308.0	241.0	92.1	67.6	12.7	21.9
역대순위	32	23	39	30	44	43	14	24	26	13	44	27

①
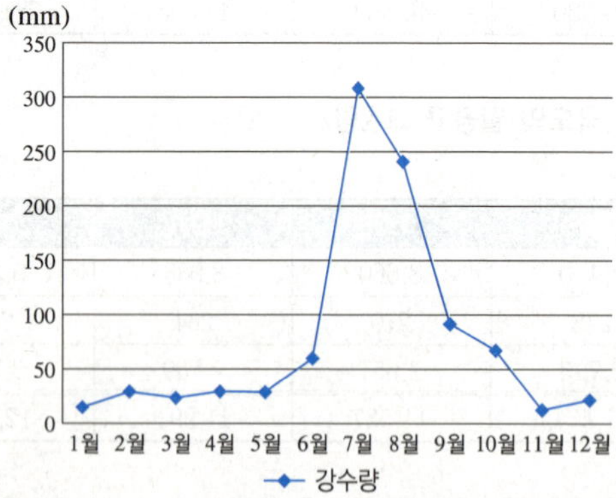

②
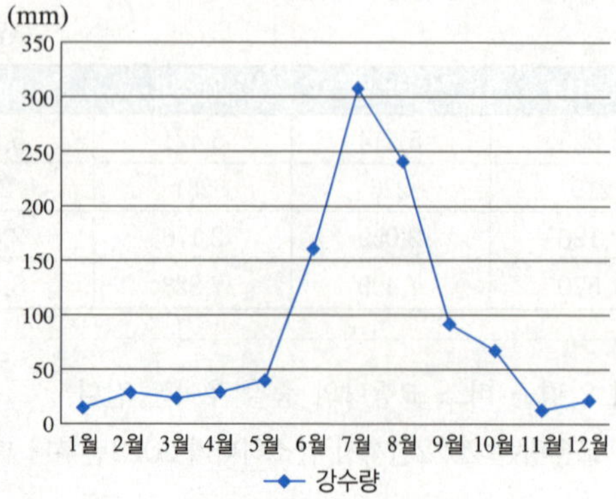

③
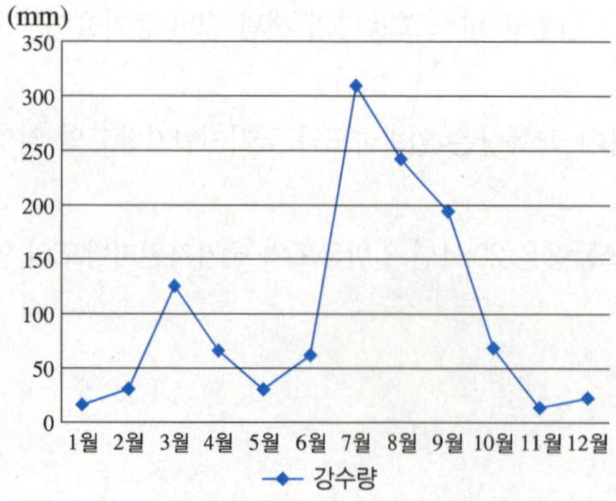

④

(mm)
350
300
250
200
150
100
50
0
1월 2월 3월 4월 5월 6월 7월 8월 9월 10월 11월 12월
강수량

⑤

(mm)
350
300
250
200
150
100
50
0
1월 2월 3월 4월 5월 6월 7월 8월 9월 10월 11월 12월
강수량

PART 2

20 다음은 2024년 국내 신규 박사학위 취득자 분포에 대한 자료이다. 〈보기〉 중 이에 대한 설명으로 옳은 것을 모두 고르면?

〈연령대별 박사학위 취득자 분포〉

(단위 : 명)

연령대	남성	여성
30세 미만	196	141
30세 이상 35세 미만	1,811	825
35세 이상 40세 미만	1,244	652
40세 이상 45세 미만	783	465
45세 이상 50세 미만	577	417
50세 이상	1,119	466
합계	5,730	2,966

〈전공계열별 박사학위 취득자 분포〉

(단위 : 명)

전공계열	남성	여성
인문계열	357	368
사회계열	1,024	649
공학계열	2,441	332
자연계열	891	513
의약계열	581	537
교육·사범계열	172	304
예술·체육계열	266	260
합계	5,732	2,963

보기

ㄱ. 남성 박사학위 취득자 중 50세 이상이 차지하는 비율은 여성 박사학위 취득자 중 50세 이상이 차지하는 비율보다 높다.

ㄴ. 전공계열별 박사학위 취득자 중 여성보다 남성의 비율이 높은 순위는 1위가 공학계열, 2위가 사회계열, 3위가 자연계열 순서이다.

ㄷ. 남성의 연령대별 박사학위 취득자 수가 많은 순서와 여성의 연령대별 박사학위 취득자 수가 많은 순서는 같다.

ㄹ. 연령대가 올라갈수록 남녀 박사학위 취득자 수의 차이는 점점 커지고 있다.

① ㄱ, ㄴ　② ㄱ, ㄷ

③ ㄱ, ㄹ　④ ㄴ, ㄷ

⑤ ㄴ, ㄹ

21 다음 〈보기〉 중 비영리조직으로 적절한 것을 모두 고르면?

보기

㉠ 사기업
㉡ 정부조직
㉢ 병원
㉣ 대학
㉤ 시민단체

① ㉠, ㉢
② ㉡, ㉤
③ ㉠, ㉢, ㉣
④ ㉡, ㉣, ㉤
⑤ ㉡, ㉢, ㉣, ㉤

※ 다음은 G회사의 회의록이다. 이어지는 질문에 답하시오. **[22~23]**

〈회의록〉

회의일시	2025년 2월 14일	부서	생산팀, 연구팀, 마케팅팀	작성자	이○○
참석자	생산팀 팀장 · 차장, 연구팀 팀장 · 차장, 마케팅팀 팀장 · 차장				
회의안건	제품에서 악취가 난다는 고객 불만에 따른 원인 조사 및 대책방안				
회의내용	주문폭주로 인한 물량증가로 잉크가 덜 마른 포장상자를 사용해 냄새가 제품에 스며든 것으로 추측				
결정사항	[생산팀] 내부 비닐 포장, 외부 종이상자 포장이었던 방식에서 내부 2중 비닐 포장, 외부 종이상자 포장으로 교체 [마케팅팀] 1. 주문량이 급격히 증가했던 일주일 동안 생산된 제품 전격 회수 2. 제품을 공급한 매장에 사과문 발송 및 100% 환불 · 보상 공지 [연구팀] 포장 재질 및 인쇄된 잉크의 유해성분 조사				

22 다음 중 회의록을 통해 알 수 있는 내용으로 가장 적절한 것은?

① 이 조직은 6명으로 이루어져 있다.

② 회의 참석자는 총 3명이다.

③ 연구팀에서 제품을 전격 회수해 포장 재질 및 인쇄된 잉크의 유해성분을 조사하기로 했다.

④ 주문량이 많아 잉크가 덜 마른 포장상자를 사용한 것이 문제 발생의 원인으로 추측된다.

⑤ 포장 재질 및 인쇄된 잉크 유해성분을 조사한 결과 인체에는 무해한 것으로 밝혀졌다.

23 다음 중 회의록을 참고할 때 회의 후 가장 먼저 해야 할 일로 가장 적절한 것은?

① 해당 브랜드의 전 제품 회수

② 포장 재질 및 인쇄된 잉크 유해성분 조사

③ 새로 도입하는 포장방식 홍보

④ 주문량이 급격히 증가한 일주일 동안 생산된 제품 파악

⑤ 제품을 공급한 매장에 사과문 발송

24 다음 상황에서 G사가 해외 시장 개척을 앞두고 기존의 조직 구조를 개편할 경우, 추가해야 할 조직으로 보기 어려운 것은?

> G사는 몇 년 전부터 자체 기술로 개발한 제품의 판매 호조로 인해 기대 이상의 수익을 창출하게 되었다. 경쟁 업체들이 모방할 수 없는 독보적인 기술력을 앞세워 국내 시장을 공략한 결과, 이미 더 이상의 국내 시장 경쟁자들은 없다고 할 만큼 탄탄한 시장 점유율을 확보하였다. 이러한 G사의 사장은 올 초부터 해외 시장 진출의 꿈을 갖고 필요한 자료를 수집하기 시작하였다. 충분한 자금력을 확보한 G사는 우선 해외 부품 공장을 인수한 후 현지에 생산 기지를 건설하여 국내에서 생산되는 물량의 절반 정도를 현지로 이전 생산하고, 이를 통한 물류비 절감으로 주변국들부터 시장을 넓혀가겠다는 야심찬 계획을 가지고 있다. 한국 본사에서는 내년까지 4 ~ 5곳의 해외 거래처를 더 확보하여 지속적인 해외 시장 개척에 매진한다는 중장기 목표를 대내외에 천명해 둔 상태다.

① 해외관리팀 ② 기업회계팀
③ 외환업무팀 ④ 국제법무팀
⑤ 물류팀

25 다음 〈보기〉 중 경영의 4요소에 대한 설명으로 옳은 것을 모두 고르면?

> **보기**
>
> ㄱ. 조직의 목적을 달성하기 위해 경영자가 수립하는 것으로, 더욱 구체적인 방법과 과정이 담겨 있다.
> ㄴ. 조직에서 일하는 구성원으로, 경영은 이들의 직무수행에 기초하여 이루어지기 때문에 이것의 배치 및 활용이 중요하다.
> ㄷ. 생산자가 상품 또는 서비스를 소비자에게 유통하는 데 관련된 모든 체계적 경영 활동이다.
> ㄹ. 특정의 경제적 실체에 관하여 이해관계를 이루는 사람들에게 합리적인 경제적 의사결정을 하는 데 유용한 재무적 정보를 제공하기 위한 일련의 과정 또는 체계이다.
> ㅁ. 경영하는 데 사용할 수 있는 돈으로, 이것이 충분히 확보되는 정도에 따라 경영의 방향과 범위가 정해지게 된다.
> ㅂ. 조직이 변화하는 환경에 적응하기 위하여 경영활동을 체계화하는 것으로, 목표달성을 위한 수단이다.

① ㄱ, ㄴ, ㄷ, ㄹ ② ㄱ, ㄴ, ㄷ, ㅁ
③ ㄱ, ㄴ, ㅁ, ㅂ ④ ㄴ, ㄷ, ㅁ, ㅂ
⑤ ㄷ, ㄹ, ㅁ, ㅂ

PART 2

26 G씨는 취업스터디에서 기업 분석을 하다가 〈보기〉에서 제시하고 있는 기업의 경영 전략을 정리하였다. 다음 중 〈보기〉의 내용과 경영 전략이 바르게 짝지어진 것은?

- 차별화 전략 : 가격 이상의 가치로 브랜드 충성심을 이끌어 내는 전략
- 원가우위 전략 : 업계에서 가장 낮은 원가로 우위를 확보하는 전략
- 집중화 전략 : 특정 세분시장만 집중공략하는 전략

보기

㉠ H기업은 S/W에 집중하기 위해 H/W의 한글전용 PC분야를 한국계기업과 전략적으로 제휴하고 회사를 설립해 조직체에 위양하였으며 이후 고유분야였던 S/W에 자원을 집중하였다.
㉡ B마트는 재고 네트워크를 전산화해 원가를 절감하고 양질의 제품을 최저가격에 판매하고 있다.
㉢ A호텔은 5성급 호텔로 하루 숙박비용이 상당히 비싸지만, 환상적인 풍경과 더불어 친절한 서비스를 제공하고 객실 내 제품이 모두 최고급으로 비치되어 있어 이용객들에게 높은 만족도를 준다.

	차별화 전략	원가우위 전략	집중화 전략
①	㉠	㉡	㉢
②	㉠	㉢	㉡
③	㉡	㉠	㉢
④	㉢	㉠	㉡
⑤	㉢	㉡	㉠

27 다음 중 조직목표의 기능에 대한 설명으로 적절하지 않은 것은?

① 조직이 나아갈 방향을 제시해 주는 기능을 한다.
② 조직 구성원의 의사결정 기준의 기능을 한다.
③ 조직 구성원의 행동에 동기를 유발시키는 기능을 한다.
④ 조직을 운영하는 데 융통성을 제공하는 기능을 한다.
⑤ 조직 구조나 운영과정과 같이 조직 체제를 구체화할 수 있는 기준이 된다.

28 **G회사에 근무하는 A씨가 다음 글을 읽고 기업의 사회적 책임에 대해 생각해 보았다고 할 때, A씨가 생각한 내용으로 적절하지 않은 것은?**

> 세계 자동차 시장 점유율 1위를 기록했던 도요타 자동차는 2009년 11월 가속페달의 매트 끼임 문제로 미국을 비롯해 전 세계적으로 1,000만 대가 넘는 자동차를 회수하는 사상 초유의 리콜을 감행했다. 도요타 자동차의 리콜 사태에 대한 원인으로는 기계적 원인과 더불어 무리한 원가 절감, 과도한 해외생산 확대, 안일한 경영 등과 같은 경영상의 요인들이 제기되고 있다. 또 도요타 자동차는 급속히 성장하면서 제기된 문제들을 소비자의 관점이 아닌 생산자의 관점에서 해결하려고 했고, 리콜에 대한 늦은 대응 등 문제 해결에 미흡했다는 지적을 받고 있다. 이런 대규모 리콜 사태로 인해 도요타 자동차가 지난 수십 년간 세계적으로 쌓은 명성은 하루아침에 모래성이 됐다. 이와 반대인 사례로 존슨앤드존슨의 타이레놀 리콜 사건이 있다. 1982년 9월 말 미국 시카고 지역에서 존슨앤드존슨의 엑스트라 스트렝스 타이레놀 캡슐을 먹고 4명이 사망하는 사건이 발생했다. 이에 존슨앤드존슨은 즉각적인 대규모 리콜을 단행하여 빠른 문제해결에 초점을 맞췄다. 그 결과 존슨앤드존슨은 소비자들의 신뢰를 회복할 수 있었다.

① 상품에서 결함이 발견됐다면 기업은 그것을 인정하고 책임지는 모습이 필요하다.
② 기업은 문제를 인지한 즉시 문제를 해결하기 위해 노력해야 한다.
③ 소비자의 관점이 아닌 생산자의 관점에서 문제를 해결할 때 소비자들의 신뢰를 회복할 수 있다.
④ 존슨앤드존슨은 사회의 기대와 가치에 부합하는 윤리적 책임을 잘 이행하였다.
⑤ 이윤창출은 기업의 유지에 필요한 것이지만, 수익만을 위해 움직이는 것은 여러 문제를 일으킬 수 있다.

29 **다음 글에 제시된 조직의 특징으로 가장 적절한 것은?**

> G공사의 사내 봉사 동아리에 소속된 70여 명의 임직원이 연탄 나르기 봉사활동을 펼쳤다. 이날 임직원들은 지역 주민들이 보다 따뜻하게 겨울을 날 수 있도록 연탄 총 3,000장을 담요와 함께 직접 전달했다. 사내 봉사 동아리에 소속된 G공사 A대리는 “매년 진행하는 연말 연탄 나눔 봉사활동을 통해 지역사회에 도움의 손길을 전할 수 있어 기쁘다.”라며 “오늘의 작은 손길이 큰 불씨가 되어 많은 분들이 따뜻한 겨울을 보내길 바란다.”라고 말했다.

① 인간관계에 따라 형성된 자발적인 조직
② 이윤을 목적으로 하는 조직
③ 규모와 기능 그리고 규정이 조직화되어 있는 조직
④ 조직구성원들의 행동을 통제할 장치가 마련되어 있는 조직
⑤ 공익을 요구하지 않는 조직

30 김부장과 박대리는 G공사의 고객지원실에서 근무하고 있다. 다음 상황에서 김부장이 박대리에게 지시할 사항으로 가장 적절한 것은?

> • 부서별 업무분장
> - 인사혁신실 : 신규 채용, 부서 / 직무별 교육계획 수립 / 시행, 인사고과 등
> - 기획조정실 : 조직문화 개선, 예산사용계획 수립 / 시행, 대외협력, 법률지원 등
> - 총무지원실 : 사무실, 사무기기, 차량 등 업무지원 등
>
> 〈상황〉
>
> 박대리 : 고객지원실에서 사용하는 A4 용지와 볼펜이 부족해서 비품을 신청해야 할 것 같습니다. 그리고 지난번에 말씀하셨던 고객 상담 관련 사내 교육 일정이 이번에 확정되었다고 합니다. 고객지원실 직원들에게 관련 사항을 전달하려면 교육 일정 확인이 필요할 것 같습니다.

① 박대리, 기획조정실에 가서 교육 일정 확인하고, 인사혁신실에 가서 비품 신청하고 오도록 해요.
② 박대리, 총무지원실에 가서 교육 일정 확인하고, 간 김에 비품 신청도 하고 오세요.
③ 박대리, 인사혁신실에 전화해서 비품 신청하고, 전화한 김에 교육 일정도 확인하고 나한테 알려 줘요.
④ 박대리, 총무지원실에 전화해서 비품 신청하고, 기획조정실에 가서 교육 일정 확인하고 나한테 알려 줘요.
⑤ 박대리, 총무지원실에 전화해서 비품 신청하고, 인사혁신실에 가서 교육 일정 확인하고 나한테 알려 줘요.

31 다음 지시사항에 대한 설명으로 적절하지 않은 것은?

> 은경씨, 금요일 오후 2시부터 인·적성검사 합격자 10명의 1차 면접이 진행될 예정입니다. 5층 회의실 사용 예약을 지금 미팅이 끝난 직후 해 주시고, 2명씩 다섯 조로 구성하여 10분씩 면접을 진행하니 지금 드리는 지원 서류를 참고하여 수요일 오전까지 다섯 조를 구성한 보고서를 저에게 주십시오. 그리고 2명의 면접위원님께 목요일 오전에 면접 진행에 대해 말씀드려 미리 일정 조정을 완료해 주시기 바랍니다.

① 면접은 10분씩 진행된다.
② 은경씨는 수요일 오전까지 보고서를 제출해야 한다.
③ 면접은 금요일 오후에 10명을 대상으로 실시된다.
④ 인·적성검사 합격자는 본인이 몇 조인지 알 수 있다.
⑤ 은경씨는 면접위원님께 면접 진행에 대해 말씀드려야 한다.

32 다음 G기업의 상황을 고려할 때, 경영활동과 활동의 사례로 적절하지 않은 것은?

- G기업은 국내 자동차 제조업체이다.
- G기업은 최근 인도네시아의 자동차 판매업체와 계약을 하여, 내년부터 인도네시아로 차량을 수출할 계획이다.
- G기업은 중국의 자동차 부품 제조업체와 협력하고 있는데, 최근 중국 내 전염병 확산으로 현지 업체들의 가동률이 급락하였다.
- G기업은 최근 내부 설문조사를 실시한 결과, 사내 유연근무제 도입을 희망하는 직원의 비율은 72%, 희망하지 않는 직원의 비율은 20%, 무응답은 8%였다.
- G기업의 1분기 생산라인 피드백 결과, 엔진 조립 공정에서 진행속도를 20% 개선할 경우 생산성이 12% 증가하는 것으로 나타났다.

PART 2

	경영활동	사례
①	외부경영활동	인도네시아 시장의 자동차 구매성향 파악
②	내부경영활동	국내 자동차 부품 제조업체와의 협력안 검토
③	내부경영활동	인도네시아 현지 자동차 법규 및 제도 조사
④	내부경영활동	엔진 조립 공정 개선을 위한 공정 기술 연구개발
⑤	내부경영활동	생산라인에 부분적 탄력근무제 도입

33 **김팀장은 이대리에게 다음과 같은 업무지시를 내렸고, 이대리는 김팀장의 업무 지시에 따라 자신의 업무 일정을 정리하였다. 다음 중 이대리의 업무에 대한 설명으로 적절하지 않은 것은?**

> 이대리, 오늘 월요일 정기회의 진행에 앞서 이번 주 업무에 대해서 미리 전달할게요. 먼저 이번 주 금요일에 진행되는 회사 창립 기념일 행사 준비는 잘 되고 있나요? 행사 진행 전에 확인해야 할 사항들에 대해 체크리스트를 작성해서 수요일 오전까지 저에게 제출해 주세요. 그리고 행사가 끝난 후에는 총무팀 회식을 할 예정입니다. 이대리가 적당한 장소를 결정하고, 목요일 퇴근 전까지 예약이 완료될 수 있도록 해 주세요. 아! 그리고 내일 오후 3시에 진행되는 신입사원 면접과 관련해서 오늘 퇴근 전까지 면접 지원자에게 다시 한 번 유선으로 참여 여부를 확인하고, 정확한 시간과 준비사항 등의 안내를 부탁할게요. 참! 지난주 영업팀이 신청한 비품도 주문해야 합니다. 오늘 오후 2시 이전에 발주하여야 영업팀이 요청한 수요일 전에 배송 받을 수 있다는 점 기억하세요. 자, 그럼 바로 회의 진행하도록 합시다. 그리고 오늘 회의 내용은 이대리가 작성해서 회의가 끝난 후 바로 사내 인트라넷 게시판에 공유해 주세요.

〈3월 첫째 주 업무 일정〉

㉠ 회의록 작성 및 사내 게시판 게시
㉡ 신입사원 면접 참여 여부 확인 및 관련사항 안내
㉢ 영업팀 신청 비품 주문
㉣ 회사 창립 기념일 행사 준비 관련 체크리스트 작성
㉤ 총무팀 회식 장소 예약

① 이대리가 가장 먼저 처리해야 할 업무는 ㉠이다.
② 이대리는 ㉡보다 ㉢을 우선 처리하는 것이 좋다.
③ ㉠, ㉡, ㉢은 월요일 내에 모두 처리해야 한다.
④ ㉣을 완료한 이후에는 김팀장에게 제출해야 한다.
⑤ ㉤은 회사 창립 기념일 행사가 끝나기 전까지 처리해야 한다.

34 다음 중 밑줄 친 법칙에 해당하는 사례로 가장 적절한 것은?

> 돈이 되는 20%의 고객이나 상품만 있으면 80%의 수익이 보장된다는 파레토 법칙이 그간 진리로 여겨졌다. 그런데 최근 롱테일(Long tail) 법칙이라는 새로운 개념이 자리를 잡고 있다. 이는 하위 80%가 상위 20%보다 더 많은 수익을 낸다는 법칙이다. 한마디로 '티끌 모아 태산'이 가능하다는 것이다.

① A은행은 VIP전용 창구를 확대하였다.
② B기업은 생산량을 늘려 단위당 생산비를 낮추었다.
③ C인터넷 서점은 극소량만 팔리는 책이라도 진열한다.
④ D극장은 주말 요금을 평일 요금보다 20% 인상하였다.
⑤ E학원은 인기가 없는 과목은 더는 강의를 열지 않도록 했다.

PART 2

35 다음은 G회사의 이팀장이 오전 10시에 강대리에게 남긴 음성메시지이다. 이팀장의 업무 지시에 따라 강대리가 가장 먼저 해야 할 일과 가장 나중에 해야 할 일을 순서대로 바르게 나열한 것은?

> 강대리님, 저 이팀장입니다. 오늘 중요한 미팅 때문에 강대리님이 제 업무를 조금 도와주셔야 할 것 같습니다. 제가 미팅 후 회식을 가야 하는데 제가 회사 차를 가지고 왔습니다. 이따가 강대리님이 잠깐 들러 회사 차를 반납해 주세요. 아! 차 안에 K은행 김팀장에게 제출해야 할 서류가 있는데 회사 차를 반납하기 전에 그 서류를 대신 제출해 주시겠어요? K은행 김팀장은 4시에 퇴근하니까 3시까지는 K은행으로 가셔야 할 것 같습니다. 그리고 오늘 5시에 팀장 회의가 있는데 제 책상 위의 회의 자료를 영업팀 최팀장에게 전달해 주시겠어요? 최팀장이 오늘 오전 반차를 써서 아마 1시에 출근할 것 같습니다. 급한 사안이니 최대한 빨리 전달 부탁드려요. 그런데 혹시 지금 대표님께서 출근하셨나요? 오전 중으로 대표님께 결재를 받아야 할 사항이 있는데 제 대신 결재 부탁드리겠습니다.

① 대표에게 결재 받기, 회사 차 반납하기
② 최팀장에게 회의 자료 전달하기, 회사 차 반납하기
③ ㅇㅇ은행 김팀장에게 서류 제출하기, 회사 차 반납하기
④ 대표에게 결재 받기, 최팀장에게 회의 자료 전달하기
⑤ 최팀장에게 회의 자료 전달하기, ㅇㅇ은행 김팀장에게 서류 제출하기

36 **다음 사례의 쟁점과 협상 전략을 순서대로 바르게 나열한 것은?**

> 대기업 영업부장인 봉구씨는 기존 재고를 처리할 목적으로 업체 G사와 협상 중이다. 그러나 G사는 자금 부족을 이유로 이를 거절하고 있다. 하지만 봉구씨는 자신의 회사에서 물품을 제공하지 않으면 G사가 매우 곤란한 지경에 빠진다는 사실을 알고 있다. 그래서 봉구씨는 앞으로 G사와 거래하지 않을 것이라는 엄포를 놓았다.

① 자금 부족 – 협력 전략
② 재고 처리 – 갈등 전략
③ 재고 처리 – 경쟁 전략(강압 전략)
④ 정보 부족 – 양보 전략(유화 전략)
⑤ 정보 부족 – 경쟁 전략(강압 전략)

37 **G씨는 업무상 만난 외국인 파트너와 식사를 하면서 다음 행동을 했을 때, 예절에 어긋나는 것은?**

① 포크와 나이프를 바깥쪽에 있는 것부터 사용했다.
② 빵을 손으로 뜯어 먹었다.
③ 커피를 마실 때 손가락을 커피잔 고리에 끼지 않았다.
④ 수프를 숟가락으로 저으면 소리가 날까 봐 입김을 불어 식혔다.
⑤ 스테이크를 잘라 가면서 먹었다.

38 **G공사 해외사업팀의 조대리는 신규 해외사업을 발굴하는 업무를 담당하고 있다. 조대리는 이러한 업무와 관련하여 국제적인 감각을 키우기 위해 매일 아침 국제 동향을 파악한다. 다음 중 국제 동향을 파악하기 위한 행동으로 적절하지 않은 것은?**

① 해외 사이트를 방문하여 최신 이슈를 확인한다.
② 매일 아침 신문의 국제면을 읽는다.
③ 업무와 관련된 분야의 국제잡지를 정기 구독한다.
④ 업무와 관련된 국내의 법률, 법규 등을 공부한다.
⑤ 업무와 관련된 주요 용어의 외국어를 공부한다.

39 다음 중 G사원이 해야 할 업무를 〈보기〉에서 순서대로 바르게 나열한 것은?

상사 : 벌써 오후 2시 50분이네. 오후 3시에 팀장회의가 있어서 지금 업무지시를 할게요. 업무보고는 내일 오전 9시 30분에 받을게요. 업무보고 전 아침에 회의실과 마이크 체크를 한 내용을 업무보고에 반영해 주세요. 내일 오후 3시 팀장회의도 차질 없이 준비해야 합니다. 아, 그리고 오늘 P사원이 아파서 조퇴했으니 P사원 업무도 부탁할게요. 간단한 겁니다. 사업 브로슈어에 사장님의 개회사를 추가하는 건데, 브로슈어 인쇄는 2시간밖에 걸리지 않지만 인쇄소가 오전 10시부터 오후 6시까지 하니 비서실에 방문해 파일을 미리 받아 늦지 않게 인쇄소에 넘겨 주세요. 비서실은 본관 15층에 있으니 가는 데 15분 정도 걸릴 거예요. 브로슈어는 다음날 오전 10시까지 준비되어야 하는 거 알죠? 팀장회의에 사용할 케이터링 서비스는 매번 시키는 D업체로 예약해 주세요. 24시간 전에는 예약해야 하니 서둘러 주세요.

보기

(A) 비서실 방문
(B) 회의실, 마이크 체크
(C) 케이터링 서비스 예약
(D) 인쇄소 방문
(E) 업무보고

① (A) – (C) – (D) – (B) – (E)
② (B) – (A) – (D) – (E) – (C)
③ (C) – (A) – (D) – (B) – (E)
④ (C) – (B) – (A) – (D) – (E)
⑤ (C) – (B) – (D) – (A) – (E)

40 인사팀 채부장은 신입사원들을 대상으로 조직의 의미를 다음과 같이 설명하였다. 조직의 예시로 적절하지 않은 것은?

채부장 : 조직은 특정한 목적을 추구하기 위하여 의도적으로 구성된 사람들의 집합체로서 외부 환경과 여러 가지 상호 작용을 하는 사회적 단위라고 말할 수 있지. 이러한 상호 작용이 유기적인 협력 체제하에서 행해지면서 조직이 추구하는 목적을 달성하기 위해서는 내부적인 구조가 있어야만 해. 업무와 기능의 분배, 권한과 위임을 통하여 어떤 특정한 조직 구성원들의 공통된 목표를 달성하기 위하여 여러 사람의 활동을 합리적으로 조정한 것이야말로 조직의 정의를 가장 잘 나타내는 말이라고 할 수 있다네.

① 영화 촬영을 위해 모인 스태프와 배우들
② 주말을 이용해 춘천까지 다녀오기 위해 모인 자전거 동호회원들
③ 열띤 응원을 펼치고 있는 야구장의 관중들
④ 야간자율학습을 하고 있는 G고등학교 3학년 2반 학생들
⑤ 미국까지 가는 비행기 안에 탑승한 기장과 승무원들

41 **문제 해결을 위해 개인에게 요구되는 기본 요소를 다섯 가지로 나눌 수 있다. 다음 사례에서 문제 해결에 어려움을 겪고 있는 G씨에게 부족한 기본 요소는?**

> 스마트폰 앱을 개발하는 G씨는 관련 지식을 바탕으로 다양한 앱을 개발하기 위해 노력하고 있지만, 큰 성공을 거두지는 못하고 있다. G씨는 처음에 사용자 맞춤형 정보를 제공하는 앱을 개발하여 사용자들의 관심을 끌었으나, 사람들의 관심은 오래가지 못했다. 결국 G씨가 개발한 앱은 광고성 정보만 제공하는 플랫폼으로 전락하고 말았다. 광고비로 많은 수익을 얻은 경쟁사의 앱을 따라잡기 위해 처음 개발할 때의 목적과 비전을 쉽게 포기해 버렸기 때문이다. G씨가 최초의 비전을 끝까지 추구하지 못하고 중간에 경로를 변경해 실패한 경험은 이 외에도 많았다. G씨는 자신이 유연하고 변화에 개방된 자세를 견지하고 있다고 생각했지만, 사실은 자신의 아이디어에 대한 확신과 자신의 아이디어를 계속해서 추진할 수 있는 자세가 부족한 것이었다.

① 체계적인 교육훈련
② 문제 해결 방법에 대한 지식
③ 문제 관련 지식에 대한 가용성
④ 문제 해결자의 도전 의식과 끈기
⑤ 문제에 대한 체계적인 접근

42 **G공사 개발 사업부에는 부장 1명, 과장 1명, 사원 2명, 대리 2명 총 6명이 근무하고 있다. 다음 〈조건〉에 따라 5주 동안 개발 사업부 전원이 여름휴가를 다녀오려고 한다. 휴가는 1번씩 2주 동안 다녀온다고 할 때, 일어날 수 없는 상황은 무엇인가?(단, 모든 휴가의 시작은 월요일, 끝은 일요일이다)**

> **조건**
> - 부서에는 세 명 이상이 근무해야 한다.
> - 같은 직급의 직원은 동시에 휴가 중일 수 없다.
> - 과장과 부장은 휴가가 겹칠 수 없다.
> - 1주 차에는 과장과 사원만 휴가를 갈 수 있다.

① 1주 차에 아무도 휴가를 가지 않는다.
② 대리는 혼자 휴가 중일 수 있다.
③ 부장은 4주 차에 휴가를 출발한다.
④ 5주 차에는 1명만 휴가 중일 수 있다.
⑤ 대리 중 한 명은 3주 차에 휴가를 출발한다.

※ 다음 자료를 보고 이어지는 질문에 답하시오. [43~44]

〈블랙박스 시리얼 번호 체계〉

개발사		제품		메모리 용량		제조연월				일련번호	PCB버전
값	의미	값	의미	값	의미	값	의미	값	의미	값	값
A	아리스	BD	블랙박스	1	4GB	A	2020년	1~9	1~9월	00001	1
S	성진	BL	LCD 블랙박스	2	8GB	B	2021년	O	10월	00002	2
B	백경	BP	IPS 블랙박스	3	16GB	C	2022년	N	11월	…	3
C	천호	BE	LED 블랙박스	4	32GB	D	2023년	D	12월	09999	9999
M	미강테크	–	–	–	–	E	2024년	–	–	–	–

※ 예시 : ABD2E6000101 → 아리스 블랙박스, 8GB, 2024년 6월 생산, 10번째 모델, PCB 1번째 버전

〈A/S 접수 현황〉

분류 1	분류 2	분류 3	분류 4
ABD1A2001092	MBE2E3001243	SBP3CD012083	ABD4B3007042
BBD1DD000132	MBP2CO120202	CBE3C4000643	SBE4D5101483
SBD1D9000082	ABE2D0001063	BBD3B6000761	MBP4C6000263
ABE1C6100121	CBL2C3010213	ABP3D8010063	BBE4DN020473
CBP1C6001202	SBD2B9001501	CBL3S8005402	BBL4C5020163
CBL1BN000192	SBP2C5000843	SBD3B1004803	CBP4D6100023
MBD1A2012081	BBL2BO010012	MBE3E4010803	SBE4E4001613
MBE1DB001403	CBD2B3000183	MBL3C1010203	ABE4DO010843

43 A/S가 접수되면 수리를 위해 각 제품을 해당 제조사로 전달한다. 그런데 제품 시리얼 번호를 확인하는 과정에서 조회되지 않는 번호가 있다는 것을 발견하였다. 다음 중 모두 몇 개의 시리얼 번호가 잘못 기록되었는가?

① 6개
② 7개
③ 8개
④ 9개
⑤ 10개

44 A/S가 접수된 제품 중 2020~2021년에 생산된 제품에 대해 무상으로 블루투스 기능을 추가해 주는 이벤트를 진행하고 있다. A/S 접수가 된 블랙박스 중에서 이벤트에 해당하는 제품은 모두 몇 개인가?

① 6개
② 7개
③ 8개
④ 9개
⑤ 10개

45 다음 〈조건〉과 8월 날씨를 근거로 판단할 때, 8월 8일과 16일의 실제 날씨로 가능한 것은?

조건

• 날씨 예측 점수는 매일 다음과 같이 부여한다.

실제 \ 예측	맑음	흐림	눈 · 비
맑음	10점	6점	0점
흐림	4점	10점	6점
눈 · 비	0점	2점	10점

• 한 주의 주중(월 ~ 금요일) 날씨 예측 점수의 평균은 매주 5점 이상이다.

• 8월 1일부터 19일까지 요일별 날씨 예측 점수의 평균은 다음과 같다.

구분	월요일	화요일	수요일	목요일	금요일
날씨 예측 점수 평균	7점 이하	5점 이상	7점 이하	5점 이상	7점 이하

〈8월 날씨〉

구분	월요일	화요일	수요일	목요일	금요일	토요일	일요일
날짜			1	2	3	4	5
예측			맑음	흐림	맑음	눈 · 비	흐림
실제			맑음	맑음	흐림	흐림	맑음
날짜	6	7	8	9	10	11	12
예측	맑음	흐림	맑음	맑음	맑음	흐림	흐림
실제	흐림	흐림	?	맑음	흐림	눈 · 비	흐림
날짜	13	14	15	16	17	18	19
예측	눈 · 비	눈 · 비	맑음	눈 · 비	눈 · 비	흐림	흐림
실제	맑음	맑음	맑음	?	눈 · 비	흐림	눈 · 비

※ 위 달력의 같은 줄을 한 주로 함

	8월 8일	8월 16일
①	맑음	흐림
②	맑음	눈 · 비
③	눈 · 비	흐림
④	눈 · 비	맑음
⑤	흐림	흐림

46 G공사는 직원들의 체력증진 및 건강개선을 위해 점심시간을 이용해 운동 프로그램을 운영하고자 한다. 해당 프로그램을 운영할 업체는 직원들의 사전조사 결과를 바탕으로 한 점수에 따라 결정된다. 다음 〈조건〉에 따라 업체를 선정할 때, 최종적으로 선정될 업체는?

〈후보 업체 사전조사 결과〉

(단위 : 점)

구분	프로그램	흥미 점수	건강증진 점수
A업체	집중GX	5	7
B업체	필라테스	7	6
C업체	자율 웨이트	5	5
D업체	근력운동 트레이닝	6	4
E업체	스피닝	4	8

조건

- G공사는 전 직원들을 대상으로 후보 업체들에 대한 사전조사를 하였다. 후보 업체들에 대한 흥미 점수와 건강증진 점수는 전 직원들이 10점 만점으로 부여한 점수의 평균값이다.
- 흥미 점수와 건강증진 점수를 2 : 3의 가중치로 합산하여 1차 점수를 산정하고, 1차 점수가 높은 후보 업체 3개를 1차 선정한다.
- 직원들의 흥미가 더 중요하다고 생각되어 1차 선정된 후보 업체 중 흥미 점수와 건강증진 점수에 3 : 3 가중치로 합산하여 2차 점수를 산정한다.
- 2차 점수가 가장 높은 1개의 업체를 최종적으로 선정한다. 만일 1차 선정된 후보 업체들의 2차 점수가 모두 동일한 경우, 건강증진 점수가 가장 높은 후보업체를 선정한다.

① A업체
② B업체
③ C업체
④ D업체
⑤ E업체

47 **다음 자료를 참고할 때, 〈보기〉의 주민등록번호의 빈칸에 해당하는 숫자로 옳은 것은?**

우리나라에서 국민에게 발급하는 주민등록번호는 각각의 번호가 고유한 번호로, 13자리 숫자로 구성된다. 13자리 숫자는 생년, 월, 일, 성별, 출생신고지역, 접수번호, 검증번호로 구분된다.

월 / 출생신고지역 / 검증번호

25 01 01 - 7 9336 7 6

생년 / 일 / 성별 / 접수번호

여기서 13번째 숫자의 검증번호는 주민등록번호의 정확성 여부를 검사하는 번호로, 앞의 12자리 숫자를 이용해서 구해지는데 계산법은 다음과 같다.

- 1단계 : 주민등록번호의 앞 12자리 숫자에 가중치 2, 3, 4, 5, 6, 7, 8, 9, 2, 3, 4, 5를 곱한다.
- 2단계 : 가중치를 곱한 값의 합을 계산한다.
- 3단계 : 가중치의 합을 11로 나눈 나머지를 구한다.
- 4단계 : 11에서 나머지를 뺀 수를 10으로 나눈 나머지가 검증번호가 된다.

보기

240202-803701_

① 4 ② 5
③ 6 ④ 7
⑤ 8

48 **경찰관 또는 소방관이 직업인 네 사람 A～D에 대해 다음 〈조건〉이 모두 참일 때, 반드시 참인 것은?**

조건

(가) A, B, C, D 중에 직장 동료가 있다.
(나) A가 소방관이면 B가 소방관이거나 C가 경찰관이다.
(다) C가 경찰관이면 D는 소방관이다.
(라) D는 A의 상관이다.

① A, B의 직업은 다르다.
② A, C의 직업은 다르다.
③ B, C의 직업은 같다.
④ B, D의 직업은 다르다.
⑤ C, D의 직업은 같다.

49 G자동차 회사에 근무하는 D씨는 올해 새로 출시될 예정인 수소전기차 '럭스'에 대해 SWOT 분석을 진행하기로 하였다. 〈보기〉 중 SWOT 분석에 들어갈 내용으로 적절하지 않은 것은?

〈수소전기차 '럭스' 분석〉

- 럭스는 서울에서 부산을 달리고도 절반 가까이 남는 609km에 달하는 긴 주행거리와 5분에 불과한 짧은 충전시간을 강점으로 볼 수 있다.
- 수소전기차의 정부 보조금 지급 대상은 총 240대로, 생산량에 비해 보조금이 부족한 실정이다.
- 전기차의 경우 전기의 가격은 10 ~ 30원/km이며, 수소차의 경우 수소의 가격은 72.8원/km이다.
- 럭스의 가격은 정부와 지자체의 보조금을 통해 3천여 만 원에 구입이 가능하며, 이는 첨단 기술이 집약된 친환경차를 중형 SUV 가격에 구매한다는 점에서 매력적이지 않을 수 없다.
- 화석연료로 만든 전기를 충전해서 움직이는 전기차보다 물로 전기를 만들어서 움직이는 수소전기차가 더 친환경적이다.
- 수소를 충전할 수 있는 충전소는 전국 12개소에 불과하며, G자동차 회사는 올해 안에 10개소를 더 설치한다고 발표하였으나 모두 완공될지는 미지수이다.
- 현재 전세계에서 친환경차의 인기는 뜨거우며, 저유가와 레저 문화의 확산으로 앞으로도 인기가 지속될 전망이다.

보기

강점(Strength)	약점(Weakness)
• (가) 보조금 지원으로 상대적으로 저렴한 가격 • 일반 전기차보다 깨끗한 수소전기차 • 짧은 충전시간과 긴 주행거리	• (나) 충전 인프라 부족 • (다) 전기보다 비싼 수소 가격
기회(Opportunity)	**위협(Threat)**
• (라) 친환경차에 대한 인기 • 레저 문화의 확산	• (마) 생산량에 비해 부족한 보조금

① (가)　　② (나)
③ (다)　　④ (라)
⑤ (마)

PART 2

50 다음 자료와 〈조건〉을 바탕으로 철수, 영희, 민수, 철호가 상품을 구입한 쇼핑몰을 바르게 나열한 것은?

〈이용약관의 주요 내용〉

쇼핑몰	주문 취소	환불	배송비	포인트 적립
A	주문 후 7일 이내 취소 가능	10% 환불수수료, 송금수수료 차감	무료	구입 금액의 3%
B	주문 후 10일 이내 취소 가능	환불수수료, 송금수수료 차감	20만 원 이상 무료	구입 금액의 5%
C	주문 후 7일 이내 취소 가능	환불수수료, 송금수수료 차감	1회 이용 시 1만 원	없음
D	주문 후 당일에만 취소 가능	환불수수료, 송금수수료 차감	5만 원 이상 무료	없음
E	취소 불가능	고객 귀책 사유에 의한 환불 시에만 10% 환불수수료	1만 원 이상 무료	구입 금액의 10%
F	취소 불가능	원칙적으로 환불 불가능 (사업자 귀책 사유일 때만 환불 가능)	100g당 2,500원	없음

조건

- 철수는 부모님의 선물로 등산 용품을 구입하였는데, 판매자의 업무 착오로 배송이 지연되어 판매자에게 전화로 환불을 요구하였다. 판매자는 판매금액 그대로를 통장에 입금해 주었고 구입 시 발생한 포인트도 유지하여 주었다.
- 영희는 옷을 구매할 때 배송료를 고려하여 한 가지씩 여러 번에 나누어 구매하기보다는 가능한 한꺼번에 주문하곤 하였다.
- 인터넷 사이트에서 영화티켓을 20,000원에 주문한 민수는 다음날 같은 티켓을 18,000원에 파는 가게를 발견하고 전날 주문한 물건을 취소하려 했지만, 취소가 되지 않아 곤란을 겪은 적이 있다.
- 가방을 10만 원에 구매한 철호는 도착한 물건의 디자인이 마음에 들지 않아 환불 및 송금수수료와 배송료를 감수하는 손해를 보면서도 환불할 수밖에 없었다.

	철수	영희	민수	철호
①	E	B	C	D
②	F	E	D	B
③	E	D	F	C
④	F	C	E	B
⑤	E	C	B	D

51 A ~ E 다섯 약국은 공휴일마다 2곳씩만 영업을 한다. 다음 〈조건〉을 참고할 때, 반드시 참인 것은?(단, 한 달간 각 약국의 공휴일 영업일수는 같다)

조건

- 이번 달 공휴일은 총 5일이다.
- 오늘은 세 번째 공휴일이며 A약국, C약국이 영업을 한다.
- D약국은 오늘을 포함하여 이번 달에는 더 이상 공휴일에 영업을 하지 않는다.
- E약국은 마지막 공휴일에 영업을 한다.
- A약국과 E약국은 이번 달에 한 번씩 D약국과 영업을 했다.

① A약국은 이번 달에 두 번의 공휴일을 연달아 영업한다.
② 이번 달에 B약국, E약국이 함께 영업하는 공휴일은 없다.
③ B약국은 두 번째, 네 번째 공휴일에 영업을 한다.
④ 네 번째 공휴일에 영업하는 약국은 B와 C이다.
⑤ E약국은 첫 번째, 다섯 번째 공휴일에 영업을 한다.

52 G사의 기획팀에 근무 중인 A사원은 자사에 대한 마케팅 전략 보고서를 작성하려고 한다. A사원이 SWOT 분석을 한 결과가 다음과 같을 때, 분석 결과에 대응하는 전략과 그 내용이 옳지 않은 것은?

〈A사원의 SWOT 분석 결과〉

강점(Strength)	약점(Weakness)
• 세계 판매량 1위의 높은 시장 점유율 • 제품의 뛰어난 내구성 • 다수의 특허 확보	• 보수적 기업 이미지 • 타사 제품에 비해 높은 가격 • 경쟁업체 제품과의 차별성 약화
기회(Opportunity)	**위협(Threat)**
• 경쟁업체 제품의 결함 발생 • 해외 신규시장의 등장 • 인공지능, 사물인터넷 등 새로운 기술 등장	• 중국 업체의 성장으로 가격 경쟁 심화 • 미·중 무역전쟁 등 시장의 불확실성 증가에 따른 소비 위축

① SO전략 : 뛰어난 내구성을 강조한 마케팅 전략 수립
② SO전략 : 확보한 특허 기술을 바탕으로 사물인터넷 기반의 신사업 추진
③ WO전략 : 안정적 기업 이미지를 활용한 홍보 전략으로 해외 신규시장 진출
④ ST전략 : 해외 공장 설립으로 원가 절감을 통한 가격 경쟁력 확보
⑤ WT전략 : 경쟁업체와 차별화된 브랜드 고급화 전략 수립

PART 2

53 경영기획실에서 근무하는 G씨는 매년 부서별 사업계획을 정리하는 업무를 맡고 있다. 부서별 사업계획을 정리한 보고서를 보고 G씨가 할 수 있는 생각으로 가장 적절한 것은?

〈사업별 기간 및 소요예산〉

- A사업 : 총사업기간은 2년으로, 첫해에는 1조 원, 둘째 해에는 4조 원의 예산이 필요하다.
- B사업 : 총사업기간은 3년으로, 첫해에는 15조 원, 둘째 해에는 18조 원, 셋째 해에는 21조 원의 예산이 필요하다.
- C사업 : 총사업기간은 1년으로, 총소요예산은 15조 원이다.
- D사업 : 총사업기간은 2년으로, 첫해에는 15조 원, 둘째 해에는 8조 원의 예산이 필요하다.
- E사업 : 총사업기간은 3년으로, 첫해에는 6조 원, 둘째 해에는 12조 원, 셋째 해에는 24조 원의 예산이 필요하다.

올해를 포함한 향후 5년간 위의 5개 사업에 투자할 수 있는 예산은 아래와 같다.

〈연도별 가용예산〉

(단위 : 조 원)

1차 연도(올해)	2차 연도	3차 연도	4차 연도	5차 연도
20	24	28.8	34.5	41.5

〈규정〉

- 모든 사업은 한번 시작하면 완료될 때까지 중단할 수 없다.
- 예산은 당해 사업연도에 남아도 상관없다.
- 각 사업연도의 예산은 이월될 수 없다.
- 모든 사업을 향후 5년 이내에 반드시 완료한다.

① B사업을 세 번째 해에 시작하고 C사업을 최종연도에 시행한다.
② A사업과 D사업을 첫해에 동시에 시작한다.
③ 첫해에는 E사업만 시작한다.
④ D사업을 첫해에 시작한다.
⑤ 첫해에 E사업과 A사업을 같이 시작한다.

54 자선 축구대회에 한국, 일본, 중국, 미국 대표팀이 초청되었다. 각 팀은 <조건>에 따라 월요일부터 금요일까지 서울, 수원, 인천, 대전 경기장을 돌아가며 사용한다고 할 때, 다음 중 옳지 않은 것은?

조건

- 각 경기장에는 한 팀씩 연습하며 연습을 쉬는 팀은 없다.
- 모든 팀은 모든 경기장에서 적어도 한 번 이상 연습을 해야 한다.
- 외국에서 온 팀의 첫 훈련은 공항에서 가까운 수도권 지역에 배정한다.
- 이동거리 최소화를 위해 각 팀은 한 번씩 경기장 한 곳을 이틀 연속해서 사용해야 한다.
- 미국은 월요일, 화요일에 수원에서 연습을 한다.
- 목요일에 인천에서는 아시아 팀이 연습을 할 수 없다.
- 금요일에 중국은 서울에서, 미국은 대전에서 연습을 한다.
- 한국은 인천에서 연속으로 연습을 한다.

① 목요일, 금요일에 연속으로 같은 지역에서 연습하는 팀은 없다.
② 수요일에 대전에서는 일본이 연습을 한다.
③ 대전에서는 한국, 중국, 일본, 미국의 순서로 연습을 한다.
④ 한국은 화요일, 수요일에 같은 지역에서 연습을 한다.
⑤ 미국과 일본은 한 곳을 연속해서 사용하는 날이 같다.

55 다음 <조건>을 근거로 할 때, 서로 다른 무게의 공 5개를 무게가 무거운 순서대로 바르게 나열한 것은?

조건

- 파란공은 가장 무겁지도 않고, 세 번째로 무겁지도 않다.
- 빨간공은 가장 무겁지도 않고, 두 번째로 무겁지도 않다.
- 흰공은 세 번째로 무겁지도 않고, 네 번째로 무겁지도 않다.
- 검은공은 파란공과 빨간공보다는 가볍다.
- 노란공은 파란공보다 무겁고, 흰공보다는 가볍다.

① 흰공 – 빨간공 – 노란공 – 파란공 – 검은공
② 흰공 – 빨간공 – 노란공 – 검은공 – 파란공
③ 흰공 – 노란공 – 검은공 – 빨간공 – 파란공
④ 흰공 – 노란공 – 빨간공 – 파란공 – 검은공
⑤ 흰공 – 노란공 – 빨간공 – 검은공 – 파란공

PART 2

※ 다음은 G공사의 직원명단과 직원코드 생성방법에 대한 자료이다. 이어지는 질문에 답하시오. **[56~57]**

〈직원명단〉

- 1965년 8월 2일생 최지율 : 1988년도 공채 입사 2016년도 퇴사
- 1972년 2월 1일생 강이나라 : 2001년도 공채 입사 현재 재직 중
- 1958년 1월 19일생 김자영 : 1988년도 특채 입사 1999년도 퇴사
- 1993년 6월 5일생 이아름 : 2015년도 공채 입사 현재 재직 중
- 1998년 12월 20일생 유소정 : 2020년도 특채 입사 현재 재직 중

〈직원코드 생성방법〉

입사 연도	퇴사 연도	재직기간	채용전형	생년월일 · 성명
• 1960년대 : A6 • 1970년대 : A7 • 1980년대 : A8 • 1990년대 : A9 • 2000년대 : B0 • 2010년대 : B1 • 2020년대 : B2	• ~1999년 : X • 2000년~ : Y • 재직자 : Z	• 퇴사자 10년 이내 : ㄱ 10년 초과 20년 이내 : ㄴ 20년 초과 30년 이내 : ㄷ 30년 초과 : ㄹ • 재직자 : ㅁ	• 공채 : a • 특채 : b	주민등록번호 앞자리와 성명 중 앞 두 자리 초성 예 930801ㅎㅇ

〈직원코드 순서〉

'입사 연도 – 퇴사 연도 – 재직기간 – 채용전형 – 생년월일 · 성명' 순으로 코드를 생성한다.

56 다음 중 직원명단의 직원코드로 옳지 않은 것은?

① A8Yㄷa650802ㅊㅈ
② B0Zㅁa720201ㄱㅇ
③ A8Xㄴb580119ㄱㅈ
④ B1Zㅁa930605ㅇㅇ
⑤ B2Zㅁb981220ㅅㅈ

57 직원코드 생성방법 중 일부가 다음과 같이 변경되었다. 변경사항을 적용한다면 직원명단에서 찾을 수 없는 직원코드는?

〈직원코드 생성방법 변경사항〉

- 입사 연도를 두 문자로 구분 : 2000년대 이전 A, 2000년대부터 B
- 재직기간의 재직자 코드 : ㅁ → –
- 성명 : 성명의 모든 초성 입력

① AYㄷa650802ㅊㅈㅇ
② BZㅁa720201ㄱㅇㄴㄹ
③ AXㄴb580119ㄱㅈㅇ
④ BZ–a930605ㅇㅇㄹ
⑤ BZ–b981220ㅇㅅㅈ

58 G씨는 영업비밀 보호를 위해 자신의 컴퓨터 속 각 문서의 암호를 다음 규칙에 따라 만들었다. 파일 이름이 아래와 같을 때, 이 파일의 암호는 무엇인가?

〈규칙〉

1. 비밀번호 중 첫 번째 자리에는 파일 이름의 첫 문자가 한글일 경우 @, 영어일 경우 #, 숫자일 경우 *로 특수문자를 입력한다.
   → 고슴Dochi=@, haRAMY801=#, 1app루=*
2. 두 번째 자리에는 파일 이름의 총 자리 개수를 입력한다.
   → 고슴Dochi=@7, haRAMY801=#9, 1app루=*5
3. 세 번째 자리부터는 파일 이름 내에 숫자를 순서대로 입력한다. 숫자가 없을 경우 0을 두 번 입력한다.
   → 고슴Dochi=@700, haRAMY801=#9801, 1app루=*51
4. 그 다음 자리에는 파일 이름 중 한글이 있을 경우 초성만 순서대로 입력한다. 없다면 입력하지 않는다.
   → 고슴Dochi=@700ㄱㅅ, haRAMY801=#9801, 1app루=*51ㄹ
5. 그 다음 자리에는 파일 이름 중 영어가 있다면 뒤에 덧붙여 순서대로 입력하되, a, e, i, o, u만 'a=1, e=2, i=3, o=4, u=5'로 변형하여 입력한다(대문자・소문자 구분 없이 모두 소문자로 입력한다).
   → 고슴Dochi=@700ㄱㅅd4ch3, haRAMY801=#9801h1r1my, 1app루=*51ㄹ1pp

2022매운전골Cset3인기준recipe8

① @23202238ㅁㅇㅈㄱㅇㄱㅈcs2trecipe

② @23202238ㅁㅇㅈㄱㅇㄱㅈcs2tr2c3p2

③ *23202238ㅁㅇㅈㄱㅇㄱㅈcs2trecipe

④ *23202238ㅁㅇㅈㄱㅇㄱㅈcs2tr2c3p2

⑤ *23202238ㅁㅇㅈㄱㅇㄱㅈcsetrecipe

59 G공사에 대한 SWOT 분석 결과가 다음과 같을 때, 〈보기〉 중 SWOT 분석 내용으로 적절한 것을 모두 고르면?

〈G공사 SWOT 분석 결과〉

구분	분석 결과
강점(Strength)	• 해외 가스공급기관 대비 높은 LNG 구매력 • 세계적으로 우수한 배관 인프라
약점(Weakness)	• 타 연료 대비 높은 단가
기회(Opportunity)	• 북아시아 가스관 사업 추진 논의 지속 • 수소 자원 개발 고도화 추진 중
위협(Threat)	• 천연가스에 대한 수요 감소 추세 • 원전 재가동 확대 전망에 따른 에너지 점유율 감소 가능성

보기

ㄱ. 해외 가스공급기관 대비 LNG 확보가 용이하다는 점을 근거로 북아시아 가스관 사업 추진 시 우수한 효율을 이용하는 것은 SO전략에 해당한다.

ㄴ. 지속적으로 감소할 것으로 전망되는 천연가스 수요를 북아시아 가스관 사업을 통해 확보하는 것은 ST전략에 해당한다.

ㄷ. 수소 자원 개발을 고도화하여 다른 연료 대비 상대적으로 높았던 공급단가를 낮추려는 R&D 사업 추진은 WO전략에 해당한다.

ㄹ. 높은 LNG 확보 능력을 이용해 상대적으로 높은 가스 공급단가가 더욱 상승하는 것을 방지하는 것은 WT전략에 해당한다.

① ㄱ, ㄴ
② ㄱ, ㄷ
③ ㄴ, ㄷ
④ ㄴ, ㄹ
⑤ ㄷ, ㄹ

60 다음은 국가자격시험 전형관리 및 발급기관에 대한 정보이다. 〈보기〉 중 바르게 행동한 사람을 모두 고르면?

〈각 자격증 주관 기관〉

업종	자격증 종류	전형관리	자격증관리(발급)
여행업	관광통역 안내사	한국산업인력공단 홈페이지	한국관광공사
	국내여행 안내사		한국관광협회중앙회
	국외여행 인솔자	–	한국여행업협회
관광숙박업	호텔경영사	한국산업인력공단 홈페이지	한국관광공사
	호텔관리사		한국관광공사
	호텔 서비스사		한국관광협회중앙회
국제회의업	컨벤션기획사 1급		한국산업인력공단
	컨벤션기획사 2급		
의료관광업	국제의료관광 코디네이터		
문화관광 해설	문화관광해설사	지자체	–

• 제출서류(온라인 신청 시 파일 첨부)

구분	제출서류	비고
공통	반명함판 사진	단, 자격증에 사용할 사진 변경을 원하는 자에 한함
내국인	기본증명서 1부(일반) ※ 합격자 본인 명의로 주민센터 등에서 발급	단, 관광진흥법 제7조 제1항에 의거하여 공사에서 신원조회 후 결격사유가 발생하지 않은 경우 발급
외국인	신분증 사본 1부(외국인등록증, 여권)	

• 발급비용 : 7,800원(발급수수료 5,000원+택배발송비용 2,800원)

※ 한국관광공사에서 발급하는 자격증 방문 수령의 경우 강원도 원주 공사 본사를 직접 방문해야 함(발급 수수료 5,000원만 결제)

보기

• 정원 : 관광통역 안내사 자격증의 전형일에 대해 알아보기 위해 광주광역시에 문의하였다.
• 기현 : 호텔관리사 자격증과 호텔경영사 자격증의 발급일에 대해 문의하기 위해 한국관광공사에 연락하였다.
• 미라 : 독일인 친구의 컨벤션기획사1급 자격증 전형응시를 돕기 위해 친구의 반명함판 사진과 여권 사본 1부를 준비하여 제출하도록 하였다.
• 시연 : 국제의료관광 코디네이터 자격증을 발급받기 위해 한국관광공사 본사를 방문하여 5,000원을 지불하였다.

① 정원, 기현　② 정원, 미라
③ 기현, 미라　④ 기현, 시연
⑤ 미라, 시연

61 김대리는 이번 분기의 판매동향에 대한 성과 발표회 기획을 맡아 성과 발표회를 준비하는 과정에서 수행해야 할 업무를 모두 나열한 뒤 업무의 선후관계도를 만들었다. 다음 〈보기〉 중 옳은 것을 모두 고르면?

〈업무의 선후관계도〉

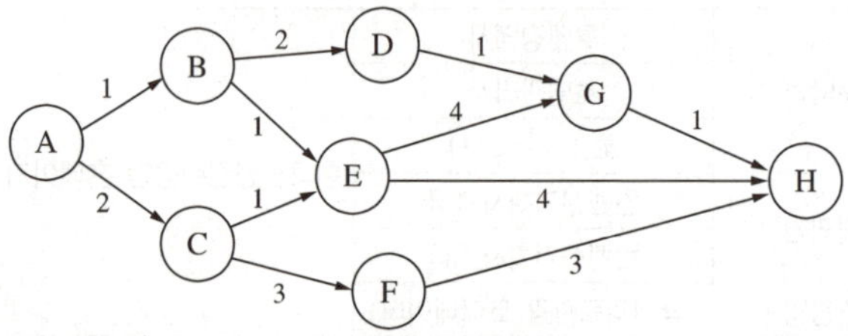

※ 화살표는 단위 업무를 나타냄
※ 화살표 위의 숫자는 그 업무를 수행하는 데 소요되는 일수를 나타냄
※ 화살표 좌우의 알파벳은 각각 단위 업무의 시작과 끝을 나타냄
※ 선행하는 화살표가 나타내는 업무는 후속하는 화살표가 나타내는 업무보다 먼저 수행되어야 함

보기

㉠ 성과 발표 준비에는 최소 5일이 소요된다.
㉡ 단위작업 E ~ H를 3일로 단축하면 전체 준비 기간이 짧아진다.
㉢ 단위작업 A ~ C를 1일로 단축하는 것은 전체 준비 기간에 영향을 준다.
㉣ 단위작업 E ~ G에 소요되는 시간을 3일로 단축하면 전체 준비 기간이 짧아진다.
㉤ 성과 발표 준비에는 적어도 8일이 소요된다.

① ㉠, ㉡
② ㉠, ㉢
③ ㉡, ㉤
④ ㉢, ㉤
⑤ ㉣, ㉤

62 A대리는 G도시의 해안지역에 설치할 발전기를 검토 중이다. 설치 환경 및 조건이 다음과 같을 때, 후보 발전기 중 설치될 발전기로 옳은 것은?

〈발전기 설치 환경 및 조건〉

- 발전기는 동일한 종류를 2기 설치한다.
- 발전기를 설치할 대지는 1,500m^2이다.
- 에너지 발전단가가 1,000kWh당 97,500원을 초과하지 않도록 한다.
- 후보 발전기 중 탄소배출량이 가장 많은 발전기는 제외한다.
- 운송수단 및 운송비를 고려하여, 개당 중량은 3톤을 초과하지 않도록 한다.

〈후보 발전기〉

발전기	발전방식	발전단가	탄소배출량	필요면적	중량
A	수력	92원/kWh	45g/kWh	690m^2	3,600kg
B	화력	75원/kWh	91g/kWh	580m^2	1,250kg
C	화력	105원/kWh	88g/kWh	450m^2	1,600kg
D	풍력	95원/kWh	14g/kWh	800m^2	2,800kg
E	풍력	80원/kWh	22g/kWh	720m^2	2,140kg

① A발전기
② B발전기
③ C발전기
④ D발전기
⑤ E발전기

63 G공사는 한국 현지 시각 기준으로 오후 4시부터 5시까지 외국 지사와 화상회의를 진행하려고 한다. 모든 지사는 각국 현지 시각으로 오전 8시부터 오후 6시까지 근무한다고 할 때, 다음 중 회의에 참석할 수 없는 지사는?(단, 서머타임을 시행하는 국가는 +1:00을 반영한다)

국가	시차	국가	시차
파키스탄	−4:00	불가리아	−6:00
호주	+1:00	영국	−9:00
싱가포르	−1:00	−	−

※ 오후 12시부터 1시까지는 점심시간이므로 회의를 진행하지 않음
※ 서머타임 시행 국가 : 영국

① 파키스탄 지사
② 불가리아 지사
③ 호주 지사
④ 영국 지사
⑤ 싱가포르 지사

64 신입사원 G씨는 A ~ E 총 5개의 과제 중 어떤 과제를 먼저 수행해야 할지 결정하기 위해 평가표를 작성하였다. 다음 자료를 토대로 가장 먼저 수행할 과제는?(단, 평가 항목 점수를 합산하여 최종 점수가 가장 높은 과제부터 수행한다)

〈과제별 평가표〉

(단위 : 점)

구분	A	B	C	D	E
중요도	84	82	95	90	94
긴급도	92	90	85	83	92
적용도	96	90	91	95	83

※ 과제당 다음과 같은 가중치를 별도로 부여하여 계산함

[(중요도)×0.3]+[(긴급도)×0.2]+[(적용도)×0.1]

※ 항목별로 최하위 점수에 해당하는 과제는 선정하지 않음

① A ② B
③ C ④ D
⑤ E

65 G마트에서는 배추를 한 포기당 3,000원에 판매하고 있다고 한다. 다음은 배추의 유통 과정을 나타낸 자료이다. 최대의 이익을 내고자 할 때, X・Y산지 중 어느 곳을 선택하는 것이 좋으며, 최종적으로 G마트에서 배추 한 포기당 얻을 수 있는 수익은 얼마인가?(단, 소수점 첫째 자리에서 반올림한다)

〈산지별 배추 유통 과정〉

구분	X산지	Y산지
재배원가	1,000원	1,500원
산지 → 경매인	재배원가에 20%의 이윤을 붙여서 판매한다.	재배원가에 10%의 이윤을 붙여서 판매한다.
경매인 → 도매상인	산지가격에 25%의 이윤을 붙여서 판매한다.	산지가격에 10%의 이윤을 붙여서 판매한다.
도매상인 → 마트	경매가격에 30%의 이윤을 붙여서 판매한다.	경매가격에 10%의 이윤을 붙여서 판매한다.

	산지	이익
①	X	1,003원
②	X	1,050원
③	Y	1,003원
④	Y	1,050원
⑤	Y	1,100원

66 G사는 사원들에게 사택을 제공하고 있다. 사택 신청자 A ~ E 중 2명만이 사택을 제공받을 수 있으며, 추첨은 조건별 점수에 따라 이뤄진다고 할 때, 〈보기〉 중 사택을 제공받을 수 있는 사람은?

〈사택 제공 조건별 점수〉

근속연수	점수	직위	점수	부양가족 수	점수	직종	점수
1년 이상	1점	차장	5점	5명 이상	10점	연구직	10점
2년 이상	2점	과장	4점	4명	8점	기술직	10점
3년 이상	3점	대리	3점	3명	6점	영업직	5점
4년 이상	4점	주임	2점	2명	4점	서비스직	5점
5년 이상	5점	사원	1점	1명	2점	사무직	3점

※ 근속연수는 휴직기간을 제외하고 1년마다 1점씩 적용하여 최대 5점까지 받을 수 있음. 단, 해고 또는 퇴직 후 일정기간을 경과하여 재고용된 경우에는 이전에 고용되었던 기간(개월)을 통산하여 근속연수에 포함하며, 근속연수 산정은 2025. 01. 01을 기준으로 함

※ 부양가족 수의 경우 배우자는 제외됨

※ 무주택자의 경우 10점의 가산점을 받음

※ 동점일 경우 부양가족 수가 많은 사람이 우선순위로 선발됨

보기

구분	직위	직종	입사일	가족 구성	주택 유무	비고
A	대리	영업직	2021. 08. 20	남편	무주택자	–
B	사원	기술직	2023. 09. 17	아내, 아들 1명, 딸 1명	무주택자	–
C	과장	연구직	2020. 02. 13	어머니, 남편, 딸 1명	유주택자	• 2021. 12. 17 퇴사 • 2022. 05. 15 재입사
D	주임	사무직	2023. 03. 03	아내, 아들 1명, 딸 2명	무주택자	–
E	차장	영업직	2018. 05. 06	아버지, 어머니, 아내, 아들 1명	유주택자	• 2020. 05. 03 퇴사 • 2021. 06. 08 재입사

① A대리, C과장
② A대리, E차장
③ B사원, C과장
④ B사원, D주임
⑤ D주임, E차장

PART 2

※ G공사는 직원들의 복지를 개선하고자 체육관 공사를 계획하고 있다. 다음은 체육관 공사 입찰에 참여한 A ~ F기업을 입찰기준에 따라 분야별로 10점 척도로 점수화한 자료이다. 이어지는 질문에 답하시오. **[67~68]**

〈입찰업체의 분야별 점수〉

(단위 : 점)

입찰기준 / 입찰업체	운영건전성 점수	환경친화자재 점수	시공실적 점수	디자인 점수	공간효율성 점수
A	6	7	3	4	7
B	7	3	9	8	5
C	5	9	6	1	3
D	8	2	8	2	9
E	9	6	5	8	5
F	6	4	6	3	4

〈입찰업체별 입찰가격〉

입찰업체	입찰가격(억 원)
A	5
B	11
C	7
D	6
E	9
F	10

67 G공사는 다음 〈조건〉에 따라 체육관 공사 업체를 선정하고자 한다. 최종 선정될 업체는?

조건

- 입찰가격이 9억 원 이하인 업체를 선정대상으로 한다.
- 운영건전성 점수와 시공실적 점수, 공간효율성 점수에 1 : 2 : 2의 가중치를 적용하여 합산한 값이 가장 높은 3개 업체를 중간 선정한다.
- 중간 선정된 업체들 중 디자인 점수가 가장 높은 곳을 최종 선정한다.

① A
② C
③ D
④ E
⑤ F

68 G공사가 내부 판단에 따라 환경친화자재 점수도 포함하여 업체를 선정하고자 한다. 다음 중 변경된 〈조건〉에 따라 최종 선정될 업체는?

조건

- 입찰가격이 11억 원 미만인 업체를 선정대상으로 한다.
- 운영건전성 점수, 환경친화자재 점수, 시공실적 점수, 디자인 점수의 가중치를 2 : 1 : 3 : 1로 하여 점수를 합산한다.
- 시공실적 점수가 16점 미만인 업체는 선정에서 제외한다.
- 합산한 점수가 가장 높은 2개 업체를 중간 선정한다.
- 중간 선정된 업체들 중 운영건정성 점수가 더 높은 곳을 최종 선정한다.

① A ② B
③ C ④ D
⑤ E

69 다음은 G회사 신제품 개발1팀의 하루 업무 스케줄에 대한 자료이다. 신입사원 A씨는 이를 바탕으로 금일 회의 시간을 정하려고 한다. 1시간 동안 진행될 팀 회의의 가장 적절한 시간대는 언제인가?

〈G회사 신제품 개발1팀 스케줄〉

시간	직급별 스케줄				
	부장	차장	과장	대리	사원
09:00 ~ 10:00	업무회의				
10:00 ~ 11:00					비품요청
11:00 ~ 12:00			시장조사	시장조사	시장조사
12:00 ~ 13:00	점심식사				
13:00 ~ 14:00	개발전략수립		시장조사	시장조사	시장조사
14:00 ~ 15:00		샘플검수	제품구상	제품구상	제품구상
15:00 ~ 16:00			제품개발	제품개발	제품개발
16:00 ~ 17:00					
17:00 ~ 18:00			결과보고	결과보고	

① 09:00 ~ 10:00 ② 10:00 ~ 11:00
③ 14:00 ~ 15:00 ④ 16:00 ~ 17:00
⑤ 17:00 ~ 18:00

70 G컨벤션에서 회의실 예약업무를 담당하고 있는 A씨는 2주 전 B기업으로부터 오전 10시 ~ 낮 12시에 35명, 오후 1시 ~ 4시에 10명이 이용할 수 있는 회의실 예약문의를 받았다. A씨는 회의실 예약 설명서를 B기업으로 보냈고 B기업은 자료를 바탕으로 회의실을 선택하여 결제했다. 하지만 이용일 4일 전 B기업이 오후 회의실 사용을 취소했을 때, 〈조건〉을 참고하여 B기업이 환불받게 될 금액은 얼마인가?(단, 회의에서는 노트북과 빔프로젝터를 이용하며, 부대장비 대여료도 환불규칙에 포함된다)

〈회의실 사용료(VAT 포함)〉

회의실	수용 인원(명)	면적(m^2)	기본임대료(원)		추가임대료(원)	
			기본시간	임대료	추가시간	임대료
대회의실	90	184	2시간	240,000	시간당	120,000
별실	36	149		400,000		200,000
세미나 1	21	43		136,000		68,000
세미나 2						
세미나 3	10	19		74,000		37,000
세미나 4	16	36		110,000		55,000
세미나 5	8	15		62,000		31,000

〈부대장비 대여료(VAT 포함)〉

장비명	사용료(원)				
	1시간	2시간	3시간	4시간	5시간
노트북	10,000	10,000	20,000	20,000	30,000
빔프로젝터	30,000	30,000	50,000	50,000	70,000

조건

- 기본임대 시간은 2시간이며, 1시간 단위로 연장할 수 있습니다.
- 예약 시 최소 인원은 수용 인원의 $\frac{1}{2}$ 이상이어야 합니다.
- 예약 가능한 회의실 중 비용이 저렴한 쪽을 선택해야 합니다.

〈환불규칙〉

- 결제완료 후 계약을 취소하시는 경우 다음과 같이 취소수수료가 발생합니다.
  - 이용일 기준 7일 이전 : 취소수수료 없음
  - 이용일 기준 6 ~ 3일 이전 : 취소수수료 10%
  - 이용일 기준 2 ~ 1일 이전 : 취소수수료 50%
  - 이용일 당일 : 환불 불가
- 회의실에는 음식물을 반입하실 수 없습니다.
- 이용일 7일 전까지(7일 이내 예약 시에는 금일 중) 결제해야 합니다.
- 결제변경은 해당 회의실 이용시간 전까지 가능합니다.

① 162,900원
② 183,600원
③ 211,500원
④ 246,600원
⑤ 387,000원

71 다음 글의 내용으로 가장 적절한 것은?

> 통증은 조직 손상이 일어나거나 일어나려고 할 때 의식적인 자각을 주는 방어적 작용으로 감각의 일종이다. 통증을 유발하는 자극에는 강한 물리적 충격에 의한 기계적 자극, 높은 온도에 의한 자극, 상처가 나거나 미생물에 감염되었을 때 세포에서 방출하는 화학 물질에 의한 화학적 자극 등이 있다. 이러한 자극은 온몸에 퍼져 있는 감각 신경의 말단에서 받아들이는데, 이 신경 말단을 통각 수용기라 한다. 통각 수용기는 피부에 가장 많아 피부에서 발생한 통증은 위치를 확인하기 쉽지만, 통각 수용기가 많지 않은 내장 부위에서 발생한 통증은 위치를 정확히 확인하기 어렵다. 후각이나 촉각 수용기 등에는 지속적인 자극에 대해 수용기의 반응이 감소되는 감각 적응 현상이 일어난다. 하지만 통각 수용기에는 지속적인 자극에 대해 감각 적응 현상이 거의 일어나지 않는다. 그래서 우리 몸은 위험한 상황에 대응할 수 있게 된다.
>
> 대표적인 통각 수용 신경 섬유에는 Aδ 섬유와 C섬유가 있다. Aδ 섬유에는 기계적 자극이나 높은 온도 자극에 반응하는 통각 수용기가 분포되어 있으며, C섬유에는 기계적 자극이나 높은 온도 자극뿐만 아니라 화학적 자극에도 반응하는 통각 수용기가 분포되어 있다. Aδ 섬유를 따라 전도된 통증 신호가 대뇌 피질로 전달되면, 대뇌 피질에서는 날카롭고 쑤시는 듯한 짧은 초기 통증을 느끼고 통증이 일어난 위치를 파악한다. C섬유를 따라 전도된 통증 신호가 대뇌 피질로 전달되면, 대뇌 피질에서는 욱신거리고 둔한 지연 통증을 느낀다. 이는 두 신경 섬유의 특징과 관련이 있다. Aδ 섬유는 직경이 크고 전도 속도가 빠르며, C섬유는 직경이 작고 전도 속도가 느리다.

① 기계적 자극이나 높은 온도에 반응하는 통각 수용기는 Aδ 섬유에만 분포되어 있다.

② 통각 수용기는 수용기의 반응이 감소되는 감각 적응 현상이 거의 일어나지 않는다.

③ Aδ 섬유는 C섬유보다 직경이 작고 전도 속도가 빠르다.

④ 통각 수용기가 적은 부위일수록 통증 위치를 확인하기 쉽다.

⑤ Aδ 섬유를 따라 전도된 통증 신호가 대뇌 피질로 전달되면, 대뇌 피질에서는 욱신거리고 둔한 지연 통증을 느낀다.

PART 2

※ 다음은 색채심리학을 소개하는 기사이다. 이어지는 질문에 답하시오. [72~73]

색채는 상징성과 이미지를 지니는 동시에 인간과 심리적 교감을 나눈다. 과거 노란색은 중국 황제를 상징했고, 보라색은 로마 황제의 색이었다. 또한 붉은색은 공산주의의 상징이었다. 백의민족이라 불린 우리 민족은 태양의 광명인 흰색을 숭상했던 것으로 보여진다. 이처럼 각 색채는 희망・열정・사랑・생명・죽음 등 다양한 상징을 갖고 있다. 여기에 각 색깔이 주는 독특한 자극은 인간의 감성과 심리에 큰 영향을 미치고 있으며, 이는 색채심리학이라는 학문의 등장으로 이어졌다.

색채심리학이란 색채와 관련된 인간의 행동(반응)을 연구하는 심리학을 말한다. 색채심리학에서는 색각(色覺)의 문제로부터, 색채가 가지는 인상・조화감 등에 이르는 여러 문제를 다룬다. 그뿐만 아니라 생리학・예술・디자인・건축 등과도 관계를 가진다. 특히 색채가 어떠하며, 우리 눈에 그것이 어떻게 보이고, 어떤 느낌을 주는지는 색채심리학이 다루는 연구대상 중 가장 주요한 부분이다.

우리는 보통 몇 가지의 색을 동시에 보게 된다. 이럴 경우 몇 가지의 색이 상호작용을 하므로, 한 가지의 색을 볼 때와는 다른 현상이 일어난다. 그 대표적인 것이 대비(對比) 현상이다. 색채의 대비는 2개 이상의 색을 동시에 보거나 계속해서 볼 때 일어나는 현상이다. 전자를 '동시 대비', 후자를 '계속 대비'라 한다. 이 때 제시되는 색은 서로 영향을 미치며, 각기 지니고 있는 색의 특성을 더욱 강조하는 경향이 생긴다.

이러한 색의 대비 현상을 살펴보면, 색에는 색상・명도(색의 밝기 정도)・채도(색의 선명도)의 3가지 속성이 있으며, 이에 따라 색상 대비・명도 대비・채도 대비의 3가지 대비를 볼 수 있다. 색상 대비는 색상이 다른 두 색을 동시에 이웃하여 놓았을 때 두 색이 서로의 영향으로 색상 차가 나는 현상이다. 다음으로 명도 대비는 명도가 다른 두 색을 이웃하거나 배색하였을 때 밝은 색은 더욱 밝게, 어두운 색은 더욱 어둡게 보이는 현상으로 볼 수 있다. 그리고 채도 대비는 채도가 다른 두 색을 인접시켰을 때 서로의 영향을 받아 채도가 높은 색은 더욱 높아 보이고 채도가 낮은 색은 더욱 낮아 보이는 현상을 말한다.

오늘날 색의 대비 현상은 일상생활에서 많이 활용되고 있다. 색채를 활용하여 먼 거리에서 더 잘 보이게 하거나 뚜렷하게 보이도록 해야 할 때가 있는데, 그럴 경우에는 배경과 그 앞에 놓이는 그림의 속성 차를 크게 해야 한다. 일반적으로 배경색과 그림색의 속성이 다르면 다를수록 그림은 명확하게 인지되고, 멀리서도 잘 보인다. 색의 대비 중 이와 같은 현상에 가장 영향을 미치는 것은 명도 대비이며 그다음이 색상 대비, 채도 대비의 순이다. 특히, 멀리서도 잘 보여야 하는 표지류 등은 대비량이 큰 색을 사용한다.

색이 우리 눈에 보이는 현상으로는 이 밖에도 잔상색・순응색 등이 있다. 흰 종이 위에 빨간 종이를 놓고 잠깐 동안 주시한 다음 빨간 종이를 없애면, 흰 종이 위에 빨간 청록색이 보인다. 이것이 이른바 보색잔상으로서 비교적 밝은 면에서 잔상을 관찰했을 때 나타나는 현상이다. 그러나 암흑 속이나 백광색의 자극을 받을 때는 매우 복잡한 양상을 띤다. 또 조명광이나 물체색(物體色)을 오랫동안 계속 쳐다보고 있으면, 그 색에 순응되어 색의 지각이 약해진다. 그래서 조명에 의해 물체색이 바뀌어도 자신이 알고 있는 고유의 색으로 보이게 되는데 이러한 현상을 '색순응'이라고 한다.

72 다음 중 기사를 읽고 이해한 내용으로 적절하지 않은 것은?

① 색채의 대비 중 2개 이상의 색을 계속 보는 경우를 '계속 대비'라 한다.

② 색을 계속 응시하면 색의 보이는 상태가 변화됨을 알 수 있다.

③ 색채심리학은 색채가 우리에게 어떤 느낌을 주는지도 연구한다.

④ 배경과 그림의 속성 차를 작게 할수록 뚜렷하게 보이는 효과가 있다.

⑤ 멀리서도 잘 보여야 하는 경우는 대비량이 큰 색을 사용한다.

73 다음 중 기사를 읽고 추론한 내용으로 가장 적절한 것은?

① 어두운 밝기의 회색이 검은색 바탕 위에 놓일 경우 밝아 보이는데 이는 채도 대비로 볼 수 있다.
② 연두색 배경 위에 놓인 노란색은 좀더 붉은 색을 띠게 되는데 이는 색상 대비로 볼 수 있다.
③ 무채색 위에 둔 유채색이 훨씬 선명하게 보이는 현상은 명도 대비로 볼 수 있다.
④ 색의 물체를 응시한 후 흰 벽으로 눈을 옮기면 전자의 색에 칠하여진 동형의 상을 볼 수 있는데 이는 색순응으로 볼 수 있다.
⑤ 파란색 선글라스를 통해 푸르게 보이던 것이 곧 익숙해져서 본래의 색으로 느끼는 것은 보색잔상으로 볼 수 있다.

74 다음 중 A의 주장에 대해 반박할 수 있는 내용으로 가장 적절한 것은?

A : 우리나라의 장기 기증률은 선진국에 비해 너무 낮아. 이게 다 부모로부터 받은 신체를 함부로 훼손해서는 안 된다는 전통적 유교 사상 때문이야.
B : 맞아. 그런데 장기 기증 희망자로 등록되어 있어도 유족들이 장기 기증을 반대하여 기증이 이뤄지지 않는 경우도 많아.
A : 유족들도 결국 유교 사상으로 인해 신체 일부를 다른 사람에게 준다는 방식을 잘 이해하지 못하는 거야.
B : 글쎄, 유족들이 동의해서 기증이 이뤄지더라도 보상금을 받고 '장기를 팔았다.'는 죄책감을 느끼는 유족들도 있다고 들었어. 또 아직은 장기 기증에 대한 생소함 때문일 수도 있어.

① 캠페인을 통해 장기 기증에 대한 사람들의 인식을 변화시켜야 한다.
② 유족에게 지급하는 보상금 액수가 증가하면 장기 기증률도 높아질 것이다.
③ 장기기증 희망자는 반드시 가족들의 동의를 미리 받아야 한다.
④ 장기 기증률이 낮은 이유에는 유교 사상 외에도 여러 가지 원인이 있을 수 있다.
⑤ 제도 변화만으로는 장기 기증률을 높이기 어렵다.

※ 다음 글을 읽고 이어지는 질문에 답하시오. **[75~76]**

18세기에는 열의 실체가 칼로릭(Caloric)이며, 칼로릭은 온도가 높은 쪽에서 낮은 쪽으로 흐르는 성질이 있고 질량이 없는 입자들의 모임이라는 생각이 받아들여지고 있었다. 이를 칼로릭 이론이라 부르는데, 이에 따르면 찬 물체와 뜨거운 물체를 접촉시켜 놓았을 때 두 물체의 온도가 같아지는 것은 칼로릭이 뜨거운 물체에서 차가운 물체로 이동하기 때문이라는 것이다. 이러한 상황에서 과학자들의 큰 관심사 중의 하나는 증기기관과 같은 열기관의 열효율 문제였다.

열기관은 높은 온도의 열원에서 열을 흡수하고 낮은 온도의 대기와 같은 열기관 외부에 열을 방출하며 일을 하는 기관을 말하는데, 열효율은 열기관이 흡수한 열의 양 대비 한 일의 양으로 정의된다. 19세기 초에 카르노는 열기관의 열효율 문제를 칼로릭 이론에 기반을 두고 다루었다. 카르노는 물레방아와 같은 수력 기관에서 물이 높은 곳에서 낮은 곳으로 흐르면서 일을 할 때 물의 양과 한 일의 양의 비가 높이 차이에만 좌우되는 것에 주목하였다. 물이 높이 차에 의해 이동하는 것과 흡사하게 칼로릭도 고온에서 저온으로 이동하면서 일을 하게 되는데, 열기관의 열효율 역시 이러한 두 온도에만 의존한다는 것이었다.

한편, 1840년대에 줄(Joule)은 일정량의 열을 얻기 위해 필요한 각종 에너지의 양을 측정하는 실험을 행하였다. 대표적인 것이 열의 일당량 실험이었다. 이 실험은 열기관을 대상으로 한 것이 아니라, 추를 낙하시켜 물속의 날개바퀴를 회전시키는 실험이었다. 열의 양은 칼로리(Calorie)로 표시되는데, 그는 역학적 에너지인 일이 열로 바뀌는 과정의 정밀한 실험을 통해 1kcal의 열을 얻기 위해서 필요한 일의 양인 열의 일당량을 측정하였다. 줄은 이렇게 일과 열은 형태만 다를 뿐 서로 전환이 가능한 물리량이므로 등가성이 있다는 것을 입증하였으며, 열과 일이 상호 전환될 때 열과 일의 에너지를 합한 양은 일정하게 보존된다는 사실을 알아내었다. 이후 열과 일뿐만 아니라 화학에너지, 전기에너지 등이 등가성이 있으며 상호 전환될 때 에너지의 총량은 변하지 않는다는 에너지 보존 법칙이 입증되었다.

열과 일에 대한 이러한 이해는 카르노의 이론에 대한 과학자들의 재검토로 이어졌다. 특히 톰슨은 ㉠ <u>칼로릭 이론에 입각한 카르노의 열기관에 대한 설명이 줄의 에너지 보존 법칙에 위배된다고 지적하였다</u>. 카르노의 이론에 의하면, 열기관은 높은 온도에서 흡수한 열 전부를 낮은 온도로 방출하면서 일을 한다. 이것은 줄이 입증한 열과 일의 등가성과 에너지 보존 법칙에 어긋나는 것이어서 열의 실체가 칼로릭이라는 생각은 더이상 유지될 수 없게 되었다. 하지만 열효율에 대한 카르노의 이론은 클라우지우스의 증명으로 유지될 수 있었다. 그는 카르노의 이론이 유지되지 않는다면 열은 저온에서 고온으로 흐르는 현상이 생길 수도 있을 것이라는 가정에서 출발하여, 열기관의 열효율은 열기관이 고온에서 열을 흡수하고 저온에 방출할 때의 두 작동 온도에만 관계된다는 카르노의 이론을 증명하였다.

클라우지우스는 자연계에서는 열이 고온에서 저온으로만 흐르고 그와 반대되는 현상은 일어나지 않는 것과 같이 경험적으로 알 수 있는 방향성이 있다는 점에 주목하였다. 또한 일이 열로 전환될 때와는 달리, 열기관에서 열 전부를 일로 전환할 수 없다는, 즉 열효율이 100%가 될 수 없다는 상호 전환 방향에 대한 비대칭성이 있다는 사실에 주목하였다. 이러한 방향성과 비대칭성에 대한 논의는 이를 설명할 수 있는 새로운 물리량인 엔트로피(Entropy)의 개념을 낳았다.

75 **다음 중 윗글을 통해 알 수 있는 내용으로 가장 적절한 것은?**

① 열기관은 외부로부터 받은 일을 열로 변환하는 기관이다.

② 수력 기관에서 물의 양과 한 일의 양의 비는 물의 온도 차이에 비례한다.

③ 칼로릭 이론에 의하면 차가운 쇠구슬이 뜨거워지면 쇠구슬의 질량은 증가하게 된다.

④ 칼로릭 이론에서는 칼로릭을 온도가 낮은 곳에서 높은 곳으로 흐르는 입자라고 본다.

⑤ 열기관의 열효율은 두 작동 온도에만 관계된다는 이론은 칼로릭 이론의 오류가 밝혀졌음에도 유지되었다.

PART 2

76 **다음 중 밑줄 친 ㉠의 내용으로 가장 적절한 것은?**

① 열의 실체가 칼로릭이라면 열기관이 한 일을 설명할 수 없다는 점

② 화학에너지와 전기에너지는 서로 전환될 수 없는 에너지라는 점

③ 자연계에서는 열이 고온에서 저온으로만 흐르는 것과 같은 방향성이 있는 현상이 존재한다는 점

④ 열효율에 대한 카르노의 이론이 맞지 않는다면 열은 저온에서 고온으로 흐르는 현상이 생길 수 있다는 점

⑤ 열기관의 열효율은 열기관이 고온에서 열을 흡수하고 저온에 방출할 때의 두 작동 온도에만 관계된다는 점

77 다음 문단을 논리적 순서대로 바르게 나열한 것은?

(가) 킬러 T세포는 혈액이나 림프액을 타고 몸속 곳곳을 순찰하는 일을 담당하는 림프 세포의 일종이다. 킬러 T세포는 감염된 세포를 직접 공격하는데, 세포 하나하나를 점검하여 바이러스에 감염된 세포를 찾아낸다. 이 과정에서 바이러스에 감염된 세포가 킬러 T세포에게 발각되면 죽게 된다. 그렇다면 킬러 T세포는 어떤 방법으로 바이러스에 감염된 세포를 파괴할까?

(나) 지금도 우리 몸의 이곳저곳에서는 비정상적인 세포분열이나 바이러스 감염이 계속되고 있다. 하지만 우리 몸에 있는 킬러 T세포가 병든 세포를 찾아내 파괴하는 메커니즘이 정상적으로 작동하고 있는 한 건강한 상태를 유지할 수 있다. 이렇듯 면역 시스템은 우리 몸을 지켜주는 수호신이다. 또한 우리 몸이 유기적으로 잘 짜인 구조임을 보여주는 좋은 예라고 할 수 있다.

(다) 그 다음 킬러 T세포가 활동한다. 킬러 T세포는 자기 표면에 있는 TCR(T세포 수용체)을 통해 세포 밖으로 나온 MHC와 펩티드 조각이 결합해 이루어진 구조를 인식함으로써 바이러스 감염 여부를 판단한다. 만약 MHC와 결합된 펩티드가 바이러스 단백질의 것이라면 킬러 T세포는 활성화되면서 세포를 공격하는 단백질을 감염된 세포 속으로 보낸다. 이렇게 킬러 T세포의 공격을 받은 세포는 곧 죽게 되며 그 안의 바이러스 역시 죽음을 맞이하게 된다.

(라) 우리 몸은 자연적 치유의 기능을 가지고 있다. 자연적 치유는 우리 몸에 바이러스(항원)가 침투하더라도 외부의 도움 없이 이겨낼 수 있는 면역 시스템을 가지고 있다는 것을 의미한다. 그런데 이러한 면역 시스템에 관여하는 세포 중에서 매우 중요한 역할을 하는 세포가 있다. 그것은 바로 바이러스에 감염된 세포를 직접 찾아내 제거하는 킬러 T세포(Killer T Cells)이다.

(마) 면역 시스템에서 먼저 활동을 시작하는 것은 세포 표면에 있는 MHC(주요 조직 적합성 유전자 복합체)이다. MHC는 꽃게 집게발 모양의 단백질 분자로 세포 안에 있는 단백질 조각을 세포 표면으로 끌고 나오는 역할을 한다. 본래 세포 속에는 자기 단백질이 대부분이지만, 바이러스에 감염되면 원래 없던 바이러스 단백질이 세포 안에 만들어진다. 이렇게 만들어진 자기 단백질과 바이러스 단백질은 단백질 분해효소에 의해 펩티드 조각으로 분해되어 세포 속을 떠돌아다니다가 MHC와 결합해 세포 표면으로 배달되는 것이다.

① (가) – (나) – (마) – (라) – (다)
② (나) – (다) – (가) – (라) – (마)
③ (다) – (가) – (마) – (나) – (라)
④ (라) – (가) – (마) – (다) – (나)
⑤ (라) – (나) – (가) – (다) – (마)

78 다음 글의 제목으로 가장 적절한 것은?

구글어스가 세계 환경의 보안관 역할을 톡톡히 하고 있어 화제이다. 구글어스는 가상 지구본 형태로 제공되는 세계 최초의 위성영상지도 서비스로, 간단한 프로그램만 내려받으면 지구 전역의 위성사진 및 지도, 지형 등의 정보를 확인할 수 있다. 구글은 그동안 축적된 인공위성 빅데이터 등을 바탕으로 환경 및 동물 보호 활동을 지원하고 있다.

지구에서는 그동안 약 230만 km^2 이상의 삼림이 사라졌다. 병충해 및 태풍, 산불 등으로 사라진 것이다. 특히 개발도상국들의 산림 벌채와 농경지 확보가 주된 이유이다. 이처럼 사라지는 숲에 비해 자연의 자생력으로 복구되는 삼림은 아주 적은 편이다.

그런데 최근에 개발된 초고해상도의 구글어스 이미지를 이용해 육지표면을 정밀 분석한 결과, 식물이 살 수 없을 것으로 여겨졌던 건조지대에서도 많은 숲이 분포한다는 사실이 밝혀졌다. 국제연합식량농업기구(FAO) 등 13개국 20개 기관과 구글이 참여한 대규모 국제공동연구진은 구글어스로 얻은 위성 데이터를 세부 단위로 쪼개 그동안 잘 알려지지 않은 전 세계의 건조지역을 집중적으로 분석했다.

그 결과 강수량이 부족해 식물의 정상적인 성장이 불가능할 것으로 알려졌던 건조지대에서 약 467만 km^2의 숲을 새로이 찾아냈다. 이는 한반도 면적의 약 21배에 달한다. 연구진은 이번 발견으로 세계 삼림 면적의 추정치가 9% 정도 증가할 것이라고 주장했다.

건조지대는 지구 육지표면의 40% 이상을 차지하지만, 명확한 기준과 자료 등이 없어 그동안 삼림 분포에 대해서는 잘 알려지지 않았다. 그러나 이번 연구결과로 인해 전 세계 숲의 이산화탄소 처리량 등에 대해 보다 정확한 계산이 가능해짐으로써 과학자들의 지구온난화 및 환경보호 연구에 많은 도움이 될 것으로 기대되고 있다.

① 전 세계 환경 보안관, 구글어스
② 환경오염으로 심각해지는 식량난
③ 인간의 이기심으로 사라지는 삼림
④ 사막화 현상으로 건조해지는 지구
⑤ 구글어스로 보는 환경훼손의 심각성

PART 2

※ 다음 글을 읽고 이어지는 질문에 답하시오. **[79~80]**

4차 산업혁명 열풍은 제조업을 넘어, 농축산업, 식품, 유통, 의료 서비스 등 업종에 관계없이 모든 곳으로 퍼지고 있다. 에너지 분야도 4차 산업혁명을 통해 기술의 진보와 새로운 비즈니스 영역을 개척할 수 있을 것으로 기대하고 있다.

사실 에너지는 모든 벨류체인에서 4차 산업혁명에 가장 근접해 있다. 자원개발에선 초음파 등을 이용한 탐지기술과 지리정보 빅데이터를 이용한 분석, 설비 건설에서는 다양한 설계 및 시뮬레이션 툴이 동원된다. 자원 채광 설비와 발전소, 석유화학 플랜트에 들어가는 수만 개의 장비들은 센서를 부착하고 산업용 네트워크를 통해 중앙제어실과 실시간으로 소통한다.

원자력 발전소를 사례로 들어보면 원자력 발전소에는 수백 km에 달하는 배관과 수만 개의 밸브, 계량기, 펌프, 전기기기들이 있다. 그리고 그 어느 시설보다 안전이 중요한 만큼 기기 및 인명 안전 관련 센서들도 셀 수 없다. 이를 사람이 모두 관리하고 제어하는 것은 사실상 불가능하다. 원전 종사자들이 매일 현장 순찰을 돌고 이상이 있을 시 정지 등 조치를 취하지만, 대다수의 경우 설비에 이상신호가 발생하면 기기들은 스스로 판단해 작동을 멈춘다.

원전 사례에서 볼 수 있듯이 에너지 설비 운영 부문은 이미 다양한 4차 산업혁명 기술이 사용되고 있다. 그런데도 에너지 4차 산업혁명이 계속 언급되고 있는 것은 그 분야를 설비관리를 넘어 새로운 서비스 창출로까지 확대하기 위함이다.

나주 에너지밸리에서는 드론을 활용해 전신주 전선을 점검하는 모습이 시연됐다. 이 드론은 정부 사업인 ‘시장 창출형 로봇보급사업’으로 만들어진 것으로 드론과 광학기술을 접목해 산이나 하천 등 사람이 접근하기 힘든 곳의 전선 상태를 확인하기 위해 만들어졌다. 드론은 GPS 경로를 따라 전선 위를 자율비행하면서 고장부위를 찾는다.

전선 점검 이외에도 드론은 에너지 분야에서 매우 광범위하게 사용되는 아이템이다. 발전소의 굴뚝과 같은 고소설비와 위험지역, 사각지대 등 사람이 쉽게 접근할 수 없는 곳을 직접 확인하고, 고성능·열화상 카메라를 달아 고장 및 화재 위험을 미리 파악하는 등 다양한 활용사례가 개발되고 있다.

가상현실은 엔지니어 교육 분야에서 각광받는 기술이다. 에너지 분야는 중장비와 전기설비 및 화학약품 등을 가까이 하다 보니 항상 사상사고의 위험을 안고 있다. 이 때문에 현장 작업자 교육에선 첫째도 안전, 둘째도 안전을 강조한다. 최근에는 현장 작업 시뮬레이션을 3D 가상현실 기술로 수행하려는 시도가 진행되고 있다. 발전소, 변전소 등 현장의 모습을 그대로 3D 모델링한 가상현실 체험으로 복잡한 도면을 해석하거나 숙지할 필요가 없어 훨씬 직관적으로 업무를 할 수 있다. 작업자들은 작업에 앞서, 실제 현장에서 수행해야 할 일들을 미리 점검해 볼 수 있다.

에너지 4차 산업혁명은 큰 변화를 몰고 올 것으로 예상하고 있지만, 그 시작은 매우 사소한 일상생활의 아이디어에서 나올 수 있다. 지금 우리가 전기와 가스를 쓰면서 느끼는 불편함을 개선하려는 시도가 곧 4차 산업혁명의 시작이다.

79 에너지신사업처에 근무하는 G대리는 사보에 실릴 4차 산업혁명에 대한 원고를 청탁받았다. 해당 원고를 작성한 후 검수 과정을 거치던 중 G대리가 받게 된 내용에 대한 사보담당자의 피드백으로 적절하지 않은 것은?

① 4차 산업혁명이 어떤 것인지 간단한 정의를 앞부분에 추가해 주세요.
② 에너지 4차 산업혁명이 어떤 변화를 가져올지 좀더 구체적인 설명을 덧붙여 주세요.
③ 소제목을 이용해 문단을 구분해 줘도 좋을 것 같아요.
④ 4차 산업혁명에 대한 긍정적인 입장만 있으니 반대로 이로 인해 야기되는 문제점도 언급해 주는 게 어떨까요?
⑤ 서비스 등 에너지와 엔지니어 분야를 제외한 업종에 대한 사례만 언급하고 있으니 관련된 사례를 주제에 맞게 추가해 주세요.

80 윗글은 사보 1면을 장식하고 회사 블로그에도 게재되었다. 이를 읽고 독자가 할 말로 적절하지 않은 것은?

① 지금은 에너지 설비 운영 부문에 4차 산업혁명 기술이 도입되는 첫 단계군요.
② 드론을 이용해 사람이 접근하기 힘든 곳을 점검하는 등 많은 활용을 할 수 있겠어요.
③ 엔지니어 교육 분야에 4차 산업혁명을 적용하면 안전사고를 줄일 수 있겠어요.
④ 4차 산업혁명이 현장에 적용되면 직관적으로 업무 진행이 가능하겠어요.
⑤ 4차 산업혁명의 시작은 일상의 불편함을 해결하기 위한 시도군요.

61 **다음 중 벤치마킹의 주요 단계에 대한 설명으로 옳지 않은 것은?**

① 개선계획 수립 : 벤치마킹 결과를 바탕으로 성과차이를 측정항목별로 분석한다.
② 범위 결정 : 벤치마킹이 필요한 상세 분야를 정의하고 목표와 범위를 결정하며 벤치마킹을 수행할 인력들을 결정한다.
③ 대상 결정 : 비교분석의 대상이 되는 기업·기관들을 결정하고, 대상 후보별 벤치마킹 수행의 타당성을 검토하여 최종적인 대상 및 대상별 수행방식을 결정한다.
④ 측정범위 결정 : 상세분야에 대한 측정항목을 결정하고, 측정항목이 벤치마킹의 목표를 달성하는 데 적정한가를 검토한다.
⑤ 변화 관리 : 개선목표 달성을 위한 변화사항을 지속적으로 관리하고, 개선 후 변화사항과 예상했던 변화사항을 비교한다.

62 **다음 글에 나타난 산업 재해의 원인으로 가장 적절한 것은?**

G씨는 퇴근하면서 회사 엘리베이터를 이용하던 중 갑자기 엘리베이터가 멈춰 그 안에 20분 동안 갇히는 사고를 당하였다. 20분 후 G씨는 실신한 상태로 구조되었고 바로 응급실로 옮겨졌다. 이후 G씨는 응급실로 옮겨져 의식을 되찾았지만, 극도의 불안감과 공포감을 느껴 결국 병원에서는 G씨에게 공황장애 진단을 내렸다.

① 교육적 원인
② 기술적 원인
③ 작업 관리상 원인
④ 불안전한 행동
⑤ 불안전한 상태

63 다음 〈보기〉 중 지속가능한 기술의 사례로 적절한 것을 모두 고르면?

보기

㉠ A사는 카메라를 들고 다니지 않으면서도 사진을 찍고 싶어 하는 소비자들을 위해 일회용 카메라 대신 재활용이 쉽고, 재사용도 가능한 카메라를 만들어내는 데 성공했다.
㉡ 잉크, 도료, 코팅에 쓰이던 유기 용제 대신에 물로 대체한 수용성 수지를 개발한 B사는 휘발성 유기화합물의 배출이 줄어듬과 동시에 대기오염 물질을 줄임으로써 소비자들로부터 찬사를 받고 있다.
㉢ C사는 가구처럼 맞춤 제작하는 냉장고를 선보였다. 맞춤 양복처럼 가족수와 식습관, 라이프스타일, 주방 형태 등을 고려해 1도어부터 4도어까지 여덟 가지 타입의 모듈을 자유롭게 조합하고, 세 가지 소재와 아홉 가지 색상을 매치해 공간에 어울리는 나만의 냉장고를 꾸밀 수 있게 된 것이다.
㉣ D사는 기존에 소각처리해야 했던 석유화학 옥탄올 공정을 변경하여 폐수처리로 전환하고, 공정 최적화를 통해 화약 제조 공정에 발생하는 질소의 양을 원천적으로 감소시키는 공정 혁신을 이루었다. 이로 인해 연간 4천 톤의 오염 물질 발생량을 줄였으며, 약 60억 원의 원가도 절감했다.
㉤ 등산 중 갑작스러운 산사태를 만나거나 길을 잃어서 조난 상황이 발생한 경우 골든타임 확보가 무척 중요하다. 이를 위해 E사는 조난객의 상황 파악을 위한 5G 통신 모듈이 장착된 비행선을 선보였다. 이 비행선은 현재 비행거리와 시간이 짧은 드론과 비용과 인력 소모가 많이 드는 헬기에 비해 매우 효과적일 것으로 기대하고 있다.

① ㉠, ㉡, ㉤
② ㉠, ㉡, ㉣
③ ㉠, ㉢, ㉣
④ ㉡, ㉢, ㉣
⑤ ㉡, ㉢, ㉤

PART 2

64 다음 사례의 재해를 예방하기 위한 대책으로 옳지 않은 것은?

피해자는 G기업에 설치된 소각로 하부에서 정비 작업을 진행 중이었다. 그러다 소각재 및 이물질을 하부 배출구로 밀어주는 4번 푸셔가 정상 작동되지 않았고, 피해자는 경고판을 무시한 채 전원부의 차단 없이 에어건을 사용하여 작업을 진행하다 갑자기 작동된 4번 푸셔에 상체가 끼어 사망하게 되었다.

① 근로자 상호 간에 불안전한 행동을 지적하여 안전에 대한 이해를 증진시킨다.
② 설비의 정비, 청소 등의 작업 시 근로자가 위험해질 우려가 있는 경우 설비를 정지시킨다.
③ 설비의 운전을 정지하였을 때 타인이 설비를 운전하는 것을 방지한다.
④ 끼임에 대한 위험성이 있는 장소에는 방호울이나 방책을 설치한다.
⑤ 기계가 양호한 상태로 작동되도록 유지 관리를 한다.

※ 사내 식당을 운영하는 G씨는 냉장고를 새로 구입하였다. 다음 설명서를 읽고 이어지는 질문에 답하시오. [65~66]

■ 설치 주의사항

- 바닥이 튼튼하고 고른지 확인하십시오(진동과 소음의 원인이 되며, 문의 개폐 시 냉장고가 넘어져 다칠 수 있습니다).
- 주위와 적당한 간격을 유지해 주십시오(주위와의 간격이 좁으면 냉각력이 떨어지고 전기료가 많이 나오게 됩니다).
- 열기가 있는 곳은 피하십시오(주위 온도가 높으면 냉각력이 떨어지고 전기료가 많이 나오게 됩니다).
- 습기가 적고 통풍이 잘되는 곳에 설치해 주십시오(습한 곳이나 물이 묻기 쉬운 곳은 제품이 녹이 슬거나 감전의 원인이 됩니다).
- 누전으로 인한 사고를 방지하기 위해 반드시 접지하십시오.

※ 접지단자가 있는 경우 : 별도의 접지가 필요 없습니다.

※ 접지단자가 없는 경우 : 접지단자가 없는 AC220V의 콘센트에 사용할 경우는 구리판에 접지선을 연결한 후 땅속에 묻어 주세요.

※ 접지할 수 없는 장소의 경우 : 식당이나 지하실 등 물기가 많거나 접지할 수 없는 곳에는 누전차단기(정격전류 15mA, 정격부동작 전류 7.5mA)를 구입하여 콘센트에 연결하여 사용하세요.

■ 고장신고 전 확인사항

증상	확인	해결
냉동, 냉장이 전혀 되지 않을 때	정전이 되지 않았습니까?	다른 제품의 전원을 확인하세요.
	전원 플러그가 콘센트에서 빠져있지 않습니까?	전원코드를 콘센트에 바르게 연결해 주세요.
냉동, 냉장이 잘 되지 않을 때	냉장실 온도조절이 '약'으로 되어 있지 않습니까?	온도조절을 '중' 이상으로 맞춰 주세요.
	직사광선을 받거나 가스레인지 등 열기구 근처에 있지 않습니까?	설치 장소를 확인해 주세요.
	뜨거운 식품을 식히지 않고 넣지 않았습니까?	뜨거운 음식은 곧바로 넣지 마시고 식혀서 넣어 주세요.
	식품을 너무 많이 넣지 않았습니까?	식품은 적당한 간격을 두고 넣어 주세요.
	문은 완전히 닫혀 있습니까?	보관 음식이 문에 끼이지 않게 한 후 문을 꼭 닫아 주세요.
	냉장고 주위에 적당한 간격이 유지되어 있습니까?	주위에 적당한 간격을 주세요.
냉장실 식품이 얼 때	냉장실 온도조절이 '강'에 있지 않습니까?	온도조절을 '중' 이하로 낮춰 주세요.
	수분이 많고 얼기 쉬운 식품을 냉기가 나오는 입구에 넣지 않았습니까?	수분이 많고 얼기 쉬운 식품은 선반의 바깥쪽에 넣어 주세요.
소음이 심하고 이상한 소리가 날 때	냉장고 설치장소의 바닥이 약하거나 불안정하게 설치되어 있습니까?	바닥이 튼튼하고 고른 곳에 설치하세요.
	냉장고 뒷면이 벽에 닿지 않았습니까?	주위에 적당한 간격을 주세요.
	냉장고 뒷면에 물건이 떨어져 있지 않습니까?	물건을 치워 주세요.
	냉장고 위에 물건이 올려져 있지 않습니까?	무거운 물건을 올리지 마세요.

65 **G씨는 설명서를 참고하여 사내 식당에 냉장고를 설치하고자 한다. 다음 중 장소 선정 시 고려해야 할 사항으로 가장 적절한 것은?**

① 접지단자가 있는지 확인하고, 접지단자가 없으면 누전차단기를 준비한다.
② 접지단자가 있는지 확인하고, 접지할 수 없는 장소일 경우 구리판을 준비한다.
③ 습기가 적고, 외부의 바람이 완전히 차단되는 곳인지 확인한다.
④ 빈틈없이 냉장고가 들어갈 수 있는 공간이 있는지 확인한다.
⑤ 냉장고 설치 주변의 온도가 어느 정도인지 확인한다.

PART 2

66 **G씨는 냉장고 사용 중에 심한 소음과 함께 이상한 소리를 들었다. 다음 중 소음이 심하고 이상한 소리가 나는 원인으로 가장 적절한 것은?**

① 보관음식이 문에 끼여서 문이 완전히 닫혀 있지 않았다.
② 냉장실 온도조절이 '약'으로 되어 있었다.
③ 냉장고 뒷면이 벽에 닿아 있었다.
④ 뜨거운 식품을 식히지 않고 넣었다.
⑤ 냉장실 온도조절이 '강'으로 되어 있었다.

※ 다음은 신입사원에게 사내전화기 사용법을 알려주기 위한 매뉴얼이다. 이어지는 질문에 답하시오. [67~68]

〈사내전화기 사용방법〉

■ 전화걸기
- 수화기를 들고 전화번호를 입력한 후 2초간 기다리거나 [#] 버튼을 누른다.
- 이전 통화자와 다시 통화하기를 원하면 수화기를 들고 [재다이얼] 버튼을 누른다.
- 통화 중인 상태에서 다른 곳으로 전화를 걸기 원하면 [메뉴 / 보류] 버튼을 누른 뒤 새로운 번호를 입력한 후 2초간 기다리거나 [#] 버튼을 누른다. 다시 이전 통화자와 연결을 원하면 [메뉴 / 보류] 버튼을 누른다.

■ 전화받기
- 벨이 울릴 때 수화기를 들어 올린다.
- 통화 중에 다른 전화를 받기를 원하면 [메뉴 / 보류] 버튼을 누른다. 다시 이전 통화자와 연결을 원하면 [메뉴 / 보류] 버튼을 누른다.

■ 통화내역 확인
- [통화내역] 버튼을 누르면 LCD 창에 '발신', '수신', '부재중' 3가지 메뉴가 뜨며, [볼륨조절] 버튼으로 원하는 메뉴에 위치한 후 [통화내역] 버튼을 눌러 내용을 확인한다.

■ 당겨받기
- 다른 전화가 울릴 때 자신의 전화로 받을 수 있는 기능이며, 동일 그룹 안에 있는 경우만 가능하다.
- 수화기를 들고 [당겨받기] 버튼을 누른다.

■ 돌려주기
- 걸려온 전화를 다른 전화기로 돌려주는 기능이다.
- 통화 중일 때 [돌려주기] 버튼을 누른 뒤 돌려줄 번호를 입력하고 [#] 버튼을 누르면 새 통화가 연결되며, 그 후에 수화기를 내려놓는다.
- 즉시 돌려주기를 할 경우에는 위 통화 중일 때 [돌려주기] 버튼을 누른 후 돌려줄 번호를 입력하고 수화기를 내려놓는다.

■ 3자통화
- 동시에 3인과 통화할 수 있는 기능이다.
- 통화 중일 때 [메뉴 / 보류] 버튼을 누르고 통화할 번호를 입력한 후, [#] 버튼을 눌러 새 통화가 연결되면 [3자통화] 버튼을 누른다.
- 통화 중일 때 다른 전화가 걸려 왔다면, [메뉴 / 보류] 버튼을 누른 후 새 통화가 연결되면 [3자통화] 버튼을 누른다.

■ 수신전환
- 전화가 오면 다른 전화기로 받을 수 있도록 하는 기능으로, 무조건 · 통화중 · 무응답 세 가지 방법으로 설정할 수 있다.
- 전화기 내 [수신전환] 버튼을 누른 뒤 [볼륨조절] 버튼으로 전환방법을 선택한 후 [통화내역] 버튼을 누르고 다른 전화기 번호를 입력한 후 다시 [통화내역] 버튼을 누른다.
- 해제할 경우에는 [수신전환] 버튼을 누르고 [볼륨조절] 버튼으로 '사용 안 함' 메뉴에 위치한 후 [통화내역] 버튼을 누른다.

67 오늘 첫 출근한 귀하에게 선배 사원은 별다른 설명 없이 전화기 사용법 매뉴얼을 건네주었다. 매뉴얼을 한 번 다 읽어본 후에 마침 옆 테이블에 있는 전화기가 울렸다. 그러나 주변에는 아무도 없었다. 이런 상황에서 전화기의 어떤 기능을 활용하면 되는가?

① 전화걸기
② 3자통화
③ 돌려주기
④ 당겨받기
⑤ 수신전환

68 귀하가 근무한 지 벌써 두 달이 지나 새로운 인턴사원이 입사하게 되었다. 귀하가 새로운 인턴에게 전화기 사용법 매뉴얼을 전달하고자 한다. 더욱 쉽게 이해할 수 있도록 그림을 추가하고자 할 때, 다음 중 전화걸기 항목에 들어갈 그림으로 옳은 것은?

①

②

③

④

⑤
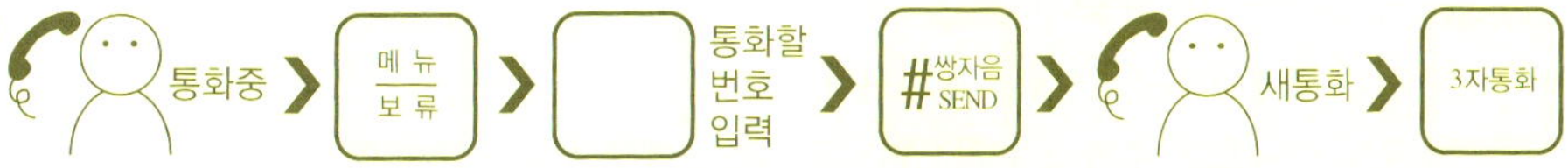

69 다음 글의 빈칸에 들어갈 용어로 가장 적절한 것은?

_______________ 분야에서 유망한 기술로 전망되는 것은 지능형 로봇 분야이다. 지능형 로봇이란 외부 환경을 인식하여 스스로 상황을 판단하여 자율적으로 동작하는 기계 시스템을 말한다. 지능형 로봇은 소득 2만 달러 시대를 선도할 미래 유망산업으로 발전할 것이며, 타 분야에 대한 기술적 파급 효과가 큰 첨단 기술의 복합체이다. 산업적 측면에서 볼 때 지능형 로봇 분야는 자동차 산업 규모 이상의 성장 잠재력을 가지고 있으며, 기술 혁신과 신규투자가 유망한 신산업으로, 국내 로봇 산업은 국내 시장 규모 100조 원을 달성할 것으로 예측되고 있다.
최근에는 기술혁신과 사회적 패러다임의 변화에 따라 인간 공존, 삶의 질 향상을 이룩하기 위한 새로운 '지능형 로봇'의 개념이 나타나고 있다. 지능형 로봇은 최근 IT기술의 융복합화, 지능화 추세에 따라 점차 네트워크를 통한 로봇의 기능 분산, 가상 공간 내에서의 동작 등 IT와 융합한 '네트워크 기반 로봇'의 개념을 포함하고 있다.
일본이 산업형 로봇 시장을 주도하였다면, IT기술이 접목되는 지능형 로봇은 우리나라가 주도할 수 있도록 국가 발전 전략에 따라 지능형 로봇 분야를 국가 성장 동력산업으로 육성하고 있다.

① 토목공학
② 환경공학
③ 생체공학
④ 전기전자공학
⑤ 자원공학

70 다음 글에서 설명하는 기술혁신의 특성으로 가장 적절한 것은?

새로운 기술을 개발하기 위한 아이디어의 원천이나 신제품에 대한 소비자의 수요, 기술개발의 결과 등은 예측하기가 매우 어렵기 때문에 기술개발의 목표나 일정, 비용, 지출, 수익 등에 대한 사전계획을 세우기란 쉽지 않다. 또 이러한 사전계획을 세운다고 하더라도 모든 기술혁신의 성공이 사전 의도나 계획대로 이루어지진 않는다. 때로는 그러한 성공들은 우연한 기회에 이루어지기도 하기 때문이다.

① 장기간의 시간을 필요로 한다.
② 매우 불확실하다.
③ 지식 집약적인 활동이다.
④ 기업 내에서 많은 논쟁을 유발한다.
⑤ 부서 단독으로 수행되지 않으며, 조직의 경계를 넘나든다.

71 다음 글을 참고할 때 1차 자료에 해당하지 않는 것은?

> 정보는 기업이나 어떤 조직을 운영하는 데 있어서 중요한 자원으로, 의사결정을 하거나 문제의 답을 알아내고자 할 때 활용하는데, 이러한 정보는 크게 1차 자료와 2차 자료로 구분되어진다. 1차 자료란 원래의 연구 성과가 기록된 자료이며, 2차 자료란 이러한 1차 자료를 효과적으로 찾아보기 위해 1차 자료의 정보를 압축하여 정리해 놓은 것을 뜻한다.

① 학술지 논문
② 연구보고서
③ 단행본
④ 정기간행물
⑤ 신문

72 다음 프로그램의 실행 결과로 옳은 것은?

```
#include <stdio.h>
int main()
{
    int sum = 0;
    int x;
    for(x = 1;x < = 100;x++)
        sum+=x;
    printf("1 + 2 + … + 100 = %d\n", sum);
      return 0;
 }
```

① 5010
② 5020
③ 5040
④ 5050
⑤ 6000

73 다음 중 Windows에 설치된 프린터의 [인쇄 관리자] 창에서 할 수 있는 작업으로 옳지 않은 것은?

① 인쇄 중인 문서도 강제로 종료시킬 수 있다.
② 인쇄 중인 문서를 일시 중지하고 다른 프린터로 출력하도록 할 수 있다.
③ 현재 사용 중인 프린터를 기본 프린터로 설정할 수 있다.
④ 현재 사용 중인 프린터를 공유하도록 설정할 수 있다.
⑤ 현재 사용 중인 프린터의 기본 설정을 변경할 수 있다.

※ G공사에 근무 중인 S사원은 체육대회를 준비하고 있다. S사원은 체육대회에 사용될 물품 구입비를 다음과 같이 엑셀로 정리하였다. 이어지는 질문에 답하시오. **[74~75]**

	A	B	C	D	E
1	구분	물품	개수	단가(원)	비용(원)
2	의류	A팀 체육복	15	20,000	300,000
3	식품류	과자	40	1,000	40,000
4	식품류	이온음료수	50	2,000	100,000
5	의류	B팀 체육복	13	23,000	299,000
6	상품	수건	20	4,000	80,000
7	상품	USB	10	10,000	100,000
8	의류	C팀 체육복	14	18,000	252,000
9	식품류	김밥	30	3,000	90,000

74 S사원은 표에서 단가가 두 번째로 높은 물품의 금액을 구하고자 한다. 다음 중 S사원이 입력해야 할 함수로 옳은 것은?

① =MAX(D2:D9,2)

② =MIN(D2:D9,2)

③ =MID(D2:D9,2)

④ =LARGE(D2:D9,2)

⑤ =INDEX(D2:D9,2)

75 S사원은 구입물품 중 의류의 총개수를 구하고자 한다. 다음 중 S사원이 입력해야 할 함수로 옳은 것은?

① =SUMIF(A2:A9,A2,C2:C9)

② =COUNTIF(C2:C9,C2)

③ =VLOOKUP(A2,A2:A9,1,0)

④ =HLOOKUP(A2,A2:A9,1,0)

⑤ =AVERAGEIF(A2:A9,A2,C2:C9)

76 다음 프로그램의 실행 결과로 나온 값의 합을 구하면?

```
#include <studio.h>

int main( )
{
    printf("%d\n", 1%3);
    printf("%d\n", 2%3);
    printf("%d\n", 3%3);
    printf("%d\n", 4%3);
    printf("%d\n", 5%3);
    printf(""%d\n", 6%3);

    return 0;
}
```

① 3　　② 4
③ 5　　④ 6
⑤ 7

77 다음 상황에서 B사원이 제시해야 할 해결 방안으로 가장 적절한 것은?

A팀장 : 어제 부탁한 보고서 작성은 다 됐나?
B사원 : 네, 제 컴퓨터의 '문서' 폴더를 공유해 놓았으니 보고서를 내려받으시면 됩니다.
A팀장 : 내 컴퓨터의 인터넷은 잘 되는데, 혹시 자네 인터넷이 지금 문제가 있나?
B사원 : (모니터를 들여다보며) 아닙니다. 잘 되는데요?
A팀장 : 네트워크 그룹에서 자네의 컴퓨터만 나타나지 않네. 어떻게 해야 하지?

① 공유폴더의 사용권한 수준을 '소유자'로 지정해야 합니다.
② 화면 보호기를 재설정해야 합니다.
③ 디스크 검사를 실행해야 합니다.
④ 네트워크상 작업 그룹명을 동일하게 해야 합니다.
⑤ 컴퓨터를 다시 시작해야 합니다.

78 G공사에서 근무하고 있는 T사원은 2025년 2월 발전소별 생산실적을 엑셀을 이용해 정리하려고 한다. 다음 (A)~(E) 셀에 T사원이 입력해야 할 함수로 옳지 않은 것은?

	A	B	C	D	E	F	G
1							
2		2025년 2월 발전소별 생산실적					
3							
4		구분	열용량(Gcal)	전기용량(MW)	열생산량(Gcal)	발전량(MWH)	발전량의 순위
5		파주	404	516	144,600	288,111	(B)
6		판교	172	146	94,657	86,382	
7		광교	138	145	27,551	17	
8		수원	71	43	42,353	321,519	
9		화성	407	512	141,139	6,496	
10		청주	105	61	32,510	4,598	
11		대구	71	44	46,477	753	
12		삼송	103	99	2,792	4,321	
13		평균		(A)	(E)		
14							
15					열용량의 최댓값(Gcal)	열생산량 중 세 번째로 높은 값(Gcal)	
16					(C)	(D)	

① (A) : =AVERAGE(D5:D12)

② (B) : =RANK(F5,$F$5:$F$12,1)

③ (C) : =MAX(C5:C12)

④ (D) : =LARGE(E5:E12,3)

⑤ (E) : =AVERAGE(E5:E12)

79 다음 시트에서 [A7] 셀에 수식 「=$A$1+$A2」를 입력한 후 [A7] 셀을 복사하여 [C8] 셀에 붙여넣기 했을 때, [C8] 셀에 표시되는 결과로 옳은 것은?

	A	B	C
1	1	2	3
2	2	4	6
3	3	6	9
4	4	8	12
5	5	10	15
6			
7			
8			

① 3
② 4
③ 7
④ 10
⑤ 15

80 다음 중 파일 삭제 시 파일이 [휴지통]에 임시 보관되어 복원이 가능한 경우는?

① 바탕 화면에 있는 파일을 [휴지통]으로 드래그 앤 드롭하여 삭제한 경우
② USB 메모리에 저장되어 있는 파일을 〈Delete〉로 삭제한 경우
③ 네트워크 드라이브의 파일을 바로 가기 메뉴의 [삭제]를 클릭하여 삭제한 경우
④ [휴지통]의 크기를 0%로 설정한 후 [내 문서] 폴더 안의 파일을 삭제한 경우
⑤ 네트워크 드라이브 폴더를 〈Shift〉+〈Delete〉로 삭제한 경우

배우기만 하고 생각하지 않으면 얻는 것이 없고,
생각만 하고 배우지 않으면 위태롭다.

– 공자 –

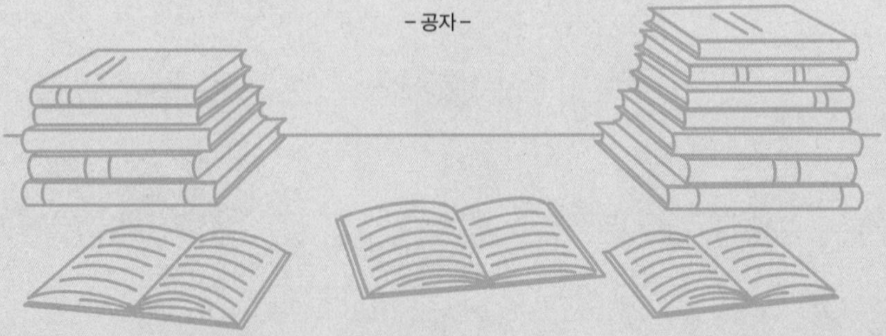

PART 3

채용 가이드

CHAPTER

01 블라인드 채용 소개

1. 블라인드 채용이란?

채용 과정에서 편견이 개입되어 불합리한 차별을 야기할 수 있는 출신지, 가족관계, 학력, 외모 등의 편견요인은 제외하고, 직무능력만을 평가하여 인재를 채용하는 방식입니다.

2. 블라인드 채용의 필요성

- 채용의 공정성에 대한 사회적 요구
  - 누구에게나 직무능력만으로 경쟁할 수 있는 균등한 고용기회를 제공해야 하나, 아직도 채용의 공정성에 대한 불신이 존재
  - 채용상 차별금지에 대한 법적 요건이 권고적 성격에서 처벌을 동반한 의무적 성격으로 강화되는 추세
  - 시민의식과 지원자의 권리의식 성숙으로 차별에 대한 법적 대응 가능성 증가
- 우수인재 채용을 통한 기업의 경쟁력 강화 필요
  - 직무능력과 무관한 학벌, 외모 위주의 선발로 우수인재 선발기회 상실 및 기업경쟁력 약화
  - 채용 과정에서 차별 없이 직무능력중심으로 선발한 우수인재 확보 필요
- 공정한 채용을 통한 사회적 비용 감소 필요
  - 편견에 의한 차별적 채용은 우수인재 선발을 저해하고 외모·학벌 지상주의 등의 심화로 불필요한 사회적 비용 증가
  - 채용에서의 공정성을 높여 사회의 신뢰수준 제고

3. 블라인드 채용의 특징

편견요인을 요구하지 않는 대신 직무능력을 평가합니다.

※ 직무능력중심 채용이란?

기업의 역량기반 채용, NCS기반 능력중심 채용과 같이 직무수행에 필요한 능력과 역량을 평가하여 선발하는 채용방식을 통칭합니다.

4. 블라인드 채용의 평가요소

직무수행에 필요한 지식, 기술, 태도 등을 과학적인 선발기법을 통해 평가합니다.

평가기준 = 직무수행에 필요한 직무능력

※ 과학적 선발기법이란?
직무분석을 통해 도출된 평가요소를 서류, 필기, 면접 등을 통해 체계적으로 평가하는 방법으로 입사지원서, 자기소개서, 직무수행능력평가, 구조화 면접 등이 해당됩니다.

5. 블라인드 채용 주요 도입 내용

- 입사지원서에 인적사항 요구 금지
  - 인적사항에는 출신지역, 가족관계, 결혼여부, 재산, 취미 및 특기, 종교, 생년월일(연령), 성별, 신장 및 체중, 사진, 전공, 학교명, 학점, 외국어 점수, 추천인 등이 해당
  - 채용 직무를 수행하는 데 있어 반드시 필요하다고 인정될 경우는 제외

    예 특수경비직 채용 시 : 시력, 건강한 신체 요구
    연구직 채용 시 : 논문, 학위 요구 등
- 블라인드 면접 실시
  - 면접관에게 응시자의 출신지역, 가족관계, 학교명 등 인적사항 정보 제공 금지
  - 면접관은 응시자의 인적사항에 대한 질문 금지

6. 블라인드 채용 도입의 효과성

- 구성원의 다양성과 창의성이 높아져 기업 경쟁력 강화
  - 편견을 없애고 직무능력 중심으로 선발하므로 다양한 직원 구성 가능
  - 다양한 생각과 의견을 통하여 기업의 창의성이 높아져 기업경쟁력 강화
- 직무에 적합한 인재선발을 통한 이직률 감소 및 만족도 제고
  - 사전에 지원자들에게 구체적이고 상세한 직무요건을 제시함으로써 허수 지원이 낮아지고, 직무에 적합한 지원자 모집 가능
  - 직무에 적합한 인재가 선발되어 직무이해도가 높아져 업무효율 증대 및 만족도 제고
- 채용의 공정성과 기업이미지 제고
  - 블라인드 채용은 사회적 편견을 줄인 선발 방법으로 기업에 대한 사회적 인식 제고
  - 채용과정에서 불합리한 차별을 받지 않고 실력에 의해 공정하게 평가를 받을 것이라는 믿음을 제공하고, 지원자들은 평등한 기회와 공정한 선발과정 경험

CHAPTER

02 서류전형 가이드

01 채용공고문

1. 채용공고문의 변화

기존 채용공고문	변화된 채용공고문
• 취업준비생에게 불충분하고 불친절한 측면 존재 • 모집분야에 대한 명확한 직무관련 정보 및 평가기준 부재 • 해당분야에 지원하기 위한 취업준비생의 무분별한 스펙 쌓기 현상 발생	• NCS 직무분석에 기반한 채용공고를 토대로 채용전형 진행 • 지원자가 입사 후 수행하게 될 업무에 대한 자세한 정보 공지 • 직무수행내용, 직무수행 시 필요한 능력, 관련된 자격, 직업기초능력 제시 • 지원자가 해당 직무에 필요한 스펙만을 준비할 수 있도록 안내
• 모집부문 및 응시자격 • 지원서 접수 • 전형절차 • 채용조건 및 처우 • 기타사항	• 채용절차 • 채용유형별 선발분야 및 예정인원 • 전형방법 • 선발분야별 직무기술서 • 우대사항

2. 지원 유의사항 및 지원요건 확인

채용 직무에 따른 세부사항을 공고문에 명시하여 지원자에게 적격한 지원 기회를 부여함과 동시에 채용과정에서의 공정성과 신뢰성을 확보합니다.

구성	내용	확인사항
모집분야 및 규모	고용형태(인턴 계약직 등), 모집분야, 인원, 근무지역 등	채용직무가 여러 개일 경우 본인이 해당되는 직무의 채용규모 확인
응시자격	기본 자격사항, 지원조건	지원을 위한 최소자격요건을 확인하여 불필요한 지원을 예방
우대조건	법정·특별·자격증 가점	본인의 가점 여부를 검토하여 가점 획득을 위한 사항을 사실대로 기재
근무조건 및 보수	고용형태 및 고용기간, 보수, 근무지	본인이 생각하는 기대수준에 부합하는지 확인하여 불필요한 지원을 예방
시험방법	서류·필기·면접전형 등의 활용방안	전형방법 및 세부 평가기법 등을 확인하여 지원전략 준비
전형일정	접수기간, 각 전형 단계별 심사 및 합격자 발표일 등	본인의 지원 스케줄을 검토하여 차질이 없도록 준비
제출서류	입사지원서(경력·경험기술서 등), 각종 증명서 및 자격증 사본 등	지원요건 부합 여부 및 자격 증빙서류 사전에 준비
유의사항	임용취소 등의 규정	임용취소 관련 법적 또는 기관 내부 규정을 검토하여 해당여부 확인

02 직무기술서

직무기술서란 직무수행의 내용과 필요한 능력, 관련 자격, 직업기초능력 등을 상세히 기재한 것으로 입사 후 수행하게 될 업무에 대한 정보가 수록되어 있는 자료입니다.

1. 채용분야

설명

NCS 직무분류 체계에 따라 직무에 대한 「대분류 – 중분류 – 소분류 – 세분류」 체계를 확인할 수 있습니다. 채용 직무에 대한 모든 직무기술서를 첨부하게 되며 실제 수행 업무를 기준으로 세부적인 분류정보를 제공합니다.

채용분야	분류체계			
사무행정	대분류	중분류	소분류	세분류
분류코드	02. 경영·회계·사무	03. 재무·회계	01. 재무	01. 예산
				02. 자금
			02. 회계	01. 회계감사
				02. 세무

2. 능력단위

설명

직무분류 체계의 세분류 하위능력단위 중 실질적으로 수행할 업무의 능력만 구체적으로 파악할 수 있습니다.

능력단위	(예산)	03. 연간종합예산수립 05. 확정예산 운영	04. 추정재무제표 작성 06. 예산실적 관리
	(자금)	04. 자금운용	
	(회계감사)	02. 자금관리 05. 회계정보시스템 운용 07. 회계감사	04. 결산관리 06. 재무분석
	(세무)	02. 결산관리 07. 법인세 신고	05. 부가가치세 신고

3. 직무수행내용

설명

세분류 영역의 기본정의를 통해 직무수행내용을 확인할 수 있습니다. 입사 후 수행할 직무내용을 구체적으로 확인할 수 있으며, 이를 통해 입사서류 작성부터 면접까지 직무에 대한 명확한 이해를 바탕으로 자신의 희망직무인지 아닌지, 해당 직무가 자신이 알고 있던 직무가 맞는지 확인할 수 있습니다.

직무수행내용	(예산) 일정기간 예상되는 수익과 비용을 편성, 집행하며 통제하는 일
	(자금) 자금의 계획 수립, 조달, 운용을 하고 발생 가능한 위험 관리 및 성과평가
	(회계감사) 기업 및 조직 내·외부에 있는 의사결정자들이 효율적인 의사결정을 할 수 있도록 유용한 정보를 제공, 제공된 회계정보의 적정성을 파악하는 일
	(세무) 세무는 기업의 활동을 위하여 주어진 세법범위 내에서 조세부담을 최소화시키는 조세전략을 포함하고 정확한 과세소득과 과세표준 및 세액을 산출하여 과세당국에 신고·납부하는 일

4. 직무기술서 예시

태도	(예산) 정확성, 분석적 태도, 논리적 태도, 타 부서와의 협조적 태도, 설득력
	(자금) 분석적 사고력
	(회계 감사) 합리적 태도, 전략적 사고, 정확성, 적극적 협업 태도, 법률준수 태도, 분석적 태도, 신속성, 책임감, 정확한 판단력
	(세무) 규정 준수 의지, 수리적 정확성, 주의 깊은 태도
우대 자격증	공인회계사, 세무사, 컴퓨터활용능력, 변호사, 워드프로세서, 전산회계운용사, 사회조사분석사, 재경관리사, 회계관리 등
직업기초능력	의사소통능력, 문제해결능력, 자원관리능력, 대인관계능력, 정보능력, 조직이해능력

5. 직무기술서 내용별 확인사항

항목	확인사항
모집부문	해당 채용에서 선발하는 부문(분야)명 확인 예 사무행정, 전산, 전기
분류체계	지원하려는 분야의 세부직무군 확인
주요기능 및 역할	지원하려는 기업의 전사적인 기능과 역할, 산업군 확인
능력단위	지원분야의 직무수행에 관련되는 세부업무사항 확인
직무수행내용	지원분야의 직무군에 대한 상세사항 확인
전형방법	지원하려는 기업의 신입사원 선발전형 절차 확인
일반요건	교육사항을 제외한 지원 요건 확인(자격요건, 특수한 경우 연령)
교육요건	교육사항에 대한 지원요건 확인(대졸 / 초대졸 / 고졸 / 전공 요건)
필요지식	지원분야의 업무수행을 위해 요구되는 지식 관련 세부항목 확인
필요기술	지원분야의 업무수행을 위해 요구되는 기술 관련 세부항목 확인
직무수행태도	지원분야의 업무수행을 위해 요구되는 태도 관련 세부항목 확인
직업기초능력	지원분야 또는 지원기업의 조직원으로서 근무하기 위해 필요한 일반적인 능력사항 확인

03 입사지원서

1. 입사지원서의 변화

기존지원서		능력중심 채용 입사지원서
직무와 관련 없는 학점, 개인신상, 어학점수, 자격, 수상경력 등을 나열하도록 구성	VS	해당 직무수행에 꼭 필요한 정보들을 제시할 수 있도록 구성

기존지원서		능력중심 채용 입사지원서	
직무기술서	→	인적사항	성명, 연락처, 지원분야 등 작성 (평가 미반영)
직무수행내용		교육사항	직무지식과 관련된 학교교육 및 직업교육 작성
요구지식 / 기술		자격사항	직무관련 국가공인 또는 민간자격 작성
관련 자격증		경력 및 경험사항	조직에 소속되어 일정한 임금을 받거나(경력) 임금 없이(경험) 직무와 관련된 활동 내용 작성
사전직무경험			

2. 교육사항

- 지원분야 직무와 관련된 학교 교육이나 직업교육 혹은 기타교육 등 직무에 대한 지원자의 학습 여부를 평가하기 위한 항목입니다.
- 지원하고자 하는 직무의 학교 전공교육 이외에 직업교육, 기타교육 등을 기입할 수 있기 때문에 전공 제한 없이 직업교육과 기타교육을 이수하여 지원이 가능하도록 기회를 제공합니다.
  (기타교육 : 학교 이외의 기관에서 개인이 이수한 교육과정 중 지원직무와 관련이 있다고 생각되는 교육내용)

구분	교육과정(과목)명	교육내용	과업(능력단위)

3. 자격사항

- 채용공고 및 직무기술서에 제시되어 있는 자격 현황을 토대로 지원자가 해당 직무를 수행하는 데 필요한 능력을 가지고 있는지를 평가하기 위한 항목입니다.
- 채용공고 및 직무기술서에 기재된 직무관련 필수 또는 우대자격 항목을 확인하여 본인이 보유하고 있는 자격사항을 기재합니다.

자격유형	자격증명	발급기관	취득일자	자격증번호

4. 경력 및 경험사항

- 직무와 관련된 경력이나 경험 여부를 표현하도록 하여 직무와 관련한 능력을 갖추었는지를 평가하기 위한 항목입니다.
- 해당 기업에서 직무를 수행함에 있어 필요한 사항만을 기록하게 되어 있기 때문에 직무와 무관한 스펙을 갖추지 않아도 됩니다.
- 경력 : 금전적 보수를 받고 일정기간 동안 일했던 경우
- 경험 : 금전적 보수를 받지 않고 수행한 활동

※ 기업에 따라 경력 / 경험 관련 증빙자료 요구 가능

구분	조직명	직위 / 역할	활동기간(년 / 월)	주요과업 / 활동내용

Tip

입사지원서 작성 방법

○ 경력 및 경험사항 작성
- 직무기술서에 제시된 지식, 기술, 태도와 지원자의 교육사항, 경력(경험)사항, 자격사항과 연계하여 개인의 직무역량에 대해 스스로 판단 가능

○ 인적사항 최소화
- 개인의 인적사항, 학교명, 가족관계 등을 노출하지 않도록 유의

부적절한 입사지원서 작성 사례

- 학교 이메일을 기입하여 학교명 노출
- 거주지 주소에 학교 기숙사 주소를 기입하여 학교명 노출
- 자기소개서에 부모님이 재직 중인 기업명, 직위, 직업을 기입하여 가족관계 노출
- 자기소개서에 석·박사 과정에 대한 이야기를 언급하여 학력 노출
- 동아리 활동에 대한 내용을 학교명과 더불어 언급하여 학교명 노출

04 자기소개서

1. 자기소개서의 변화

- 기존의 자기소개서는 지원자의 일대기나 관심 분야, 성격의 장·단점 등 개괄적인 사항을 묻는 질문으로 구성되어 지원자가 자신의 직무능력을 제대로 표출하지 못합니다.
- 능력중심 채용의 자기소개서는 직무기술서에 제시된 직업기초능력(또는 직무수행능력)에 대한 지원자의 과거 경험을 기술하게 함으로써 평가 타당도의 확보가 가능합니다.

1. 우리 회사와 해당 지원 직무분야에 지원한 동기에 대해 기술해 주세요.

2. 자신이 경험한 다양한 사회활동에 대해 기술해 주세요.

3. 지원 직무에 대한 전문성을 키우기 위해 받은 교육과 경험 및 경력사항에 대해 기술해 주세요.

4. 인사업무 또는 팀 과제 수행 중 발생한 갈등을 원만하게 해결해 본 경험이 있습니까? 당시 상황에 대한 설명과 갈등의 대상이 되었던 상대방을 설득한 과정 및 방법을 기술해 주세요.

5. 과거에 있었던 일 중 가장 어려웠었던(힘들었었던) 상황을 고르고, 어떤 방법으로 그 상황을 해결했는지를 기술해 주세요.

PART 3

Tip

자기소개서 작성 방법

① 자기소개서 문항이 묻고 있는 평가 역량 추측하기

> 예시
>
> • 팀 활동을 하면서 갈등 상황 시 상대방의 니즈나 의도를 명확히 파악하고 해결하여 목표 달성에 기여했던 경험에 대해서 작성해 주시기 바랍니다.
>
> • 다른 사람이 생각해내지 못했던 문제점을 찾고 이를 해결한 경험에 대해 작성해 주시기 바랍니다.

② 해당 역량을 보여줄 수 있는 소재 찾기(시간×역량 매트릭스)

예시

시간 (→)

평가역량 (↓)

	2021년	2022년	2023년	2024년
도전정신	*대학 발표수업*	*대학 발표수업*	~~*다이어트 (헬스)*~~	
대인관계	*대학 발표수업*	*대학 발표수업*		*경영 동아리*
의사소통	*편의점 아르바이트*	~~*군대 작업*~~	*봉사 동아리*	
직무역량			*경영 동아리*	*Book Study*
…				

③ 자기소개서 작성 Skill 익히기

- 두괄식으로 작성하기
- 구체적 사례를 사용하기
- '나'를 중심으로 작성하기
- 직무역량 강조하기
- 경험 사례의 차별성 강조하기

CHAPTER

03 인성검사 소개 및 모의테스트

01 인성검사 유형

인성검사는 지원자의 성격특성을 객관적으로 파악하고 그것이 각 기업에서 필요로 하는 인재상과 가치에 부합하는가를 평가하기 위한 검사입니다. 인성검사는 KPDI(한국인재개발진흥원), K-SAD(한국사회적성개발원), KIRBS(한국행동과학연구소), SHR(에스에이치알) 등의 전문기관을 통해 각 기업의 특성에 맞는 검사를 선택하여 실시합니다. 대표적인 인성검사의 유형에는 크게 다음과 같은 세 가지가 있으며, 채용 대행업체에 따라 달라집니다.

PART 3

1. KPDI 검사

조직적응성과 직무적합성을 알아보기 위한 검사로 인성검사, 인성역량검사, 인적성검사, 직종별 인적성검사 등의 다양한 검사 도구를 구현합니다. KPDI는 성격을 파악하고 정신건강 상태 등을 측정하고, 직무검사는 해당 직무를 수행하기 위해 기본적으로 갖추어야 할 인지적 능력을 측정합니다. 역량검사는 특정 직무 역할을 효과적으로 수행하는 데 직접적으로 관련 있는 개인의 행동, 지식, 스킬, 가치관 등을 측정합니다.

2. KAD(Korea Aptitude Development) 검사

K-SAD(한국사회적성개발원)에서 실시하는 적성검사 프로그램입니다. 개인의 성향, 지적 능력, 기호, 관심, 흥미도를 종합적으로 분석하여 적성에 맞는 업무가 무엇인가 파악하고, 직무수행에 있어서 요구되는 기초능력과 실무능력을 분석합니다.

3. SHR 직무적성검사

직무수행에 필요한 종합적인 사고 능력을 다양한 적성검사(Paper and Pencil Test)로 평가합니다. SHR의 모든 직무능력검사는 표준화 검사입니다. 표준화 검사는 표본집단의 점수를 기초로 규준이 만들어진 검사이므로 개인의 점수를 규준에 맞추어 해석·비교하는 것이 가능합니다. S(Standardized Tests), H(Hundreds of Version), R(Reliable Norm Data)을 특징으로 하며, 직군·직급별 특성과 선발 수준에 맞추어 검사를 적용할 수 있습니다.

02 인성검사와 면접

인성검사는 특히 면접질문과 관련성이 높습니다. 면접관은 지원자의 인성검사 결과를 토대로 질문을 하기 때문입니다. 일관적이고 이상적인 답변을 하는 것이 가장 좋지만, 실제 시험은 매우 복잡하여 전문가라 해도 일정 성격을 유지하면서 답변을 하는 것이 힘듭니다. 또한, 인성검사에는 라이 스케일(Lie Scale) 설문이 전체 설문 속에 교묘하게 섞여 들어가 있으므로 겉치레적인 답을 하게 되면 회답태도의 허위성이 그대로 드러나게 됩니다. 예를 들어 '거짓말을 한 적이 한 번도 없다.'에 '예'로 답하고, '때로는 거짓말을 하기도 한다.'에 '예'라고 답하여 라이 스케일의 득점이 올라가게 되면 모든 회답의 신빙성이 사라지고 '자신을 돋보이게 하려는 사람'이라는 평가를 받을 수 있으므로 주의해야 합니다. 따라서 모의테스트를 통해 인성검사의 유형과 실제 시험 시 어떻게 문제를 풀어야 하는지 연습해 보고 체크한 부분 중 자신의 단점과 연결되는 부분은 면접에서 질문이 들어왔을 때 어떻게 대처해야 하는지 생각해 보는 것이 좋습니다.

03 유의사항

1. 기업의 인재상을 파악하라!

인성검사를 통해 개인의 성격 특성을 파악하고 그것이 기업의 인재상과 가치에 부합하는지를 평가하는 시험이기 때문에 해당 기업의 인재상을 먼저 파악하고 시험에 임하는 것이 좋습니다. 모의테스트에서 인재상에 맞는 가상의 인물을 설정하고 문제에 답해 보는 것도 많은 도움이 됩니다.

2. 일관성 있는 대답을 하라!

짧은 시간 안에 다양한 질문에 답을 해야 하는데, 그 안에는 중복되는 질문이 여러 번 나옵니다. 이때 앞서 자신이 체크했던 대답을 잘 기억해뒀다가 일관성 있는 답을 하는 것이 중요합니다.

3. 모든 문항에 대답하라!

많은 문제를 짧은 시간 안에 풀려다 보니 다 못 푸는 경우도 종종 생깁니다. 하지만 대답을 누락하거나 끝까지 다 못했을 경우 좋지 않은 결과를 가져올 수도 있으니 최대한 주어진 시간 안에 모든 문항에 답할 수 있도록 해야 합니다.

04 KPDI 모의테스트

※ 모의테스트는 질문 및 답변 유형 연습을 위한 것으로 실제 시험과 다를 수 있습니다.
※ 인성검사는 정답이 따로 없는 유형의 검사이므로 결과지를 제공하지 않습니다.

번호	내용	예	아니요
001	나는 솔직한 편이다.	☐	☐
002	나는 리드하는 것을 좋아한다.	☐	☐
003	법을 어겨서 말썽이 된 적이 한 번도 없다.	☐	☐
004	거짓말을 한 번도 한 적이 없다.	☐	☐
005	나는 눈치가 빠르다.	☐	☐
006	나는 일을 주도하기보다는 뒤에서 지원하는 것을 선호한다.	☐	☐
007	앞일은 알 수 없기 때문에 계획은 필요하지 않다.	☐	☐
008	거짓말도 때로는 방편이라고 생각한다.	☐	☐
009	사람이 많은 술자리를 좋아한다.	☐	☐
010	걱정이 지나치게 많다.	☐	☐
011	일을 시작하기 전 재고하는 경향이 있다.	☐	☐
012	불의를 참지 못한다.	☐	☐
013	처음 만나는 사람과도 이야기를 잘 한다.	☐	☐
014	때로는 변화가 두렵다.	☐	☐
015	나는 모든 사람에게 친절하다.	☐	☐
016	힘든 일이 있을 때 술은 위로가 되지 않는다.	☐	☐
017	결정을 빨리 내리지 못해 손해를 본 경험이 있다.	☐	☐
018	기회를 잡을 준비가 되어 있다.	☐	☐
019	때로는 내가 정말 쓸모없는 사람이라고 느낀다.	☐	☐
020	누군가 나를 챙겨주는 것이 좋다.	☐	☐
021	자주 가슴이 답답하다.	☐	☐
022	나는 내가 자랑스럽다.	☐	☐
023	경험이 중요하다고 생각한다.	☐	☐
024	전자기기를 분해하고 다시 조립하는 것을 좋아한다.	☐	☐

025	감시받고 있다는 느낌이 든다.	☐	☐
026	난처한 상황에 놓이면 그 순간을 피하고 싶다.	☐	☐
027	세상엔 믿을 사람이 없다.	☐	☐
028	잘못을 빨리 인정하는 편이다.	☐	☐
029	지도를 보고 길을 잘 찾아간다.	☐	☐
030	귓속말을 하는 사람을 보면 날 비난하고 있는 것 같다.	☐	☐
031	막무가내라는 말을 들을 때가 있다.	☐	☐
032	장래의 일을 생각하면 불안하다.	☐	☐
033	결과보다 과정이 중요하다고 생각한다.	☐	☐
034	운동은 그다지 할 필요가 없다고 생각한다.	☐	☐
035	새로운 일을 시작할 때 좀처럼 한 발을 떼지 못한다.	☐	☐
036	기분 상하는 일이 있더라도 참는 편이다.	☐	☐
037	업무능력은 성과로 평가받아야 한다고 생각한다.	☐	☐
038	머리가 맑지 못하고 무거운 느낌이 든다.	☐	☐
039	가끔 이상한 소리가 들린다.	☐	☐
040	타인이 내게 자주 고민상담을 하는 편이다.	☐	☐

05 SHR 모의테스트

※ 모의테스트는 질문 및 답변 유형 연습을 위한 것으로 실제 시험과 다를 수 있습니다.
※ 인성검사는 정답이 따로 없는 유형의 검사이므로 결과지를 제공하지 않습니다.

※ 이 성격검사의 각 문항에는 서로 다른 행동을 나타내는 네 개의 문장이 제시되어 있습니다. 이 문장들을 비교하여, 자신의 평소 행동과 가장 가까운 문장을 'ㄱ' 열에 표기하고, 가장 먼 문장을 'ㅁ' 열에 표기하십시오.

01 나는 ____________________

	ㄱ	ㅁ
A. 실용적인 해결책을 찾는다.	☐	☐
B. 다른 사람을 돕는 것을 좋아한다.	☐	☐
C. 세부 사항을 잘 챙긴다.	☐	☐
D. 상대의 주장에서 허점을 잘 찾는다.	☐	☐

02 나는 ____________________

	ㄱ	ㅁ
A. 매사에 적극적으로 임한다.	☐	☐
B. 즉흥적인 편이다.	☐	☐
C. 관찰력이 있다.	☐	☐
D. 임기응변에 강하다.	☐	☐

03 나는 ____________________

	ㄱ	ㅁ
A. 무서운 영화를 잘 본다.	☐	☐
B. 조용한 곳이 좋다.	☐	☐
C. 가끔 울고 싶다.	☐	☐
D. 집중력이 좋다.	☐	☐

04 나는 ____________________

	ㄱ	ㅁ
A. 기계를 조립하는 것을 좋아한다.	☐	☐
B. 집단에서 리드하는 역할을 맡는다.	☐	☐
C. 호기심이 많다.	☐	☐
D. 음악을 듣는 것을 좋아한다.	☐	☐

05 나는 ________________

A. 타인을 늘 배려한다.
B. 감수성이 예민하다.
C. 즐겨하는 운동이 있다.
D. 일을 시작하기 전에 계획을 세운다.

	ㄱ	ㅁ
A	☐	☐
B	☐	☐
C	☐	☐
D	☐	☐

06 나는 ________________

A. 타인에게 설명하는 것을 좋아한다.
B. 여행을 좋아한다.
C. 정적인 것이 좋다.
D. 남을 돕는 것에 보람을 느낀다.

	ㄱ	ㅁ
A	☐	☐
B	☐	☐
C	☐	☐
D	☐	☐

07 나는 ________________

A. 기계를 능숙하게 다룬다.
B. 밤에 잠이 잘 오지 않는다.
C. 한 번 간 길을 잘 기억한다.
D. 불의를 보면 참을 수 없다.

	ㄱ	ㅁ
A	☐	☐
B	☐	☐
C	☐	☐
D	☐	☐

08 나는 ________________

A. 종일 말을 하지 않을 때가 있다.
B. 사람이 많은 곳을 좋아한다.
C. 술을 좋아한다.
D. 휴양지에서 편하게 쉬고 싶다.

	ㄱ	ㅁ
A	☐	☐
B	☐	☐
C	☐	☐
D	☐	☐

09 나는 ____________________

	ㄱ	ㅁ
A. 뉴스보다는 드라마를 좋아한다.	☐	☐
B. 길을 잘 찾는다.	☐	☐
C. 주말엔 집에서 쉬는 것이 좋다.	☐	☐
D. 아침에 일어나는 것이 힘들다.	☐	☐

10 나는 ____________________

	ㄱ	ㅁ
A. 이성적이다.	☐	☐
B. 할 일을 종종 미룬다.	☐	☐
C. 어른을 대하는 게 힘들다.	☐	☐
D. 불을 보면 매혹을 느낀다.	☐	☐

11 나는 ____________________

	ㄱ	ㅁ
A. 상상력이 풍부하다.	☐	☐
B. 예의 바르다는 소리를 자주 듣는다.	☐	☐
C. 사람들 앞에 서면 긴장한다.	☐	☐
D. 친구를 자주 만난다.	☐	☐

12 나는 ____________________

	ㄱ	ㅁ
A. 나만의 스트레스 해소 방법이 있다.	☐	☐
B. 친구가 많다.	☐	☐
C. 책을 자주 읽는다.	☐	☐
D. 활동적이다.	☐	☐

04 | 면접전형 가이드

01 면접유형 파악

1. 면접전형의 변화

기존 면접전형에서는 일상적이고 단편적인 대화나 지원자의 첫인상 및 면접관의 주관적인 판단 등에 의해서 입사 결정 여부를 판단하는 경우가 많았습니다. 이러한 면접전형은 면접 내용의 일관성이 결여되거나 직무 관련 타당성이 부족하였고, 면접에 대한 신뢰도에 영향을 주었습니다.

기존 면접(전통적 면접)		능력중심 채용 면접(구조화 면접)
• 일상적이고 단편적인 대화 • 인상, 외모 등 외부 요소의 영향 • 주관적인 판단에 의존한 총점 부여 ⇩ • 면접 내용의 일관성 결여 • 직무관련 타당성 부족 • 주관적인 채점으로 신뢰도 저하	VS	• 일관성 – 직무관련 역량에 초점을 둔 구체적 질문 목록 – 지원자별 동일 질문 적용 • 구조화 – 면접 진행 및 평가 절차를 일정한 체계에 의해 구성 • 표준화 – 평가 타당도 제고를 위한 평가 Matrix 구성 – 척도에 따라 항목별 채점, 개인 간 비교 • 신뢰성 – 면접진행 매뉴얼에 따라 면접위원 교육 및 실습

2. 능력중심 채용의 면접 유형

① 경험 면접
- 목적 : 선발하고자 하는 직무 능력이 필요한 과거 경험을 질문합니다.
- 평가요소 : 직업기초능력과 인성 및 태도적 요소를 평가합니다.

② 상황 면접
- 목적 : 특정 상황을 제시하고 지원자의 행동을 관찰함으로써 실제 상황의 행동을 예상합니다.
- 평가요소 : 직업기초능력과 인성 및 태도적 요소를 평가합니다.

③ 발표 면접
- 목적 : 특정 주제와 관련된 지원자의 발표와 질의응답을 통해 지원자 역량을 평가합니다.
- 평가요소 : 직무수행능력과 인지적 역량(문제해결능력)을 평가합니다.

④ 토론 면접
- 목적 : 토의과제에 대한 의견수렴 과정에서 지원자의 역량과 상호작용능력을 평가합니다.
- 평가요소 : 직무수행능력과 팀워크를 평가합니다.

02 면접유형별 준비 방법

1. 경험 면접

① 경험 면접의 특징

• 주로 직업기초능력에 관련된 지원자의 과거 경험을 심층 질문하여 검증하는 면접입니다.

• 직무능력과 관련된 과거 경험을 평가하기 위해 심층 질문을 하며, 이 질문은 지원자의 답변에 대하여 '꼬리에 꼬리를 무는 형식'으로 진행됩니다.

> • 능력요소, 정의, 심사 기준
>   - 평가하고자 하는 능력요소, 정의, 심사기준을 확인하여 면접위원이 해당 능력요소 관련 질문을 제시합니다.
> • Opening Question
>   - 능력요소에 관련된 과거 경험을 유도하기 위한 시작 질문을 합니다.
> • Follow-up Question
>   - 지원자의 경험 수준을 구체적으로 검증하기 위한 질문입니다.
>   - 경험 수준 검증을 위한 상황(Situation), 임무(Task), 역할 및 노력(Action), 결과(Result) 등으로 질문을 구분합니다.

경험 면접의 형태

〈일대다 면접〉 〈다대다 면접〉

② 경험 면접의 구조

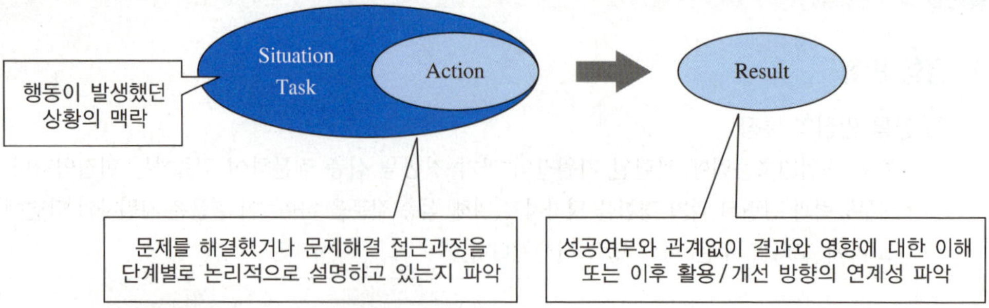

S(Situation)	귀하가 처해 있던 상황에 대해 말해 보시오.
T(Task)	귀하가 수행한 과제 / 과업은 무엇인가?
A(Action)	어떻게 행동(대응)했는가?
R(Result)	그 행동의 결과는 어땠는가?

(　　　　　)에 관한 과거 경험에 대하여 말해 보시오.

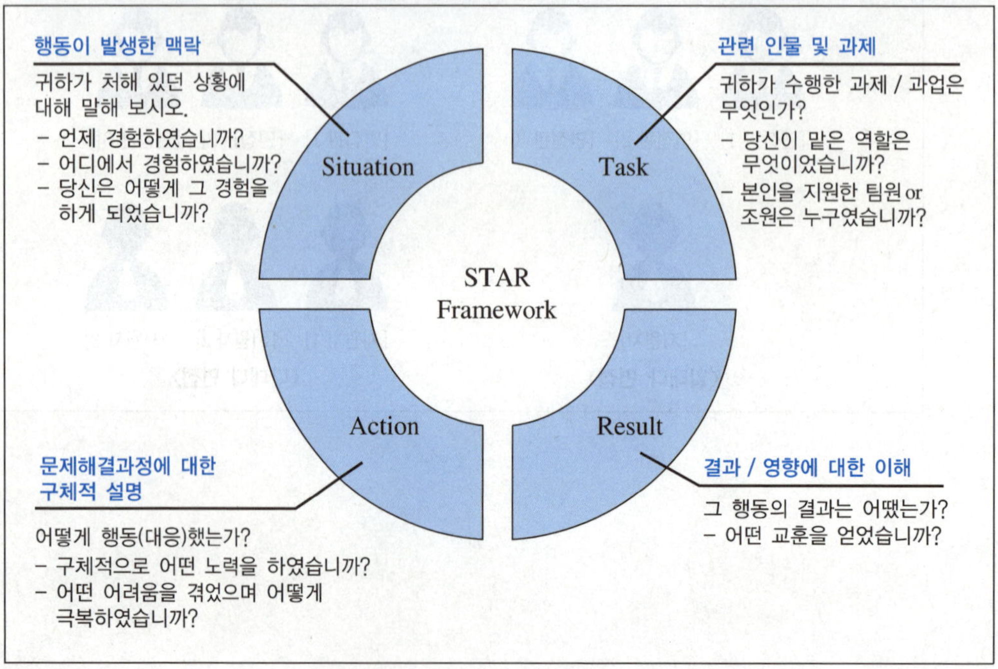

③ 경험 면접 질문 예시(직업윤리)

시작 질문	
1	남들이 신경 쓰지 않는 부분까지 고려하여 절차대로 업무(연구)를 수행하여 성과를 낸 경험을 구체적으로 말해 보시오.
2	조직의 원칙과 절차를 철저히 준수하며 업무(연구)를 수행한 것 중 성과를 향상시킨 경험에 대해 구체적으로 말해 보시오.
3	세부적인 절차와 규칙에 주의를 기울여 실수 없이 업무(연구)를 마무리한 경험을 구체적으로 말해 보시오.
4	조직의 규칙이나 원칙을 고려하여 성실하게 일했던 경험을 구체적으로 말해 보시오.
5	타인의 실수를 바로잡고 원칙과 절차대로 수행하여 성공적으로 업무를 마무리하였던 경험에 대해 말해 보시오.

후속 질문		
상황 (Situation)	상황	구체적으로 언제, 어디에서 경험한 일인가?
		어떤 상황이었는가?
	조직	어떤 조직에 속해 있었는가?
		그 조직의 특성은 무엇이었는가?
		몇 명으로 구성된 조직이었는가?
	기간	해당 조직에서 얼마나 일했는가?
		해당 업무는 몇 개월 동안 지속되었는가?
	조직규칙	조직의 원칙이나 규칙은 무엇이었는가?
임무 (Task)	과제	과제의 목표는 무엇이었는가?
		과제에 적용되는 조직의 원칙은 무엇이었는가?
		그 규칙을 지켜야 하는 이유는 무엇이었는가?
	역할	당신이 조직에서 맡은 역할은 무엇이었는가?
		과제에서 맡은 역할은 무엇이었는가?
	문제의식	규칙을 지키지 않을 경우 생기는 문제점 / 불편함은 무엇인가?
		해당 규칙이 왜 중요하다고 생각하였는가?
역할 및 노력 (Action)	행동	업무 과정의 어떤 장면에서 규칙을 철저히 준수하였는가?
		어떻게 규정을 적용시켜 업무를 수행하였는가?
		규정은 준수하는 데 어려움은 없었는가?
	노력	그 규칙을 지키기 위해 스스로 어떤 노력을 기울였는가?
		본인의 생각이나 태도에 어떤 변화가 있었는가?
		다른 사람들은 어떤 노력을 기울였는가?
	동료관계	동료들은 규칙을 철저히 준수하고 있었는가?
		팀원들은 해당 규칙에 대해 어떻게 반응하였는가?
		규칙에 대한 태도를 개선하기 위해 어떤 노력을 하였는가?
		팀원들의 태도는 당신에게 어떤 자극을 주었는가?
	업무추진	주어진 업무를 추진하는 데 규칙이 방해되진 않았는가?
		업무수행 과정에서 규정을 어떻게 적용하였는가?
		업무 시 규정을 준수해야 한다고 생각한 이유는 무엇인가?

결과 (Result)	평가	규칙을 어느 정도나 준수하였는가?
		그렇게 준수할 수 있었던 이유는 무엇이었는가?
		업무의 성과는 어느 정도였는가?
		성과에 만족하였는가?
		비슷한 상황이 온다면 어떻게 할 것인가?
	피드백	주변 사람들로부터 어떤 평가를 받았는가?
		그러한 평가에 만족하는가?
		다른 사람에게 본인의 행동이 영향을 주었다고 생각하는가?
	교훈	업무수행 과정에서 중요한 점은 무엇이라고 생각하는가?
		이 경험을 통해 느낀 바는 무엇인가?

2. 상황 면접

① 상황 면접의 특징

직무 관련 상황을 가정하여 제시하고 이에 대한 대응능력을 직무관련성 측면에서 평가하는 면접입니다.

- 상황 면접 과제의 구성은 크게 2가지로 구분
  – 상황 제시(Description) / 문제 제시(Question or Problem)
- 현장의 실제 업무 상황을 반영하여 과제를 제시하므로 직무분석이나 직무전문가 워크숍 등을 거쳐 현장성을 높임
- 문제는 상황에 대한 기본적인 이해능력(이론적 지식)과 함께 실질적 대응이나 변수 고려능력(실천적 능력) 등을 고르게 질문해야 함

상황 면접의 형태

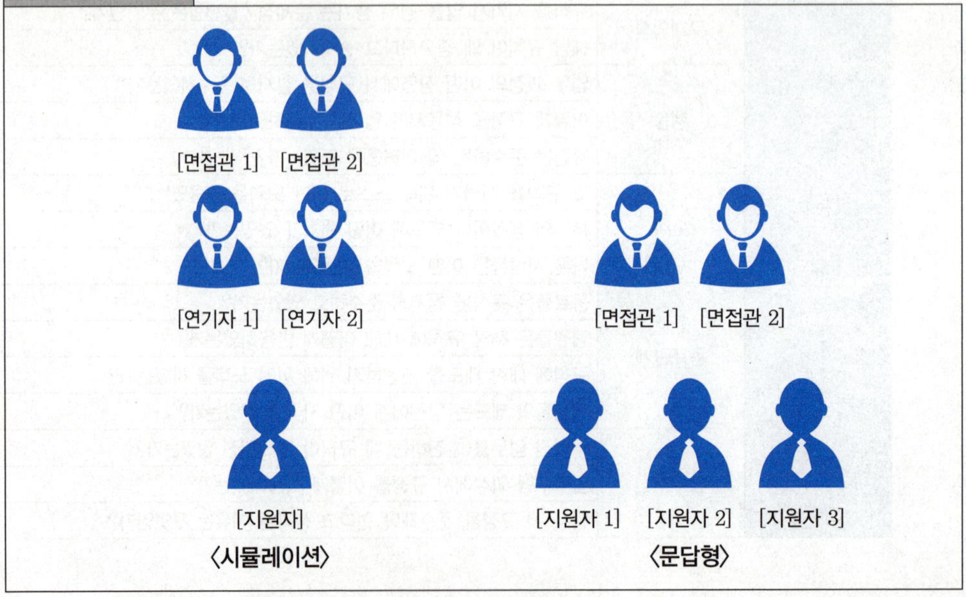

② 상황 면접 예시

상황 제시	인천공항 여객터미널 내에는 다양한 용도의 시설(사무실, 통신실, 식당, 전산실, 창고 면세점 등)이 설치되어 있습니다.	실제 업무 상황에 기반함
	금년에 소방배관의 누수가 잦아 메인 배관을 교체하는 공사를 추진하고 있으며, 당신은 이번 공사의 담당자입니다.	배경 정보
	주간에는 공항 운영이 이루어져 주로 야간에만 배관 교체 공사를 수행하던 중, 시공하는 기능공의 실수로 배관 연결 부위를 잘못 건드려 고압배관의 소화수가 누출되는 사고가 발생하였으며, 이로 인해 인근 시설물에 누수에 의한 피해가 발생하였습니다.	구체적인 문제 상황
문제 제시	일반적인 소방배관의 배관연결(이음)방식과 배관의 이탈(누수)이 발생하는 원인에 대해 설명해 보시오.	문제 상황 해결을 위한 기본 지식 문항
	담당자로서 본 사고를 현장에서 긴급히 처리하는 프로세스를 제시하고, 보수완료 후 사후적 조치가 필요한 부분 및 재발방지 방안에 대해 설명해 보시오.	문제 상황 해결을 위한 추가 대응 문항

3. 발표 면접

① 발표 면접의 특징

- 직무관련 주제에 대한 지원자의 생각을 정리하여 의견을 제시하고, 발표 및 질의응답을 통해 지원자의 직무능력을 평가하는 면접입니다.
- 발표 주제는 직무와 관련된 자료로 제공되며, 일정 시간 후 지원자가 보유한 지식 및 방안에 대한 발표 및 후속 질문을 통해 직무적합성을 평가합니다.

> - 주요 평가요소
>   - 설득적 말하기 / 발표능력 / 문제해결능력 / 직무관련 전문성
> - 이미 언론을 통해 공론화된 시사 이슈보다는 해당 직무분야에 관련된 주제가 발표면접의 과제로 선정되는 경우가 최근 들어 늘어나고 있음
> - 짧은 시간 동안 주어진 과제를 빠른 속도로 분석하여 발표문을 작성하고 제한된 시간 안에 면접관에게 효과적인 발표를 진행하는 것이 핵심

발표 면접의 형태

〈개별 과제 발표〉 〈팀 과제 발표〉

※ 면접관에게 시각적 효과를 사용하여 메시지를 전달하는 쌍방향 커뮤니케이션 방식

※ 심층면접을 보완하기 위한 방안으로 최근 많은 기업에서 적극 도입하는 추세

② 발표 면접 예시

1. 지시문

당신은 현재 A사에서 직원들의 성과평가를 담당하고 있는 팀원이다. 인사팀은 지난주부터 사내 조직문화관련 인터뷰를 하던 도중 성과평가제도에 관련된 개선 니즈가 제일 많다는 것을 알게 되었다. 이에 팀장님은 인터뷰 결과를 종합하려 성과평가제도 개선 아이디어를 A4용지에 정리하여 신속 보고할 것을 지시하셨다. 당신에게 남은 시간은 1시간이다. 자료를 준비하는 대로 당신은 팀원들이 모인 회의실에서 5분 간 발표할 것이며, 이후 질의응답을 진행할 것이다.

2. 배경자료

〈성과평가제도 개선에 대한 인터뷰〉

최근 A사는 회사 사세의 급성장으로 인해 작년보다 매출이 두 배 성장하였고, 직원 수 또한 두 배로 증가하였다. 회사의 성장은 임금, 복지에 대한 상승 등 긍정적인 영향을 주었으나 업무의 불균형 및 성과보상의 불평등 문제가 발생하였다. 또한 수시로 입사하는 신입직원과 경력직원, 퇴사하는 직원들까지 인원들의 잦은 변동으로 인해 평가해야 할 대상이 변경되어 현재의 성과평가제도로는 공정한 평가가 어려운 상황이다.

[생산부서 김상호]
우리 팀은 지난 1년 동안 생산량이 급증했기 때문에 수십 명의 신규인력이 급하게 채용되었습니다. 이 때문에 저희 팀장님은 신규 입사자들의 이름조차 기억 못할 때가 많이 있습니다. 성과평가를 제대로 하고 있는지 의문이 듭니다.

[마케팅 부서 김흥민]
개인의 성과평가의 취지는 충분히 이해합니다. 그러나 현재 평가는 실적기반이나 정성적인 평가가 많이 포함되어 있어 객관성과 공정성에는 의문이 드는 것이 사실입니다. 이러한 상황에서 평가제도를 재수립하지 않고, 인센티브에 계속 반영한다면, 평가제도에 대한 반감이 커질 것이 분명합니다.

[교육부서 홍경민]
현재 교육부서는 인사팀과 밀접하게 일하고 있습니다. 그럼에도 인사팀에서 실시하는 성과평가제도에 대한 이해가 부족한 것 같습니다.

[기획부서 김경호 차장]
저는 저의 평가자 중 하나가 연구부서의 팀장님인데, 일 년에 몇 번 같이 일하지 않는데 어떻게 저를 평가할 수 있을까요? 특히 연구팀은 저희가 예산을 배정하는데, 저에게는 좋지만….

4. 토론 면접

① 토론 면접의 특징

- 다수의 지원자가 조를 편성해 과제에 대한 토론(토의)을 통해 결론을 도출해가는 면접입니다.
- 의사소통능력, 팀워크, 종합인성 등의 평가에 용이합니다.

> • 주요 평가요소
>   – 설득적 말하기, 경청능력, 팀워크, 종합인성
> • 의견 대립이 명확한 주제 또는 채용분야의 직무 관련 주요 현안을 주제로 과제 구성
> • 제한된 시간 내 토론을 진행해야 하므로 적극적으로 자신 있게 토론에 임하고 본인의 의견을 개진할 수 있어야 함

토론 면접의 형태

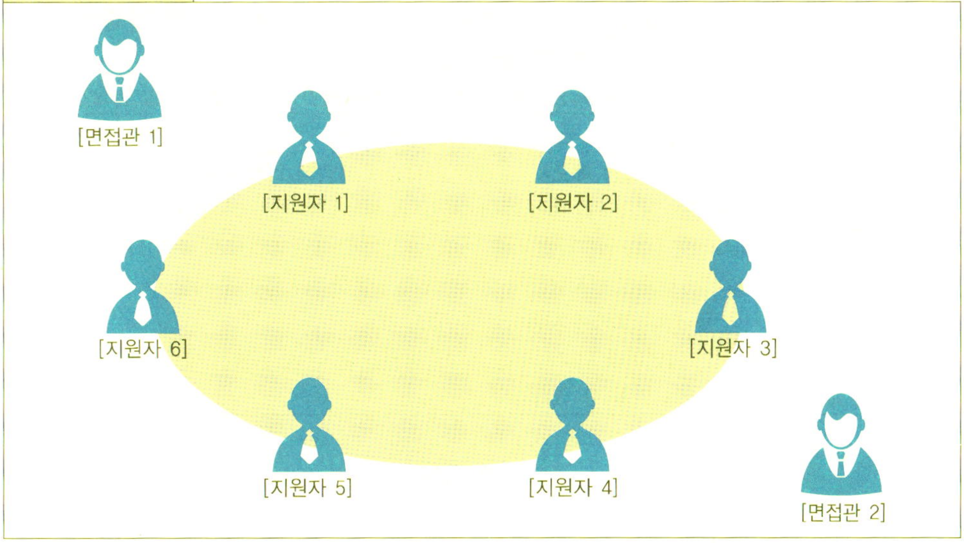

PART 3

② 토론 면접 예시

고객 불만 고충처리
1. 들어가며
최근 우리 상품에 대한 고객 불만의 증가로 고객고충처리 TF가 만들어졌고 당신은 여기에 지원해 배치받았다. 당신의 업무는 불만을 가진 고객을 만나서 애로사항을 듣고 처리해 주는 일이다. 주된 업무로는 고객의 니즈를 파악해 방향성을 제시해 주고 그 해결책을 마련하는 일이다. 하지만 경우에 따라서 고객의 주관적인 의견으로 인해 제대로 된 방향으로 의사결정을 하지 못할 때가 있다. 이럴 경우 설득이나 논쟁을 해서라도 의견을 관철시키는 것이 좋을지 아니면 고객의 의견대로 진행하는 것이 좋을지 결정해야 할 때가 있다. 만약 당신이라면 이러한 상황에서 어떤 결정을 내릴 것인지 여부를 자유롭게 토론해 보시오.
2. 1분 자유 발언 시 준비사항
• 당신은 의견을 자유롭게 개진할 수 있으며 이에 따른 불이익은 없습니다. • 토론의 방향성을 이해하고, 내용의 장점과 단점이 무엇인지 문제를 명확히 말해야 합니다. • 합리적인 근거에 기초하여 개선방안을 명확히 제시해야 합니다. • 제시한 방안을 실행 시 예상되는 긍정적·부정적 영향요인도 동시에 고려할 필요가 있습니다.
3. 토론 시 유의사항
• 토론 주제문과 제공해드린 메모지, 볼펜만 가지고 토론장에 입장할 수 있습니다. • 사회자의 지정 또는 발표자가 손을 들어 발언권을 획득할 수 있으며, 사회자의 통제에 따릅니다. • 토론회가 시작되면, 팀의 의견과 논거를 정리하여 1분간의 자유발언을 할 수 있습니다. 순서는 사회자가 지정합니다. 이후에는 자유롭게 상대방에게 질문하거나 답변을 하실 수 있습니다. • 핸드폰, 서적 등 외부 매체는 사용하실 수 없습니다. • 논제에 벗어나는 발언이나 지나치게 공격적인 발언을 할 경우, 위에서 제시한 유의사항을 지키지 않을 경우 불이익을 받을 수 있습니다.

03 면접 Role Play

1. 면접 Role Play 편성

- 교육생끼리 조를 편성하여 면접관과 지원자 역할을 교대로 진행합니다.
- 지원자 입장과 면접관 입장을 모두 경험해 보면서 면접에 대한 적응력을 높일 수 있습니다.

경험면접

STEP 1.
지원자 그룹 경험기술서 작성(30분)

STEP 2.
경험기반 인터뷰 실시(1인당 15분)

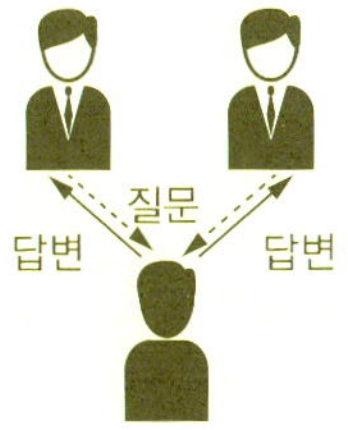

면접위원
(최소 2인 이상 구성)

지원자
(1인 대상 권장)

STEP 3.
피드백 진행(1인당 5분)

발표면접

STEP 1.
지원자 그룹 발표 내용 작성(30분)

STEP 2.
발표 5분+추가질의 5분(1인당 10분)

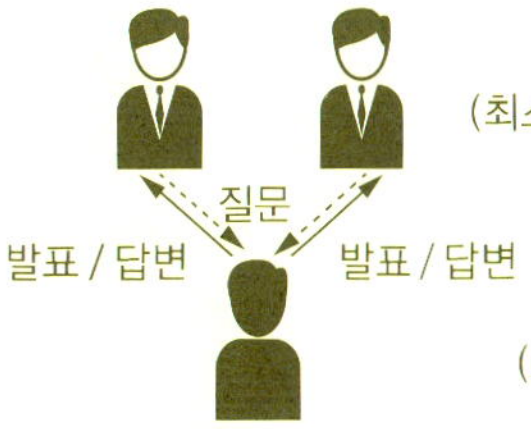

면접위원
(최소 2인 이상 구성)

지원자
(1인 대상 권장)

STEP 3.
피드백 진행(1인당 5분)

Tip

면접 준비하기

1. 면접 유형 확인 필수
   - 기업마다 면접 유형이 상이하기 때문에 해당 기업의 면접 유형을 확인하는 것이 좋음
   - 일반적으로 실무진 면접, 임원면접 2차례에 거쳐 면접을 실시하는 기업이 많고 실무진 면접과 임원 면접에서 평가요소가 다르기 때문에 유형에 맞는 준비방법이 필요
2. 후속 질문에 대한 사전 점검
   - 블라인드 채용 면접에서는 주요 질문과 함께 후속 질문을 통해 지원자의 직무능력을 판단 → STAR 기법을 통한 후속 질문에 미리 대비하는 것이 필요

CHAPTER

05 한국가스안전공사 면접 기출질문

한국가스안전공사의 면접전형은 직무면접과 인성면접으로 진행된다. 직무면접은 직무 과제에 대한 PT면접 및 직무 관련 상황에 대한 경험면접으로, 직무이해, 직무지식, 직무기술, 직무태도 등을 평가한다. 인성면접은 응시자 상호 간 토론 과정을 관찰하고 토론 종료 후 질의응답으로 진행하며, 의사소통능력, 대인관계능력, 정보능력, 직업윤리 등을 평가한다.

1. 2024년 기출질문

- 자기소개서에서 언급한 전공 프로젝트에 대해 간단히 설명해 보시오.
- 지원한 직무에서 가장 중요한 요소가 무엇이라고 생각하는지 말해 보시오.
- 본인의 전공 및 경험이 지원한 직무와 어떤 연관이 있는지 말해 보시오.
- 수소 에너지에 대한 본인의 생각을 말하고, 한국가스안전공사가 나아갈 방향에 대해 말해 보시오.
- 본인은 어떤 연령층을 상대할 때 어려움을 느끼는지 말하고, 그 이유를 말해 보시오.
- 지원한 직무를 수행하기 위해 학습해 온 과정에 대해 말해 보시오.
- 한국가스안전공사에 지원한 동기를 말해 보시오.
- 신재생 에너지에 대한 본인의 생각을 말해 보시오.
- 본인이 생각하는 혁신의 의미를 말하고, 혁신을 해 본 경험에 대해 말해 보시오.
- 인턴 경험 중 본인이 이런 것까지 해야 하나 싶었던 것이 있다면 말해 보시오.
- 상사의 부당한 지시에 대해 어떻게 대응할 것인지 말해 보시오.
- 지원한 직무를 위해 무엇을 어떻게 준비했는지 말해 보시오.

2. 2023년 기출질문

- 직업을 선택하는 본인만의 기준을 말해 보시오.
- LPG와 LNG의 차이점에 대해 아는 대로 설명해 보시오.
- 본인의 전공이 지원한 직무에서 어떤 장점이 될 수 있을지 말해 보시오.
- 팀원과의 갈등 발생 시 어떻게 해결할 것인지 말해 보시오.
- 살면서 가장 힘들었던 경험과 이를 극복하기 위해 노력한 과정에 대해 말해 보시오.
- 더위를 극복하는 방법이 있는가?
- 한국가스안전공사의 사업에 대하여 아는 대로 말해 보시오.
- 한국가스안전공사와 한국가스공사의 차이를 설명해 보시오.
- 블랙컨슈머를 어떻게 대할 것인지 말해 보시오.
- 상사에게 억울하게 지적을 받았을 때 어떻게 행동할 것인지 말해 보시오.
- 예기치 못한 교통체증으로 인하여 고객과의 약속시간에 늦었다면 어떻게 할 것인지 말해 보시오.
- 본인이 좋아하는 사람의 유형과 싫어하는 사람의 유형에 대해 말해 보시오.
- 마지막으로 하고 싶은 말이 있는가?
- 노령층과의 소통에 자신이 있는가?
- 공무원 지원자 수가 갈수록 줄어드는 현상에 대한 본인의 의견을 말해 보시오.
- 본인의 약점을 극복한 경험이 있다면 말해 보시오.
- 평소에 가스 점검을 해 본 적이 있는가?
- 본인과 잘 맞지 않는 동기를 만난다면 어떻게 할 것인지 말해 보시오.
- 업무 중 고객이 본인이 제시한 해결책을 거부한다면 어떻게 대응할 것인지 말해 보시오.
- 소통을 통해 갈등을 해결한 경험이 있다면 말해 보시오.
- 대리와 과장의 의견이 다를 경우 어떻게 할 것인지 말해 보시오.

3. 2022년 기출질문

- 윤리나 법규를 어긴 경험이 있다면 말해 보시오.
- 평소에 정보를 어떻게 수집하는지 말해 보시오.
- 팀 프로젝트 시 갈등을 해결해 본 경험이 있다면 말해 보시오.
- 본인만의 스트레스 해결 방법에 대해 말해 보시오.
- 본인이 생각하는 '안전'이란 무엇인지 경험과 연관 지어 말해 보시오.
- 평소보다 많은 시설물을 검사해야 할 때는 어떻게 대응할 것인지 말해 보시오.
- 한국가스안전공사에 입사하기 위해 어떤 노력을 기울였는지 말해 보시오.
- 누군가와 사이가 멀어졌지만 잘 지내 본 경험이 있다면 말해 보시오.
- 홀로 외근 업무를 나갔을 때 사업자와 갈등이 생긴다면 어떻게 대처할 것인지 말해 보시오.
- 가장 큰 성취를 이뤄 본 경험에 대해 말해 보시오.
- 한국가스안전공사가 맡은 임무에 대해 말해 보시오.
- 가스 점검 시 가장 유의해야 할 사항에 대해 말해 보시오.
- 안전한 가스 관리를 위해 숙지하고 있는 법률에 대해 말해 보시오.
- 실생활에서 일어나는 가스통 폭발사고의 주요 원인에 대해 말해 보시오.
- 천연가스의 성질에 대해 아는 대로 설명해 보시오.
- 가스 이용 시 부주의를 막기 위한 방법에 대해 말해 보시오.
- 안전한 가스 관리법에 대해 말해 보시오.
- 열교환기의 역할에 대해 아는 대로 설명해 보시오.
- 가스배관 비파괴검사 방법에 대해 말해 보시오.
- 가스배관의 종류에 대해 아는 대로 말해 보시오.
- 응력의 정의에 대해 말해 보시오.
- 압력계를 설치하는 이유에 대해 말해 보시오.

4. 과년도 기출질문

- 한국가스안전공사의 주요 업무에 대해 말해 보시오.
- 팀원들 사이에 갈등이 생겼을 때 본인만의 해결 방법에 대해 말해 보시오.
- 민원인과 갈등이 생겼을 때 본인만의 해결 방법에 대해 말해 보시오.
- 봉사활동을 한 경험에 대해 말해 보시오.
- 1분간 자기소개를 해 보시오.
- 가스배관의 종류(강관, 스테인레스관, 플렉시블관, PE관 등)에 대해 아는 대로 말해 보시오.
- 가스에 대해 아는 대로 설명해 보시오.
- 업무 시 연장자를 대할 경우 어떻게 할 것인지 말해 보시오.
- 업무 시 고객의 기분이 상하지 않도록 하는 본인만의 방법에 대해 말해 보시오.
- 자동차가 없을 경우 검사를 나갈 수 있는 방법에 대해 말해 보시오.
- 가스 종류와 특징에 대해 말해 보시오.
- 동료 간 불미스러운 일이 발생한다면 어떻게 할 것인지 말해 보시오.
- LPG에 대해 아는 것을 20초 동안 설명해 보시오.
- LPG와 LNG의 차이점을 말해 보시오.
- 업무 시 중요하게 생각하는 가치에 대해 말해 보시오.
- 본인의 협상 능력을 말해 보시오.
- 상사에게 억울한 일을 당했을 때 어떻게 할 것인지 말해 보시오.
- 본인이 가지고 있는 강점 중에서 다른 지원자들과 차별되는 강점을 말해 보시오.
- 고객이 불만을 표현했을 때 어떻게 대처할 것인지 말해 보시오.
- 본인의 전공과 지원한 직무의 연관성을 말해 보시오.
- 창의력을 발휘한 경험이 있다면말해 보시오.
- 부서 내 팀원들과 갈등이 발생했을 때 어떻게 해결할 것인지 말해 보시오.
- 살면서 가장 힘들었던 경험을 말해 보시오.
- LPG 사용 가정 중에서 금전적인 어려움을 겪는 가정이 있는데 가스 안전을 위해서는 추가적인 금전 부담이 들 때, 이 경우 어떻게 설득할 것인지 말해 보시오.
- 대학교 때 세웠던 목표 중 이룬 것이 있는지, 목표를 이루는 과정에서 배운 것을 실무에서 어떻게 적용할 것인지 말해 보시오.
- 상사가 부당한 지시를 내리면 어떻게 대처할 것인지 말해 보시오.
- 법 제도 개선을 요구하는 민원인을 어떻게 응대할 것인지 말해 보시오.
- 최근 가스 안전과 관련한 사고 사례 2가지를 말하고, 예방 대책을 말해 보시오.
- 본인이 반드시 채용되어야 하는 이유가 무엇인지 말해 보시오.
- 지진 발생 이후 가스시설 점검을 어떻게 할 것인지 말해 보시오.
- 배관 이음부에 생길 수 있는 결함의 원인과 해결방안을 말해 보시오.
- 미세먼지를 줄이기 위한 정책이 전기 요금에 미치는 영향을 가스와 연관 지어 설명해 보시오.

"오늘 당신의 노력은 아름다운 꽃의 물이 될 것입니다."

그러나, 이 꽃을 볼 때 사람들은 이 꽃의 아름다움과 향기만을 사랑하고 칭찬하였지, 이 꽃을 그렇게 아름답게 어여쁘게 만들어 주는 병 속의 물은 조금도 생각지 않는 것이 보통입니다.

만일 이 꽃병 속에 들어 있는 물을 죄다 쏟아 버리고 빈 병에다 이 꽃을 꽂아 보십시오.

아무리 아름답고 어여쁜 꽃이기로서니 단 한 송이의 꽃을 피울 수 있으며, 단 한 번이라도 꽃 향기를 날릴 수 있겠습니까?

우리는 여기서 아무리 본바탕이 좋고 아름다운 꽃이라도 보이지 않는 물의 숨은 힘이 없으면 도저히 그 빛과 향기를 자랑할 수 없는 것을 알았습니다.

– 방정환의 「우리 뒤에 숨은 힘」 중 –

행운이란 100%의 노력 뒤에 남는 것이다.

– 랭스턴 콜만 –

현재 나의 실력을 객관적으로 파악해 보자!

모바일 OMR

답안채점 / 성적분석 서비스

도서에 수록된 모의고사에 대한 객관적인 결과(정답률, 순위)를 종합적으로 분석하여 제공합니다.

OMR 입력

성적분석

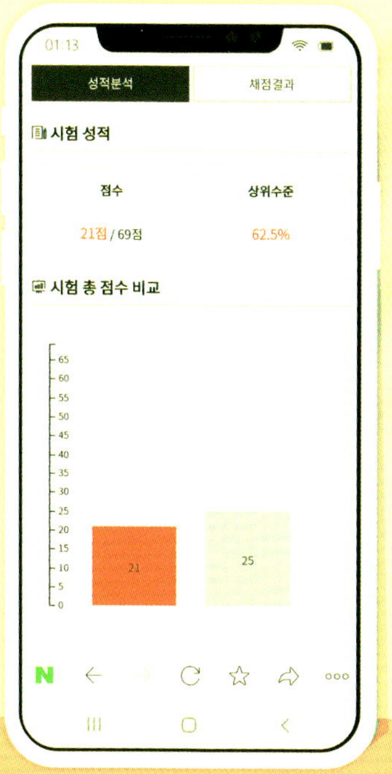

채점결과

※OMR 답안채점 / 성적분석 서비스는 등록 후 30일간 사용 가능합니다.

도서 내 모의고사 우측 상단에 위치한 QR코드 찍기 → 로그인 하기 → '시작하기' 클릭 → '응시하기' 클릭 → 나의 답안을 모바일 OMR 카드에 입력 → '성적분석 & 채점결과' 클릭 → 현재 내 실력 확인하기

2025
최신판

한국가스 안전공사

정답 및 해설

NCS+최종점검 모의고사 4회

편저 | SDC(Sidae Data Center)

판매량 1위
한국가스안전공사 YES24

기출복원문제부터
대표기출유형 및
모의고사까지

한 권으로
마무리!

SDC
SDC는 시대에듀 데이터 센터의 약자로
약 30만 개의 NCS · 적성 문제 데이터를
바탕으로 최신 출제경향을 반영하여
문제를 출제합니다.

시대에듀

Add+

2024년 하반기 주요 공기업 NCS 기출복원문제

01	02	03	04	05	06	07	08	09	10	11	12	13	14	15	16	17	18	19	20
④	③	⑤	③	③	③	④	④	③	⑤	③	④	②	①	③	④	⑤	④	③	④
21	22	23	24	25	26	27	28	29	30	31	32	33	34	35	36	37	38	39	40
⑤	③	②	⑤	⑤	③	③	③	①	①	③	①	②	①	④	③	④	④	④	③
41	42	43	44	45	46	47	48	49	50										
②	③	⑤	③	①	④	④	⑤	②	②										

01

정답 ④

쉼이란 대화 도중에 잠시 침묵하는 것을 말한다. 쉼을 사용하는 대표적인 경우는 다음과 같다.

- 이야기의 전이 시(흐름을 바꾸거나 다른 주제로 넘어갈 때)
- 양해, 동조, 반문의 경우
- 생략, 암시, 반성의 경우
- 여운을 남길 때

위와 같은 목적으로 쉼을 활용함으로써 논리성, 감정 제고, 동질감 등을 확보할 수 있다.

반면, 연단공포증은 면접이나 발표 등 청중 앞에서 이야기할 때 가슴이 두근거리고, 입술이 타고, 식은땀이 나고, 얼굴이 달아오르는 생리적인 현상으로, 쉼과는 관련이 없다. 연단공포증은 90% 이상의 사람들이 호소하는 불안이므로 극복하기 위해서는 연단공포증에 대한 걱정을 떨쳐내고 이러한 심리현상을 잘 통제하여 의사 표현하는 것을 연습해야 한다.

02

정답 ③

미국의 심리학자인 도널드 키슬러는 대인관계 의사소통 방식을 체크리스트로 평가하여 8가지 유형으로 구분하였다. 이 중 친화형은 따뜻하고 배려심이 깊으며, 타인과의 관계를 중시하는 유형이다. 또한 협동적이고 조화로운 성격으로, 자기희생적인 경향이 강하다.

키슬러의 대인관계 의사소통 유형

- 지배형 : 자신감이 있고 지도력이 있으나 논쟁적이고 독단이 강하여 대인 갈등을 겪을 수 있으므로 타인의 의견을 경청하고 수용하는 자세가 필요하다.
- 실리형 : 이해관계에 예민하고 성취 지향적으로 경쟁적인 데다 자기중심적이어서 타인의 입장을 배려하고 관심을 갖는 자세가 필요하다.
- 냉담형 : 이성적인 의지력이 강하고 타인의 감정에 무관심하며 피상적인 대인관계를 유지하므로 타인의 감정 상태에 관심을 가지고 긍정적인 감정을 표현하는 것이 필요하다.
- 고립형 : 혼자 있는 것을 선호하고 사회적 상황을 회피하며 지나치게 자신의 감정을 억제하므로 대인관계의 중요성을 인식하고 타인에 대한 비현실적인 두려움의 근원을 성찰하는 것이 필요하다.
- 복종형 : 수동적이고 의존적이며 자신감이 없으므로 적극적인 자기표현과 주장이 필요하다.
- 순박형 : 단순하고 솔직하며 자기주관이 부족하므로 자기주장을 하는 노력이 필요하다.
- 친화형 : 따뜻하고 인정이 많고 자기희생적이나 타인의 요구를 거절하지 못하므로 타인과의 정서적인 거리를 유지하는 노력이 필요하다.
- 사교형 : 외향적이고 인정하는 욕구가 강하며, 타인에 대한 관심이 많아서 간섭하는 경향이 있고 흥분을 잘 하므로 심리적 안정과 지나친 인정욕구에 대한 성찰이 필요하다.

03

정답 ⑤

철도사고는 달리는 도중에도 발생할 수 있으므로 먼저 인터폰을 통해 승무원에게 사고를 알리고, 열차가 멈춘 후에 안내방송에 따라 비상핸들이나 비상콕크를 돌려 문을 열고 탈출해야 한다. 만일 화재가 발생했을 경우에는 승무원에게 사고를 알리고 곧바로 119에도 신고를 해야 한다.

오답분석

① 침착함을 잃고 패닉에 빠지게 되면, 적절한 행동요령에 따라 대피하기 어렵다. 따라서 사고현장에서 대피할 때는 승무원의 안내에 따라 질서 있게 대피해야 한다.
② 화재사고 발생 시 승객들은 여유가 있을 경우 전동차 양 끝에 비치된 소화기를 통해 초기 진화를 시도해야 한다.
③ 역이 아닌 곳에서 열차가 멈췄을 경우 감전의 위험이 있으므로 반드시 승무원의 안내에 따라 반대편 선로의 열차 진입에 유의하며 대피 유도등을 따라 침착하게 비상구로 대피해야 한다.
④ 전동차에서 대피할 때는 부상자, 노약자, 임산부 등 탈출이 어려운 사람부터 먼저 대피할 수 있도록 배려하고 도와주어야 한다.

04

정답 ③

하향식 읽기 모형은 독자의 배경지식을 바탕으로 글의 맥락을 먼저 파악하는 읽기 전략이다. ③의 경우 제품 설명서를 통해 세부 기능과 버튼별 용도를 파악하고 기계를 작동시켰으므로 상향식 읽기를 수행한 사례이다. 제품 설명서를 하향식으로 읽는다면 제품 설명서를 읽기 전 제품을 보고 배경지식을 바탕으로 어떤 기능이 있는지 예측하고, 해당 기능을 수행하는 세부 방법을 제품 설명서를 통해 찾아봐야 한다.

오답분석

① 회의의 주제에 대한 배경지식을 가지고 회의 안건을 예상한 후 회의 자료를 파악하였으므로 하향식 읽기 모형에 해당한다.
② 헤드라인을 먼저 읽어 배경지식을 바탕으로 전체적인 내용을 파악하고 상세 내용을 읽었으므로 하향식 읽기 모형에 해당한다.
④ 요리에 대한 경험과 지식을 바탕으로 요리 과정을 파악하였으므로 하향식 읽기 모형에 해당한다.
⑤ 해당 분야에 대한 기본적인 지식을 바탕으로 서문이나 목차를 통해 책의 전체적인 흐름을 파악하였으므로 하향식 읽기 모형에 해당한다.

05

정답 ③

농도가 15%인 소금물 200g의 소금의 양은 $200\times\frac{15}{100}=30$g이고, 농도가 20%인 소금물 300g의 소금의 양은 $300\times\frac{20}{100}=60$g이다. 따라서 두 소금물을 섞었을 때의 농도는 $\frac{30+60}{200+300}\times100=\frac{90}{500}\times100=18\%$이다.

06

정답 ③

여직원끼리 인접하지 않는 경우는 남직원과 여직원이 번갈아 앉는 경우뿐이다. 이때 여직원 D의 자리를 기준으로 남직원 B가 옆에 앉는 경우를 다음과 같이 나눌 수 있다.

- 첫 번째, 여섯 번째 자리에 여직원 D가 앉는 경우
  남직원 B가 여직원 D 옆에 앉는 경우는 1가지뿐으로, 남은 자리에 남직원, 여직원이 번갈아 앉아 경우의 수는 $2\times1\times2!\times2!=8$가지이다.
- 두 번째, 세 번째, 네 번째, 다섯 번째 자리에 여직원 D가 앉는 경우
  각 경우에 대하여 남직원 B가 여직원 D 옆에 앉는 경우는 2가지이다. 남은 자리에 남직원, 여직원이 번갈아 앉으므로 경우의 수는 $4\times2\times2!\times2!=32$가지이다.

따라서 구하고자 하는 경우의 수는 $8+32=40$가지이다.

07

정답 ④

제시된 수열은 홀수 항일 때 +12, +24, +48, …씩 증가하고, 짝수 항일 때 +20씩 증가하는 수열이다.
따라서 빈칸에 들어갈 수는 13+48=61이다.

08

정답 ④

2022년에 중학교에서 고등학교로 진학한 학생의 비율은 99.7%이고, 2023년 중학교에서 고등학교로 진학한 학생의 비율은 99.6%이다. 따라서 진학한 비율이 감소하였으므로 중학교에서 고등학교로 진학하지 않은 학생의 비율은 증가하였음을 알 수 있다.

오답분석

① 중학교의 취학률이 가장 낮은 해는 97.1%인 2020년이다. 이는 97% 이상이므로 중학교의 취학률은 매년 97% 이상이다.
② 매년 초등학교의 취학률이 가장 높다.
③ 고등교육기관의 취학률은 2020년 이후로 계속해서 70% 이상을 기록하였다.
⑤ 고등교육기관의 취학률이 가장 낮은 해는 2016년이고, 고등학교의 상급학교 진학률이 가장 낮은 해 또한 2016년이다.

09

정답 ③

오답분석

① B기업의 매출액이 가장 많은 때는 2024년 3월이지만, 그래프에서는 2024년 4월의 매출액이 가장 많은 것으로 나타났다.
② 2024년 2월에는 A기업의 매출이 더 많지만, 그래프에서는 B기업이 더 많은 것으로 나타났다.
④ A기업의 매출액이 가장 적은 때는 2024년 4월이지만, 그래프에서는 2024년 3월의 매출액이 가장 적은 것으로 나타났다.
⑤ A기업과 B기업의 매출액의 차이가 가장 큰 때는 2024년 1월이지만, 그래프에서는 2024년 5월과 6월의 매출액 차이가 더 큰 것으로 나타났다.

10

정답 ⑤

스마트 팜 관련 정부 사업 참여 경험은 K사의 강점 요인이다. 또한 정부의 적극적인 지원은 스마트 팜 시장 성장에 따른 기회 요인이다. 따라서 스마트 팜 관련 정부 사업 참여 경험을 바탕으로 정부의 적극적인 지원을 확보하는 것은 내부의 강점을 통해 외부의 기회 요인을 극대화하는 SO전략에 해당한다.

오답분석

①·②·③·④ 외부의 기회를 이용하여 내부의 약점을 보완하는 WO전략에 해당한다.

11

정답 ③

A～F 모두 문맥을 무시하고 일부 문구에만 집착하여 뜻을 해석하고 있으므로 '과대해석의 오류'를 범하고 있다. 과대해석의 오류는 전체적인 상황이나 맥락을 고려하지 않고 특정 단어나 문장에만 집착하여 의미를 해석하는 오류로, 글의 의미를 지나치게 확대하거나 축소하여 생각하고, 문자 그대로의 의미에만 너무 집착하여 다른 가능성이나 해석을 배제하게 되는 논리적 오류이다.

오답분석

① 무지의 오류 : '신은 존재하지 않는다가 증명되지 않았으므로 신은 존재한다.'처럼 증명되지 않았다고 해서 그 반대의 주장이 참이라고 생각하는 오류이다.
② 연역법의 오류 : '조류는 날 수 있다. 펭귄은 조류이다. 따라서 펭귄은 날 수 있다.'처럼 잘못된 삼단논법에 의해 발생하는 논리적 오류이다.
④ 허수아비 공격의 오류 : '저 사람은 과거에 거짓말을 한 적이 있으니 이번에 일어난 사기 사건의 범인이다.'처럼 개별적 인과관계를 입증하지 않고 전혀 상관없는 별개의 논리를 만들어 공격하는 논리적 오류이다.
⑤ 권위나 인신공격에 의존한 논증 : '제정신을 가진 사람이면 그런 주장을 할 수가 없다.'처럼 상대방의 주장 대신 인격을 공격하거나, '최고 권위자인 A교수도 이런 말을 했습니다.'처럼 자신의 논리적인 약점을 권위자를 통해 덮으려는 논리적 오류이다.

12

정답 ④

A ~ E열차의 운행시간 단위를 시간 단위로, 평균 속력의 단위를 시간당 운행거리로 통일하여 정리하면 다음과 같다.

구분	운행시간	평균 속력	운행거리
A열차	900분=15시간	50m/s=(50×60×60)m/h=180km/h	15×180=2,700km
B열차	10시간 30분=10.5시간	150km/h	10.5×150=1,575km
C열차	8시간	55m/s=(55×60×60)m/h=198km/h	8×198=1,584km
D열차	720분=12시간	2.5km/min=(2.5×60)km/h=150km/h	12×150=1,800km
E열차	10시간	2.7km/min=(2.7×60)m/h=162km/h	10×162=1,620km

따라서 C열차의 운행거리는 네 번째로 길다.

13

정답 ②

K대학교 기숙사 운영위원회는 단순히 '기숙사에 문제가 있다.'라는 큰 문제에서 벗어나 식사, 시설, 통신환경이라는 세 가지 주요 문제를 파악하고 문제별로 다시 세분화하여 더욱 구체적으로 인과관계 및 구조를 파악하여 분석하고 있다. 따라서 제시문에서 나타난 문제해결 절차는 '문제 도출'이다.

문제해결 절차 5단계

1. 문제 인식 : 해결해야 할 전체 문제를 파악하여 우선순위를 정하고 선정 문제에 대한 목표를 명확히 하는 단계
2. 문제 도출 : 선정된 문제를 분석하여 해결해야 할 것이 무엇인지를 명확히 하는 단계로, 현상에 대한 문제를 분해하여 인과관계 및 구조를 파악하는 단계
3. 원인 분석 : 파악된 핵심 문제에 대한 분석을 통해 근본 원인을 도출해 내는 단계
4. 해결안 개발 : 문제로부터 도출된 근본 원인을 효과적으로 해결할 수 있는 최적의 해결 방안을 수립하는 단계
5. 실행 및 평가 : 해결안 개발을 통해 만들어진 실행 계획을 실제 상황에 적용하는 단계로, 해결안을 통해 문제의 원인들을 제거해 나가는 단계

14

정답 ①

공공사업을 위해 투입된 세금을 본래의 목적에 사용하지 않고 무단으로 다른 곳에 쓴 상황이므로 '예정되어 있는 곳에 쓰지 아니하고 다른 데로 돌려서 씀'을 의미하는 '전용(轉用)'이 가장 적절한 단어이다.

오답분석

② 남용(濫用) : 일정한 기준이나 한도를 넘어서 함부로 씀
③ 적용(適用) : 알맞게 이용하거나 맞추어 씀
④ 활용(活用) : 도구나 물건 따위를 충분히 잘 이용함
⑤ 준용(遵用) : 그대로 좇아서 씀

15

정답 ③

시조새는 비대칭형 깃털을 가진 최초의 동물로, 현대의 날 수 있는 조류처럼 바람을 맞는 곳의 깃털은 짧고, 뒤쪽은 긴 형태로 이루어졌으며, 이와 같은 비대칭형 깃털이 양력을 제공하여 짧은 거리의 활강을 가능하게 하였다. 따라서 비행을 하기 위한 시조새의 신체 조건은 날개의 깃털이 비대칭 구조로 형성되어 있는 것이다.

오답분석

① 제시문에서 언급하지 않은 내용이다.
②·④ 세 개의 갈고리 발톱과 척추뼈가 꼬리까지 이어지는 구조는 공룡의 특징을 보여주는 신체 조건이다.
⑤ 시조새는 현대 조류처럼 가슴뼈가 비행에 최적화된 형태로 발달되지 않았다고 언급하고 있다.

16

정답 ④

제시문은 서양의학에 중요한 영향을 준 히포크라테스와 갈레노스에 대해 소개하고 있다. 히포크라테스는 자연적 관찰을 통해 의사를 과학적인 기반 위의 직업으로 만들었으며, 히포크라테스 선서와 같이 전문직업으로써의 윤리적 기준을 마련한 서양의학의 상징이라고 소개하고 있으며, 갈레노스는 실제 해부와 임상 실험을 통해 의학 이론을 증명하고 방대한 저술을 남겨 후대 의학 발전에 큰 영향을 주었음을 설명하고 있다. 따라서 '히포크라테스와 갈레노스가 서양의학에 끼친 영향과 중요성'이 제시문의 주제이다.

오답분석

① 갈레노스의 의사로서의 이력은 언급하고 있지만, 생애에 대해 구체적으로 밝히는 글은 아니다.
② 갈레노스가 해부와 실험을 통해 의학 이론을 증명하였음을 설명할 뿐이며, 해부학의 발전 과정에 대해 설명하는 글은 아니다.
③ 히포크라테스 선서는 히포크라테스가 서양의학에 남긴 중요한 윤리적 기준이지만, 이를 중심으로 설명하는 글은 아니다.
⑤ 히포크라테스와 갈레노스 모두 4체액설과 같은 부분에서는 현대 의학과는 거리가 있었음을 밝히고 있다.

17

정답 ⑤

'비상구'는 '화재나 지진 따위의 갑작스러운 사고가 일어날 때에 급히 대피할 수 있도록 특별히 마련한 출입구'이다. 따라서 이와 가장 비슷한 단어는 '갇힌 곳에서 빠져나가거나 도망하여 나갈 수 있는 출구'를 의미하는 '탈출구'이다.

오답분석

① 진입로 : 들어가는 길
② 출입구 : 나갔다가 들어왔다가 하는 어귀나 문
③ 돌파구 : 가로막은 것을 쳐서 깨뜨려 통과할 수 있도록 뚫은 통로나 목
④ 여울목 : 여울물(강이나 바다 따위의 바닥이 얕거나 폭이 좁아 물살이 세게 흐르는 곳의 물)이 턱진 곳

18

정답 ④

A열차의 속력을 V_a, B열차의 속력을 V_b라 하고, 터널의 길이를 l, 열차의 전체 길이를 x라 하자.

A열차가 터널을 진입하고 빠져나오는 데 걸린 시간은 $\frac{l+x}{V_a}=14$초이다. B열차가 A열차보다 5초 늦게 진입하고 5초 빠르게 빠져나왔으므로 터널을 진입하고 빠져나오는 데 걸린 시간은 $14-5-5=4$초이다. 그러므로 $\frac{l+x}{V_b}=4$초이다.

따라서 $V_a=14(l+x)$, $V_b=4(l+x)$이므로 $\frac{V_a}{V_b}=\frac{14(l+x)}{4(l+x)}=3.5$배이다.

19

정답 ③

A팀은 5일마다, B팀은 4일마다 회의실을 사용하므로 두 팀이 회의실을 사용하고자 하는 날은 20일마다 겹친다. 첫 번째 겹친 날에 A팀이 먼저 사용했으므로 20일 동안 A팀이 회의실을 사용한 횟수는 4회이다. 두 번째 겹친 날에는 B팀이 사용하므로 40일 동안 A팀이 회의실을 사용한 횟수는 7회이고, 세 번째로 겹친 날에는 A팀이 회의실을 사용하므로 60일 동안 A팀은 회의실을 11회 사용하였다. 이를 표로 정리하면 다음과 같다.

겹친 횟수	첫 번째	두 번째	세 번째	네 번째	다섯 번째	…	$(n-1)$번째	n번째
회의실 사용 팀	A팀	B팀	A팀	B팀	A팀	…	A팀	B팀
A팀의 회의실 사용 횟수	4회	7회	11회	14회	18회	…		

겹친 날을 기준으로 A팀은 9회, B팀은 8회를 사용하였으므로 다음으로는 B팀이 회의실을 사용할 순서이다. 이때, B팀이 m번째로 회의실을 사용할 순서라면 A팀이 이때까지 회의실을 사용한 횟수는 $7m$회이다. 따라서 B팀이 겹친 날을 기준으로 회의실을 8회까지 사용하였고, 9번째로 사용할 순서이므로 이때까지 A팀이 회의실을 사용한 횟수는 최대 $7\times9=63$회이다.

20

정답 ④

마지막 조건에 따라 광물 B는 인회석이고, 광물 B로 광물 C를 긁었을 때 긁힘 자국이 생기므로 광물 C는 인회석보다 무른 광물이다. 한편, 광물 A로 광물 C를 긁었을 때 긁힘 자국이 생기므로 광물 A는 광물 C보다 단단하고, 광물 A로 광물 B를 긁었을 때 긁힘 자국이 생기지 않으므로 광물 A는 광물 B보다는 무른 광물이다. 따라서 가장 단단한 광물은 B이며, 그다음으로 A, C 순으로 단단하다.

오답분석

① 광물 C는 인회석보다 무른 광물이므로 석영이 아니다.
② 광물 A는 인회석보다 무른 광물이지만, 방해석인지는 확인할 수 없다.
③ 가장 무른 광물은 C이다.
⑤ 광물 B는 인회석이므로 모스 굳기 단계는 5단계이다.

21

정답 ⑤

J공사의 지점 근무 인원이 71명이므로 가용 인원수가 부족한 B오피스는 제외된다. 또한, 시설 조건에서 스튜디오와 회의실이 필요하다고 했으므로 스튜디오가 없는 D오피스도 제외된다. 나머지 A, C, E오피스는 모두 교통 조건을 충족하므로 임대비용만 비교하면 된다. A, C, E오피스의 5년 임대비용은 다음과 같다.

- A오피스 : 600만×71×5=213,000만 원 → 21억 3천만 원
- C오피스 : 3,600만×12×5=216,000만 원 → 21억 6천만 원
- E오피스 : (3,800만×12×0.9)×5=205,200만 원 → 20억 5천 2백만 원

따라서 사무실 이전 조건을 바탕으로 가장 저렴한 공유 오피스인 E오피스로 이전한다.

22

정답 ③

에너지바우처를 신청하기 위해서는 소득기준과 세대원 특성기준을 모두 충족해야 한다. C는 생계급여 수급자으므로 소득기준을 충족하고, 65세 이상이므로 세대원 특성기준도 충족한다. 그러나 C의 경우 보장시설인 양로시설에 거주하는 보장시설 수급자이므로 지원 제외 대상이다. 따라서 C는 에너지바우처를 신청할 수 없다.

오답분석

① A의 경우 의료급여 수급자이므로 소득기준을 충족하고, 7세 이하의 영유아가 있으므로 세대원 특성기준도 충족한다. 따라서 에너지바우처를 신청할 수 있다.
② B의 경우 교육급여 수급자이므로 소득기준을 충족하고, 한부모가족이므로 세대원 특성기준도 충족한다. 또한 4인 이상 세대에 해당하므로 바우처 지원금액은 716,300원으로 70만 원 이상이다.
④ 동절기 에너지바우처 지원방법은 요금차감과 실물카드 2가지 방법이 있다. 이 중 D의 경우 연탄보일러를 이용하고 있으므로 실물카드를 받아 연탄을 직접 결제하는 방식으로 지원받아야 한다.
⑤ E의 경우 생계급여 수급자이므로 소득기준을 충족하고, 희귀질환을 앓고 있는 어머니가 세대원으로 있으므로 세대원 특성기준도 충족한다. 또한 2인 세대에 해당하므로 하절기 바우처 지원금액인 73,800원이 지원된다. 이때, 하절기는 전기요금 고지서에서 요금을 자동으로 차감해 주므로 전기비에서 73,800원이 차감될 것이다.

23

정답 ②

A가족과 B가족 모두 소득기준과 세대원 특성기준이 에너지바우처 신청기준을 충족한다. A가족의 경우 5명이므로 총 716,300원을 지원받을 수 있다. 그러나 이미 연탄쿠폰을 발급받았으므로 동절기 에너지바우처는 지원받을 수 없다. 따라서 하절기 지원금액인 117,000원을 지원받는다. B가족의 경우 2명이므로 총 422,500원을 지원받을 수 있으며, 지역난방을 이용 중이므로 하절기와 동절기 모두 요금차감의 방식으로 지원받는다. 따라서 두 가족의 에너지바우처 지원 금액은 117,000+422,500=539,500원이다.

24

정답 ⑤

제시된 프로그램은 'result'의 초기 값을 0으로 정의한 후 'result' 값이 2를 초과할 때까지 하위 명령을 실행하는 프로그램이다. 이때 'result' 값을 1 증가시킨 후 그 값을 출력하고, 다시 1을 빼므로 0 → 1 → 1 출력 → 0 → 1 → 1 출력 → 0 → 1 → 1 출력 → … 과정을 무한히 반복하게 된다. 따라서 1이 무한히 출력된다.

25

정답 ⑤

ROUND 함수는 인수를 지정한 자릿수로 반올림한 값을 구하는 함수로, 「=ROUND(인수, 자릿수)」로 표현한다. 이때 자릿수는 다음과 같이 나타낸다.

만의 자리	천의 자리	백의 자리	십의 자리	일의 자리	소수점 첫째 자리	소수점 둘째 자리	소수점 셋째 자리
−4	−3	−2	−1	0	1	2	3

따라서 「=ROUND(D2, −1)」는 [D2] 셀에 입력된 117.3365의 값을 십의 자리로 반올림하여 나타내므로, 출력되는 값은 120이다.

26

정답 ③

제시문은 ADHD의 원인과 치료 방법에 대한 글이다. 첫 번째 문단에서는 ADHD가 유전적 원인에 의해 발생한다고 설명하고, 두 번째 문단에서는 환경적 원인에 의해 발생한다고 설명하고 있다. 이를 종합하면 ADHD가 다양한 원인이 복합적으로 작용하는 질환임을 알 수 있다. 또한 빈칸 뒤에서도 다양한 원인에 부합하는 맞춤형 치료와 환경 조성이 필요하다고 하였으므로 빈칸에 들어갈 내용으로 가장 적절한 것은 ③이다.

27

정답 ③

~율/률의 앞 글자가 'ㄱ' 받침을 가지고 있으므로 '출석률'이 옳은 표기이다.

~율과 ~률의 구별
- ~율 : 앞 글자의 받침이 없거나 받침이 'ㄴ'인 경우 → 비율, 환율, 백분율
- ~률 : 앞 글자의 받침이 있는 경우(단, 'ㄴ' 받침 제외) → 능률, 출석률, 이직률, 합격률

28

정답 ③

남성 합격자 수와 여성 합격자 수의 비율이 2 : 3이므로 여성 합격자는 48명이다.
남성 불합격자 수와 여성 불합격자 수가 모두 a명이라 하면 다음과 같이 정리할 수 있다.

(단위 : 명)

구분	합격자	불합격자	전체 지원자
남성	$2b=32$	a	$a+2b$
여성	$3b=48$	a	$a+3b$

남성 전체 지원자 수는 $(a+32)$명이고, 여성 전체 지원자 수는 $(a+48)$명이다.

$(a+32):(a+48)=6:7$

$\rightarrow 6\times(a+48)=7\times(a+32)$

$\rightarrow a=(48\times6)-(32\times7)$

$\therefore a=64$

따라서 전체 지원자 수는 $2a+5b=(64\times2)+(16\times5)=128+80=208$명이다.

29

정답 ①

A씨는 2023년에는 9개월 동안 K공사에 근무하였다. (건강보험료)=(보수월액)×(건강보험료율)이고, 2023년 1월 1일 이후 (장기요양보험료)=(건강보험료)×$\frac{\text{(장기요양보험료율)}}{\text{(건강보험료율)}}$이므로 (장기요양보험료)=(보수월액)×(건강보험료율)×$\frac{\text{(장기요양보험료율)}}{\text{(건강보험료율)}}$이다.

그러므로 (보수월액)=$\frac{\text{(장기요양보험료)}}{\text{(장기요양보험료율)}}$이다.

따라서 A씨의 2023년 장기요양보험료는 35,120원이므로 보수월액은 $\frac{35,120}{0.9082\%}=\frac{35,120}{0.9082}\times100≒3,866,990$원이다.

30

정답 ①

'가명처리'란 개인정보의 일부를 삭제하거나 일부 또는 전부를 대체하는 등의 방법으로 추가 정보가 없이는 특정 개인을 알아볼 수 없도록 처리하는 것을 말한다(개인정보보호법 제2조 제1의2호).

오답분석

② 개인정보보호법 제2조 제3호
③ 개인정보보호법 제2조 제1호 가목
④ 개인정보보호법 제2조 제2호

31

정답 ③

「=COUNTIF(범위,조건)」 함수는 조건을 만족하는 범위 내 인수의 개수를 셈하는 함수이다. 이때, 열 전체에 적용하려면 해당 범위에서 숫자를 제외하면 된다. 따라서 B열에서 값이 100 이하인 셀의 개수를 구하는 함수는 「=COUNTIF(B:B,"<=100")」이다.

32

정답 ①

- 초등학생의 한 달 용돈의 합계는 B열부터 E행까지 같은 열에 있는 금액의 합이다. 따라서 (A)에 들어갈 함수는 「=SUM(B2:E2)」이다.
- 한 달 용돈이 150,000원 이상인 학생 수는 [F2] 셀부터 [F7] 셀까지 금액이 150,000원 이상인 셀의 개수로 구할 수 있다. 따라서 (B)에 들어갈 함수는 「=COUNTIF(F2:F7,">=150,000")」이다.

33

정답 ②

빅데이터 분석을 기획하고자 할 때는 먼저 범위를 설정한 다음 프로젝트를 정의해야 한다. 그 후에 수행 계획을 수립하고 위험 계획을 수립해야 한다.

34

정답 ①

㉠ 짜깁기 : 기존의 글이나 영화 따위를 편집하여 하나의 완성품으로 만드는 일
㉡ 뒤처지다 : 어떤 수준이나 대열에 들지 못하고 뒤로 처지거나 남게 되다.

오답분석

- 짜집기 : 짜깁기의 비표준어형
- 뒤쳐지다 : 물건이 뒤집혀서 젖혀지다.

35

정답 ④

공문서에서 날짜를 작성할 때 날짜 다음에 괄호를 사용할 경우에는 마침표를 찍지 않아야 한다.

> **공문서 작성 시 유의사항**
> - 한 장에 담아내는 것이 원칙이다.
> - 마지막엔 반드시 '끝'자로 마무리한다.
> - 날짜 다음에 괄호를 사용할 경우에는 마침표를 찍지 않는다.
> - 복잡한 내용은 항목별로 구분한다('-다음-', 또는 '-아래-').
> - 대외문서이며 장기간 보관되는 문서이므로 정확하게 기술한다.

36

정답 ③

영서가 1시간 동안 빚을 수 있는 만두의 수를 x개, 어머니가 1시간 동안 빚을 수 있는 만두의 수를 y개라 할 때 다음 식이 성립한다.

$\frac{2}{3}(x+y)=60$ … ㉠

$y=x+10$ … ㉡

㉠$\times\frac{3}{2}$에 ㉡을 대입하면

$x+(x+10)=90$

$\rightarrow 2x=80$

$\therefore x=40$

따라서 영서는 혼자서 1시간 동안 40개의 만두를 빚을 수 있다.

37

정답 ④

- 1,000 이상 10,000 미만
  맨 앞과 맨 뒤의 수가 같은 경우는 $1\sim9$의 수가 올 수 있으므로 9가지이고, 각각의 경우에 따라 두 번째 수와 네 번째 수로 $0\sim9$의 수가 올 수 있으므로 경우의 수는 10가지이다. 그러므로 모든 네 자리 대칭수의 개수는 $9\times10=90$개이다.
- 10,000 이상 50,000 미만
  맨 앞과 맨 뒤의 수가 같은 경우는 1, 2, 3, 4의 수가 올 수 있으므로 4가지이고, 각각의 경우에 따라 두 번째 수와 네 번째 수로 $0\sim9$의 수가 올 수 있으므로 경우의 수는 10가지, 그 각각의 경우에 따라 세 번째에 올 수 있는 수 또한 $0\sim9$의 수가 올 수 있으므로 경우의 수는 10가지이다. 그러므로 $10,000\sim50,000$ 사이의 대칭수의 개수는 $4\times10\times10=400$개이다.

따라서 1,000 이상 50,000 미만의 모든 대칭수의 개수는 $90+400=490$개이다.

38

정답 ④

어떤 자연수의 모든 자릿수의 합이 3의 배수일 때, 그 자연수는 3의 배수이다. 그러므로 $2+5+\square$의 값이 3의 배수일 때, 25□는 3의 배수이다. $2+5=7$이므로, $7+\square$의 값이 3의 배수가 되도록 하는 □의 값은 2, 5, 8이다. 따라서 가능한 모든 수의 합은 $2+5+8=15$이다.

39

정답 ④

바이올린(V), 호른(H), 오보에(O), 플루트(F) 중 첫 번째 조건에 따라 호른과 바이올린을 묶었을 때 가능한 경우는 3!=6가지로 다음과 같다.

- (HV) – O – F
- (HV) – F – O
- F – (HV) – O
- O – (HV) – F
- F – O – (HV)
- O – F – (HV)

이때 두 번째 조건에 따라 오보에는 플루트 왼쪽에 위치하지 않으므로 (HV) – O – F, O – F – (HV) 2가지는 제외된다.
따라서 왼쪽에서 두 번째 칸에는 바이올린, 호른, 오보에만 위치할 수 있으므로 플루트는 배치할 수 없다.

40

정답 ③

사회적 기업은 수익 창출을 통해 자립적인 운영을 추구하고, 사회적 문제 해결과 경제적 성장을 동시에 달성하려는 특징을 가진 기업 모델로, 영리 조직에 해당한다.

영리 조직과 비영리 조직

- 영리 조직 : 이윤 추구를 주된 목적으로 하는 집단으로, 일반적인 사기업이 해당된다.
- 비영리 조직 : 사회적 가치 실현을 위해 공익을 추구하는 집단으로 자선단체, 의료기관, 교육기관, 비정부기구(NGO) 등이 해당된다.

41

정답 ②

$(\text{영업이익률})=\frac{(\text{영업이익})}{(\text{매출액})}\times 100$이고, 영업이익을 구하기 위해서는 매출총이익을 먼저 계산해야 한다. 따라서 2022년 4분기의 매출총이익은 $60-80=-20$십억 원이고, 영업이익은 $-20-7=-27$십 억 원이므로 영업이익률은 $-\frac{27}{60}\times 100=-45\%$이다.

42

정답 ③

1시간은 3,600초이므로 36초는 $36\text{초}\times\frac{1\text{시간}}{3{,}600\text{초}}=0.01$시간이다. 그러므로 무빙워크의 전체 길이는 $5\times 0.01=0.05$km이다.
따라서 무빙워크와 같은 방향으로 4km/h의 속력으로 걸을 때의 속력은 $5+4=9$km/h이므로 걸리는 시간은 $\frac{0.05}{9}=\frac{5}{900}=\frac{5}{900}\times\frac{3{,}600\text{초}}{1\text{시간}}=20$초이다.

43

정답 ⑤

제시된 순서도는 result 값이 6을 초과할 때까지 2씩 증가하고, result 값이 6을 초과하면 그 값을 출력하는 순서도이다.
따라서 result 값이 5일 때 2를 더하여 $5+2=7$이 되어 6을 초과하므로 출력되는 값은 7이다.

44

정답 ③

방문 사유 → 파손 관련(NO) → 침수 관련(NO) → 데이터 복구 관련(YES) → ◎ 출력 → STOP
따라서 출력되는 도형은 ◎이다.

45

정답 ①

상품코드의 맨 앞 자릿수가 '9'이므로 2 ~ 7번째 자릿수의 이진코드 변환 규칙은 'ABBABA'를 따른다. 이를 변환하면 다음과 같다.

3	8	7	6	5	5
A	B	B	A	B	A
0111101	0001001	0010001	0101111	0111001	0110001

따라서 주어진 수를 이진코드로 바르게 변환한 것은 ①이다.

46

정답 ④

안전 스위치를 누르는 동안에만 스팀이 나온다고 하였으므로 안전 스위치를 누르는 등의 외부 입력이 없다면 스팀은 발생하지 않는다.

오답분석

① 기본형 청소구로 카펫를 청소하면 청소 효율이 떨어질 뿐이며, 카펫 청소는 가능하다고 언급되어 있다.
② 스팀 청소 완료 후 충분히 식지 않은 상태에서 통을 분리하면 뜨거운 물이 새어 나와 화상의 위험이 있다고 언급되어 있다.
③ 기본형 청소구의 돌출부를 누른 상태에서 잡아당기면 좁은 흡입구를 꺼낼 수 있다고 언급되어 있다.
⑤ 스팀 청소구의 물통에 물을 채우는 작업, 걸레판에 걸레를 부착하는 작업 모두 반드시 전원을 분리한 상태에서 진행해야 한다고 언급되어 있다.

47

정답 ④

바닥에 물이 남는다면 스팀 청소구를 좌우로 자주 기울이지 않도록 주의하거나 젖은 걸레를 교체해야 한다.

48

정답 ⑤

팀 목표를 달성하도록 팀원을 격려하는 환경을 조성하기 위해서는 동료의 피드백이 필요하다. 긍정이든 부정이든 피드백이 없다면 팀원들은 개선을 이루거나 탁월한 성과를 내고자 하는 노력을 게을리하게 된다.

동료의 피드백을 장려하는 4단계

1. 간단하고 분명한 목표와 우선순위를 설정하라.
2. 행동과 수행을 관찰하라.
3. 즉각적인 피드백을 제공하라.
4. 뛰어난 수행성과에 대해 인정하라.

49

정답 ②

업무적으로 내적 동기를 유발하기 위해서는 업무 관련 교육을 꾸준히 하여야 한다.

내적 동기를 유발하는 방법
- 긍정적 강화법 활용하기
- 새로운 도전의 기회 부여하기
- 창의적인 문제해결법 찾기
- 자신의 역할과 행동에 책임감 갖기
- 팀원들을 지도 및 격려하기
- 변화를 두려워하지 않기
- 지속적인 교육 실시하기

50

정답 ②

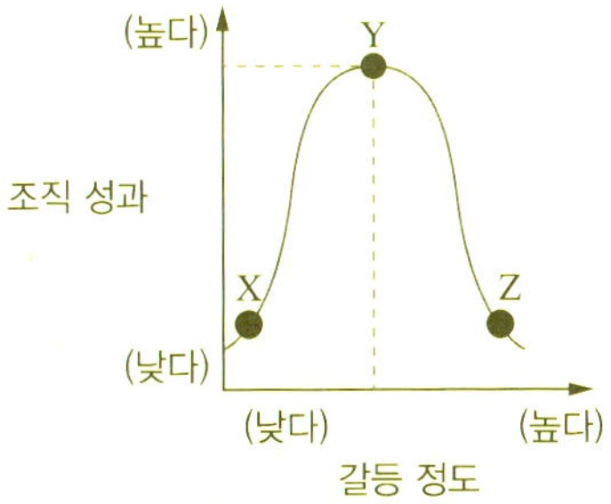

갈등 정도와 조직 성과에 대한 그래프에서 갈등이 X점 수준일 때에는 조직 내부의 의욕이 상실되고 환경의 변화에 대한 적응력도 떨어져 조직 성과가 낮아진다. 갈등이 Y점 수준일 때에는 갈등의 순기능이 작용하여 조직 내부에 생동감이 넘치고 변화 지향적이며 문제해결능력이 발휘되어 조직 성과가 높아진다. 반면, 갈등이 Z점 수준일 때에는 오히려 갈등의 역기능이 작용하여 조직 내부에 혼란과 분열이 발생하고 조직 구성원들이 비협조적이 되어 조직 성과는 낮아지게 된다.

인생이란 결코 공평하지 않다.
이 사실에 익숙해져라.

－빌 게이츠－

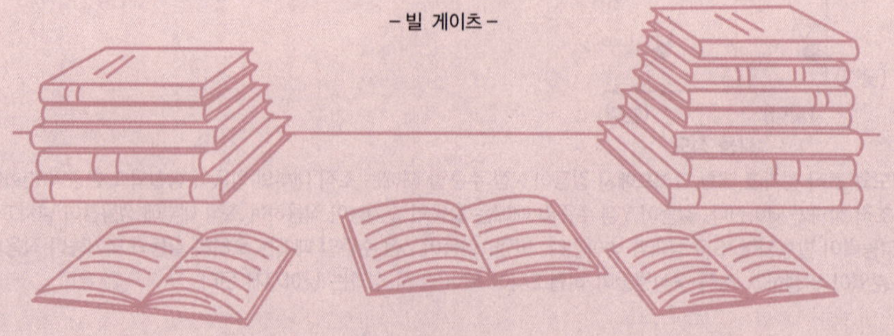

PART 1

직업기초능력평가

CHAPTER

01 수리능력

대표기출유형 01 기출응용문제

01

정답 ②

소희의 수학시험 점수를 x점이라고 하면 네 사람의 수학시험 점수 평균이 105점이므로 다음과 같다.

$$\frac{101+105+108+x}{4}=105$$

$\rightarrow x+314=420$

$\therefore x=106$

따라서 소희의 수학시험 점수는 106점이다.

02

정답 ⑤

주사위를 두 번 던지는 경우의 수는 $6\times6=36$가지이고, 두 눈의 합이 10 이상인 경우는 다음과 같다.

- 두 눈의 합이 10인 경우 : (4, 6), (5, 5), (6, 4)
- 두 눈의 합이 11인 경우 : (5, 6), (6, 5)
- 두 눈의 합이 12인 경우 : (6, 6)

따라서 두 눈의 합이 10 이상 나올 확률은 $\frac{6}{36}=\frac{1}{6}$이다.

03

정답 ①

올라갈 때 걸은 거리를 $x$km라고 하면 내려올 때의 거리는 $(x+5)$km이므로 다음과 같다.

$$\frac{x}{3}+\frac{x+5}{4}=3$$

$\rightarrow 4x+3(x+5)=36$

$\therefore x=3$

따라서 올라갈 때 걸은 거리는 3km이다.

04

정답 ③

세 자리의 수가 홀수가 되려면 끝자리 숫자가 홀수여야 한다. 홀수는 1, 3, 5, 7, 9로 5개이고, 백의 자리와 십의 자리의 숫자의 경우의 수를 고려한다. 백의 자리에 올 수 있는 숫자는 0을 제외한 8가지, 십의 자리에 올 수 있는 숫자는 0을 포함한 8가지이다. 따라서 홀수인 세 자리의 수는 $8\times8\times5=320$가지가 가능하다.

05

정답 ⑤

조각 케이크의 원가를 x원이라고 하면 정가는 $(x+3,000)$원이다.

정가에 20%를 할인하여 5개 팔았을 때 순이익과 조각 케이크 1개당 정가에서 2,000원씩 할인하여 4개 팔았을 때의 매출액은 같으므로 다음과 같다.

$5[0.8\times(x+3,000)-x]=4(x+3,000-2,000)$

$\rightarrow 5(-0.2x+2,400)=4x+4,000$

$\rightarrow 5x=8,000$

$\therefore x=1,600$

따라서 조각 케이크의 정가는 $1,600+3,000=4,600$원이다.

06

정답 ②

떠낸 소금물의 양을 xg, 농도 2% 소금물의 양을 yg이라고 하면 떠낸 소금물의 양만큼 부은 물의 양도 xg이므로 다음과 같다.

$200-x+x+y=320$

$\therefore y=120$

소금물을 떠내고 같은 양의 물을 부어도 농도 8%의 소금물에 있는 소금의 양은 같으므로 다음과 같다.

$\frac{8}{100}\times(200-x)+\frac{2}{100}\times120=\frac{3}{100}\times320$

$\rightarrow 1,600-8x+240=960$

$\rightarrow 8x=880$

$\therefore x=110$

따라서 떠낸 소금물의 양은 110g이다.

07

정답 ④

전체 일의 양을 1이라 하고, 선규가 혼자 일을 끝내는 데 걸리는 시간을 x일, 승룡이가 혼자 일을 끝내는 데 걸리는 시간을 y일이라 하자.

둘이 함께 5일 동안 일을 끝내는 경우 다음 식이 성립한다.

$\left(\frac{1}{x}+\frac{1}{y}\right)\times5=1 \cdots$ ㉠

선규가 먼저 4일 일하고, 승룡이가 7일 일하여 끝내는 경우 다음 식이 성립한다.

$\frac{4}{x}+\frac{7}{y}=1 \cdots$ ㉡

㉠과 ㉡을 연립하면 $y=15$이다.

따라서 승룡이가 혼자 일을 끝내려면 15일이 걸린다.

08

정답 ③

전체 인원을 x명이라고 하면 다음과 같다.

$\left(x\times\frac{3}{7}-13\right)+\left(x\times\frac{1}{2}+33\right)=x$

$\rightarrow x\times\left(\frac{3}{7}+\frac{1}{2}\right)+20=x$

$\rightarrow x\left(1-\frac{13}{14}\right)=20$

$\therefore x=20\times14=280$

따라서 공청회에 참석한 전체 인원은 280명이다.

PART 1

09

정답 ④

제시된 그림의 운동장 둘레는 왼쪽과 오른쪽 반원을 합친 지름이 50m인 원의 원주[(지름)×(원주율)]와 위, 아래 직선거리 90m를 더하면 된다. 따라서 학생이 운동장 한 바퀴를 달린 거리는 (50×3)+(90×2)=330m이다.

대표기출유형 02 기출응용문제

01

정답 ⑤

제시된 수열은 홀수 항은 +11, 짝수 항은 +29인 수열이다.
따라서 ( )=62−29=33이다.

02

정답 ①

제시된 수열은 첫 번째 항부터 ×7, −11을 번갈아 적용하는 수열이다.
따라서 ( )=1,099−11=1,088이다.

03

정답 ④

제시된 수열은 앞의 항에 +4, $+4\times3$, $+4\times3^2$, $+4\times3^3$, $+4\times3^4$, …인 수열이다.
따라서 ( )=$489+4\times3^5=1,461$이다.

대표기출유형 03 기출응용문제

01

정답 ④

A가 이번 달에 내야 하는 전기료는 (200×100)+(150×200)=50,000원이다. 이때 B가 내야 하는 전기료는 A의 2배인 10만 원이므로 전기 사용량은 400kWh를 초과했음을 알 수 있다. B가 사용한 전기량을 $(400+x)$kWh로 정하고 전기료에 대한 식을 세우면 다음과 같다.

$(200\times100)+(200\times200)+(x\times400)=100,000$

$\rightarrow x\times400=100,000-60,000$

$\therefore x=100$

따라서 B가 사용한 전기량은 400+100=500kWh이다.

02

정답 ③

2024년 전체 실적은 45+50+48+42=185억 원이며, 1 ~ 2분기와 3 ~ 4분기가 차지하는 비율을 구하면 다음과 같다.

- 1 ~ 2분기 : $\frac{45+50}{185}\times 100 ≒ 51.4\%$
- 3 ~ 4분기 : $\frac{48+42}{185}\times 100 ≒ 48.6\%$

따라서 바르게 나열한 것은 ③이다.

03

정답 ③

종합청렴도 식은 (종합청렴도)=[(외부청렴도)×0.6+(내부청렴도)×0.3+(정책고객평가)×0.1]−(감점요인)이므로 내부청렴도에 대한 공식을 만들면 다음과 같다.

(내부청렴도)=[(종합청렴도)−(외부청렴도)×0.6−(정책고객평가)×0.1+(감점요인)]× $\frac{10}{3}$

위 식에 연도별 수치를 대입하여 내부청렴도를 구한다.

- 2021년 : $[6.23-8.0\times 0.6-6.9\times 0.1+(0.7+0.7+0.2)]\times \frac{10}{3}=2.34\times \frac{10}{3}=7.8$점
- 2022년 : $[6.21-8.0\times 0.6-7.1\times 0.1+(0.7+0.8+0.2)]\times \frac{10}{3}=2.4\times \frac{10}{3}=8.0$점
- 2023년 : $[6.16-8.0\times 0.6-7.2\times 0.1+(0.7+0.8+0.2)]\times \frac{10}{3}=2.34\times \frac{10}{3}=7.8$점
- 2024년 : $[6.8-8.1\times 0.6-7.3\times 0.1+(0.5+0.4+0.2)]\times \frac{10}{3}=2.31\times \frac{10}{3}=7.7$점

따라서 내부청렴도가 가장 높은 해는 2022년, 가장 낮은 해는 2024년이다.

04

정답 ①

- (ㄱ) : 2021년 대비 2022년의 의료 폐기물의 증감률로 $\frac{48,934-49,159}{49,159}\times 100 ≒ -0.5\%$이다.
- (ㄴ) : 2019년 대비 2020년의 사업장 배출시설계 폐기물의 증감률로 $\frac{123,604-130,777}{130,777}\times 100 ≒ -5.5\%$이다.

05

정답 ⑤

2023년 관광 수입이 가장 많은 국가는 중국(44,400백만 달러)이며, 가장 적은 국가는 한국(17,300백만 달러)이다. 두 국가의 2024년 관광 지출 대비 관광 수입 비율을 계산하면 다음과 같다.

- 한국 : $\frac{13,400}{30,600}\times 100 ≒ 43.8\%$
- 중국 : $\frac{32,600}{257,700}\times 100 ≒ 12.7\%$

따라서 두 국가의 비율 차이는 43.8−12.7=31.1%p이다.

대표기출유형 04 기출응용문제

01

정답 ④

ㄴ. 건설 부문의 도시가스 소비량은 2023년에 1,808TOE, 2024년에 2,796TOE이다. 따라서 전년 대비 2024년의 증가율은 $\frac{2,796-1,808}{1,808}\times 100 \fallingdotseq 54.6\%$이므로 옳은 설명이다.

ㄷ. 2024년 온실가스 배출량 중 간접 배출이 차지하는 비중은 $\frac{28,443}{35,638}\times 100 \fallingdotseq 79.8\%$이고, 2023년 온실가스 배출량 중 고정 연소가 차지하는 비중은 $\frac{4,052}{30,823}\times 100 \fallingdotseq 13.1\%$이다. 이의 5배는 $13.1\times 5=65.5\%$로 2024년 온실가스 배출량 중 간접 배출이 차지하는 비중인 79.8%보다 작으므로 옳은 설명이다.

오답분석

ㄱ. 에너지 소비량 중 이동 부문에서 경유가 차지하는 비중은 2023년에 $\frac{196}{424}\times 100 \fallingdotseq 46.2\%$이고, 2024년에 $\frac{179}{413}\times 100 \fallingdotseq 43.3\%$이다. 따라서 전년 대비 $46.2-43.3=2.9\%$p 감소하였으므로 옳지 않은 설명이다.

02

정답 ④

10대의 인터넷 공유활동을 참여율이 큰 순서대로 나열하면 '커뮤니티 이용 → 퍼나르기 → 블로그 운영 → UCC 게시 → 댓글 달기'이다. 반면 30대는 '커뮤니티 이용 → 퍼나르기 → 블로그 운영 → 댓글 달기 → UCC 게시'이다. 따라서 활동 순위가 동일하지 않다.

오답분석

① 20대가 다른 연령대에 비해 참여율이 비교적 높은 편임을 표에서 쉽게 확인할 수 있다.
② 남성이 여성보다 참여율이 대부분의 활동에서 높지만, 블로그 운영에서는 여성의 참여율이 높다.
③ 남녀 간의 참여율 격차가 가장 큰 영역은 13.8%p인 댓글 달기이며, 그 반대로는 2.7%p인 커뮤니티 이용이다.
⑤ 40대는 다른 영역과 달리 댓글 달기 활동에서는 다른 연령대보다 높은 참여율을 보이고 있다.

03

정답 ②

수도권은 서울과 인천·경기를 합한 지역을 의미한다. 따라서 전체 마약류 단속 건수 중 수도권의 마약류 단속 건수의 비중은 $22.1+35.8=57.9\%$이다.

오답분석

① • 대마 단속 전체 건수 : 167건
  • 마약 단속 전체 건수 : 65건
  $65\times 3=195>167$이므로 옳지 않은 설명이다.
③ 마약 단속 건수가 없는 지역은 강원, 충북, 제주로 3곳이다.
④ • 대구·경북 지역의 향정신성의약품 단속 건수 : 138건
  • 광주·전남 지역의 향정신성의약품 단속 건수 : 38건
  $38\times 4=152>138$이므로 옳지 않은 설명이다.
⑤ • 강원 지역의 향정신성의약품 단속 건수 : 35건
  • 강원 지역의 대마 단속 건수 : 13건
  $13\times 3=39>35$이므로 옳지 않은 설명이다.

04

정답 ③

이륜차와 관련된 교통사고는 29+11=40%로 2,500×0.4=1,000건이며, 30대 이하 가해자는 38+21=59%로 총 1,475명이다. 따라서 비율은 $\frac{1,000}{1,475}\times100 \fallingdotseq 67.8$%이다.

오답분석

① 60대 이상의 비율은 100−(38+21+11+8)=22%로 30대보다 높다.

② 사륜차와 사륜차 교통사고 사망건수는 2,500×0.42×0.32=336건이고, 20대 가해자 수는 2,500×0.38=950명이다. 따라서 비율은 $\frac{336}{950}\times100 \fallingdotseq 35.4$%로 35% 이상이다.

④ 보행자와 관련된 교통사고는 18+11=29%로 2,500×0.29=725건이며, 그중 40%가 사망사건이라고 했으므로 사망건수는 725×0.4=290건이다. 이때, 사륜차와 사륜차의 교통사고 사망건수는 336건이므로 보행자와 관련된 교통사고 사망건수보다 많다.

⑤ 사륜차와 이륜차 교통사고 사상자 수는 2,500×0.29=725명이고, 이 중 사망자의 비율은 68%이므로 사망건수는 725×0.68=493건이다. 따라서 사륜차와 사륜차 교통사고 사망건수인 336건보다 많다.

05

정답 ⑤

이륜차 또는 보행자와 관련된 교통사고는 29+18+11=58%로 2,500×0.58=1,450건이다. 이 중 20%의 가해자가 20대라고 했으므로 1,450×0.2=290건이다. 이때, 전체 교통사고 중 20대 가해건수는 2,500×0.38=950건이므로 이륜차 또는 보행자와 관련된 교통사고 중 20대 가해자는 전체 교통사고 20대 가해자의 $\frac{290}{950}\times100 \fallingdotseq 30$%를 차지한다.

06

정답 ③

연도별 공정자산총액과 부채총액의 차를 순서대로 나열하면 952억 원, 1,067억 원, 1,383억 원, 1,127억 원, 1,864억 원, 1,908억 원이다. 따라서 2024년이 가장 크다.

오답분석

① 2022년에는 자본총액이 전년 대비 감소했다.

② 직전 해에 비해 당기순이익이 가장 많이 증가한 해는 2023년이다.

④ 총액 규모가 가장 큰 것은 공정자산총액이다.

⑤ 2019년과 2020년을 비교하면 분모 증가율은 $\frac{1,067-952}{952}=\frac{115}{952}\fallingdotseq\frac{1}{8}$이고, 분자 증가율은 $\frac{481-464}{464}=\frac{17}{464}\fallingdotseq\frac{1}{27}$이다. 따라서 2020년에는 비중이 감소했다.

07

정답 ⑤

생산이 증가한 해에는 수출과 내수 모두 증가했다.

오답분석

① 표에서 ▽는 감소 수치를 나타내고 있으므로 옳은 설명이다.

② 내수가 가장 큰 폭으로 증가한 해는 2022년으로 생산과 수출 모두 감소했다.

③ 수출이 증가한 해는 2020년, 2023년, 2024년으로 내수와 생산 모두 증가했다.

④ 2022년이 이에 해당한다.

CHAPTER

02 조직이해능력

대표기출유형 01 기출응용문제

01

정답 ①

(가)는 경영 전략 추진과정 중 환경 분석이며, 이는 외부 환경 분석과 내부 환경 분석으로 구분된다. 외부 환경으로는 기업을 둘러싸고 있는 경쟁자, 공급자, 소비자, 법과 규제, 정치적 환경, 경제적 환경 등을 볼 수 있으며, 내부 환경은 기업구조, 기업문화, 기업자원 등이 해당된다. 이때 예산은 기업자원으로서 내부 환경 분석의 성격을 가지며, 다른 사례들은 모두 외부 환경 분석의 성격을 가짐을 알 수 있다. 따라서 주어진 사례 중 성격이 다른 것은 ①이다.

02

정답 ②

경영 활동을 구성하는 요소는 경영 목적, 인적자원, 자금, 경영 전략이다. (나)와 같이 봉사활동을 수행하는 일은 목적과 인력, 자금 등이 필요한 일이지만, 정해진 목표를 달성하기 위한 조직의 관리, 전략, 운영활동이라고 볼 수 없으므로 경영 활동이 아니다.

대표기출유형 02 기출응용문제

01

정답 ②

②는 업무의 내용이 유사하고 관련성이 있는 업무들을 결합해서 구분한 것으로, 기능별 조직 구조의 형태로 볼 수 있다.

02

정답 ①

조직이 생존하기 위해서는 급변하는 환경에 적응하여야 한다. 이를 위해서는 원칙이 확립되어 있고 고지식한 기계적 조직보다는 운영이 유연한 유기적 조직이 더 적합하다.

오답분석

② 대규모 조직은 소규모 조직에 비해 업무가 전문화, 분화되어 있고 많은 규칙과 규정이 존재하게 된다.
③ 조직 구조의 주요 결정요인으로는 전략, 규모, 기술, 환경이 있다.
④ 조직 활동의 결과에 따라 조직의 성과와 조직만족이 결정되며, 그 수준은 조직 구성원들의 개인적 성향과 조직문화의 차이에 따라 달라진다.
⑤ 조직 구조의 결정요인 중 기술은 조직이 투입요소를 산출물로 전환시키는 지식, 기계, 절차 등을 의미한다. 소량생산기술을 가진 조직은 유기적 조직 구조를, 대량생산기술을 가진 조직은 기계적 조직 구조를 가진다.

03

정답 ③

오답분석

- B : 사장 직속으로 4개의 본부가 있다는 설명은 옳지만, 인사업무만을 전담하고 있는 본부는 없으므로 옳지 않다.
- C : 감사실이 분리되어 있다는 설명은 옳지만, 사장 직속이 아니므로 옳지 않다.

04

정답 ③

마케팅기획본부는 해외마케팅기획팀과 마케팅기획팀으로 구성된다고 했으므로 적절하지 않다.

오답분석

① · ② 마케팅본부의 마케팅기획팀과 해외사업본부의 해외마케팅기획팀을 통합해 마케팅기획본부가 신설된다고 했으므로 적절하다.
④ 해외사업본부의 해외사업 1팀과 해외사업 2팀을 해외영업팀으로 통합하고 마케팅본부로 이동한다고 했으므로 적절하다.
⑤ 구매 · 총무팀에서 구매팀과 총무팀이 분리되고 총무팀과 재경팀을 통합 후 재무팀이 신설된다고 했으므로 적절하다.

대표기출유형 03 기출응용문제

01

정답 ④

G주임이 가장 먼저 해야 하는 일은 오늘 오후 2시에 예정된 팀장회의 일정을 P팀장에게 전달하는 것이다. 다음으로 내일 진행될 언론홍보팀과의 회의 일정에 대한 답변을 오늘 내로 전달해달라는 요청을 받았으므로 먼저 익일 업무 일정을 확인한 후 회의 일정에 대한 답변을 전달해야 한다. 이후 회의 전에 미리 숙지해야 할 자료를 확인하는 것이 바람직하다. 따라서 G주임이 처리해야 할 업무 순서로 가장 적절한 것은 ④이다.

02

정답 ③

시간 순서대로 나열하면 '회의실 예약하기 – PPT 작성하기 – 메일 전송하기 – 수정사항 반영하기 – B주임에게 조언 구하기 – 브로슈어에 최종본 입력하기 – D대리에게 파일 전달하기 – 인쇄소 방문하기'이다.

03

정답 ③

ㄱ. 최수영 상무이사가 결재한 것은 대결이다. 대결은 결재권자가 출장, 휴가, 기타 사유로 상당 기간 부재중일 때 긴급한 문서를 처리하고자 할 경우에 결재권자의 차하위 직위의 결재를 받아 시행하는 것을 말한다.
ㄴ. 대결 시에는 기안문의 결재란 중 대결한 자의 란에 '대결'을 표시하고 서명 또는 날인한다.

담당	과장	부장	상무이사	전무이사
○○○	최경옥	김석호	대결 최수영	전결

04

정답 ⑤

홍보용 보도 자료 작성은 홍보팀의 업무이며, 물품 구매는 총무팀의 업무이다. 즉, 영업팀이 아닌 홍보팀이 홍보용 보도 자료를 작성해야 하며, 홍보용 사은품 역시 직접 구매하는 것이 아니라 홍보팀이 총무팀에 업무협조를 요청하여 총무팀이 구매하도록 하여야 한다.

05

정답 ③

오전 반차를 사용한 이후 14시부터 16시까지 미팅 업무가 있는 J대리는 택배 접수 마감 시간인 16시 이전에 행사 용품 오배송건 반품 업무를 진행할 수 없다.

오답분석

① 부서장 회의이므로 총무부 부장인 G부장이 반드시 회의에 참석해야 한다.
② H프로젝트 보고서 초안 작성 업무는 해당 프로젝트 회의에 참석한 S과장이 담당하는 것이 적절하다.
④ 사내 교육 프로그램 참여 이후 17시 전까지 주요 업무가 없는 L사원은 우체국 방문 및 등기 발송 업무를 담당할 수 있다.
⑤ 사내 교육 프로그램 참여 이후 17시 전까지 주요 업무가 없는 O사원은 사무용품 주문 관련 업무를 담당할 수 있다.

CHAPTER

03 문제해결능력

대표기출유형 01 기출응용문제

01

정답 ④

C는 3층에 내렸으므로 다섯 번째 조건에 의해 B는 6층, F는 7층에 내린 것을 알 수 있다. 네 번째 조건에서 G는 C보다 늦게, B보다 빨리 내렸다고 하였으므로 G는 4층 또는 5층에 내렸다. 그리고 I는 D보다 늦게, G보다는 일찍 내렸으며, D는 A보다 늦게 내렸으므로 A는 1층, D는 2층, I는 4층이 된다. 그러므로 G는 5층에서 내렸다. 두 번째 조건에 의해 H는 홀수 층에서 내렸으므로 H는 9층, E는 8층에서 내렸다. 따라서 짝수 층에서 내리지 않은 사람은 G이다.

02

정답 ②

주어진 조건을 정리하면 다음과 같다.

구분	1일	2일	3일	4일	5일	6일
경우 1	B	E	F	C	A	D
경우 2	B	C	F	D	A	E
경우 3	A	B	F	C	E	D
경우 4	A	B	C	F	D	E
경우 5	E	B	F	C	A	D
경우 6	E	B	C	F	D	A

따라서 B영화는 어떠한 경우에도 1일 또는 2일에 상영된다.

오답분석

① A영화는 경우 3 또는 4에서 C영화보다 먼저 상영된다.
③ C영화는 경우 1 또는 5, 6에서 E영화보다 늦게 상영된다.
④ D영화는 경우 1 또는 3, 5에서 폐막작으로, 경우 4 또는 6에서 5일에 상영된다.
⑤ E영화는 경우 1 또는 3에서 개막작이나 폐막작으로 상영되지 않는다.

03

정답 ③

주어진 조건을 토대로 다음과 같이 정리해 볼 수 있다. 원형테이블은 회전시켜도 좌석 배치는 동일하므로 좌석에 1 ~ 7번으로 번호를 붙이고, A가 1번 좌석에 앉았다고 가정하여 배치하면 다음과 같다.

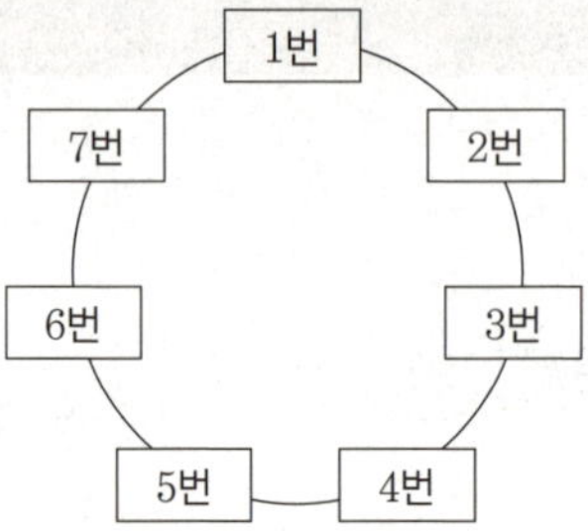

첫 번째 조건에 따라 2번에는 부장이, 7번에는 차장이 앉게 된다.
세 번째 조건에 따라 부장과 이웃한 자리 중 비어 있는 3번 자리에 B가 앉게 된다.
네 번째 조건에 따라 7번에 앉은 사람은 C가 된다.
다섯 번째 조건에 따라 5번에 과장이 앉게 되고, 과장과 차장 사이인 6번에 G가 앉게 된다.
여섯 번째 조건에 따라 A와 이웃한 자리 중 직원명이 정해지지 않은 2번 부장 자리에 D가 앉게 된다.
일곱 번째 조건에 따라 4번 자리에는 대리, 3번 자리에는 사원이 앉는 것을 알 수 있으며, 3번 자리에 앉은 B가 사원 직급임을 알 수 있다.
두 번째 조건에 따라 E는 사원과 이웃하지 않았고 직원명이 정해지지 않은 5번 과장 자리에 해당하는 것을 알 수 있다.
이를 정리하면 다음과 같은 좌석 배치가 되며, F는 이 중 유일하게 빈자리인 4번 대리 자리에 해당한다.

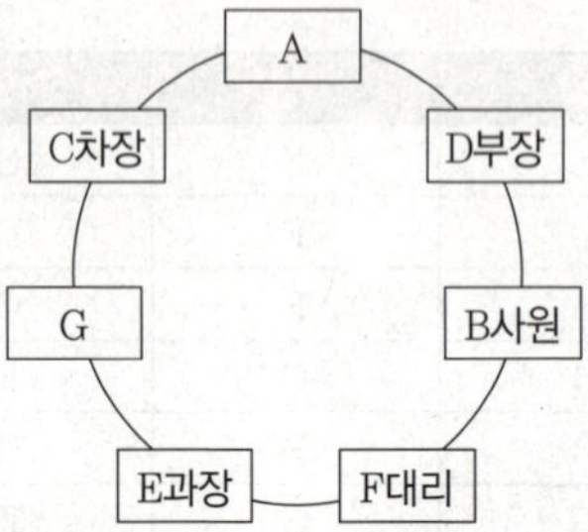

따라서 사원 직급은 B, 대리 직급은 F가 해당한다.

04

정답 ①

주어진 조건을 정리하면 다음과 같다.

구분	첫 번째	두 번째	세 번째	네 번째	다섯 번째	여섯 번째
경우 1	교육	보건	농림	행정	국방	외교
경우 2	교육	보건	농림	국방	행정	외교
경우 3	보건	교육	농림	행정	국방	외교
경우 4	보건	교육	농림	국방	행정	외교

따라서 교육부는 첫 번째 또는 두 번째에 감사를 시작한다.

오답분석

② 경우 3, 4에서 보건복지부는 첫 번째로 감사를 시작한다.
③ 농림축산식품부보다 늦게 감사를 받는 부서는 3개, 일찍 받는 부서는 2개로, 늦게 감사를 받는 부서의 수가 많다.
④ 경우 1, 3에서 국방부는 행정안전부보다 감사를 늦게 받는다.
⑤ 외교부보다 늦게 감사를 받는 부서는 없다.

05

정답 ①

한 번 배정받은 층은 다시 배정받을 수 없기 때문에 A는 3층, B는 2층에 배정받을 수 있다. C는 1층 또는 4층에 배정받을 수 있지만, D는 1층에만 배정받을 수 있기 때문에 C는 4층, D는 1층에 배정받는다. 이를 정리하면 다음과 같다.

A	B	C	D
3층	2층	4층	1층

따라서 항상 참인 것은 ①이다.

오답분석

②·③·④ 주어진 조건만으로는 판단하기 힘들다.

⑤ 매년 새롭게 층을 배정받기 때문에 B 또한 3년 이상 기숙사에 살았을 것이다.

06

정답 ②

을과 정이 서로 상반된 이야기를 하고 있으므로 둘 중 1명이 거짓말을 하고 있다. 만일 을이 참이고 정이 거짓이라면 화분을 깨뜨린 사람은 병, 정이 되는데, 화분을 깨뜨린 사람은 1명이어야 하므로 모순이다. 따라서 거짓말을 한 사람은 을이다.

대표기출유형 02 기출응용문제

01

정답 ④

지원계획을 보면 지원금을 받을 수 있는 모임의 구성원은 6명 이상 9명 미만이므로, A모임과 E모임은 제외한다. 나머지 B, C, D모임의 총지원금을 구하면 다음과 같다.

- B모임 : 1,500+(100×6)=2,100천 원
- C모임 : 1.3×(1,500+120×8)=3,198천 원
- D모임 : 2,000+(100×7)=2,700천 원

따라서 D모임이 두 번째로 많은 지원금을 받는다.

02

정답 ④

- 을, 정, 무 : 정이 운전을 하고 을이 차장이며, 부상 중인 사람이 없기 때문에 17시에 도착하므로 정의 당직 근무에도 문제가 없다. 따라서 가능한 조합이다.

오답분석

① 갑, 을, 병 : 갑이 부상인 상태이므로 B지사에 17시 30분에 도착하는데, 을이 17시 15분에 계약업체 면담을 진행해야 하므로 가능하지 않은 조합이다.

② 갑, 병, 정 : 갑이 부상인 상태이므로 B지사에 17시 30분에 도착하는데, 정이 17시 10분부터 당직 근무가 예정되어 있으므로 가능하지 않은 조합이다.

③ 을, 병, 무 : 1종 보통 운전면허를 소지하고 있는 사람이 없으므로 가능하지 않은 조합이다.

⑤ 병, 정, 무 : 책임자로서 차장 직위가 한 명은 포함되어야 하므로 가능하지 않은 조합이다.

03

정답 ③

B안의 가중치는 전문성인데 자원봉사제도는 (−)이므로 적절하지 않은 판단이다.

오답분석

① 전문성 면에서는 유급법률구조제도가 (+), 자원봉사제도가 (−)이므로 옳은 설명이다.
② A안에 가중치를 적용할 경우 접근용이성과 전문성에 가중치를 적용하므로 두 정책목표 모두에서 (+)를 보이는 유급법률구조제도가 가장 적절하다.
④ B안에 가중치를 적용할 경우 전문성에 가중치를 적용하므로 (+)를 보이는 유급법률구조제도가 가장 적절하며, A안에 가중치를 적용할 경우 ②에 의해 유급법률구조제도가 가장 적절하다. 따라서 어떤 것을 적용하더라도 결과는 같다.
⑤ 비용저렴성을 달성하려면 (+)를 보이는 자원봉사제도가 가장 유리하다.

04

정답 ③

제시된 자료와 상황을 바탕으로 투자액에 따른 득실을 정리하면 다음과 같다.

구분	투자액	감면액	득실
1등급 – 최우수	2억 1천만 원	2억 4천만 원	+3,000만 원
1등급 – 우수	1억 1천만 원	1억 6천만 원	+5,000만 원
2등급 – 최우수	1억 9천만 원	1억 6천만 원	−3,000만 원
2등급 – 우수	9천만 원	8천만 원	−1,000만 원

따라서 옳은 것은 ㄱ, ㄴ이다.

05

정답 ②

예상되는 평가점수는 63점이고, 에너지효율이 3등급이기 때문에 취·등록세액 감면 혜택을 얻을 수 없다. 추가 투자를 통해서 평가점수와 에너지효율을 높여야 취·등록세액 감면 혜택을 얻게 된다.

오답분석

① 현재 신축 건물의 예상되는 친환경 건축물 평가점수는 63점으로 '우량' 등급이다.
③ 친환경 건축물 우수 등급, 에너지효율 1등급을 받는 것이 경제적 이익을 극대화시킨다.
④ 예산 관리는 활동이나 사업에 소요되는 비용을 산정하고, 예산을 편성하는 것뿐만 아니라 예산을 통제하는 것 모두를 포함한다고 할 수 있다.

06

정답 ⑤

글피는 모레의 다음날로 15일이다. 15일은 비가 내리지 않고 최저기온은 영하이다.

오답분석

① 12 ~ 15일의 일교차를 구하면 다음과 같다.
- 12일 : 11−0=11℃
- 13일 : 12−3=9℃
- 14일 : 3−(−5)=8℃
- 15일 : 8−(−4)=12℃

따라서 일교차가 가장 큰 날은 15일이다.
② 제시된 자료에서 미세먼지에 대한 내용은 확인할 수 없다.
③ 14일의 경우 비가 예보되어 있지만 낙뢰에 대한 예보는 확인할 수 없다.
④ 14일의 최저기온은 영하이지만 최고기온은 영상이다.

대표기출유형 03 기출응용문제

01

정답 ③

하얀 블록 5개와 검은 블록 1개를 일렬로 붙인 막대와 하얀 블록 6개를 일렬로 붙인 막대를 각각 A막대, B막대라고 하자. A막대의 윗면과 아랫면에 쓰인 숫자의 순서쌍은 (1, 6), (2, 5), (3, 4), (4, 3), (5, 2), (6, 1)이다. 즉, A막대의 윗면과 아랫면에 쓰인 숫자의 합은 7이다. 검은 블록이 있는 막대 30개, 검은 블록이 없는 막대 6개를 붙여 만든 그림 2의 윗면과 아랫면에 쓰인 숫자의 합은 (7×30)+(6×0)=210이다. 윗면에 쓰인 숫자의 합은 109이므로 아랫면에 쓰인 36개 숫자의 합은 210−109=101이다.

02

정답 ①

보유 전세버스 현황에서 소형버스(RT)는 RT−25−KOR−18−0803, RT−16−DEU−23−1501, RT−25−DEU−12−0904, RT−23−KOR−07−0628, RT−16−USA−09−0712로 총 5대이며, 이 중 독일에서 생산된 것은 2대이다.
따라서 이는 소형버스 전체의 40%를 차지하므로 ①은 옳지 않다.

03

정답 ②

한글 자음을 순서에 따라 바로 뒤의 자음으로 변환하면 다음과 같다.

ㄱ	ㄴ	ㄷ	ㄹ	ㅁ	ㅂ	ㅅ
ㄴ	ㄷ	ㄹ	ㅁ	ㅂ	ㅅ	ㅇ
ㅇ	ㅈ	ㅊ	ㅋ	ㅌ	ㅍ	ㅎ
ㅈ	ㅊ	ㅋ	ㅌ	ㅍ	ㅎ	ㄱ

한글 모음을 순서에 따라 알파벳으로 변환하면 다음과 같다.

ㅏ	ㅐ	ㅑ	ㅒ	ㅓ	ㅔ	ㅕ
a	b	c	d	e	f	g
ㅖ	ㅗ	ㅘ	ㅙ	ㅚ	ㅛ	ㅜ
h	i	j	k	l	m	n
ㅝ	ㅞ	ㅟ	ㅠ	ㅡ	ㅢ	ㅣ
o	p	q	r	s	t	u

ㄴ=ㄱ, u=ㅣ, ㅂ=ㅁ, ㅋ=ㅊ, u=ㅣ, ㅊㅊ=ㅉ, u=ㅣ, ㄴ=ㄱ, b=ㅐ
따라서 김대리가 말한 메뉴는 김치찌개이다.

04

정답 ③

ㅈ=ㅊ, ㅗ=i, ㄴ=ㄷ, ㅈ=ㅊ, ㅜ=n, ㅇ=ㅈ, ㄱ=ㄴ, ㅘ=j, 공백=0, ㅂ=ㅅ, ㅐ=b, ㄹ=ㅁ, ㅕ=g

PART 1

대표기출유형 04 기출응용문제

01

정답 ①

오답분석

ㄴ. ST전략에서 경쟁업체에 특허 기술을 무상 이전하는 것은 경쟁이 더 심화될 수 있으므로 적절하지 않다.
ㄹ. WT전략에서는 기존 설비에 대한 재투자보다는 수요에 맞게 다양한 제품을 유연하게 생산할 수 있는 신규 설비에 대한 투자가 필요하다.

02

정답 ③

• (가) : 외부의 기회를 활용하면서 내부의 강점을 더욱 강화시키는 SO전략에 해당한다.
• (나) : 외부의 기회를 활용하여 내부의 약점을 보완하는 WO전략에 해당한다.
• (다) : 외부의 위협을 회피하며 내부의 강점을 적극 활용하는 ST전략에 해당한다.
• (라) : 외부의 위협을 회피하고 내부의 약점을 보완하는 WT전략에 해당한다.

따라서 바르게 나열한 것은 ③이다.

03

정답 ②

ㄱ. 기술개발을 통해 연비를 개선하는 것은 막대한 R&D 역량이라는 강점으로 휘발유의 부족 및 가격의 급등이라는 위협을 회피하거나 최소화하는 전략에 해당하므로 적절하다.
ㄹ. 생산설비에 막대한 투자를 했기 때문에 차량모델 변경의 어려움이라는 약점이 있는데, 레저용 차량 전반에 대한 수요 침체 및 다른 회사들과의 경쟁이 심화되고 있으므로 생산량 감축을 고려할 수 있다.
ㅁ. 생산 공장을 한 곳만 가지고 있다는 약점이 있지만 새로운 해외시장이 출현하고 있는 기회를 살려서 국내 다른 지역이나 해외에 공장들을 분산 설립할 수 있을 것이다.
ㅂ. 막대한 R&D 역량이라는 강점을 이용하여 휘발유의 부족 및 가격의 급등이라는 위협을 회피하거나 최소화하기 위해 경유용 레저 차량 생산을 고려할 수 있다.

오답분석

ㄴ. 소형 레저용 차량에 대한 수요 증대라는 기회 상황에서 대형 레저용 차량을 생산하는 것은 적절하지 않은 전략이다.
ㄷ. 차량모델 변경의 어려움이라는 약점을 보완하는 전략도 아니고, 소형 또는 저가형 레저용 차량에 대한 선호가 증가하는 기회에 대응하는 전략도 아니다. 또한, 차량 안전 기준의 강화 같은 규제 강화는 기회 요인이 아니라 위협 요인이다.
ㅅ. 기회는 새로운 해외시장의 출현인데 내수 확대에 집중하는 것은 기회를 살리는 전략이 아니다.

04 자원관리능력

대표기출유형 01 기출응용문제

01

정답 ④

공정별 순서는 A → B ↘ C → F, D → E ↗ C → F이고, C공정을 시작하기 전에 B공정과 E공정이 선행되어야 하는데 B공정까지 끝나려면 4시간이 소요되고 E공정까지 끝나려면 3시간이 소요된다. 선행작업이 완료되어야 이후 작업을 할 수 있으므로, C공정을 진행하기 위해서는 최소 4시간이 걸린다. 따라서 완제품은 F공정이 완료된 후 생산되므로 첫 번째 완제품 생산의 소요 시간은 9시간이다.

02

정답 ②

9일은 A기술사 필기시험일이지만 중복이 가능하므로 7 ~ 9일은 H기능사 실기시험 날짜로 가장 적절하다.

오답분석

① 3일에는 G공사 체육대회가 있으므로 불가능하다.
③ 14 ~ 16일 동안에는 B산업기사 실기시험이 있으므로 불가능하다.
④ · ⑤ 24 ~ 29일 동안은 시험장 보수공사로 불가능하다.

03

정답 ②

팀장과 과장의 휴가일정과 세미나가 포함된 주를 제외하면 A대리가 연수에 참석할 수 있는 날짜는 첫째 주 금요일부터 둘째 주 화요일까지로 정해진다. 주어진 일정을 4월 달력에 표시하면 다음과 같다.

일요일	월요일	화요일	수요일	목요일	금요일	토요일
	1	2 팀장 휴가	3 팀장 휴가	4 팀장 휴가	5 A대리 연수	6 A대리 연수
7 A대리 연수	8 A대리 연수	9 A대리 연수	10 B과장 휴가	11 B과장 휴가	12 B과장 휴가	13
14	15 B과장 휴가	16 B과장 휴가	17 C과장 휴가	18 C과장 휴가	19	20
21	22	23	24	25	26 세미나	27
28	29	30				

따라서 5일 동안 연속으로 참석할 수 있는 날은 4월 5일부터 9일까지이므로 A대리의 연수 마지막 날짜는 9일이다.

04

정답 ③

자동차 부품 생산조건에 따라 반자동라인과 자동라인의 시간당 부품 생산량을 구하면 다음과 같다.

- 반자동라인 : 4시간에 300개의 부품을 생산하므로, 8시간에 300개×2=600개의 부품을 생산한다. 하지만 8시간마다 2시간씩 생산을 중단하므로, 8+2=10시간에 600개의 부품을 생산하는 것과 같다. 따라서 시간당 부품 생산량은 $\frac{600\text{개}}{10\text{시간}}$=60개이다. 이때 반자동라인에서 생산된 부품의 20%는 불량이므로, 시간당 정상 부품 생산량은 60개×(1−0.2)=48개이다.
- 자동라인 : 3시간에 400개의 부품을 생산하므로, 9시간에 400개×3=1,200개의 부품을 생산한다. 하지만 9시간마다 3시간씩 생산을 중단하므로, 9+3=12시간에 1,200개의 부품을 생산하는 것과 같다. 따라서 시간당 부품 생산량은 $\frac{1,200\text{개}}{12\text{시간}}$=100개이다. 이때 자동라인에서 생산된 부품의 10%는 불량이므로, 시간당 정상 제품 생산량은 100개×(1−0.1)=90개이다.

따라서 반자동라인과 자동라인에서 시간당 생산하는 정상 제품의 생산량은 48+90=138개이므로, 34,500개를 생산하는 데 $\frac{34,500\text{개}}{138\text{개/h}}$=250시간이 소요되었다.

대표기출유형 02 기출응용문제

01

정답 ④

- 일비 : 하루에 10만 원씩 지급 → 100,000×3=300,000원
- 숙박비 : 실비 지급 → B호텔 2박 → 250,000×2=500,000원
- 식비 : 8 ~ 9일까지는 3식이고 10일에는 점심 기내식을 제외하여 아침만 포함
  → (10,000×3)+(10,000×3)+(10,000×1)=70,000원
- 교통비 : 실비 지급 → 84,000+10,000+16,300+17,000+89,000=216,300원
- 합계 : 300,000+500,000+70,000+216,300=1,086,300원

따라서 G차장이 받을 수 있는 여비는 1,086,300원이다.

02

정답 ①

[(월 임대료)×(12개월)÷{(전세 보증금)−(월세 보증금)}]×100=6%가 되어야 한다.

따라서 월 임대료를 x원으로 하여 주어진 금액을 대입하고 계산하면 다음과 같다.

{(x×12)÷(1억−1천만)}×100=6

$\frac{12x}{900,000}=6$

→ $x=\frac{900,000\times 6}{12}$

∴ $x=450,000$

따라서 월 임대료 지불액은 450,000원이다.

03

정답 ④

제품군별 지급해야 할 보관료는 다음과 같다.

- A제품군 : 300억×0.01=3억 원
- B제품군 : 2,000CUBIC×20,000=4천만 원
- C제품군 : 500톤×80,000=4천만 원

따라서 G기업이 보관료로 지급해야 할 총금액은 3억+4천만+4천만=3억 8천만 원이다.

04

정답 ②

장바구니에서 선택된 상품의 총액을 구하면 다음과 같다.

선택	상품	수량	단가	금액
☑	완도김	⊟ 2 ⊞	2,300원	4,600원
☑	냉동 블루베리	⊟ 1 ⊞	6,900원	6,900원
☐	김치 250g	⊟ 3 ⊞	2,500원	0원
☑	느타리 버섯	⊟ 1 ⊞	5,000원	5,000원
☐	냉동 만두	⊟ 2 ⊞	7,000원	0원
☑	토마토	⊟ 2 ⊞	8,500원	17,000원
총액				33,500원

중복이 불가한 상품 총액의 10% 할인 쿠폰을 적용하였을 때의 금액과 중복이 가능한 배송비 무료 쿠폰과 G카드 사용 시 2% 할인 쿠폰을 중복하여 적용하였을 때의 금액을 비교해야 한다.

- 상품 총액의 10% 할인 쿠폰 적용
  (33,500×0.9)+3,000=33,150원
- 배송비 무료 쿠폰과 G카드 사용 시 2% 할인 쿠폰을 중복 적용
  33,500×0.98=32,830원

따라서 배송비 무료 쿠폰과 G카드 사용 시 2% 할인 쿠폰을 중복 적용했을 때 32,830원으로 가장 저렴하다.

대표기출유형 03 기출응용문제

01

정답 ⑤

완성품 납품 수량은 총 100개이다. 완성품 1개당 부품 A는 10개가 필요하므로 총 1,000개가 필요하고, B는 300개, C는 500개가 필요하다. 그런데 A는 500개, B는 120개, C는 250개의 재고가 있으므로, 각각 모자라는 나머지 부품인 500개, 180개, 250개를 주문해야 한다.

02

정답 ④

인쇄할 홍보자료는 20×10=200부이며, 200×30=6,000페이지이다. 이를 토대로 업체당 인쇄비용을 구하면 다음과 같다.

인쇄소	페이지 인쇄 비용	유광표지 비용	제본 비용	할인을 적용한 총비용
A	6,000×50=30만 원	200×500=10만 원	200×1,500=30만 원	30+10+30=70만 원
B	6,000×70=42만 원	200×300=6만 원	200×1,300=26만 원	42+6+26=74만 원
C	6,000×70=42만 원	200×500=10만 원	200×1,000=20만 원	42+10+20=72만 원 → 200부 중 100부 5% 할인 → (할인 안 한 100부 비용)+(할인한 100부 비용) =36+(36×0.95)=70만 2천 원
D	6,000×60=36만 원	200×300=6만 원	200×1,000=20만 원	36+6+20=62만 원
E	6,000×100=60만 원	200×200=4만 원	200×1,000=20만 원	60+4+20=84만 원 → 총비용 20% 할인 84×0.8=67만 2천 원

따라서 가장 저렴한 비용으로 인쇄할 수 있는 인쇄소는 D인쇄소이다.

03

정답 ①

주어진 사무용품 조합별 총 효용과 구입비용을 정리하면 다음과 같다.

상품조합	할인행사에 따른 추가효용	총 효용	구입비용(원)
①	55(1번 할인 적용)	265	(2,500×2)+(1,800×2)=8,600
②	50(2번 할인 적용)	185	(1,300×4)+(3,200×1)=8,400
③	80(3번 할인 적용)	235	(1,800×2)+(2,200×3)=10,200
④	(적용되는 할인 없음)	175	(2,200×2)+(2,500×1)+(1,800×1)=8,700
⑤	35(4번 할인 적용)	185	(3,200×2)+(1,300×2)=9,000

따라서 예산 내에서 총 효용이 가장 높은 조합은 ①이다.

오답분석

③ 김팀장의 예산범위를 초과하므로 구입이 불가능하다.

04

정답 ①

두 번째 조건에서 총구매금액이 30만 원 이상이면 총금액에서 5%를 할인해 주므로 한 벌당 가격이 300,000÷50=6,000원 이상인 품목은 할인적용이 들어간다. 업체별 품목 금액을 보면 모든 품목이 6,000원 이상이므로 5% 할인 적용대상이다. 따라서 모든 품목에 할인이 적용되어 정가로 비교가 가능하다.

세 번째 조건에서 차순위 품목이 1순위 품목보다 총금액이 20% 이상 저렴한 경우 차순위를 선택한다고 했으므로 한 벌당 가격으로 계산하면 1순위인 카라 티셔츠의 20% 할인된 가격은 8,000×0.8=6,400원이다. 정가가 6,400원 이하인 품목은 A업체의 티셔츠이므로 팀장은 1순위인 카라 티셔츠보다 2순위인 A업체의 티셔츠를 구입할 것이다.

대표기출유형 04 기출응용문제

01

정답 ③

㉠ 각 팀장이 매긴 순위에 대한 가중치는 모두 동일하다고 했으므로 1, 2, 3, 4순위의 가중치를 각각 4, 3, 2, 1점으로 정해 네 사람의 면접점수를 산정하면 다음과 같다.

- 갑 : 2+4+1+2=9점
- 을 : 4+3+4+1=12점
- 병 : 1+1+3+4=9점
- 정 : 3+2+2+3=10점

면접점수가 높은 을, 정 중 한 명이 입사를 포기하면 갑, 병 중 한 명이 채용된다. 갑과 병의 면접점수는 9점으로 동점이지만 조건에 따라 인사팀장이 부여한 순위가 높은 갑을 채용하게 된다.

㉢ 경영관리팀장이 갑과 병의 순위를 바꿨을 때, 네 사람의 면접점수를 산정하면 다음과 같다.

- 갑 : 2+1+1+2=6점
- 을 : 4+3+4+1=12점
- 병 : 1+4+3+4=12점
- 정 : 3+2+2+3=10점

따라서 을과 병이 채용되므로 정은 채용되지 못한다.

오답분석

㉡ 인사팀장이 을과 정의 순위를 바꿨을 때, 네 사람의 면접점수를 산정하면 다음과 같다.

- 갑 : 2+4+1+2=9점
- 을 : 3+3+4+1=11점
- 병 : 1+1+3+4=9점
- 정 : 4+2+2+3=11점

따라서 을과 정이 채용되므로 갑은 채용되지 못한다.

02

정답 ④

성과급 기준표를 토대로 교사 A～E에 대한 성과급 배점을 정리하면 다음과 같다.

교사	주당 수업시간	수업 공개 유무	담임 유무	업무 곤란도	호봉	합계
A	14점	–	10점	20점	30점	74점
B	20점	–	5점	20점	30점	75점
C	18점	5점	5점	30점	20점	78점
D	14점	10점	10점	30점	15점	79점
E	16점	10점	5점	20점	25점	76점

따라서 D교사가 가장 높은 배점을 받게 된다.

03

정답 ⑤

- C사원 : 혁신성, 친화력, 책임감이 '상 – 상 – 중'으로 영업팀의 중요도에 적합하며, 창의성과 윤리성은 '하'이지만 영업팀에서 중요하게 생각하지 않는 역량이기에 영업팀으로의 부서 배치가 적절하다.
- E사원 : 혁신성, 책임감, 윤리성이 '중 – 상 – 하'로 지원팀의 핵심역량가치에 부합하기에 지원팀으로의 부서 배치가 적절하다.

05 의사소통능력

대표기출유형 01 기출응용문제

01

정답 ④

생리활성 물질은 항암 효과를 가지고 있는데, 새싹 채소와 성체 모두 이를 함유하고 있다.

오답분석

① 성체로 자라기 위해 종자 안에는 각종 영양소가 포함되어 있다.
② 새싹은 성숙한 채소에 비하여 영양성분이 약 3～4배 정도 더 많이 함유되어 있으며, 종류에 따라서는 수십 배 이상의 차이를 보이기도 한다.
③ 씨에서 바로 나왔을 때가 아닌 어린잎이 두세 개 달릴 즈음이 생명유지와 성장에 필요한 생리활성 물질을 가장 많이 만들어 내는 때이다.
⑤ 무 싹은 기존에 많이 쓰여 온 새싹 채소이다.

02

정답 ③

먼 바다에서 지진해일의 파고는 수십 cm 이하이지만 얕은 바다에서는 급격하게 높아진다.

오답분석

① 화산폭발으로 인해 발생하는 건 맞지만 파장이 긴 파도를 지진해일이라 한다.
② 태평양에서 발생한 지진해일은 발생 하루 만에 발생지점에서 지구의 반대편까지 이동할 수 있다.
④ 지진해일이 해안가에 가까워질수록 파도가 강해지는 것은 맞지만, 속도는 시속 45～60km까지 느려진다.
⑤ 해안의 경사 역시 암초, 항만 등과 마찬가지로 지진해일을 변형시키는 요인이 된다.

03

정답 ②

'에너지 하베스팅은 열, 빛, 운동, 바람, 진동, 전자기 등 주변에서 버려지는 에너지를 모아 전기를 얻는 기술을 의미한다.'라는 내용을 통해 버려진 에너지를 전기라는 에너지로 다시 만든다는 것을 알 수 있다.

오답분석

① 무체물인 에너지도 재활용이 가능하다고 했으므로 적절하지 않은 내용이다.
③ 에너지 하베스팅은 열, 빛, 운동, 바람, 진동, 전자기 등 주변에서 버려지는 에너지를 모아 전기를 얻는 기술이라고 하였고, 다른 에너지에 대한 언급은 없으므로 적절하지 않은 내용이다.
④ 태양광을 이용하는 광 에너지 하베스팅, 폐열을 이용하는 열에너지 하베스팅이라고 구분하여 언급한 것을 통해 다른 에너지원에 속한다는 것을 알 수 있다.
⑤ '사람이 많이 다니는 인도 위에 버튼식 패드를 설치하여 사람이 밟을 때마다 선기가 생산되도록 하는 것이다.'라고 했으므로 사람의 체온을 이용한 신체 에너지 하베스팅 기술이라기보다 진동이나 압력을 가해 이용하는 진동 에너지 하베스팅이 적절하다.

대표기출유형 02 기출응용문제

01

정답 ⑤

제시문에서는 현대 사회의 소비 패턴이 '보이지 않는 손' 아래의 합리적 소비에서 벗어나 과시 소비가 중심이 되었으며, 그 이면에는 소비를 통해 자신의 물질적 부를 표현함으로써 신분을 과시하려는 욕구가 있다고 설명하고 있다. 따라서 ⑤가 제시문의 제목으로 가장 적절하다.

02

정답 ④

(라) 문단에서는 부패를 개선하기 위한 정부의 제도적 노력에도 불구하고 반부패정책 대부분이 효과가 없었음을 이야기하고 있다. 따라서 '정부의 부패인식지수 개선에 대한 노력의 실패'가 (라) 문단의 주제로 적절하다.

03

정답 ①

제시문의 첫 번째 문단에서는 사회적 자본이 늘어나면 정치 참여도가 높아진다는 주장을 하였고, 두 번째 문단에서는 사회적 자본의 개념을 사이버공동체에 도입하였으나 현실과 잘 맞지 않는다고 하면서 사회적 자본의 한계를 서술했다. 그리고 마지막 문단에서는 사회적 자본만으로는 정치 참여가 늘어나기 어렵고 정치적 자본의 매개를 통해서 정치 참여가 활성화된다는 주장을 하고 있다. 따라서 ①이 제시문의 주제로 가장 적절하다.

대표기출유형 03 기출응용문제

01

정답 ②

제시문은 강이 붉게 물들고 산성으로 변화하는 이유인 티오바실러스와 강이 붉어지는 것을 막기 위한 방법에 대하여 설명하고 있다. 따라서 (가) 철2가 이온(Fe^{2+})과 철3가 이온(Fe^{3+})의 용해도가 침전물 생성에 중요한 역할을 함 – (라) 티오바실러스가 철2가 이온(Fe^{2+})을 산화시켜 만든 철3가 이온(Fe^{3+})이 붉은 침전물을 만듦 – (나) 티오바실러스는 이황화철(FeS_2)을 산화시켜 철2가 이온(Fe^{2+})이 철3가 이온(Fe^{3+})을 얻음 – (다) 티오바실러스에 의한 이황화철(FeS_2)의 가속적인 산화를 막기 위해서는 광산의 밀폐가 필요함의 순으로 나열하는 것이 적절하다.

02

정답 ③

제시된 문단에서는 휘슬블로어를 소개하며, 휘슬블로어가 집단의 부정부패를 고발하는 것이 쉽지 않다는 점을 언급하고 있으므로, 뒤이어 내부고발이 어려운 이유를 설명하는 문단이 와야 한다. 따라서 (다) 내부고발이 어려운 이유와 휘슬블로어가 겪는 여러 사례 – (나) 휘슬블로우의 실태와 법적인 보호의 필요성 제기 – (라) 휘슬블로우를 보호하기 위한 법의 실태 설명 – (가) 법 밖에서도 보호받지 못하는 휘슬블로어의 순으로 나열하는 것이 적절하다.

03

정답 ②

제시문은 신앙 미술에 나타난 동물의 상징적 의미와 사례, 변화와 그 원인, 그리고 동물의 상징적 의미가 지닌 문화적 가치에 대하여 설명하는 글이다. 따라서 (나) 신앙 미술에 나타난 동물의 상징적 의미와 그 사례 → (다) 동물의 상징적 의미의 변화 → (라) 동물의 상징적 의미가 변화하는 원인 → (가) 동물의 상징적 의미가 지닌 문화적 가치 순으로 나열하는 것이 적절하다.

대표기출유형 04 기출응용문제

01

정답 ④

화폐 통용을 위해서는 화폐가 유통될 수 있는 시장이 성장해야 하고, 농업생산력이 발전해야 한다. 그러나 서민들은 물품화폐를 더 선호하였고, 일부 계층에서만 화폐가 유통되었다. 이에 따라 광범위한 동전 유통이 실패한 것이다. 화폐수요량에 따른 공급은 화폐가 유통된 이후의 조선 후기에 해당하는 내용이다.

02

정답 ③

핵융합발전은 원자력발전에 비해 같은 양의 원료로 $3 \sim 4$배의 전기를 생산할 수 있다고 하였으나, 핵융합발전은 수소의 동위원소를 원료로 사용하는 반면 원자력발전은 우라늄을 원료로 사용한다. 즉, 전력 생산에 서로 다른 원료를 사용하므로 생산된 전력량으로 연료비를 서로 비교할 수 없다.

오답분석

① 핵융합 에너지는 화력발전을 통해 생산되는 전력 공급량을 대체하기 어려운 태양광에 대한 대안이 될 수 있으므로 핵융합발전이 태양열발전보다 더 많은 양의 전기를 생산할 수 있음을 추론할 수 있다.
② 원자력발전은 원자핵이 분열하면서 방출되는 에너지를 이용하며, 핵융합발전은 수소 원자핵이 융합해 헬륨 원자핵으로 바뀌는 과정에서 방출되는 에너지를 이용해 전기를 생산한다. 따라서 원자의 핵을 다르게 이용한다는 것을 알 수 있다.
④ 미세먼지와 대기오염을 일으키는 오염물질은 전혀 나오지 않고 헬륨만 배출된다는 내용을 통해 헬륨은 대기오염을 일으키는 오염물질에 해당하지 않음을 알 수 있다.
⑤ 발전장치가 꺼지지 않도록 정밀하게 제어하는 것이 중요하다는 내용을 통해 추론할 수 있다.

03

정답 ④

밑줄 친 '일부 과학자'들은 목재를 친환경 연료로 바라보지 않고 있다. 마지막 문장에서 이들은 배출량을 줄이는 것이 아니라 배출하지 않는 방법을 택해야 한다고 말한다. 따라서 이들의 주장으로 ④가 가장 적절하다.

대표기출유형 05 기출응용문제

01

정답 ④

제시문을 통해 4세대 신냉매는 온실가스를 많이 배출하는 기존 3세대 냉매의 대체 물질로 사용되어 지구 온난화 문제를 해결하는 열쇠가 될 것임을 알 수 있다.

02

정답 ④

빈칸의 앞 문단에서 '보존 입자는 페르미온과 달리 파울리의 배타원리를 따르지 않는다. 따라서 같은 에너지 상태를 지닌 입자라도 서로 겹쳐서 존재할 수 있다. 만져지지 않는 에너지 덩어리인 셈이다.'라고 하였고, 빈칸 다음 문장에서 '빛은 실험을 해 보면 입자의 특성을 보이지만, 질량이 없고 물질을 투과하며 만져지지 않는다.'라고 하였다. 또한 마지막 문장에서 '포논은 광자와 마찬가지로 스핀이 0인 보존 입자이다.'라고 하였으므로 광자는 스핀이 0인 보존 입자라는 것을 알 수 있다. 따라서 빈칸에 들어갈 내용으로는 ④가 가장 적절하다.

오답분석

① 광자가 파울리의 배타원리를 따른다면, 페르미온 입자로 이뤄진 물질은 우리가 손으로 만질 수 있어야 한다. 그러나 광자는 질량이 없고 물질을 투과하며 만져지지 않는다고 하였으므로 적절하지 않은 내용이다.
② '포논은 광자와 마찬가지로 스핀이 0인 보존 입자이다.'라는 문장에서 광자는 스핀 상태에 따라 분류할 수 있는 입자임을 알 수 있다.
③ · ⑤ 스핀이 1/2의 홀수배인 입자들은 페르미온이라고 하였고, 광자는 스핀이 0인 보존 입자이므로 적절하지 않은 내용이다.

03

정답 ③

빈칸 뒤의 문장은 최근 선진국에서는 스마트팩토리로 인해 해외로 나간 자국 기업들이 다시 본국으로 돌아오는 현상인 '리쇼어링'이 가속화되고 있다는 내용이다. 따라서 빈칸에는 스마트팩토리의 발전이 공장의 위치를 해외에서 본국으로 변화시키고 있다는 내용의 ③이 가장 적절하다.

06 기술능력

대표기출유형 01 기출응용문제

01

정답 ③

기술선택을 위한 절차는 '㉠ 외부 환경 분석 → 중장기 사업목표 설정 → ㉡ 내부 역량 분석'의 순서이다. 이때 외부 환경 분석은 수요 변화 및 경쟁자 변화, 기술 변화 등의 분석이고, 중장기 사업목표 설정은 기업의 장기비전, 중장기 매출목표 및 이익목표 설정이며, 내부 역량 분석은 기술력, 생산능력, 마케팅·영업능력, 재무능력 등의 분석이다. 또한, 중장기 사업목표 설정은 '사업 전략 수립 → ㉢ 요구 기술 분석 → ㉣ 기술 전략 수립 → 핵심 기술 선택'의 순서로 진행된다. 사업 전략 수립은 사업 영역 결정, 경쟁우위 확보 방안 수립이고, 요구 기술 분석은 제품 설계·디자인 기술, 제품 생산 공정, 원재료·부품 제조기술 분석이며, 기술 전략 수립은 핵심 기술선택, 기술 획득 방법 결정 등이 있다.

02

정답 ①

석유자원을 대체하고 에너지의 효율성을 높이는 것은 기존 기술에서 탈피하고 새로운 기술을 습득하는 기술경영자의 능력으로 볼 수 있다.

기술경영자의 능력
- 기술을 기업의 전반적인 전략 목표에 통합시키는 능력
- 빠르고 효과적으로 새로운 기술을 습득하고 기존의 기술에서 탈피하는 능력
- 기술을 효과적으로 평가할 수 있는 능력
- 기술 이전을 효과적으로 할 수 있는 능력
- 새로운 제품 개발 시간을 단축할 수 있는 능력
- 크고 복잡하며 서로 다른 분야에 걸쳐 있는 프로젝트를 수행할 수 있는 능력
- 조직 내의 기술 이용을 수행할 수 있는 능력
- 기술 전문 인력을 운용할 수 있는 능력

대표기출유형 02 기출응용문제

01

정답 ②

②에 대한 내용은 문제 해결법에 나와 있지 않다.

02

정답 ④

잉크 카트리지에 남아 있는 예상 잉크량을 확인하는 것은 인쇄 속도가 느릴 때 해결할 수 있는 방안이다.

03

정답 ④

벽걸이형 난방기구를 설치하기 위해서는 거치대를 먼저 벽에 고정시킨 뒤 평행을 맞춰 제품을 거치대에 고정시키고, 거치대의 고정 나사를 단단히 조여 흔들리지 않도록 한다.

오답분석

① 벽걸이용 거치대의 상단 구멍에 대한 내용은 설명서에 나타나 있지 않다.
② 스탠드는 벽걸이형이 아닌 스탠드형 설치에 필요한 제품이다.
③ 벽이 단단한 콘크리트나 타일일 경우 전동드릴로 구멍을 내어 거치대를 고정시킨다.
⑤ 스탠드가 아닌 거치대의 고정 나사를 조여 흔들리지 않도록 고정시킨다.

04

정답 ③

실내온도가 설정온도보다 약 2～3℃ 내려가면 히터가 다시 작동한다. 따라서 실내온도가 20℃라면 설정온도를 20℃보다 2～3℃ 이상으로 조절해야 히터가 작동한다.

05

정답 ⑤

작동되고 있는 히터를 손으로 만지는 것은 화상을 입을 수 있는 등의 위험한 행동이지만, 난방기 고장의 원인으로 보기에는 거리가 멀다.

CHAPTER

07 정보능력

대표기출유형 01 기출응용문제

01

정답 ④

SSD(Solid State Drive)는 전기적인 방식으로 데이터를 읽고 쓰는 반면, HDD(Hard Disk Drive)는 기계적인 방식으로 자기 디스크를 돌려서 데이터를 읽고 쓴다.

오답분석

① SSD는 HDD에 비해 전력 소모량과 발열이 적다.
② 기계적 방식인 HDD는 전기 공급이 없어도 데이터를 보존할 수 있기 때문에 장기간 데이터 보존에 유리하다. 반면 전기적 방식인 SSD는 오랜 기간 전원 공급 없이 방치하면 데이터 유실이 일어난다.
③ SSD는 내구성이 높아 충격이나 진동에 덜 민감하지만, HDD는 외부 충격에 의한 데이터 손실 가능성이 비교적 높다.
⑤ 일반적으로 SSD는 신속한 데이터 접근 속도를 제공하지만, HDD는 더 큰 저장 용량을 제공한다.

02

정답 ①

빈칸 ㉠에 들어갈 내용은 '여러 개의 연관된 파일'이며, 빈칸 ㉡에 들어갈 내용은 '한 번에 한 개의 파일'이다.

03

정답 ④

랜섬웨어는 감염되면 일반적인 복구 프로그램으로 복구가 어렵다. 따라서 복구 프로그램을 활용하는 것은 주의사항으로 보기 어렵고, '랜섬웨어에 감염이 되면 즉시 정보운영처로 연락해 주십시오.' 등이 주의사항으로 적절하다.

04

정답 ②

악성코드는 악의적인 목적을 위해 작성된 실행 가능한 코드의 통칭이다. 자기 복제 능력과 감염 대상 유무에 따라 바이러스, 웜, 트로이 목마 등으로 분류되며, 외부에서 침입하는 프로그램이다.

05

정답 ④

전략정보 시스템은 기업의 전략을 실현하여 경쟁우위를 확보하기 위한 목적으로 사용되는 정보시스템으로, 기업의 궁극적 목표인 이익에 직접 영향을 줄 수 있는 시장점유율 향상, 매출신장, 신상품 전략, 경영 전략 등의 전략계획에 도움을 준다.

오답분석

① 비즈니스 프로세스 관리 : 기업 내외의 비즈니스 프로세스를 실제로 드러나게 하고, 비즈니스의 수행과 관련된 사람 및 시스템을 프로세스에 맞게 실행·통제하며, 전체 비즈니스 프로세스를 효율적으로 관리하고 최적화할 수 있는 변화 관리 및 시스템 구현 기법이다.
② 전사적 자원관리 : 인사·재무·생산 등 기업의 전 부문에 걸쳐 독립적으로 운영되던 각종 관리시스템의 경영자원을 하나의 통합시스템으로 재구축함으로써 생산성을 극대화하려는 경영혁신기법이다.
③ 경영정보 시스템 : 기업 경영정보를 총괄하는 시스템으로, 의사결정 등을 지원하는 종합시스템이다.
⑤ 의사결정 지원 시스템 : 컴퓨터의 데이터베이스 기능과 모델 시뮬레이션 기능을 이용하여 경영의 의사결정을 지원하는 시스템이다.

대표기출유형 02 기출응용문제

01

정답 ③

'MAX(B7:E7)'의 결괏값은 [B7:E7] 범위에서 가장 큰 값인 91이며, COUNTA 함수는 범위에서 비어있지 않은 셀의 개수를 세는 함수로 'COUNTA(B6:E6)'의 결괏값은 4가 된다. 따라서 'AVERAGE(91,4)'가 되며 91과 4의 평균인 47.5가 결괏값이 된다.

오답분석

① 'LARGE(B2:E2,3)'의 결괏값은 [B2:E2] 범위에서 3번째로 큰 값인 80이며, 'SMALL(B5:E5,2)'의 결괏값은 [B5:E5] 범위에서 2번째로 작은 값인 79이다. 따라서 'AVERAGE(80,79)'가 되며 80과 79의 평균인 79.5가 결괏값이 된다.
② 'MAX(B3:E3)'의 결괏값은 [B3:E3] 범위에서 가장 큰 값인 95이며, 'MIN(B7:E7)'의 결괏값은 [B7:E7] 범위에서 가장 작은 값인 79이다. 따라서 'SUM(95,79)'이 되며 95와 79의 합인 174가 결괏값이 된다.
④ MAXA 함수는 논리값과 텍스트도 포함하여 최대값을 나타내는 함수로, 'MAXA(B4:E4)'의 결괏값은 [B4:E4] 범위의 최대값인 94가 된다. COUNT 함수는 범위에서 숫자가 포함된 셀의 개수를 세주는 함수로, 'COUNT(B3:E3)'의 결괏값은 4가 된다. 따라서 'SUM(94,4)'이 되며 94와 4의 합인 98이 결괏값이 된다.
⑤ 'SMALL(B3:E3,3)'의 결괏값은 [B3:E3] 범위에서 3번째로 작은 값인 93이며, 'LARGE(B7:E7,3)'의 결괏값은 [B7:E7] 범위에서 3번째로 큰 값인 80이다. 따라서 'AVERAGE(93,80)'가 되며 93과 80의 평균인 86.5가 결괏값이 된다.

02

정답 ①

[F2:E7] 영역처럼 표시하기 위해서는 문자열의 지정 위치에서 문자를 지정한 개수만큼 돌려주는 MID 함수를 사용해야 한다. 따라서 「=MID(데이터를 참조할 셀 번호,왼쪽을 기준으로 시작할 기준 텍스트,기준점을 시작으로 가져올 자릿수)」로 표시되기 때문에 「=MID(B2,5,2)」를 입력해야 한다.

03

정답 ⑤

「=INDEX(범위,행,열)」는 해당하는 범위 안에서 지정한 행, 열의 위치에 있는 값을 출력한다. 따라서 [B2:D9]의 범위에서 2행 3열에 있는 값 23,200,000이 결괏값이 된다.

04

정답 ②

지정한 범위 내에서 주어진 조건에 맞는 셀의 개수를 추출하는 COUNTIF 함수를 사용해야 한다. ○ 한 개당 20점이므로 ○의 개수를 구한 뒤 그 값에 20을 곱해야 한다. 따라서 [H2] 셀에 입력할 함수식으로 「=COUNTIF(C2:G2,"○")*20」가 옳다.

05

정답 ②

주어진 자료에서 원하는 항목만을 골라 해당하는 금액의 합계를 구하기 위해서는 SUMIF 함수를 사용하는 것이 적절하다. SUMIF 함수는 「=SUMIF(범위,조건,합계를 구할 범위)」 형식으로 작성한다. 따라서 「=SUMIF(C3:C22,"외식비",D3:D22)」를 입력하면 원하는 값을 도출할 수 있다.

대표기출유형 03 기출응용문제

01

정답 ④

for 반복문은 i 값이 0부터 2씩 증가하면서 10보다 작을 때까지 수행하므로 i 값은 각 배열의 인덱스(0, 2, 4, 6, 8)를 가리키게 된다. num에는 i가 가르키는 배열 요소들에 대한 합이 저장되므로 i 값에 해당하는 배열 인덱스의 각 요소(1, 3, 5, 7, 9)의 합인 25가 출력된다.

02

정답 ①

C의 초기값이 0이기 때문에 몇 번을 곱해도 C는 0이다.

PART 2

최종점검 모의고사

제 1 회 최종점검 모의고사

01 공통

01	02	03	04	05	06	07	08	09	10	11	12	13	14	15	16	17	18	19	20
⑤	④	④	③	④	②	④	③	③	②	⑤	②	③	②	②	③	⑤	②	①	③
21	22	23	24	25	26	27	28	29	30	31	32	33	34	35	36	37	38	39	40
②	②	③	④	③	④	⑤	④	⑤	①	③	⑤	②	④	②	③	③	①	④	⑤
41	42	43	44	45	46	47	48	49	50	51	52	53	54	55	56	57	58	59	60
⑤	②	②	②	④	③	②	④	②	④	④	④	④	④	④	②	②	②	④	⑤

01 응용 수리

정답 ⑤

주어진 정보를 표로 정리하면 다음과 같다.

(단위 : 명)

구분	뮤지컬 좋아함	뮤지컬 좋아하지 않음	합계
남학생	24	26	50
여학생	16	14	30
합계	40	40	80

따라서 뮤지컬을 좋아하지 않는 사람을 골랐을 때, 그 사람이 여학생일 확률은 $\frac{14}{40}=\frac{7}{20}$ 이다.

02 응용 수리

정답 ④

열차의 속력이 시속 300km/h이므로 거리가 400km인 지점까지 달리는 시간은 $\frac{400}{300}=\frac{4}{3}$=1시간 20분이고, 정차시간은 $10\times7=$ 1시간 10분이다. 따라서 목적지까지 가는 데 걸린 시간은 총 2시간 30분이다.

03 응용 수리

정답 ④

8명이 경기를 하므로 4개의 조를 정하는 것과 같다. 이때 1 ~ 4위까지의 선수들이 서로 만나지 않게 하려면 각 조에 1 ~ 4위 선수가 한 명씩 배치되어야 한다. 이 선수들을 먼저 배치하고 다른 선수들이 남은 자리에 들어가는 경우의 수는 $4!=24$가지이다. 다음으로 만들어진 4개의 조를 두 개로 나누는 경우의 수는 ${}_4C_2\times{}_2C_2\times\frac{1}{2!}=3$가지이다. 따라서 가능한 대진표의 경우의 수는 $24\times3=72$가지이다.

04 자료 이해 정답 ③

ㄴ. $115,155\times2=230,310>193,832$이므로 옳은 설명이다.

ㄷ. • 2022년 : $\frac{18.2}{53.3}\times100\fallingdotseq34.1\%$

• 2023년 : $\frac{18.6}{54.0}\times100\fallingdotseq34.4\%$

• 2024년 : $\frac{19.1}{51.9}\times100\fallingdotseq36.8\%$

따라서 2022 ~ 2024년 동안 석유제품 소비량 대비 전력 소비량의 비율은 매년 증가한다.

오답분석

ㄱ. 비율은 매년 증가하지만, 전체 최종에너지 소비량 추이를 알 수 없으므로 절대적인 소비량까지 증가하는지는 알 수 없다.

ㄹ. • 산업부문 : $\frac{4,750}{15,317}\times100\fallingdotseq31.0\%$

• 가정・상업부문 : $\frac{901}{4,636}\times100\fallingdotseq19.4\%$

따라서 산업부문의 유연탄 소비량 대비 무연탄 소비량의 비율은 25% 이상이므로 옳지 않다.

05 자료 계산 정답 ④

2023년 전년 대비 각 시설의 증가량은 축구장 60개소, 체육관 58개소, 간이운동장 789개소, 테니스장 62개소이다. 따라서 가장 적게 늘어난 곳은 체육관이며, 가장 많이 늘어난 곳은 간이운동장이므로 합은 $639+11,458=12,097$개소이다.

06 자료 계산 정답 ②

$$\frac{529}{467+529+9,531+428+1,387}\times100\fallingdotseq4.3\%$$

07 응용 수리 정답 ④

전체 신입사원 인원을 x명이라 하면 다음과 같다.

$\frac{1}{5}x+\frac{1}{4}x+\frac{1}{2}x+100=x$

→ $x-(0.2x+0.25x+0.5x)=100$

→ $0.05x=100$

∴ $x=2,000$

따라서 전체 신입사원은 2,000명이다.

08 응용 수리 정답 ③

정육면체는 면이 6개이고 회전이 가능하므로 윗면을 기준면으로 삼았을 때 경우의 수는 다음과 같다.

• 기준면에 색을 칠하는 경우의 수 : $6\times\frac{1}{6}=1$가지

• 아랫면에 색을 칠하는 경우의 수 : $6-1=5$가지

• 옆면에 색을 칠하는 경우의 수 : $(4-1)!=3!=6$가지

따라서 $1\times5\times6=30$가지의 서로 다른 정육면체를 만들 수 있다.

09 응용 수리

정답 ③

A의 속도를 xm/분이라 하면 B의 속도는 $1.5x$m/분이다.

A, B가 12분 동안 이동한 거리는 각각 $12x$m, $12\times1.5x=18x$m이고, 두 사람이 이동한 거리의 합은 1,200m이므로 다음과 같은 식이 성립된다.

$12x+18x=1,200$

$\therefore\ x=40$

따라서 A의 속도는 40m/분이다.

10 자료 이해

정답 ②

ㄱ. 석유와 천연가스, 원자력 소비량 상위 3개 지역은 각각 석유의 상위 소비량 3개 지역 '인천 – 서울 – 경기', 천연가스의 상위 소비량 3개 지역 '서울 – 경기 – 인천', 원자력의 상위 소비량 3개 지역 '인천 – 서울 – 경기'이므로 상위 3개 지역은 모두 동일하다.

ㄷ. 석유의 소비량이 가장 많은 지역은 인천으로 그 소비량은 3,120만 toe이고, 가장 적은 지역은 광주로 그 소비량은 725만 toe이다. 따라서 인천의 소비량은 광주의 소비량의 $3,120\div725\fallingdotseq4.3$배로 4배 이상이다.

오답분석

ㄴ. 강원에서 소비량이 1위인 에너지원은 석탄 하나이므로 옳지 않다.

ㄹ. 수력·풍력의 소비량 상위 5개 지역은 제주, 강원, 부산, 인천, 충청 지역이다. 이들의 소비량의 합은 41만+28만+6만+4만+4만=83만 toe로 전체의 $\frac{83}{96}\times100\fallingdotseq86.5\%$이므로 90% 미만이다.

11 자료 이해

정답 ⑤

- 석탄(제주) : $\frac{102}{13,520}\times100\fallingdotseq0.75\%$
- 석유(광주) : $\frac{725}{20,867}\times100\fallingdotseq3.47\%$
- 천연가스(광주) : $\frac{31}{3,313}\times100\fallingdotseq0.94\%$
- 수력·풍력(대전) : $\frac{0.5}{96}\times100\fallingdotseq0.52\%$
- 원자력(광주) : $\frac{40}{2,668}\times100\fallingdotseq1.50\%$

따라서 그 비율이 큰 순서대로 에너지원을 나열하면 '석유 – 원자력 – 천연가스 – 석탄 – 수력·풍력' 순서이다.

12 자료 계산

정답 ②

G통신회사의 기본요금을 x원이라 하면 8월과 9월의 요금 계산식은 각각 다음과 같다.

$x+60a+30\times2a=21,600 \rightarrow x+120a=21,600$ … ㉠

$x+20a=13,600$ … ㉡

㉠–㉡을 하면 다음과 같다.

$100a=8,000$

$\therefore\ a=80$

따라서 a의 값은 80이다.

13 자료 이해 정답 ③

A국과 F국을 비교해 보면 참가선수는 A국이 더 많지만, 동메달 수는 F국이 더 많다.

14 자료 이해 정답 ②

SOC, 산업·중소기업, 통일·외교, 공공질서·안전, 기타의 5개 분야에 전년 대비 재정지출액이 증가하지 않은 해가 있으므로 옳은 설명이다.

오답분석

① 교육 분야의 전년 대비 재정지출 증가율은 다음과 같다.

- 2021년 : $\frac{27.6-24.5}{24.5}\times 100 \fallingdotseq 12.7\%$
- 2022년 : $\frac{28.8-27.6}{27.6}\times 100 \fallingdotseq 4.3\%$
- 2023년 : $\frac{31.4-28.8}{28.8}\times 100 \fallingdotseq 9.0\%$
- 2024년 : $\frac{35.7-31.4}{31.4}\times 100 \fallingdotseq 13.7\%$

따라서 교육 분야의 전년 대비 재정지출 증가율이 가장 높은 해는 2024년이다.

③ 2020년에는 기타 분야가 예산에서 차지하고 있는 비율이 더 높았다.

④ SOC(−8.6%), 산업·중소기업(2.5%), 환경(5.9%), 기타(−2.9%)의 4개 분야가 해당한다.

⑤ 통일·외교 분야는 '증가−증가−감소−증가'이고, 기타 분야는 '감소−감소−증가−증가'로 두 분야의 증감 추이는 동일하지 않다.

15 자료 계산 정답 ②

- 2023년 사회복지·보건 분야 재정지출의 2022년 대비 증감률 : $\frac{61.4-56.0}{56.0}\times 100 \fallingdotseq 9.6\%$
- 2023년 공공질서·안전 분야 재정지출의 2022년 대비 증감률 : $\frac{10.9-11.0}{11.0}\times 100 \fallingdotseq -0.9\%$

따라서 증감률의 차이는 $9.6-(-0.9)=10.5\%$p이다.

16 응용 수리 정답 ③

과장은 서로 다른 지역으로 출장을 가야 하므로 과장이 서로 다른 지역으로 출장을 가는 경우의 수는 ${}_4P_2=12$가지이다.
또한 각 지역은 대리급 이상이 포함되어야 한다.

- 과장과 대리 1명이 같은 지역으로 출장을 가는 경우의 수
  대리 3명 중 1명이 과장과 같은 지역으로 출장을 가고 남은 대리 둘은 남은 두 지역으로 출장을 간다.
  ${}_3C_1\times{}_2C_1\times 2!=12$가지
- 과장과 대리가 서로 다른 지역으로 출장을 가는 경우의 수
  대리 2명, 대리 1명으로 나누어 남은 두 지역으로 출장을 간다.
  ${}_3C_2\times 2!=6$가지

각 경우의 남은 세 자리에 대하여 남은 사원 3명이 출장을 가는 경우의 수는 $3!=3\times2\times1=6$가지이다.

따라서 구하고자 하는 확률은 $\frac{12\times12\times3!}{12\times12\times3!+12\times6\times3!}=\frac{12}{12+6}=\frac{12}{18}=\frac{2}{3}$이다.

17 수열 규칙

정답 ⑤

주어진 수열을 홀수 번째 항과 짝수 번째 항으로 나누어 규칙을 찾아보면 다음과 같다.

(i) 홀수 번째 항

$a_1=9=10^1-1$

$a_3=99=10^2-1$

$a_5=999=10^3-1$

$\vdots$

$\therefore a_{2n-1}=10^n-1$

(ii) 짝수 번째 항

$a_2=11=10^1+1$

$a_4=111=10^2+1$

$a_6=1,111=10^3+1$

$\vdots$

$\therefore a_{2n}=10^n+1$

따라서 $a_{22}=10^{11}+1$이다.

18 응용 수리

정답 ②

30% 설탕물의 양을 xg이라 하면 증발시킨 후 설탕의 양은 같으므로 다음과 같다.

$\frac{30}{100}x=\frac{35}{100}\times(x-50)$

$\therefore x=350$

즉, 35% 설탕물의 양은 300g이다.

여기에 더 넣을 설탕의 양을 yg이라 하면 다음과 같다.

$300\times\frac{35}{100}+y=(300+y)\times\frac{40}{100}$

→ $10,500+100y=12,000+40y$

→ $60y=1,500$

$\therefore y=25$

따라서 25g의 설탕을 넣어야 한다.

19 자료 이해

정답 ①

연도별 도시의 인구수를 정리하면 다음과 같다.

(단위 : 만 명)

구분	2021년 인구수	2022년 인구수	2023년 인구수	2024년 인구수
A도시	1,800	1,800×1.04=1,872	1,872×1.05≒1,965	1,965×1.11≒2,181
B도시	1,450	1,450×1.09≒1,580	1,580×1.08≒1,706	1,706×1.1≒1,876
C도시	1,680	1,680×1.07≒1,797	1,797×1.09≒1,958	1,958×1.1≒2,153
D도시	1,250	1,250×1.07≒1,337	1,337×1.09≒1,457	1,457×1.12≒1,631
E도시	880	880×1.15=1,012	1,012×1.04≒1,052	1,052×1.1≒1,157

ㄱ. 2024년 5개 도시의 총인구수는 2,181+1,876+2,153+1,631+1,157=8,998만 명이므로 옳은 설명이다.

ㄴ. 2024년 인구수가 2,000만 명을 넘은 도시는 A와 C 두 곳이므로 옳은 설명이다.

오답분석

ㄷ · ㄹ. 2021년과 2024년 인구수의 증가량과 증가율을 구하면 다음과 같다.

구분	증가 인구수	인구수 증가율
A	2,181−1,800=381만 명	$\frac{381}{1,800}\times100 \fallingdotseq 21.2\%$
B	1,876−1,450=426만 명	$\frac{426}{1,450}\times100 \fallingdotseq 29.4\%$
C	2,153−1,680=473만 명	$\frac{473}{1,680}\times100 \fallingdotseq 28.2\%$
D	1,631−1,250=381만 명	$\frac{381}{1,250}\times100 \fallingdotseq 30.5\%$
E	1,157−880=277만 명	$\frac{277}{880}\times100 \fallingdotseq 31.5\%$

따라서 2021년 인구수 대비 2024년 인구수가 가장 많이 증가한 도시는 C이고, 인구수의 증가율이 가장 높은 도시는 E이다.

PART 2

20 자료 이해

정답 ③

각 도시의 2025년 예상 인구수를 구하면 다음과 같다.

- A : 2,181+(2,181−1,872)×3=3,108만 명
- B : 1,876×(1.18−0.08)≒2,063만 명
- C : 2,155+(2,155×0.12)−(2,155×0.12)×2≒1,897만 명
- D : 1,631+(1,631×0.2)≒1,957만 명
- E : 1,157×(1.26−0.01)=1,446만 명

따라서 2025년 예상 인구수를 1위부터 5위까지 차례대로 나열하면 A−B−D−C−E 순서이다.

21 업무 종류

정답 ②

G공사의 기관 홍보를 위한 홍보물 제작 용역에 대한 입찰 공고로, 홍보자료를 발간하는 업무를 담당하는 고객홍보실의 홍보부와 가장 관련이 높다. 또한 마감 이후 입찰된 용역에 대한 계약이 필요하므로 용역 계약 업무를 담당하는 총무부도 해당 공고문과 관련이 있다.

22 업무 종류

정답 ②

보도자료는 G공사가 국민 참여 열린경영위원회 5차 회의를 개최했다는 내용이다. 국민 중심의 현장 경영 실천을 위한 국민 참여 기구인 국민 참여 열린경영위원회는 G공사의 경영 과정에 다양한 제안과 의견을 제시하는 역할을 한다. 즉, 국민 참여 열린경영위원회는 G공사의 경영혁신과 관련되므로 홍보부의 S대리는 경영혁신 관련 업무를 담당하는 경영전략부에 업무 지원을 요청해야 한다.

23 조직 구조

정답 ③

규칙과 법을 준수하고, 관행과 안정, 문서와 형식, 명확한 책임소재 등을 강조하는 관리적 문화의 특징을 가진 문화는 (다)이다. (가)는 집단문화, (나)는 개발문화, (다)는 계층문화, (라)는 합리문화이며, 유형별 주요 특징은 다음과 같다.

구분	주요 특징
(가) 집단문화	관계지향적인 문화이며, 구성원 간 인간애 또는 인간미를 중시하는 문화로, 조직내부의 통합과 유연한 인간관계를 강조한다. 따라서 구성원 간 인화단결, 협동, 팀워크, 공유가치, 사기, 의사결정과정에 참여 등을 중요시하며, 개인의 능력개발에 대한 관심이 높고, 구성원에 대한 인간적 배려와 가족적인 분위기를 만들어내는 특징을 가진다.
(나) 개발문화	높은 유연성과 개성을 강조하며, 외부환경에 대한 변화지향성과 신축적 대응성을 기반으로 구성원의 도전의식, 모험성, 창의성, 혁신성, 자원획득 등을 중시하며, 조직의 성장과 발전에 관심이 높은 조직문화를 의미한다. 따라서 구성원의 업무수행에 대한 자율성과 자유재량권 부여 여부가 핵심요인이다.
(다) 계층문화	조직내부의 통합과 안정성을 확보하고, 현상유지 차원에서 계층화되고 서열화된 조직 구조를 중요시하는 조직문화이다. 즉, 위계질서에 의한 명령과 통제, 업무처리 시 규칙과 법을 준수, 관행과 안정, 문서와 형식, 보고와 정보관리, 명확한 책임소재 등을 강조하는 관리적 문화의 특징을 나타내고 있다.
(라) 합리문화	과업지향적인 문화로, 결과지향적인 조직으로 업무의 완수를 강조한다. 조직의 목표를 명확하게 설정하여 합리적으로 달성하고, 주어진 과업을 효과적이고 효율적으로 수행하기 위하여 실적을 중시하고 직무에 몰입하며, 미래를 위한 계획을 수립하는 것을 강조한다. 구성원 간의 경쟁을 유도하는 문화이기 때문에 때로는 지나친 성과를 강조하게 되어 조직에 대한 구성원들의 방어적인 태도와 개인주의적인 성향을 드러내는 경향을 보인다.

24 업무 종류

정답 ④

주어진 분장업무는 영리를 목적으로 하는 영업과 관련된 업무로 볼 수 있다. 따라서 영업부가 가장 적절하다.

오답분석

① 총무부 : 전체적이며 일반적인 행정 실무를 맡아보는 부서로, 분장업무로는 문서 및 직인관리, 주주총회 및 이사회개최 관련 업무, 의전 및 비서업무, 사무실 임차 및 관리, 사내외 행사 관련 업무, 복리후생 업무 등을 담당한다.

② 인사부 : 구성원들의 인사, 상벌, 승진 등의 일을 맡아보는 부서로, 분장업무로는 조직기구의 개편 및 조정, 업무분장 및 조정, 인력수급계획 및 관리, 노사관리, 상벌관리, 인사발령, 평가관리, 퇴직관리 등을 담당한다.

③ 기획부 : 조직의 업무를 계획하여 일을 맡아보는 부서로, 분장업무로는 경영계획 및 전략 수립·조정, 전사기획업무 종합 및 조정, 경영정보 조사 및 기획 보고, 종합예산수립 및 실적관리, 사업계획, 손익추정, 실적관리 및 분석 등을 담당한다.

⑤ 자재부 : 필요한 재료를 구입하고 마련하는 일을 맡아보는 부서로, 구매계획 및 구매예산의 편성, 시장조사 및 구입처 조사 검토, 견적의뢰 및 검토, 구입계약 및 발주, 재고조사 및 재고통제, 보관 및 창고관리 등의 업무를 담당한다.

25 경영 전략

정답 ③

회의의 내용으로 보아 의사결정방법 중 브레인스토밍 기법을 사용하고 있다. 브레인스토밍은 문제에 대한 제안이 자유롭게 이어지고, 아이디어는 많을수록 좋으며, 제안한 모든 아이디어를 종합하여 해결책을 내는 방법이다. 따라서 다른 직원의 의견에 대해 반박을 한 D주임의 태도가 적절하지 않다.

26 조직 구조

정답 ④

목표의 층위·내용 등에 따라 우선순위가 있을 수는 있지만, 하나씩 순차적으로 처리해야 하는 것은 아니다. 즉, 조직의 목표는 동시에 여러 개가 추구될 수 있다.

27 조직 구조

정답 ⑤

조직문화는 조직의 안정성을 가져 오므로 대부분의 조직들은 그 조직만의 독특한 조직문화를 만들기 위해 노력한다.

28 경영 전략

정답 ④

제시된 제품 개발 프로세스는 린 스타트업(Lean Startup)으로, 먼저 단기간 동안 시제품을 만들어 시장에 내놓고 반응과 성과를 측정하여 이를 제품 개선에 반영한다. 이러한 과정을 반복하며 시장에서의 성공 확률을 높인다. 제품 개발이 끝날 때까지 전 과정을 비밀로 하는 것은 린 스타트업 이전의 기존 전략에 해당한다.

29 조직 구조

정답 ⑤

안정적이고 확실한 환경에서는 기계적 조직(㉠)이, 급변하는 환경에서는 유기적 조직(㉡)이 적합하다.

기계적 조직과 유기적 조직의 비교

기계적 조직	• 구성원들의 업무가 분명하게 정의된다. • 많은 규칙과 규제들이 있다. • 상하 간 의사소통이 공식적인 경로를 통해 이루어진다. • 엄격한 위계질서가 존재한다. • 대표적으로 군대를 들 수 있다.
유기적 조직	• 의사결정 권한이 조직의 하부 구성원들에게 많이 위임되어 있다. • 업무가 고정되지 않고, 공유 가능하다. • 비공식적인 상호 의사소통이 원활하게 이루어진다. • 규제나 통제의 정도가 낮아 변화에 따라 의사결정이 쉽게 변할 수 있다.

30 경영 전략

정답 ①

G사가 안전과 가격, 디자인 면에서 호평을 받으며 미국시장의 최강자가 될 수 있었던 요인은 OEM 방식을 활용할 수도 있었지만, 내실 경영 및 자기 브랜드를 고집한 대표이사의 선택으로 개별 도매상들을 상대로 직접 물건을 판매하고 평판 좋은 도매상들과의 유대관계를 강화하는 등 단단한 유통망을 갖추었기 때문이다.

31 경영 전략

정답 ③

G사가 평판이 좋은 중소규모 도매상을 선정해 유대관계를 강화한 곳은 미국시장이었다.

32 경영 전략

정답 ⑤

G사는 해외 진출 시 분석을 위해 공급 능력 확보를 위한 방안, 현지 시장의 경쟁상황이나 경쟁업체에 대한 차별화 전략으로 인한 제품 가격 및 품질 향상, 시장점유율 등을 활용하였다.

33 업무 종류

정답 ②

이사원에게 현재 가장 긴급한 업무는 미팅 장소를 변경해야 하는 것이다. 미리 안내했던 장소를 사용할 수 없으므로 오전 11시에 사용 가능한 다른 회의실을 예약해야 한다. 그 후 바로 거래처 직원에게 미팅 장소가 변경된 점을 안내해야 하므로 ㉡이 ㉢보다 먼저 이루어져야 한다. 거래처 직원과의 오전 11시 미팅 이후에는 오후 2시에 예정된 김팀장과의 면담이 이루어져야 한다. 김팀장과의 면담 시간은 미룰 수 없으므로 이미 예정되었던 시간에 맞춰 면담을 진행한 후 부서장이 요청한 문서 작업 업무를 처리하는 것이 적절하다. 따라서 이사원은 ㉡－㉢－㉠－㉣－㉤의 순서로 업무를 처리해야 한다.

34 업무 종류

정답 ④

교육 홍보물의 교육내용은 '연구개발의 성공을 보장하는 R&D 기획서 작성'과 'R&D 기획서 작성 및 사업화 연계'이므로 S사원이 속한 부서의 업무는 R&D 연구 기획과 사업 연계이다. 따라서 장비 활용 지원은 부서의 업무로 적절하지 않다.

35 업무 종류

정답 ②

교육을 바탕으로 기획서를 작성하여 성과를 내는 것은 교육의 효과성이다. 이는 교육을 받은 회사 또는 사람의 역량이 가장 중요하다. 따라서 홍보물과 관련이 적은 성과에 대한 질문인 ②는 S사원이 답하기에는 어려운 질문이다.

36 업무 종류

정답 ③

조직의 역량 강화 및 조직문화 구축은 제시된 교육과 관련이 없는 영역이다. S사원은 조직의 사업과 관련된 내용을 발언해야 한다.

37 국제 동향

정답 ③

아프리카 사람들과 이야기할 때 눈을 바라보는 것은 실례이므로 코 끝 정도를 보면서 대화하는 것이 예의이다.

38 경영 전략

정답 ①

①은 스톡옵션제도에 대한 설명으로, 자본참가 유형에 해당한다.

오답분석

② 스캔론 플랜에 대한 설명으로, 성과참가 유형에 해당한다.
③ 럭커 플랜에 대한 설명으로, 성과참가 유형에 해당한다.
④ 노사협의제도에 대한 설명으로, 의사결정참가 유형에 해당한다.
⑤ 노사공동 결정제도에 대한 설명으로, 의사결정참가 유형에 해당한다.

39 업무 종류

정답 ④

홈페이지 운영 등은 정보사업팀에서 한다.

오답분석

① 1개의 감사실과 11개의 팀으로 되어 있다.
② 예산 기획과 경영 평가는 전략기획팀에서 관리한다.
③ 경영 평가(전략기획팀), 성과 평가(인재개발팀), 품질 평가(평가관리팀) 등 각각 다른 팀에서 담당한다.
⑤ 감사실을 두어 감사, 부패방지 및 지도 점검을 하게 하였다.

40 업무 종류

정답 ⑤

품질 평가에 대한 민원은 평가관리팀이 담당하고 있다.

41 명제 추론

정답 ⑤

주어진 조건에 따라 자물쇠를 열 수 없는 열쇠를 정리하면 다음과 같다.

구분	1번 열쇠	2번 열쇠	3번 열쇠	4번 열쇠	5번 열쇠	6번 열쇠
첫 번째 자물쇠			×	×	×	×
두 번째 자물쇠			×			×
세 번째 자물쇠	×	×	×			×
네 번째 자물쇠			×	×		×

따라서 3번 열쇠로는 어떤 자물쇠도 열지 못하는 것을 알 수 있다.

오답분석

① 첫 번째 자물쇠는 1번 또는 2번 열쇠로 열릴 수 있다.
② 두 번째 자물쇠가 2번 열쇠로 열리면, 세 번째 자물쇠는 4번 열쇠로 열린다.
③ 세 번째 자물쇠가 5번 열쇠로 열리면, 네 번째 자물쇠는 1번 또는 2번 열쇠로 열린다.
④ 네 번째 자물쇠가 5번 열쇠로 열리면, 두 번째 자물쇠는 1번 또는 2번 열쇠로 열린다.

PART 2

42 문제 유형

정답 ②

도색이 벗겨진 차선과 지워지기 직전의 흐릿한 차선은 현재 직면하고 있으면서 바로 해결 방법을 찾아야 하는 문제이므로 눈에 보이는 발생형 문제에 해당한다. 발생형 문제는 기준을 일탈함으로써 발생하는 일탈 문제와 기준에 미달하여 생기는 미달 문제로 나누어 볼 수 있는데, 기사에서는 정해진 규격 기준에 미달하는 불량 도료를 사용하여 문제가 발생하였다고 하였으므로 이는 미달 문제로 분류할 수 있다. 따라서 기사에 나타난 문제는 발생형 문제로, 미달 문제에 해당한다.

43 SWOT 분석

정답 ②

ㄱ. 한류의 영향으로 한국 제품을 선호한다면 적극적인 홍보 전략을 추진한다.
ㄷ. 빠른 제품 개발 시스템이 있기 때문에 소비자 기호를 빠르게 분석하여 제품 생산에 반영한다.

[44~47]

자음과 모음을 규칙에 따라 치환한 것은 아래와 같다.

1. 자음

ㄱ	ㄲ	ㄴ	ㄷ	ㄸ	ㄹ	ㅁ	ㅂ	ㅃ	ㅅ	ㅆ	ㅇ	ㅈ	ㅉ	ㅊ	ㅋ	ㅌ	ㅍ	ㅎ
a	b	c	d	e	f	g	h	i	j	k	l	m	n	o	p	q	r	s

2. 모음

ㅏ	ㅐ	ㅑ	ㅒ	ㅓ	ㅔ	ㅕ	ㅖ	ㅗ	ㅘ	ㅙ	ㅚ	ㅛ	ㅜ	ㅝ	ㅞ	ㅟ	ㅠ	ㅡ	ㅢ	ㅣ
1	2	3	4	5	6	7	8	9	10	11	12	13	14	15	16	17	18	19	20	21

44 규칙 적용

정답 ②

- 자 : m1
- 전 : m5C
- 거 : a5
- 1+5+5=11 → 1+1=2

45 규칙 적용

정답 ④

- 마 : g1
- 늘 : c19F
- 쪽 : n9L
- 1+19+9=29 → 2+9=11 → 1+1=2

46 규칙 적용

정답 ③

- e5A : 떡
- h9B : 볶
- l21 : 이

47 규칙 적용

정답 ②

- l15C : 원
- d5 : 더
- r14F : 풀

48 명제 추론

정답 ④

주어진 조건을 정리하면 다음과 같다.

구분	서울	인천	과천	세종
경우 1	D	A	B	C
경우 2	D	C	B	A

따라서 항상 참인 것은 ④이다.

오답분석

① · ② 주어진 조건만으로는 판단하기 힘들다.
③ 한 번 근무했던 지점에서 다시 일을 할 수 없다.
⑤ D가 일하게 되는 지점은 서울이다.

49 명제 추론

정답 ②

주어진 조건에 따라 해야 할 업무 순서를 배치하면 다음과 같다.

첫 번째	두 번째	세 번째	네 번째	다섯 번째	여섯 번째	일곱 번째
B	G	C	F	A	E	D

따라서 세 번째로 해야 할 업무는 C이다.

50 SWOT 분석

정답 ④

ㄴ. 간편식 점심에 대한 회사원들의 수요가 증가함에 따라 계절 채소를 이용한 샐러드 런치 메뉴를 출시하는 것은 강점을 통해 기회를 포착하는 SO전략에 해당한다.
ㄹ. 경기 침체로 인한 외식 소비가 위축되고 있는 상황에서 주변 회사와의 제휴를 통해 할인 서비스를 제공하는 것은 약점을 보완하여 위협을 회피하는 WT전략에 해당한다.

오답분석

ㄱ. 다양한 연령층을 고려한 메뉴가 강점에 해당하기는 하나, 샐러드 도시락 가게에서 한식 도시락을 출시하는 것은 적절한 전략으로 볼 수 없다.

ㄷ. 홍보 및 마케팅 전략의 부재가 약점에 해당하므로 약점을 보완하기 위해서는 적극적인 홍보 활동을 펼쳐야 한다. 따라서 홍보 방안보다 먼저 품질 향상 방안을 마련하는 것은 적절한 전략으로 볼 수 없다.

51 규칙 적용

정답 ④

알파벳 순서에 따라 숫자로 변환하면 다음과 같다.

A	B	C	D	E	F	G	H	I	J	K	L	M
1	2	3	4	5	6	7	8	9	10	11	12	13
N	O	P	Q	R	S	T	U	V	W	X	Y	Z
14	15	16	17	18	19	20	21	22	23	24	25	26

'INTELLECTUAL'의 품번을 규칙에 따라 정리하면 다음과 같다.

- 1단계 : 9(I), 14(N), 20(T), 5(E), 12(L), 12(L), 5(E), 3(C), 20(T), 21(U), 1(A), 12(L)
- 2단계 : +14+20+5+12+12+5+3+20+21+1+12=134
- 3단계 : (14+20+12+12+3+20+12)−(9+5+5+21+1)|=|93−41|=52
- 4단계 : 134+52)÷4+134=46.5+134=180.5
- 5단계 : 80.5를 소수점 첫째 자리에서 버림하면 180이다.

따라서 제품의 품번은 '180'이다.

52 자료 해석

정답 ④

A가 서브한 게임에서 전략팀이 득점하였으므로 이어지는 서브권은 A가 가지며, 총 4점을 득점한 상황이므로 팀 내에서 선수끼리 자리를 교체하여 A가 오른쪽에서 서브를 해야 한다. 그리고 서브를 받는 총무팀은 서브권이 넘어가지 않았기 때문에 선수끼리 코트 위치를 바꾸지 않는다. 따라서 ④가 정답이다.

53 규칙 적용

정답 ④

'KS90101-2'는 아동용 10kg 이하의 자전거로, 109동 101호 입주민이 2번째로 등록한 자전거이다.

오답분석

① 등록순서를 제외한 일련번호는 7자리로 구성되어야 하며, 종류와 무게 구분 번호의 자리가 서로 바뀌어야 한다.
② 등록순서를 제외한 일련번호는 7자리로 구성되어야 한다.
③ 자전거 무게를 구분하는 두 번째 자리에는 L, M, S 중 하나만 올 수 있다.
⑤ 등록순서는 1자리로 기재한다.

54 규칙 적용

정답 ④

마지막의 숫자는 동일 세대주가 자전거를 등록한 순서를 나타내므로 해당 자전거는 2번째로 등록한 자전거임을 알 수 있다. 따라서 자전거를 2대 이상 등록한 입주민의 자전거이다.

오답분석

① 'T'를 통해 산악용 자전거임을 알 수 있다.
② 'M'을 통해 자전거의 무게는 10kg 초과 20kg 미만임을 알 수 있다.
③ 104동 1205호에 거주하는 입주민의 자전거이다.
⑤ 자전거 등록대수 제한에 대한 정보는 나와 있지 않다.

55 자료 해석

정답 ④

A～E학생이 얻는 점수는 다음과 같다.

- A : 기본 점수 80점에 오탈자 33건이므로 5점 감점, 전체 글자 수 654자이므로 3점 추가, A등급 2개와 C등급 1개이므로 15점 추가하여 총 80−5+3+15=93점이다.
- B : 기본 점수 80점에 오탈자 7건이므로 0점 감점, 전체 글자 수 476자이므로 0점 추가, B등급 3개이므로 5점 추가하여 총 80+5=85점이다.
- C : 기본 점수 80점에 오탈자 28건이므로 4점 감점, 전체 글자 수 332자이므로 10점 감점, B등급 2개와 C등급 1개이므로 0점 추가하여 총 80−4−10=66점이다.
- D : 기본 점수 80점에 오탈자 25건이므로 4점 감점, 전체 글자 수가 572자이므로 0점 추가, A등급 3개이므로 25점 추가하여 총 80−4+25=101점이다.
- E : 기본 점수 80점에 오탈자 12건이므로 1점 감점, 전체 글자 수가 786자이므로 8점 추가, A등급 1개와 B등급 1개와 C등급 1개이므로 10점 추가하여 총 80−1+8+10=97점이다.

따라서 점수가 가장 높은 학생은 D이다.

56 규칙 적용

정답 ②

분류 코드에서 알 수 있는 정보를 순서대로 나열하면 다음과 같다.

- 발송 코드 : 충청지역에서 발송(c4)
- 배송 코드 : 경북지역으로 배송(304)
- 보관 코드 : 고가품(HP)
- 운송 코드 : 15톤 트럭으로 배송(115)
- 서비스 코드 : 당일 배송 서비스 상품(01)

57 규칙 적용

정답 ②

제품 A의 분류 코드는 순서대로 수도권인 경기도에서 발송되었으므로 a1, 울산지역으로 배송되므로 062, 냉동보관이 필요하므로 FZ, 5톤 트럭으로 운송되므로 105, 배송일을 7월 7일로 지정하였으므로 02가 연속되는 'a1062FZ10502'이다.

58 자료 해석

정답 ②

26일은 비가 오는 날이므로 첫 번째 조건에 따라 G사원은 커피류를 마신다. 또한, 평균기온은 27℃로 26℃ 이상이므로 두 번째 조건에 따라 큰 컵으로 마시고, 세 번째 조건에 따라 카페라테를 마신다.

59 자료 해석

정답 ④

24일은 비가 오지 않는 화요일이며, 평균기온은 28℃이므로 G사원은 밀크티 큰 컵을 마신다. 그리고 23일은 맑은 날이고 26℃이므로, G사원은 자몽에이드 큰 컵을 마셨을 것이다. 그러므로 B사원에게 자몽에이드 큰 컵을 사 줄 것이다. 따라서 G사원이 지불할 금액은 4,800+4,700=9,500원이다.

60 자료 해석

정답 ⑤

ㄱ. 5원까지는 펼친 손가락의 개수와 실제 가격이 동일하지만 6원부터는 펼친 손가락의 개수와 실제 가격이 일치하지 않는다.
ㄴ. 펼친 손가락의 개수가 3개라면 숫자는 3 혹은 7이므로 물건의 가격은 최대 7원임을 알 수 있다.
ㄷ. 물건의 가격이 최대 10원이라고 하였으므로, 물건의 가격과 같이 지불하려는 금액이 8원만큼 차이가 나는 경우는 상인이 손가락 2개를 펼쳤을 때 지불해야 하는 금액이 10원인 경우와 손가락 1개를 펼쳤을 때 지불해야 하는 금액이 9원인 경우뿐이다.

오답분석

ㄹ. 5원까지는 실제 가격과 지불하려는 금액이 일치하므로 문제가 되지 않으며, 그 이후인 6원부터는 펼친 손가락의 개수가 6개 이상일 경우는 없으므로 물건의 가격을 초과하는 금액을 지불하는 경우는 발생하지 않는다.

02 행정직

61	62	63	64	65	66	67	68	69	70	71	72	73	74	75	76	77	78	79	80
①	②	⑤	③	④	①	③	②	③	②	②	①	④	④	②	②	①	②	①	⑤

61 시간 계획

정답 ①

조건에 따라 자동차를 대여할 수 없는 날을 표시하면 다음과 같다.

일	월	화	수	목	금	토
	1	2 × 짝수 날 점검	3	4 × 짝수 날 점검	5	6 × 짝수 날 점검
7	8	9 × 업무	10 × 업무	11 × 설 연휴	12 × 설 연휴	13 × 설 연휴
14	15 × 출장	16 × 출장	17	18	19	20
21	22	23	24 × B 대여	25 × B 대여	26 × B 대여	27
28						

따라서 G자동차를 대여할 수 있는 날은 주말을 포함한 18 ~ 20일, 19 ~ 21일, 20 ~ 22일, 21 ~ 23일이므로 수요일(17일)은 자동차를 대여할 수 없다.

62 비용 계산

정답 ②

성과급 지급 기준에 따라 영업팀의 성과를 평가하면 다음과 같다.

구분	성과평가 점수(점)	성과평가 등급	성과급 지급액
1/4분기	(8×0.4)+(8×0.4)+(6×0.2)=7.6	C	80만 원
2/4분기	(8×0.4)+(6×0.4)+(8×0.2)=.2	C	80만 원
3/4분기	(10×0.4)+(8×0.4)+(10×0.2)=9.2	A	100만+10만=110만 원
4/4분기	(8×0.4)+(8×0.4)+(8×0.2)=8.0	B	90만 원

따라서 영업팀에게 1년간 지급된 성과급의 총액은 80만+80만+110만+90만=360만 원이다.

63 시간 계획

정답 ⑤

해외지사별 시간을 정리하면 다음과 같다.

- 헝가리 : 서머타임을 적용해 서울보다 6시간 느리다.
- 호주 : 서머타임을 적용해 서울보다 2시간 빠르다.
- 베이징 : 서울보다 1시간 느리다.

따라서 회의가 가능한 시간은 서울 기준 오후 3~4시이다.

오답분석

① 헝가리가 오전 4시로 업무 시작 전이므로 회의가 불가능하다.
② 헝가리가 오전 5시로 업무 시작 전이므로 회의가 불가능하다.
③ 헝가리가 오전 7시로 업무 시작 전이므로 회의가 불가능하다.
④ 헝가리가 오전 8시로 업무 시작 전이므로 회의가 불가능하다.

64 인원 선발

정답 ③

사장은 최소비용으로 최대인원을 채용하는 것을 목적으로 하고 있다. 가장 낮은 임금의 인원을 최우선으로 배치하되, 같은 임금의 인원은 가용한 시간 내에 분배하여 배치하는 것이 해당 목적을 달성하는 방법이다. 이를 적용하면 다음과 같다.

<table>
<tr><th>구분</th><th colspan="2">월요일</th><th colspan="2">화요일</th><th colspan="2">수요일</th><th colspan="2">목요일</th><th colspan="2">금요일</th></tr>
<tr><td>08:00</td><td rowspan="7">기존 직원</td><td rowspan="2">김갑주</td><td rowspan="7">기존 직원</td><td rowspan="2">김갑주</td><td rowspan="7">기존 직원</td><td rowspan="2">김갑주</td><td rowspan="7">기존 직원</td><td rowspan="2">김갑주</td><td rowspan="7">기존 직원</td><td rowspan="2">김갑주</td></tr>
<tr><td>09:00</td></tr>
<tr><td>10:00</td><td rowspan="2">한수미</td><td rowspan="2">한수미</td><td rowspan="2">한수미</td><td rowspan="2">한수미</td><td rowspan="2">한수미</td></tr>
<tr><td>11:00</td></tr>
<tr><td>12:00</td><td rowspan="4">조병수</td><td rowspan="4">조병수</td><td rowspan="4">조병수</td><td rowspan="4">조병수</td><td rowspan="4">조병수</td></tr>
<tr><td>13:00</td></tr>
<tr><td>14:00</td></tr>
<tr><td>15:00</td><td rowspan="5">강을미</td><td rowspan="5">강을미</td><td rowspan="5">강을미</td><td rowspan="5">강을미</td><td rowspan="5">강을미</td></tr>
<tr><td>16:00</td><td rowspan="4">채미나</td><td rowspan="4">채미나</td><td rowspan="4">채미나</td><td rowspan="4">채미나</td><td rowspan="4">채미나</td></tr>
<tr><td>17:00</td></tr>
<tr><td>18:00</td></tr>
<tr><td>19:00</td></tr>
</table>

8시부터 근무는 김갑주가 임금이 가장 낮다. 이후 10시부터는 임금이 같은 한수미도 근무할 수 있으므로, 최대인원을 채용하는 목적에 따라 한수미가 근무한다. 그다음 중복되는 12시부터는 조병수가 임금이 더 낮으므로 조병수가 근무하며, 임금이 가장 낮은 강을미는 15시부터 20시까지 근무한다. 조병수 다음으로 중복되는 14시부터 가능한 최강현은 임금이 비싸므로 채용하지 않는다(최소비용이 최대인원보다 우선하기 때문). 그다음으로 중복되는 16시부터는 채미나가 조병수와 임금이 같으므로 채미나가 근무한다. 따라서 ③과 같이 채용한다.

65 비용 계산

정답 ④

하루 지출되는 직원별 급여액은 다음과 같다.

- 기존 직원 : 8,000×7=56,000원
- 김갑주, 한수미 : 8,000×2=16,000원
- 조병수, 채미나 : 7,500×4=30,000원
- 강을미 : 7,000×5=35,000원

→ 56,000+(16,000×2)+(30,000×2)+35,000=183,000원

∴ (임금)=183,000×5=915,000원

66 품목 확정

정답 ①

노선 지수를 계산하기 위해선 총거리와 총시간, 총요금을 먼저 계산한 후 순위에 따라 다시 한 번 계산해야 한다.

경유지	합산거리	총거리 순위	합산시간	총시간 순위	합산요금	총요금 순위	노선지수
베이징	9,084km	1	10시간	1	150만 원	7	2.9
하노이	11,961km	4	15시간	6	120만 원	4	8.2
방콕	13,242km	7	16시간	7	105만 원	1	10.7
델리	11,384km	3	13시간	4	110만 원	2	5.6
두바이	12,248km	6	14시간	5	115만 원	3	8.9
카이로	11,993km	5	12시간	3	125만 원	5	7.1
상하이	10,051km	2	11시간	2	135만 원	6	4.2

베이징 노선은 잠정 폐쇄되었으므로 그 다음으로 노선 지수가 낮은 상하이를 경유하는 노선이 가장 적합한 노선이다.

67 비용 계산

정답 ③

월요일에는 늦지 않게만 도착하면 되므로 서울역에서 8시에 출발하는 KTX를 이용한다. 수요일에는 최대한 빨리 와야 하므로 사천공항에서 19시에 출발하는 비행기를 이용한다. 따라서 소요되는 교통비는 65,200(∵ '서울 – 사천' KTX 비용)+22,200(∵ '사천역 – 사천연수원' 택시비)+21,500(∵ '사천연수원 – 사천공항' 택시비)+93,200(∵ '사천 – 서울' 비행기 비용)×0.9=192,780원이다.

68 시간 계획

정답 ②

1) R기사가 거쳐야 할 경로는 'A도시 → E도시 → C도시 → A도시'이다. A도시에서 E도시로 바로 갈 수 없으므로 다른 도시를 거쳐야 하는데, 가장 짧은 시간 내에 A도시에서 E도시로 갈 수 있는 경로는 B도시를 경유하는 것이다. 따라서 R기사의 운송경로는 'A도시 → B도시 → E도시 → C도시 → A도시'이며, 이동시간은 1.0+0.5+2.5+0.5=4.5시간이다.

2) P기사는 A도시에서 출발하여 모든 도시를 한 번씩 거친 뒤 다시 A도시로 돌아와야 한다. 해당 조건이 성립하는 운송경로의 경우는 다음과 같다.

- A도시 → B도시 → D도시 → E도시 → C도시 → A도시
  - 이동시간 : 1.0+1.0+0.5+2.5+0.5=5.5시간
- A도시 → C도시 → B도시 → E도시 → D도시 → A도시
  - 이동시간 : 0.5+2.0+0.5+0.5+1.5=5시간

따라서 P기사가 운행할 최소 이동시간은 5시간이다.

69 인원 선발

정답 ③

각 임직원의 항목 평균 점수를 구하면 다음과 같다.

(단위 : 점)

성명	조직기여	대외협력	기획	평균	순위
유시진	58	68	83	69.67	9
최은서	79	98	96	91	1
양현종	84	72	86	80.67	6
오선진	55	91	75	73.67	8
이진영	90	84	97	90.33	2
장수원	78	95	85	86	4
김태균	97	76	72	81.67	5
류현진	69	78	54	67	10
강백호	77	83	66	75.33	7
최재훈	80	94	92	88.67	3

따라서 상위 4명인 최은서, 이진영, 최재훈, 장수원이 해외연수 대상자로 선정된다.

70 인원 선발

정답 ②

평균점수의 내림차순으로 순위를 정리하면 다음과 같다.

(단위 : 점)

성명	조직기여	대외협력	기획	평균	순위
최은서	79	98	96	91	1
이진영	90	84	97	90.33	2
최재훈	80	94	92	88.67	3
장수원	78	95	85	86	4
김태균	97	76	72	81.67	5
양현종	84	72	86	80.67	6
강백호	77	83	66	75.33	7
오선진	55	91	75	73.67	8
유시진	58	68	83	69.67	9
류현진	69	78	54	67	10

따라서 오선진은 8위로 해외연수 대상자가 될 수 없다.

71 문서 내용 이해

정답 ②

사물인터넷(IoT)의 발달로 센서의 사용 또한 크게 늘고 있다.

오답분석

① 인체의 작은 움직임(주파수 2~5Hz)도 스마트폰이나 웨어러블(안경, 시계, 의복 등과 같이 신체에 착용하는 제품) 기기들의 전기 에너지원으로 사용될 수 있다.

③ 교체 및 충전식 전기 화학 배터리는 수명이 짧다는 특징을 갖고 있다.

④ 기계적 진동원은 움직이는 인체, 자동차, 진동 구조물, 물이나 공기의 흐름에 의한 진동을 모두 포함한다.

⑤ 전자기력 기반은 패러데이의 유도법칙을 이용하여 전기를 생산하며, 낮은 주파수의 기계적 에너지를 전기에너지로 변환하는 데 매우 효율적인 방법이다.

72 내용 추론 정답 ①

(가) 문단에서는 인류가 바람을 에너지원으로 사용한 지 1만 년이 넘었다고 제시되어 있을 뿐이며, 풍력에너지가 인류에서 가장 오래된 에너지원인지는 추론할 수 없다.

73 글의 주제 정답 ④

(라) 문단에서는 비행선 등을 활용하여 고고도풍(High Altitude Wind)을 이용하는 발전기 회사의 사례를 제시하고 있지만, 그 기술의 한계에 대한 내용은 언급하고 있지 않다. 따라서 ④는 (라) 문단에 대한 주제로 적절하지 않다.

74 글의 주제 정답 ④

제시문에서는 금융권, 의료업계, 국세청 등 다양한 영역에서 빅데이터가 활용되고 있는 사례들을 열거하고 있다.

75 문서 수정 정답 ②

용해는 '물질이 액체 속에서 균일하게 녹아 용액이 만들어지는 현상'을 의미하고, 융해는 '고체에 열을 가했을 때 액체로 되는 현상'을 의미한다. 따라서 글의 맥락상 '용해되지'가 적절하다.

76 전개 방식 정답 ②

제시문에서는 한 마리의 개를 사례로 들어 꿈의 가설보다 '상식의 가설'이 우리가 경험하는 사실들을 더 잘 설명한다고 주장한다. 즉, 개는 '나'의 감각에 의존하는 감각들의 집합이 아닌 독립적으로 존재하는 대상이라는 '상식의 가설'을 통해 개가 이동하는 모습이나 개가 배고픔을 느끼는 것 등을 이해할 수 있다는 것이다.

77 문단 나열 정답 ①

제시문은 융의 실험을 통해 심리학에서의 연구 방법에 대해 다루고 있다. 따라서 (가) 대상이 되는 연구 방법의 진행 과정과 그 한계 – (마) 융이 기존의 연구 방법에 추가한 과정을 소개 – (라) 기존 연구자들이 간과했던 새로운 사실을 찾아낸 융의 실험의 의의 – (나) 융의 실험을 통해 새롭게 드러난 결과 분석 – (다) 새롭게 드러난 심리적 개념을 정의한 융의 사상 체계에서의 핵심적 요소에 대한 설명의 순으로 나열하는 것이 적절하다.

78 빈칸 삽입 정답 ②

제시문에서 당분 과다로 뇌의 화학적 균형이 무너져 정신에 장애가 왔다는 주장과 정제한 당의 섭취를 원천적으로 차단한 실험 결과를 토대로 과다한 정제당 섭취가 반사회적 행동을 유발할 수 있다는 내용을 추론할 수 있다.

79 문서 내용 이해 정답 ①

오답분석

② 마지막 문단에서 과거제를 통해 임용된 관리들은 승진을 위해 빨리 성과를 낼 필요가 있었기에, 지역 사회를 위해 장기적인 전망을 가지고 정책을 추진하기보다 가시적이고 단기적인 결과만을 중시하는 부작용을 가져왔다고 하였으므로 옳지 않다.

③ 첫 번째 문단에서 황종희가 '벽소'와 같은 옛 제도를 되살리는 방법으로 과거제를 보완하자고 주장했다고 하였다. 따라서 벽소는 과거제를 없애고자 등장한 새로운 제도가 아니라 과거제를 보완하고자 되살린 옛 제도이므로 옳지 않다.

④ 두 번째 문단에서 과거제는 학습 능력 이외의 인성이나 실무 능력을 평가할 수 없다는 이유로 시험의 익명성에 대한 회의도 있었다고 하였으므로 옳지 않다.

⑤ 첫 번째 문단에서 고염무는 관료제의 상층에는 능력주의적 제도를 유지하되, 지방관인 지현들은 그 지위를 평생 유지시켜 주고 세습의 길까지 열어 놓는 방안을 제안했다고 했으므로 옳지 않다.

80 내용 추론

정답 ⑤

제시문은 촉매 개발의 필요성과 촉매 설계 방법의 구체적 과정을 설명하고 있다. 회귀 경로는 잘못을 발견했을 경우에 원래의 위치로 복귀해 다른 방법을 시도함으로써 새로운 길을 찾는 것이다. ⑤는 설문지의 질문이 잘못됨을 발견하고 다시 설문지 작성 과정으로 돌아와 질문을 수정하였으므로, ㉠과 가장 가까운 사례로 볼 수 있다.

03 기술직

61	62	63	64	65	66	67	68	69	70	71	72	73	74	75	76	77	78	79	80
①	④	③	③	④	④	③	①	④	③	②	①	①	②	③	②	①	①	②	④

61 산업 재해

정답 ①

산업 재해 예방 대책은 '안전 관리 조직 → 사실의 발견(1단계) → 원인 분석(2단계) → 시정책 선정(3단계) → 시정책 적용 및 뒤처리(4단계)' 순이다. 따라서 재해 예방 대책에서 누락된 '안전 관리 조직' 단계를 보완해야 된다.

62 기술 이해

정답 ④

하향식 기술선택은 중장기적인 목표를 설정하고, 이를 달성하기 위해 핵심고객층 등에 제공하는 제품 및 서비스를 결정한다.

63 기술 이해

정답 ③

- ㉠사 : 경쟁관계에 있지 않은 기업 중 마케팅이 우수한 곳을 찾아가 벤치마킹을 했기 때문에 비경쟁적 벤치마킹이다.
- ㉡사 : 동일 업종이지만 외국에 있어 비경쟁적 기업을 대상으로 벤치마킹을 했기 때문에 글로벌 벤치마킹이다.

오답분석

- 경쟁적 벤치마킹 : 동일 업종이면서 경쟁관계에 있는 기업을 대상으로 하는 벤치마킹이다.
- 직접적 벤치마킹 : 벤치마킹 대상을 직접 방문하여 수행하는 벤치마킹이다.
- 간접적 벤치마킹 : 인터넷 및 문서형태의 자료를 통해서 수행하는 벤치마킹이다.

64 기술 적용

정답 ③

가정에 있을 경우 전력수급 비상단계를 신속하게 극복하기 위해 전력기기 등의 전원을 차단하거나 사용을 중지하는 것이 필요하나, 4번 항목에 따르면 안전, 보안 등을 위한 최소한의 조명까지 소등할 필요는 없다.

오답분석

① 가정에 있을 경우 TV, 라디오 등을 통해 재난상황을 파악하여 대처하라고 하였으므로, 전력수급 비상단계 발생 시 대중매체를 통해 재난상황에 대한 정보를 파악할 수 있다는 것을 알 수 있다.
② 사무실에 있을 경우 즉시 사용이 필요하지 않은 사무기기의 전원을 차단하여야 한다.
④ 공장에서는 비상발전기의 가동을 점검하여 가동을 준비해야 한다.
⑤ 전력수급 비상단계가 발생할 경우 컴퓨터, 프린터 등 긴급하지 않은 모든 사무기기의 전원을 차단하여야 하므로 한동안 사무실의 업무가 중단될 수 있다.

65 기술 적용

정답 ④

㉡ 사무실에서의 행동요령에 따르면 본사의 중앙보안시스템은 긴급한 설비로 볼 수 있다. 따라서 3번 항목의 예외에 해당하므로 중앙보안시스템의 전원을 차단해버린 이주임의 행동은 적절하지 않다.

㉣ 상가에서의 행동요령에 따르면 식재료의 부패와 관련 없는 가전제품의 가동을 중지하거나 조정하도록 설명되어 있다. 하지만 최사장은 횟감을 포함한 식재료를 보관 중인 모든 냉동고의 전원을 차단하였으므로 적절하지 않다.

오답분석

㉠ 가정에 있던 중 세탁기 사용을 중지하고 실내조명을 최소화한 김사원의 행동은 적절하다.

㉢ 공장에 있던 중 공장 내부 조명 밝기를 최소화한 박주임의 행동은 적절하다.

66 기술 이해

정답 ④

벤치마킹은 비교대상에 따라 내부・경쟁적・비경쟁적・글로벌 벤치마킹으로 분류되며, 네스프레소는 뛰어난 비경쟁 기업의 유사 분야를 대상으로 벤치마킹하는 비경쟁적 벤치마킹을 하고 있다. 비경쟁적 벤치마킹은 아이디어 창출 가능성은 높으나, 가공하지 않고 사용하면 실패할 가능성이 높다.

오답분석

① 경쟁적 벤치마킹에 대한 설명이다.

②・⑤ 글로벌 벤치마킹에 대한 설명이다.

③ 내부 벤치마킹에 대한 설명이다.

67 기술 적용

정답 ③

실외 온도가 영상이므로 계기판 B의 수치는 고려하지 않으며, 실내 온도는 20℃ 이상이므로 Serial Mode를 적용한다. 이때, PSD는 각 계기판 수치의 합이므로 8+11=19이다. 그리고 검침일이 목요일이므로, 기준치는 세 계기판의 표준 수치 합인 5+5+5=15이다. PSD 수치 범위는 15<19<15+5이므로 눌러야 할 버튼은 경계 버튼이고, 상황통제실의 경고등에는 노란색 불이 들어오며, 필요한 조치는 안전요원 배치이다.

68 기술 적용

정답 ①

실외 온도가 영하이므로 세 계기판의 수치를 모두 고려해야 하며, 실내 온도는 20℃ 미만이므로 Parallel Mode를 적용한다. 이때, PSD는 계기판 숫자의 평균이므로 (10+3+2)÷3=5이다. 그리고 검침일이 화요일이므로 기준치는 세 계기판의 표준 수치 합의 1/2인 7.5이다. PSD 수치 범위는 5<7.5이므로 눌러야 할 버튼은 정상 버튼이고, 상황통제실의 경고등에는 녹색 불이 들어오며, 필요한 조치는 정상 가동이다.

69 기술 적용

정답 ④

본 제품에는 배터리 보호를 위하여 과충전 보호회로가 내장되어 있어 적정 충전시간을 초과하여도 큰 손상이 없으므로 고장의 원인으로 적절하지 않다.

70 기술 적용

정답 ③

청소기 전원을 끄고 이물질 제거 후 전원을 켜면 파워브러시가 재작동하며, 평상시에도 파워브러시가 멈추었을 때는 전원 스위치를 껐다 켜면 재작동한다.

71 정보 이해

정답 ②

ㄱ. 소득 정보가 아닌 신용 정보이며, 소득 정보는 직장, 수입원 등을 가리킨다.
ㄷ. 조직 정보가 아닌 고용 정보이며, 조직 정보는 가입 정당, 가입 협회 등 사적으로 가입된 조직을 가리킨다.

72 정보 이해

정답 ①

정보관리의 3원칙

- 목적성 : 사용목표가 명확해야 한다.
- 용이성 : 쉽게 작업할 수 있어야 한다.
- 유용성 : 즉시 사용할 수 있어야 한다.

73 엑셀 함수

정답 ①

[F3] 셀에 입력된 「=IF(AVERAGE(B3:E3)>=90,"합격","불합격")」 함수식에서 'AVERAGE(B3:E3)'는 [B3:E3] 범위의 평균을 나타낸다. 또한 IF 함수는 논리 검사를 수행하여 TRUE나 FALSE에 해당하는 값을 반환해주는 함수로, 「=F(AVERAGE(B3:E3)>=90,"합격","불합격")」 함수식은 [B3:E3] 범위의 평균이 90 이상일 경우 '합격'을, 그렇지 않을 경우 '불합격'의 값을 출력한다. 따라서 [F3]~[F6] 셀에 나타나는 [B3:E3], [B4:E4], [B5:E5], [B6:E6]의 평균값은 83, 87, 91, 92.5이므로 [F3]~[F6] 셀에 나타나는 결괏값은 ①이다.

74 정보 이해

정답 ②

컴퓨터 시스템의 구성요소

- 중앙처리장치(CPU) : 컴퓨터의 시스템을 제어하고 프로그램의 연산을 수행하는 처리장치이다.
- 주기억장치 : Main Memory로, 프로그램이 실행될 때 보조기억장치로부터 프로그램이나 자료를 이동시켜 실행시킬 수 있는 기억장치이다.
- 보조저장장치 : 2차 기억장치, 디스크나 CD-ROM과 같이 영구 저장 능력을 가진 기억장치이다.
- 입출력장치 : 장치마다 별도의 제어기가 있어 CPU로부터 명령을 받아 장치의 동작을 제어하고 데이터를 이동시키는 일을 수행한다.

75 프로그램 언어(코딩)

정답 ③

num1 = 14 − num2; : num1은 14−3으로 11이 된다.
num1 *= ________; :
num1 = num1 * ________이 되므로 11 * ______가 33이 되기 위해서는 빈칸에는 3이 들어가야 한다.

76 정보 이해

정답 ②

[서식 지우기] 기능을 사용해 셀의 서식을 지우면 글꼴 서식, 셀 병합, 셀 서식(테두리, 배경색) 등이 해제되고 기본 셀 서식으로 변경되지만, 셀에 삽입된 메모는 삭제되지 않는다.

77 엑셀 함수

정답 ①

AVERAGE로 평균을 구하고 천의 자릿수 자리 올림은 ROUNDUP(수,자릿수)으로 구할 수 있다. 자릿수는 소수점 아래 숫자를 기준으로 하여 일의 자릿수는 0, 십의 자릿수는 −1, 백의 자릿수는 −2, 천의 자릿수는 −3으로 표시한다. 따라서 ①이 옳은 함수식이다.

78 정보 이해

정답 ①

피벗테이블 결과 표시는 다른 시트에도 가능하다.

79 엑셀 함수

정답 ②

DSUM 함수는 지정한 조건에 맞는 데이터베이스에서 필드 값들의 합을 구하는 함수이다. [A1:C7]에서 상여금이 100만 원 이상인 합계를 구하므로 2,500,000원이 도출된다.

80 엑셀 함수

정답 ④

POWER 함수는 밑수를 지정한 만큼 거듭제곱한 결과를 나타내는 함수이다. 따라서 $6^3=216$이 옳다.

오답분석

① ODD 함수는 주어진 수에서 가장 가까운 홀수로 변환해 주는 함수이며, 양수인 경우 올림하고 음수인 경우 내림한다.
② EVEN 함수는 주어진 수에서 가장 가까운 짝수로 변환해 주는 함수이며, 양수인 경우 올림하고 음수인 경우 내림한다.
③ MOD 함수는 나눗셈의 나머지를 구하는 함수이다. 40을 −6으로 나눈 나머지는 −2이다.
⑤ QUOTIENT 함수는 나눗셈 몫의 정수 부분을 구하는 함수이다. 19를 6으로 나눈 몫의 정수는 3이다.

제 2 회 최종점검 모의고사

01 공통

01	02	03	04	05	06	07	08	09	10	11	12	13	14	15	16	17	18	19	20
④	④	③	⑤	①	③	②	④	③	④	③	④	②	⑤	②	④	①	①	⑤	②
21	22	23	24	25	26	27	28	29	30	31	32	33	34	35	36	37	38	39	40
⑤	④	④	②	③	⑤	④	③	①	⑤	④	③	⑤	③	①	③	④	④	③	③
41	42	43	44	45	46	47	48	49	50	51	52	53	54	55	56	57	58	59	60
④	⑤	②	④	③	②	④	③	③	③	④	④	④	②	④	⑤	②	④	②	③

01 응용 수리

정답 ④

수건을 4개, 7개, 8개씩 포장하면 각각 1개씩 남으므로 재고량은 4, 7, 8의 공배수보다 1이 클 것이다.
4, 7, 8의 공배수는 56이므로 다음과 같이 나누어 생각해볼 수 있다.

- 재고량이 $56+1=57$개일 때 : $57=5\times11+2$
- 재고량이 $56\times2+1=113$개일 때 : $113=5\times22+3$
- 재고량이 $56\times3+1=169$개일 때 : $169=5\times33+4$

따라서 5개씩 포장하면 4개가 남는 경우는 재고량이 169개일 때이므로 가능한 재고량의 최솟값은 169개이다.

02 응용 수리

정답 ④

- 팀장 한 명을 뽑는 경우의 수 : ${}_{10}C_1=10$가지
- 회계 담당 2명을 뽑는 경우의 수 : ${}_9C_2=\frac{9\times8}{2!}=36$가지

따라서 구하고자 하는 경우의 수는 $10\times36=360$가지이다.

03 응용 수리

정답 ③

전체 부품 생산량을 x개라고 하자.

(단위 : 개)

구분	A계열사	B계열사	합계
불량 ○	$0.006x$	$0.021x$	$0.027x$
불량 ×	$0.294x$	$0.679x$	$0.973x$
합계	$0.3x$	$0.7x$	x

- A계열사의 제품이 불량일 확률 : $\frac{3}{10}\times\frac{2}{100}=\frac{6}{1,000}$
- B계열사의 제품이 불량일 확률 : $\frac{7}{10}\times\frac{3}{100}=\frac{21}{1,000}$

• 불량품인 부품을 선정할 확률 : $\frac{6}{1,000}+\frac{21}{1,000}=\frac{27}{1,000}$

따라서 B계열사의 불량품일 확률은 $\frac{21}{27}=\frac{7}{9}$이다.

04 자료 이해

정답 ⑤

조건을 분석하면 다음과 같다.

• 첫 번째 조건에 의해 ㉠~㉣ 국가 중 연도별로 8위를 두 번 한 두 나라는 ㉠과 ㉣이므로 둘 중 한 곳이 한국, 나머지 하나가 캐나다임을 알 수 있다.

• 두 번째 조건에 의해 2020년 대비 2024년의 이산화탄소 배출량 증가율은 ㉡과 ㉢이 각각 $\frac{556-535}{535}\times100≒3.93\%$와 $\frac{507-471}{471}\times100≒7.64\%$이다. 따라서 ㉢은 사우디아라비아가 되고, ㉡은 이란이 된다.

• 세 번째 조건에 의해 이란의 수치는 고정값으로 놓고 2015년을 기점으로 ㉠이 ㉣보다 배출량이 많아지고 있으므로 ㉠이 한국, ㉣이 캐나다임을 알 수 있다.

따라서 ㉠~㉣은 순서대로 한국, 이란, 사우디아라비아, 캐나다이다.

05 자료 계산

정답 ①

• (A) : 299,876−179,743=120,133

• (B) : (B)−75,796=188,524 → 188,524+75,796=264,320

• (C) : 312,208−(C)=224,644 → 312,208−224,644=87,564

06 응용 수리

정답 ③

희경이가 본사에서 나온 시각은 오후 3시에서 본사에서 A지점까지 걸린 시간만큼을 빼면 된다. 본사에서 A지점까지 가는 데 걸린 시간은 $\frac{20}{60}+\frac{30}{90}=\frac{2}{3}$시간, 즉 40분이므로 오후 2시 20분에 본사에서 나왔다는 것을 알 수 있다.

07 응용 수리

정답 ②

두 열차가 같은 시간 동안 이동한 거리의 합은 6km이다.

두 열차가 이동한 시간을 x시간이라고 하면, KTX와 새마을호 속력의 비는 7 : 5이므로 KTX와 새마을호가 이동한 거리는 각각 $7x$km, $5x$km이다.

$7x+5x=6$

$\therefore x=0.5$

따라서 새마을호가 이동한 거리는 2.5km, KTX가 이동한 거리는 3.5km이다.

08 응용 수리

정답 ④

더 넣어야 하는 녹차가루의 양을 xg이라 하면 다음 식이 성립한다.

$\frac{30+x}{120+30+x}\times100\geq40$

→ $3,000+100x\geq6,000+40x$

→ $60x\geq3,000$

$\therefore x\geq50$

따라서 더 넣어야 하는 녹차가루의 양은 최소 50g이다.

09 자료 이해

정답 ③

남자 합격자 수는 1,003명이고, 여자 합격자 수는 237명이다. 따라서 $\frac{1,003}{237}$ ≒4이므로 남자 합격자 수는 여자 합격자 수의 약 4배이다.

오답분석

④ 경쟁률은 $\frac{\text{(지원자 수)}}{\text{(모집정원)}}$이므로 B집단의 경쟁률은 $\frac{585}{370}=\frac{117}{74}$이다.

⑤ C집단의 모집정원은 G회사 전체 모집정원의 $\frac{269}{1,240}\times 100 ≒ 22\%$를 차지한다.

10 수열 규칙

정답 ④

제시된 수열은 홀수 항은 ×3+3이고, 짝수 항은 −2를 하는 수열이다.
따라서 ( )=102×3+3=309이다.

11 자료 계산

정답 ③

• 50대의 2024년 전체 일자리의 2023년 대비 증가 수 : 532만−515만=17만 개
• 60세 이상의 2024년 전체 일자리의 2023년 대비 증가 수 : 288만−260만=28만 개

12 자료 이해

정답 ④

50대와 60세 이상의 연령대를 제외한 다른 연령대의 전체 일자리 규모는 감소했음을 알 수 있다.

오답분석

① 2023년 전체 일자리 규모에서 20대가 차지하는 비중은 $\frac{332}{2,301}\times 100 ≒ 14.4\%$이고, 2024년은 $\frac{330}{2,323}\times 100 ≒ 14.2\%$이다. 따라서 약 0.2%p 감소했다.

② 2024년 전체 일자리 규모에서 30대가 차지하는 비중은 $\frac{530}{2,323}\times 100 ≒ 22.8\%$이다.

③ 2023년 40대의 지속 일자리 규모는 신규채용 일자리 규모의 $\frac{458}{165}$ ≒2.8배이다.

⑤ 2024년 전체 일자리 규모는 2023년에 비해 2,323만−2,301만=22만 개 증가했다.

13 자료 이해

정답 ②

ㄴ. 2023년 대형 자동차 판매량의 전년 대비 감소율은 $\left|\frac{185.0-186.1}{186.1}\times 100\right| ≒ 0.6\%$이다.

ㄷ. SUV 자동차의 총판매량은 452.2+455.7+450.8=1,358.7천 대이고, 대형 자동차 총판매량은 186.1+185.0+177.6=548.7천 대이다. 이때, 대형 자동차 총판매량의 2.5배는 548.7×2.5=1,371.75이므로 SUV 자동차의 총판매량보다 크다.

오답분석

ㄱ. 2022 ~ 2024년 동안 판매량이 감소하는 차종은 '대형' 1종류이다.

ㄹ. 2023년 대비 2024년 판매량이 증가한 차종은 '준중형'과 '중형'이다. 두 차종의 증가율을 비교하면 준중형은 $\frac{180.4-179.2}{179.2}\times 100 ≒ 0.7\%$이고, 중형은 $\frac{205.7-202.5}{202.5}\times 100 ≒ 1.6\%$이므로 중형이 더 높은 증가율을 나타낸다.

14 응용 수리

정답 ⑤

구입한 볼펜의 개수를 x자루, 색연필 개수는 y자루라고 하면 다음과 같다.

$x+y=12 \cdots$ ㉠

$500x+700y+1{,}000=8{,}600 \rightarrow 5x+7y=76 \cdots$ ㉡

㉠과 ㉡을 연립하면 $x=4$, $y=8$이므로 볼펜은 4자루, 색연필은 8자루를 구입했다.

15 자료 계산

정답 ②

$$\frac{(\text{대학졸업자 중 취업자})}{(\text{전체 대학졸업자})}\times 100=(\text{대학졸업자 취업률})\times(\text{대학졸업자의 경제활동인구 비중})\times\frac{1}{100}$$

따라서 OECD 평균은 $50\times 40\times\frac{1}{100}=20\%$이고, 이보다 높은 국가는 B, C, E, F, G, H이다.

16 자료 이해

정답 ④

2024년 소포우편 분야의 2020년 대비 매출액 증가율은 $\frac{5{,}017-3{,}390}{3{,}390}\times 100 \fallingdotseq 48.0\%$이므로 옳지 않은 설명이다.

오답분석

① 매년 매출액이 가장 높은 분야는 일반통상 분야인 것을 확인할 수 있다.

② 일반통상 분야의 매출액은 2021년, 2022년, 2024년에, 특수통상 분야의 매출액은 2023년, 2024년에 감소했다. 반면 소포우편 분야는 매년 매출액이 꾸준히 증가했다.

③ 2024년 1분기에 특수통상 분야의 매출액이 차지하고 있는 비율은 $\frac{1{,}406}{5{,}354}\times 100 \fallingdotseq 26.3\%$이므로 20% 이상이다.

⑤ 2023년에는 일반통상 분야의 매출액이 전체의 $\frac{11{,}107}{21{,}722}\times 100 \fallingdotseq 51.1\%$이므로 옳은 설명이다.

17 응용 수리

정답 ①

퍼낸 소금물의 양을 xg이라고 하면 다음과 같다.

$$\frac{6}{100}\times 700-\frac{6}{100}x+\frac{13}{100}x=\frac{9}{100}\times 700$$

$\rightarrow 4{,}200-6x+13x=6{,}300$

$\rightarrow 7x=2{,}100$

$\therefore x=300$

따라서 퍼낸 소금물의 양은 300g이다.

18 자료 이해

정답 ①

고속국도 일평균 버스 교통량의 증감 추이는 '증가 – 감소 – 증가 – 감소'이고, 일반국도 일평균 버스 교통량의 증감 추이는 '감소 – 감소 – 감소 – 감소'이다. 따라서 고속국도와 일반국도의 일평균 버스 교통량의 증감 추이는 같지 않다.

오답분석

③ 전년 대비 교통량이 감소한 2021년을 제외하고 국가지원지방도의 연도별 일평균 버스 교통량의 전년 대비 증가율을 구하면 다음과 같다.

- 2022년 : $\frac{226-219}{219}\times 100 \fallingdotseq 3.20\%$
- 2023년 : $\frac{231-226}{226}\times 100 \fallingdotseq 2.21\%$

• 2024년 : $\frac{240-231}{231}\times100≒3.90\%$

따라서 2024년에 국가지원지방도의 일평균 버스 교통량의 전년 대비 증가율이 가장 컸다.

④ 2020 ~ 2024년의 일반국도와 국가지원지방도의 일평균 승용차 교통량의 합을 구하면 다음과 같다.

• 2020년 : 7,951+5,169=13,120대
• 2021년 : 8,470+5,225=13,695대
• 2022년 : 8,660+5,214=13,874대
• 2023년 : 8,988+5,421=14,409대
• 2024년 : 9,366+5,803=15,169대

따라서 고속국도의 일평균 승용차 교통량은 일반국도와 국가지원지방도의 일평균 승용차 교통량의 합보다 항상 많음을 알 수 있다.

⑤ 2024년 일반국도와 국가지원지방도의 일평균 화물차 교통량의 합은 2,757+2,306=5,063대이고, 5,063×2.5=12,657.5<13,211이다. 따라서 2024년 고속국도의 일평균 화물차 교통량은 2024년 일반국도와 국가지원지방도의 일평균 화물차 교통량의 합의 2.5배 이상이다.

19 자료 변환

정답 ⑤

강수량의 증감 추이를 나타내면 다음과 같다.

1월	2월	3월	4월	5월	6월	7월	8월	9월	10월	11월	12월
–	증가	감소	증가	감소	증가	증가	감소	감소	감소	감소	증가

따라서 이와 동일한 추이를 보이는 그래프는 ⑤이다.

오답분석

① 증감 추이는 같지만 4월의 강수량이 50mm 이하로 표현되어 있다.

20 자료 이해

정답 ②

ㄱ. 남성 박사학위 취득자 중 50세 이상이 차지하는 비율은 $\frac{1,119}{5,730}\times100≒19.5\%$이고, 여성 박사학위 취득자 중 50세 이상이 차지하는 비율은 $\frac{466}{2,966}\times100≒15.7\%$이다. 따라서 남성 박사학위 취득자 중 50세 이상이 차지하는 비율이 더 높다.

ㄷ. 남성과 여성의 연령대별 박사학위 취득자 수가 많은 순위는 30세 이상 35세 미만>35세 이상 40세 미만>50세 이상>40세 이상 45세 미만>45세 이상 50세 미만>30세 미만 순서로 동일하다.

오답분석

ㄴ. 공학계열 박사학위 취득자 중 남성의 비율은 $\frac{2,441}{2,441+332}\times100≒88.0\%$, 사회계열 박사학위 취득자 중 남성의 비율은 $\frac{1,024}{1,024+649}\times100≒61.2\%$, 자연계열 박사학위 취득자 중 남성의 비율은 $\frac{891}{891+513}\times100≒63.5\%$이다. 따라서 남성의 비율이 높은 순위는 공학계열>자연계열>사회계열 순서이다.

ㄹ. 연령대별 남녀 박사학위 취득자 수의 차이를 구해 보면 30세 미만은 196−141=55명, 30세 이상 35세 미만은 1,811−825=986명, 35세 이상 40세 미만은 1,244−652=592명, 40세 이상 45세 미만은 783−465=318명, 45세 이상 50세 미만은 577−417=160명, 50세 이상은 1,119−466=653명이다. 따라서 연령대가 올라갈수록 남녀 박사학위 취득자 수의 차이가 점점 커지고 있다는 설명은 옳지 않다.

21 조직 구조

정답 ⑤

영리조직으로는 이윤 추구를 목적으로 하는 다양한 사기업이 있으며, 비영리조직으로는 정부조직, 병원, 대학, 시민단체, 종교단체 등이 있다.

22 업무 종류

정답 ④

문제 발생의 원인은 회의내용을 통해 알 수 있는 내용이다.

오답분석

① 회의에 참가한 인원이 6명일 뿐 조직의 인원은 회의록에서 알 수 없다.
② 회의 참석자는 생산팀 2명, 연구팀 2명, 마케팅팀 2명으로 총 6명이다.
③ 마케팅팀에서 제품을 전격 회수하고, 연구팀에서 유해성분을 조사하기로 했다.
⑤ 연구팀에서 유해성분을 조사하기로 결정했을 뿐 결과는 알 수 없다.

23 업무 종류

정답 ④

회의 후 가장 먼저 해야 할 일은 '주문량이 급격히 증가한 일주일 동안 생산된 제품 파악'이다. 문제의 제품이 전부 회수돼야 포장 재질 및 인쇄된 잉크 유해성분을 조사한 뒤 적절한 조치가 가능해지기 때문이다.

24 조직 구조

정답 ②

G사는 기존에 수행하지 않던 해외 판매 업무가 추가될 것이므로 그에 따른 해외영업팀 등의 신설 조직이 필요하게 된다. 해외에 공장 등의 조직을 보유하게 됨으로써 이를 관리하는 해외관리팀이 필요할 것이며, 물품의 수출에 따른 통관 업무를 담당하는 물류팀, 외화 대금 수취 및 해외 조직으로부터의 자금 이동 관련 업무를 담당할 외환업무팀, 국제 거래상 발생하게 될 해외 거래 계약 실무를 담당할 국제법무팀 등이 필요하게 된다. 반면 기업회계팀은 G사의 해외 사업과 상관없이 기존 회계를 담당하는 조직이라고 볼 수 있다.

25 경영 전략

정답 ③

경영은 경영목적, 인적자원, 자금, 전략의 4요소로 구성된다.

ㄱ. 경영목적
ㄴ. 인적자원
ㅁ. 자금
ㅂ. 전략

오답분석

ㄷ. 마케팅
ㄹ. 회계

26 경영 전략

정답 ⑤

㉠ 집중화 전략
㉡ 원가우위 전략
㉢ 차별화 전략

27 조직 구조

정답 ④

조직목표의 기능

- 조직이 존재하는 정당성과 합법성 제공
- 조직이 나아갈 방향 제시
- 조직 구성원의 의사결정의 기준
- 조직 구성원 행동수행의 동기 유발
- 수행평가의 기준
- 조직설계의 기준

28 경영 전략

정답 ③

도요타 자동차는 소비자의 관점이 아닌 생산자의 관점에서 문제를 해결하려다 소비자들의 신뢰를 잃게 됐다. 따라서 기업은 생산자가 아닌 소비자의 관점에서 문제를 해결하기 위해 노력해야 한다.

29 조직 구조

정답 ①

제시문에 나타난 조직은 G공사의 사내 봉사 동아리이기 때문에 공식 조직이 아닌 비공식조직에 해당한다. 비공식조직의 특징에는 인간관계에 따라 형성된 자발적인 조직, 내면적·비가시적·비제도적·감정적, 사적 목적 추구, 부분적 질서를 위한 활동 등이 있다.

오답분석

② 영리조직에 해당한다.
③·④ 공식조직에 해당한다.
⑤ 비영리조직에 해당한다.

30 업무 종류

정답 ⑤

비품은 기관의 비품이나 차량 등을 관리하는 총무지원실에 신청해야 하며, 교육 일정은 사내 직원의 교육 업무를 담당하는 인사혁신실에서 확인해야 한다.

오답분석

①·④ 기획조정실은 전반적인 조직 경영과 조직문화 형성, 예산 업무, 이사회, 국회 협력 업무, 법무 관련 업무를 담당한다.

31 업무 종류

정답 ④

인·적성검사 합격자의 조 구성은 은경씨가 하지만, 합격자에게 몇 조인지 미리 공지하는지는 알 수 없다.

32 경영 전략

정답 ③

경영활동은 조직의 효과성을 높이기 위해 총수입 극대화, 총비용 극소화를 통해 이윤을 창출하는 것과 관련된 외부경영활동, 조직 내부에서 인적, 물적 자원 및 생산기술을 관리하는 내부경영활동으로 구분할 수 있다. 인도네시아 현지 시장의 규율을 조사하는 것은 시장진출을 준비하는 과정으로, 외부경영활동에 해당된다.

오답분석

① 잠재적 고객인 인도네시아 시장의 고객들의 성향을 파악하는 것은 외부경영활동으로 구분된다.
② 중국 협력업체의 가동률 급락으로 인해 대안이 되는 협력업체로서 국내 업체들과의 협력안을 검토하는 것 역시 내부 생산공정 관리와 같이 생산관리의 일환으로, 내부경영활동에 해당된다.
④ 내부 엔진 조립 공정 개선 시 생산성을 증가시킬 수 있다는 피드백이 있으므로 이를 위한 기술개발에 투자하는 것은 생산관리로, 내부경영활동에 해당된다.
⑤ 설문조사에 따르면 유연근무제 도입을 원하는 직원이 많은 만큼 능률적인 인력 관리를 위하여 유연근무제의 일환인 탄력근무제를 도입하는 것은 내부경영활동에 해당한다.

33 업무 종류

정답 ⑤

김팀장의 업무 지시에 따르면 이번 주 금요일 회사 창립 기념일 행사가 끝난 후 진행될 총무팀 회식의 장소 예약은 목요일 퇴근 전까지 처리되어야 한다. 따라서 이대리는 ⓜ을 목요일 퇴근 전까지 처리해야 한다.

34 경영 전략

정답 ③

일 년에 한두 권밖에 안 팔리는 책일지라도 이러한 책들의 매출이 모이고 모이면 베스트셀러 못지않은 수익을 낼 수 있다.

35 업무 종류

정답 ①

이팀장의 지시 사항에 따라 강대리가 해야 할 일은 회사 차 반납하기, K은행 김팀장에게 서류 제출하기, 최팀장에게 회의 자료 전달하기, 대표 결재 받기이다. 이 중 대표의 결재를 오전 중으로 받아야 하므로 강대리는 가장 먼저 대표에게 결재를 받아야 한다. 이후 1시에 출근하는 최팀장에게 회의 자료를 전달하고, 이팀장에게 들러 회사 차를 찾아 차 안의 서류를 K은행 김팀장에게 제출한 뒤 회사 차를 반납해야 한다. 즉, 강대리가 해야 할 일을 정리하면 '대표에게 결재 받기 → 최팀장에게 회의 자료 전달하기 → K은행 김팀장에게 서류 제출하기 → 회사 차 반납하기'의 순이 된다.

36 협상 전략

정답 ③

제시된 사례의 쟁점은 재고 처리이며, 봉구씨는 G사에 대하여 경쟁 전략(강압 전략)을 사용하고 있다. 강압 전략은 'Win – Lose' 전략이다. 즉, 내가 승리하기 위해서 당신은 희생되어야 한다는 전략인 'I Win, You Lose' 전략이다. 이 전략은 명시적 또는 묵시적으로 강압적 위협이나 강압적 설득, 처벌 등의 방법으로 상대방을 굴복시키거나 순응시키는 방법이다. 자신의 주장을 확실하게 상대방에게 제시하고, 이를 수용하지 않으면 보복이 있을 것이며 협상이 결렬될 것이라는 등의 위협을 가하는 것이다. 즉, 강압 전략은 일방적인 의사소통으로 일방적인 양보를 받아내려는 것이다.

37 국제 동향

정답 ④

뜨거운 수프를 식힐 때는 숟가락으로 조용히 저어야 한다. 입김을 불어 식히는 것은 예절에 어긋나는 행동이다.

38 국제 동향

정답 ④

국제 동향을 파악하기 위해서는 국제적인 법규나 규정을 숙지해야 한다. 우리나라에서는 합법적인 행동이 다른 나라에서는 불법적일 수 있기 때문에 국제적인 업무를 수행하기 전에 국제적인 법규나 규정을 반드시 숙지하여 피해를 방지해야 한다. 국내의 법률, 법규 등을 공부하는 것은 국제 동향을 파악하는 행동으로 적절하지 않다.

39 업무 종류

정답 ③

브로슈어 인쇄를 위해 미리 파일을 받아야 하므로 '(A) 비서실 방문'은 '(D) 인쇄소 방문'보다 먼저 이루어져야 한다. '(B) 회의실, 마이크 체크'는 내일 오전 '(E) 업무보고' 전에 준비해야 할 사항이다. '(C) 케이터링 서비스 예약'은 내일 오후 3시 팀장회의를 위해 준비하는 것이므로 24시간 전인 오늘 오후 3시 이전에 실시하여야 한다. 따라서 위 업무순서를 정리하면 (C) – (A) – (D) – (B) – (E)가 되는데, 여기서 (C)가 (A)보다 먼저 이루어져야 하는 이유는 현재 시각이 오후 2시 50분이기 때문이다. 비서실까지 가는 데 걸리는 시간이 15분이므로 비서실에 갔다 오면 오후 3시가 지난다. 그러므로 케이터링 서비스 예약을 가장 먼저 하는 것이 적절하다.

40 조직 구조

정답 ③

조직은 목적을 가지고 있어야 하고, 구조가 있어야 한다. 또한 목적을 달성하기 위해 구성원들은 서로 협동적인 노력을 하고, 외부 환경과 긴밀한 관계를 가지고 있어야 한다. 따라서 야구장에 모인 관중들은 동일한 목적만 가지고 있을 뿐 구조를 갖춘 조직으로 볼 수 없다.

41 문제 유형

정답 ④

문제 해결은 문제 해결자의 개선 의식, 도전 의식과 끈기를 필요로 한다. 특히 문제 해결자의 현상에 대한 도전 의식과 새로운 것을 추구하려는 자세, 난관에 봉착했을 때 헤쳐 나가려는 태도 등은 문제 해결의 밑바탕이 된다. G씨의 경우 문제 해결 방법에 대한 지식이 충분함에도 불구하고 도전 의식과 끈기가 부족하여 문제 해결에 어려움을 겪고 있다.

42 명제 추론

정답 ⑤

마지막 조건에 의해 대리는 1주 차에 휴가를 갈 수 없다. 따라서 2～5주 차, 즉 4주 동안 대리 2명이 휴가를 다녀와야 한다. 두 번째 조건에 의해 한 명은 2～3주 차, 다른 한 명은 4～5주 차에 휴가를 간다. 그러므로 대리는 3주 차에 휴가를 출발할 수 없다.

오답분석

①·③

1주 차	2주 차	3주 차	4주 차	5주 차
–	사원1	사원1	사원2	사원2
–	대리1	대리1	대리2	대리2
–	과장	과장	부장	부장

②

1주 차	2주 차	3주 차	4주 차	5주 차
사원1	사원1	–	사원2	사원2
–	대리1	대리1	대리2	대리2
과장	과장	–	부장	부장

④

1주 차	2주 차	3주 차	4주 차	5주 차
사원1	사원1	사원2	사원2	–
–	대리1	대리1	대리2	대리2
과장	과장	부장	부장	–

43 규칙 적용

정답 ②

A/S 접수 현황에서 잘못 기록된 일련번호는 총 7개이다.

분류 1	• ABE1C6100121 → 일련번호가 09999 이상인 것은 없음 • MBE1DB001403 → 제조월 표기기호 중 'B'는 없음
분류 2	• MBP2CO120202 → 일련번호가 09999 이상인 것은 없음 • ABE2D0001063 → 제조월 표기기호 중 '0'은 없음
분류 3	• CBL3S8005402 → 제조연도 표기기호 중 'S'는 없음
분류 4	• SBE4D5101483 → 일련번호가 09999 이상인 것은 없음 • CBP4D6100023 → 일련번호가 09999 이상인 것은 없음

44 규칙 적용

정답 ④

제조연도는 시리얼 번호 중 앞에서 다섯 번째 알파벳으로 알 수 있다. 2020년은 'A', 2021년은 'B'로 표기되므로 A/S 접수 현황에서 찾아보면 2020년 2개, 2021년 7개로 총 9개이다.

45 자료 해석

정답 ③

8월 8일의 날씨 예측 점수를 x점, 8월 16일의 날씨 예측 점수를 y점이라고 하자(단, $x \geq 0$, $y \geq 0$).
8월 1일부터 8월 19일까지의 날씨 예측 점수를 달력에 나타내면 다음과 같다.

구분	월요일	화요일	수요일	목요일	금요일	토요일	일요일
날짜			1	2	3	4	5
점수			10점	6점	4점	6점	6점
날짜	6	7	8	9	10	11	12
점수	4점	10점	x점	10점	4점	2점	10점
날짜	13	14	15	16	17	18	19
점수	0점	0점	10점	y점	10점	10점	2점

두 번째 조건에 제시된 한 주의 주중 날씨 예측 점수의 평균을 이용해 x와 y의 범위를 구하면 다음과 같다.

- 8월 둘째 주 날씨 예측 점수의 평균

$$\frac{4+10+x+10+4}{5} \geq 5 \rightarrow x+28 \geq 25 \rightarrow x \geq -3$$

$\therefore x \geq 0(\because x \geq 0)$

- 8월 셋째 주 날씨 예측 점수의 평균

$$\frac{0+0+10+y+10}{5} \geq 5 \rightarrow y+20 \geq 25$$

$\therefore y \geq 5$

세 번째 조건의 요일별 날씨 평균을 이용하여 x와 y의 범위를 구하면 다음과 같다.

- 수요일 날씨 예측 점수의 평균

$$\frac{10+x+10}{3} \leq 7 \rightarrow x+20 \leq 21$$

$\therefore x \leq 1$

- 목요일 날씨 예측 점수의 평균

$$\frac{6+10+y}{3} \geq 5 \rightarrow y+16 \geq 15 \rightarrow y \geq -1$$

$\therefore y \geq 0(\because y \geq 0)$

따라서 x의 범위는 $0 \leq x \leq 1$이고, y의 범위는 $y \geq 5$이다.

8월 8일의 예측 날씨는 맑음이고, 예측 점수의 범위는 $0 \leq x \leq 1$이므로 8월 8일의 실제 날씨는 눈·비이다. 그리고 8월 16일의 예측 날씨는 눈·비이고 예측 점수의 범위는 $y \geq 5$이므로 8월 16일의 실제 날씨는 흐림 또는 눈·비이다. 따라서 실제 날씨로 가능한 것은 ③이다.

46 자료 해석

정답 ②

조건에 따라 점수를 산정하면 다음과 같다.

(단위 : 점)

구분	프로그램	1차 점수	2차 점수
A업체	집중GX	31	36
B업체	필라테스	32	39
C업체	자율 웨이트	25	-
D업체	근력운동 트레이닝	24	-
E업체	스피닝	32	36

따라서 2차 점수가 가장 높은 B업체가 최종적으로 선정된다.

47 규칙 적용

정답 ④

• 1단계 : 주민등록번호 앞 12자리 숫자에 가중치를 곱하면 다음과 같다.

숫자	2	4	0	2	0	2	8	0	3	7	0	1
가중치	2	3	4	5	6	7	8	9	2	3	4	5
결과	4	12	0	10	0	14	64	0	6	21	0	5

• 2단계 : 1단계에서 구한 값의 합을 계산한다.
$4+12+0+10+0+14+64+0+6+21+0+5=136$

• 3단계 : 2단계에서 구한 값을 11로 나누어 나머지를 구한다.
$136 \div 11 = 12 \cdots 4$

• 4단계 : 11에서 3단계의 나머지를 뺀 수를 10으로 나누어 나머지를 구한다.
$(11-4) \div 10 = 0 \cdots 7$

따라서 빈칸에 들어갈 수는 7이다.

48 명제 추론

정답 ③

(가)에 따라 A～D는 모두 직업이 같거나 두 명씩 서로 다른 직업을 가져야 한다. 이때 (라)에 따라 A와 D의 직업은 서로 같아야 하므로 A, B, C, D의 직업이 모두 같은 경우와 (A, D)와 (B, C)의 직업이 서로 다른 경우로 나누어 볼 수 있다.

1) A, B, C, D의 직업이 모두 같은 경우
(다)에 따라 C가 경찰관인 경우 D와 직업이 같을 수 없으므로 C는 경찰관이 될 수 없다. 따라서 A, B, C, D는 모두 소방관이다.

2) (A, D)와 (B, C)의 직업이 서로 다른 경우
- A, D가 소방관인 경우
(나)에 따라 A가 소방관이면 B가 소방관이거나 C는 경찰관이다. 이때, A와 B의 직업이 서로 다르므로 B는 소방관이 될 수 없으며 C가 경찰관이 된다. C가 경찰관이면 (다)에 따라 D는 소방관이 된다. 따라서 A, D는 소방관이며, B, C는 경찰관이다.
- A, D가 경찰관인 경우
(다)의 대우 'D가 소방관이 아니면 C는 경찰관이 아니다.'가 성립하므로 D가 경찰관이면 C는 소방관이 된다. 따라서 A, D는 경찰관이며, B, C는 소방관이다.

구분	A	B	C	D
경우 1	소방관			
경우 2	소방관	경찰관	경찰관	소방관
경우 3	경찰관	소방관	소방관	경찰관

따라서 B, C의 직업은 항상 같다.

49 SWOT 분석

정답 ③

전기의 가격은 10～30원/km인 반면, 수소의 가격은 72.8원/km로 전기보다 수소의 가격이 더 비싸다. 하지만 원료의 가격은 자사의 내부환경의 약점(Weakness) 요인이 아니라 외부환경에서 비롯된 위협(Threat) 요인으로 보아야 한다.

오답분석

(가) 보조금 지원을 통해 첨단 기술이 집약된 친환경 차를 중형 SUV 가격에 구매할 수 있다고 하였으므로 자사의 내부환경의 강점(Strength) 요인으로 볼 수 있다.
(나) 충전소가 전국 12개소에 불과하며, 올해 안에 10개소를 더 설치한다고 계획 중이지만 완공 여부는 알 수 없으므로 자사의 내부환경의 약점(Weakness) 요인으로 볼 수 있다.
(라) 친환경차에 대한 인기가 뜨겁다고 하였으므로 고객이라는 외부환경에서 비롯된 기회(Opportunity) 요인으로 볼 수 있다.
(마) 생산량에 비해 정부 보조금이 부족한 것은 외부환경에서 비롯된 위협(Threat) 요인으로 볼 수 있다.

50 자료 해석

정답 ③

각각의 조건에서 해당되지 않는 쇼핑몰을 체크하여 선지에서 하나씩 제거하는 방법으로 푸는 것이 좋다.

- 철수 : C, D, F는 포인트 적립이 안 되므로 해당 사항이 없다(②·④ 제외).
- 영희 : A에는 해당 사항이 없다.
- 민수 : A, B, C에는 해당 사항이 없다(①·⑤ 제외).
- 철호 : 환불 및 송금수수료, 배송료가 포함되었으므로 A, D, E, F에는 해당 사항이 없다.

51 명제 추론

정답 ④

주어진 조건을 정리하면 다음과 같이 두 가지 경우가 있다.

경우 1)

첫 번째 공휴일	두 번째 공휴일	세 번째 공휴일	네 번째 공휴일	다섯 번째 공휴일
A약국 D약국	D약국 E약국	A약국 C약국	B약국 C약국	B약국 E약국

경우 2)

첫 번째 공휴일	두 번째 공휴일	세 번째 공휴일	네 번째 공휴일	다섯 번째 공휴일
D약국 E약국	A약국 D약국	A약국 C약국	B약국 C약국	B약국 E약국

따라서 네 번째 공휴일에 영업하는 약국은 B와 C이다.

오답분석

① A약국은 이번 달에 공휴일에 연달아 영업할 수도, 하지 않을 수도 있다.
② 다섯 번째 공휴일에는 B약국과 E약국이 같이 영업한다.
③ B약국은 네 번째, 다섯 번째 공휴일에 영업을 한다.
⑤ E약국은 두 번째 공휴일, 다섯 번째 공휴일에도 영업을 할 수 있다.

52 SWOT 분석

정답 ④

원가 절감을 위해 해외에 공장을 설립하여 가격 경쟁력을 확보하는 것은 약점을 보완하여 위협을 회피하는 WT전략이다.

오답분석

①·② SO전략은 강점을 활용하여 외부환경의 기회를 포착하는 전략이므로 적절하다.
③ WO전략은 약점을 보완하여 외부환경의 기회를 포착하는 전략이므로 적절하다.
⑤ WT전략은 약점을 보완하여 외부환경의 위협을 회피하는 전략이므로 적절하다.

53 자료 해석

정답 ④

예산이 가장 많이 드는 B사업과 E사업은 사업기간이 3년이므로 최소 1년은 겹쳐야 한다. 이를 바탕으로 정리하면 다음과 같다.

연도 / 예산 / 사업명	1차	2차	3차	4차	5차
예산	20조 원	24조 원	28.8조 원	34.5조 원	41.5조 원
A	–	1조 원	4조 원	–	–
B	–	15조 원	18조 원	21조 원	–
C	–	–	–	–	15조 원
D	15조 원	8조 원	–	–	–
E	–	–	6조 원	12조 원	24조 원
실질 사용 예산 합계	15조 원	24조 원	28조 원	33조 원	39조 원

따라서 D사업을 첫해에 시작해야 한다.

54 명제 추론

정답 ②

다음의 논리 순서를 따라 주어진 조건을 정리하면 쉽게 접근할 수 있다.
- 세 번째 조건 : 한국은 월요일에 대전에서 연습을 한다.
- 다섯 번째 조건 : 미국은 월요일과 화요일에 수원에서 연습을 한다.
- 여섯 번째 조건 : 미국은 목요일에 인천에서 연습을 한다.
- 일곱 번째 조건 : 금요일에 중국과 미국은 각각 서울과 대전에서 연습을 한다.
- 여덟 번째 조건 : 한국은 월요일에 대전에서 연습하므로 화요일과 수요일에 이틀 연속으로 인천에서 연습을 한다.

이때, 미국은 수요일에 서울에서 연습함을 유추할 수 있고, 한국은 금요일에 인천에서 연습을 할 수 없으므로 목요일에는 서울에서, 금요일에는 수원에서 연습함을 알 수 있다. 그리고 만약 중국이 수요일과 목요일에 이틀 연속으로 수원에서 연습을 하게 되면 일본은 수원에서 연습을 못하게 되므로, 중국은 월요일과 목요일에 각각 인천과 수원에서 연습하고, 화요일과 수요일에 대전에서 이틀 연속으로 연습해야 함을 유추할 수 있다. 나머지는 일본이 모두 연습하면 된다. 이를 표로 정리하면 다음과 같다.

지역	월요일	화요일	수요일	목요일	금요일
서울	일본	일본	미국	한국	중국
수원	미국	미국	일본	중국	한국
인천	중국	한국	한국	미국	일본
대전	한국	중국	중국	일본	미국

따라서 수요일에 대전에서는 중국이 연습을 한다.

55 명제 추론

정답 ④

- 첫 번째 조건 : 파란공은 두 번째・네 번째・다섯 번째로 무겁다.
- 두 번째 조건 : 빨간공은 세 번째・네 번째・다섯 번째로 무겁다.
- 세 번째 조건 : 흰공은 첫 번째・두 번째・다섯 번째로 무겁다.
- 네 번째 조건 : 무게는 파란공・빨간공>검은공이다.
- 다섯 번째 조건 : 무게는 흰공>노란공>파란공이다.

조건을 바탕으로 무거운 순서대로 나타내면 다음과 같다.

첫 번째	두 번째	세 번째	네 번째	다섯 번째
흰공	노란공	빨간공	파란공	검은공

따라서 공 5개를 무게가 무거운 순서대로 바르게 나열한 것은 ④이다.

56 규칙 적용

정답 ⑤

직원명단 순서대로 직원코드를 생성하면 다음과 같다.

명단	입사 연도	퇴사 연도	재직기간	채용전형	생년월일・성명
최지율	1980년대 : A8	2016년 : Y	20년 초과 30년 이내 : ㄷ	공채 : a	650802ㅊㅈ
강이나라	2000년대 : B0	재직자 : Z	재직자 : ㅁ	공채 : a	720201ㄱㅇ
김자영	1980년대 : A8	1999년 : X	10년 초과 20년 이내 : ㄴ	특채 : b	580119ㄱㅈ
이아름	2010년대 : B1	재직자 : Z	재직자 : ㅁ	공채 : a	930605ㅇㅇ
유소정	2020년대 : B2	재직자 : Z	재직자 : ㅁ	특채 : b	981220ㅇㅅ

위 명단 순서대로 직원코드를 정리하면 다음과 같다.
- 최지율 : A8Yㄷa650802ㅊㅈ
- 강이나라 : B0Zㅁa720201ㄱㅇ
- 김자영 : A8Xㄴb580119ㄱㅈ
- 이아름 : B1Zㅁa930605ㅇㅇ
- 유소정 : B2Zㅁb981220ㅇㅅ

따라서 ⑤는 유소정의 직원코드로 옳지 않다.

57 규칙 적용

정답 ②

입사 연도 A6 ~ A9를 A, B0 ~ B2를 B로 수정하고, 세 번째 코드인 재직기간에서 재직자의 코드를 'ㅁ'에서 '–'로 수정한다. 마지막으로 생년월일·성명에서 성명의 모든 초성을 적어 변경사항을 적용하면 다음과 같다.

- 최지율 : AYㄷa650802ㅊㅈㅇ
- 강이나라 : BZ–a720201ㄱㅇㄴㄹ
- 김자영 : AXㄴb580119ㄱㅈㅇ
- 이아름 : BZ–a930605ㅇㅇㄹ
- 유소정 : BZ–b981220ㅇㅅㅈ

따라서 ②는 강이나라의 직원코드로 옳지 않다.

58 규칙 적용

정답 ④

파일 이름에 주어진 규칙을 적용하여 암호를 구하면 다음과 같다.

1. 비밀번호 중 첫 번째 자리에는 파일 이름의 첫 문자가 한글일 경우 @, 영어일 경우 #, 숫자일 경우 *로 특수문자를 입력한다.
   - 2022매운전골Cset3인기준recipe8 → *
2. 두 번째 자리에는 파일 이름의 총 자리 개수를 입력한다.
   - 2022매운전골Cset3인기준recipe8 → *23
3. 세 번째 자리부터는 파일 이름 내에 숫자를 순서대로 입력한다. 숫자가 없을 경우 0을 두 번 입력한다.
   - 2022매운전골Cset3인기준recipe8 → *23202238
4. 그 다음 자리에는 파일 이름 중 한글이 있을 경우 초성만 순서대로 입력한다. 없다면 입력하지 않는다.
   - 2022매운전골Cset3인기준recipe8 → *23202238ㅁㅇㅈㄱㅇㄱㅈ
5. 그 다음 자리에는 파일 이름 중 영어가 있다면 뒤에 덧붙여 순서대로 입력하되, a, e, i, o, u만 'a=1, e=2, i=3, o=4, u=5'로 변형하여 입력한다(대문자·소문자 구분 없이 모두 소문자로 입력한다).
   - 2022매운전골Cset3인기준recipe8 → *23202238ㅁㅇㅈㄱㅇㄱㅈcs2tr2c3p2

따라서 주어진 파일 이름의 암호는 '*23202238ㅁㅇㅈㄱㅇㄱㅈcs2tr2c3p2'이다.

59 SWOT 분석

정답 ②

ㄱ. LNG 구매력이 우수하다는 강점을 이용해 북아시아 가스관 사업이라는 기회를 활용하는 것은 SO전략에 해당한다.
ㄷ. 수소 자원 개발이 고도화되고 있는 기회를 이용하여 높은 공급단가라는 약점을 보완하는 것은 WO전략에 해당한다.

오답분석

ㄴ. 북아시아 가스관 사업은 강점이 아닌 기회에 해당되므로 ST전략에 해당한다고 볼 수 없다.
ㄹ. 높은 LNG 확보 능력이라는 강점을 이용해 높은 가스 공급단가라는 약점을 보완하려는 것은 WT전략에 해당한다고 볼 수 없다.

60 자료 해석

정답 ③

- 기현 : 관광숙박업에 속하는 호텔관리사 자격증과 호텔경영사 자격증의 발급기관은 모두 한국관광공사이므로 올바른 기관에 문의하였다.
- 미라 : 외국인 친구의 제출서류인 반명함판 사진과 신분증 중 여권 사본 1부를 준비하게 하였으므로 적절한 행동이다.

오답분석

- 정원 : 관광통역 안내사 자격증의 전형관리기관은 한국산업인력공단이므로 지자체가 아닌 한국산업인력공단에 문의하여야 한다.
- 시연 : 의료관광업의 국제의료관광 코디네이터 자격증 발급기관은 한국산업인력공단이므로 한국관광공사가 아닌 한국산업인력공단으로 가야 한다.

02 행정직

61	62	63	64	65	66	67	68	69	70	71	72	73	74	75	76	77	78	79	80
④	⑤	①	③	②	④	④	④	④	①	②	④	②	④	⑤	①	④	①	⑤	①

61 시간 계획

정답 ④

오답분석

㉠·㉡·㉣ 주어진 임무는 행사와 관련하여 모두 필요한 업무이므로 성과 발표 준비는 가장 오래 걸리는 과정이 끝났을 때 완성된다. 따라서 가장 오래 걸리는 과정인 A → C → E → G → H 과정과 A → C → F → H 과정이 모두 끝나는 데는 8일이 소요되며, 여기서 E → G 과정을 단축하게 되더라도 A → C → F → H 과정이 있으므로 전체 준비 기간은 짧아지지 않는다.

62 품목 확정

정답 ⑤

- 두 번째 조건에 따라 1,500m^{2}에 2대를 설치해야 하므로 발전기 1기당 필요면적이 750m^{2}를 초과하는 D발전기는 제외한다.
- 세 번째 조건에 따라 에너지 발전단가가 97.5원/kWh를 초과하는 C발전기는 제외한다.
- 네 번째 조건에 따라 탄소배출량이 91g/kWh로 가장 많은 B발전기는 제외한다.
- 다섯 번째 조건에 따라 발전기 1기당 중량이 3,600kg인 A발전기는 제외한다.

따라서 후보 발전기 중 설치하기 적합한 발전기는 E발전기이다.

63 품목 확정

정답 ①

화상회의 진행 시각(한국 기준 오후 4시 ~ 오후 5시)을 각국 현지 시각으로 변환하면 다음과 같다.

- 파키스탄 지사(−4시간) : 오후 12시 ~ 오후 1시로 점심시간이므로, 회의에 참석 불가능하다.
- 불가리아 지사 (−6시간) : 오전 10시 ~ 오전 11시이므로, 회의에 참석 가능하다.
- 호주 지사(+1시간) : 오후 5시 ~ 오후 6시이므로, 회의에 참석 가능하다.
- 영국 지사(−8시간) : 오전 8시 ~ 오전 9시이므로, 회의에 참석 가능하다(시차는 −9시간이지만, 서머타임을 적용한다).
- 싱가포르 지사(−1시간) : 오후 3시 ~ 오후 4시이므로, 회의에 참석 가능하다.

따라서 파키스탄 지사는 화상회의에 참석할 수 없다.

64 품목 확정

정답 ③

각 과제의 최종 점수를 구하기 전에 항목별로 최하위 점수가 부여된 과제는 제외하므로, 중요도에서 최하위 점수가 부여된 B, 긴급도에서 최하위 점수가 부여된 D, 적용도에서 최하위 점수가 부여된 E를 제외한다. 나머지 두 과제에 대하여 주어진 조건에 따라 최종 점수를 구하면 다음과 같다. 가중치는 별도로 부여되므로 추가 계산한다.

- A : $(84+92+96)+(84\times0.3)+(92\times0.2)+(96\times0.1)=325.2$점
- C : $(95+85+91)+(95\times0.3)+(85\times0.2)+(91\times0.1)=325.6$점

따라서 최종 점수가 높은 C를 가장 먼저 수행해야 한다.

65 비용 계산

정답 ②

X산지와 Y산지의 배추의 재배원가에 대하여 각 유통 과정에 따른 판매가격을 계산하면 다음과 같다.

구분	X산지	Y산지
재배원가	1,000원	1,500원
산지 → 경매인	1,000×(1+0.2)=1,200원	1,500×(1+0.1)=1,650원
경매인 → 도매상인	1,200×(1+0.25)=1,500원	1,650×(1+0.1)=1,815원
도매상인 → 마트	1,500×(1+0.3)=1,950원	1,815×(1+0.1)=1,996.5≒1,997원

따라서 X산지에서 재배한 배추를 구매하는 것이 좋으며, 최종적으로 G마트에서 얻는 수익은 3,000−1,950=1,050원이다.

66 인원 선발

정답 ④

A～E의 조건별 점수를 구하면 다음과 같다.

구분	직위	직종	근속연수	부양가족 수	주택 유무	합계
A	3점	5점	3점	−	10점	21점
B	1점	10점	1점	4점	10점	26점
C	4점	10점	4점	4점	−	22점
D	2점	3점	1점	6점	10점	22점
E	5점	5점	5점	6점	−	21점

C과장과 D주임은 동점이므로 부양가족 수가 더 많은 D주임이 우선순위를 가진다. 따라서 가장 높은 점수인 B사원과 D주임이 사택을 제공받을 수 있다.

67 품목 확정

정답 ④

입찰가격이 9억 원 이하인 업체는 A, C, D, E이다. 이 업체들에 가중치를 적용한 점수와 이에 따른 디자인 점수를 나타내면 다음과 같다.

(단위 : 점)

입찰기준 / 입찰업체	운영건전성 점수	시공실적 점수	공간효율성 점수	총합	디자인 점수
A	6	6(=3×2)	14(=7×2)	26(=6+6+14)	4
C	5	12(=6×2)	6(=3×2)	23(=5+12+6)	1
D	8	16(=8×2)	18(=9×2)	42(=8+16+18)	2
E	9	10(=5×2)	10(=5×2)	29(=9+10+10)	8

중간 선정된 A, D, E 중 디자인 점수가 가장 높은 업체는 E이다. 따라서 E가 최종 선정된다.

68 품목 확정

정답 ④

입찰가격이 11억 원 미만인 업체는 B를 제외한 A, C, D, E, F이다. 이 업체들에 가중치를 적용한 점수와 이에 따른 최종 선정 결과를 나타내면 다음과 같다.

(단위 : 점)

입찰기준 / 입찰업체	운영건전성 점수	환경친화자재 점수	시공실적 점수	디자인 점수	총합	비고
A	12(=6×2)	7	9(=3×3)	4	32(=12+7+9+4)	시공실적 점수 기준미달
C	10(=5×2)	9	18(=6×3)	1	38(=10+9+18+1)	중간 선정
D	16(=8×2)	2	24(=8×3)	2	44(=16+2+24+2)	중간 선정
E	18(=9×2)	6	15(=5×3)	8	47(=18+6+15+8)	시공실적 점수 기준미달
F	12(=6×2)	4	18(=6×3)	3	37(=12+4+18+3)	탈락

중간 선정된 C, D 중 운영건전성 점수가 가장 높은 업체는 D이다. 따라서 D가 최종 선정된다.

69 시간 계획

정답 ④

팀원의 모든 스케줄이 비어 있는 시간대인 16:00 ~ 17:00가 가장 적절하다.

70 비용 계산

정답 ①

B기업에서 오후 회의실 사용을 취소한다고 하였으므로 오전 회의실 사용에 관해서는 고려하지 않아도 된다.

i) B기업에서 오후에 예약한 회의실

조건에서 예약 시 최소 인원은 수용 인원의 $\frac{1}{2}$ 이상이어야 한다고 하였으므로 충족하는 회의실은 세미나 3·4이다. 또한 예약 가능한 회의실 중 비용이 저렴한 쪽을 선택한다고 하였으므로 세미나 3과 세미나 4의 사용료를 구하면 다음과 같다.

• 세미나 3 : 74,000(기본임대료)+37,000(추가임대료)+20,000(노트북 대여료)+50,000(빔프로젝터 대여료)=181,000원

• 세미나 4 : 110,000(기본임대료)+55,000(추가임대료)+20,000(노트북 대여료)+50,000(빔프로젝터 대여료)=235,000원

그러므로 B기업에서 오후에 예약한 회의실은 세미나 3이다.

ii) B기업이 환불받을 금액

B기업에서는 이용일 4일 전에 사용을 취소했으므로 환불규칙에 의해 취소수수료 10%가 발생한다. 따라서 환불받을 금액을 구하면 181,000×0.9=162,900원이다.

71 문서 내용 이해

정답 ②

첫 번째 문단에서 통각 수용기에는 감각 적응 현상이 거의 일어나지 않는다고 하였으므로 제시문의 내용으로 가장 적절하다.

오답분석

① 두 번째 문단에서 Aδ 섬유에는 기계적 자극이나 높은 온도 자극에 반응하는 통각 수용기가 분포되어 있고, C섬유에도 기계적 자극이나 높은 온도 자극에 반응하는 통각 수용기가 분포되어 있다고 했으므로 옳지 않다.

③ 두 번째 문단에서 Aδ 섬유는 직경이 크고 전도 속도가 빠르며, C섬유는 직경이 작고 전도 속도가 느리다고 했으므로 옳지 않다.

④ 첫 번째 문단에서 통각 수용기는 피부에 가장 많아 피부에서 발생한 통증은 위치를 확인하기 쉽다고 했으므로 옳지 않다.

⑤ 두 번째 문단에서 Aδ 섬유를 따라 전도된 통증 신호가 대뇌 피질로 전달되면, 대뇌 피질에서는 날카롭고 쑤시는 듯한 짧은 초기 통증을 느끼고 통증이 일어난 위치를 파악한다고 하였으므로 옳지 않다.

72 문서 내용 이해

정답 ④

제시문에 따르면 색채를 활용하여 먼 거리에서 더 잘 보이게 하거나 뚜렷하게 보이도록 해야 할 때가 있다. 그럴 경우에는 배경과 그 앞에 놓이는 그림의 속성 차를 크게 해야 한다.

오답분석

① 색채의 대비는 2개 이상의 색을 동시에 보거나 계속해서 볼 때 일어나는 현상이다. 전자를 '동시 대비', 후자를 '계속 대비'라 한다.
② 어떤 색을 계속 응시하면 시간의 경과에 따라 그 색의 보이는 상태가 변화한다.
③ 색채가 어떠하며, 우리 눈에 그것이 어떻게 보이고, 어떤 느낌을 주는지는 색채심리학이 다루는 연구대상 중 가장 주요한 부분이다.
⑤ 멀리서도 잘 보여야 하는 표지류 등은 대비량이 큰 색을 사용한다.

73 내용 추론

정답 ②

연두색과 노란색과 같이 색상이 다른 두 색을 동시에 나란히 놓았을 때 서로의 영향으로 색상 차가 나는 것은 색상 대비로 볼 수 있다.

오답분석

① 명도 대비에 대한 내용이다.
③ 채도 대비에 대한 내용이다.
④ 보색잔상에 대한 내용이다.
⑤ 색순응에 대한 내용이다.

74 반박

정답 ④

우리나라의 장기 기증률이 낮은 이유를 전통적 유교 사상 때문이라고 주장하고 있는 A와 달리, B는 이에 대하여 다양한 원인을 제시하고 있다. 따라서 A의 주장에 대해 반박할 수 있는 내용으로 ④가 적절하다.

75 문서 내용 이해

정답 ⑤

네 번째 문단에 따르면 클라우지우스는 열기관의 열효율은 열기관이 고온에서 열을 흡수하고 저온에 방출할 때의 두 작동 온도에만 관계된다는 카르노의 이론을 증명하였다. 이로써 열효율에 대한 카르노의 이론은 클라우지우스의 증명으로 유지될 수 있었다.

오답분석

① 두 번째 문단에 따르면 열기관은 높은 온도의 열원에서 열을 흡수하고 낮은 온도의 대기와 같은 열기관 외부에 열을 방출하며 일을 하는 기관이다.
② 두 번째 문단에 따르면 수력 기관에서 물이 높은 곳에서 낮은 곳으로 흐르면서 일을 할 때 물의 양과 한 일의 양의 비는 높이 차이에 의해서만 좌우된다.
③ 첫 번째 문단에 따르면 칼로릭은 질량이 없는 입자들의 모임이다. 따라서 가열된 쇠구슬의 질량은 증가하지 않는다.
④ 첫 번째 문단에 따르면 칼로릭은 온도가 높은 쪽에서 낮은 쪽으로 흐르는 성질이 있다.

76 내용 추론

정답 ①

세 번째 문단에 따르면 줄(Joule)은 '열과 일이 상호 전환될 때 열과 일의 에너지를 합한 양은 일정하게 보존된다.'는 사실(에너지 보존 법칙)을 알아냈다. 그런데 네 번째 문단에 나타난 칼로릭 이론에 입각한 카르노의 열기관에 대한 설명에 따르면 열기관은 높은 온도에서 흡수한 열 전부를 낮은 온도로 방출하면서 일을 한다. 이는 열기관이 한 일을 설명할 수 없다는 오류가 있다.

오답분석

② 세 번째 문단에 따르면 화학에너지, 전기에너지 등은 등가성이 있으며 상호 전환될 수 있다.
③ 마지막 문단에 따르면 클라우지우스가 증명한 내용이다.
④ 네 번째 문단에 따르면 카르노의 이론에 대해 문제를 제기한 내용에 대해 증명하기 위한 가정이다.
⑤ 네 번째 문단에 따르면 카르노의 이론에 대해 클라우지우스가 증명한 내용이다.

77 문단 나열

정답 ④

제시문은 우리 몸의 면역 시스템에서 중요한 역할을 하는 킬러 T세포가 있음을 알려 주고, 이것의 역할과 작용 과정을 차례로 설명하며, 킬러 T세포의 의의에 대해 이야기하는 글이다. 따라서 (라) 우리 몸의 면역 시스템에 중요한 역할을 하는 킬러 T세포 → (가) 킬러 T세포의 역할 → (마) 킬러 T세포가 작용하기 위해 거치는 단계 → (다) 킬러 T세포의 작용 과정 → (나) 킬러 T세포의 의의로 나열되어야 한다.

78 글의 주제

정답 ①

제시문은 위성영상지도 서비스인 구글어스로 건조지대에도 숲이 존재한다는 사실을 발견했다는 내용의 글이다. 첫 문장에서 '구글어스가 세계 환경의 보안관 역할을 톡톡히 하고 있어 화제'라고 하였으므로 글의 제목으로는 ①이 가장 적절하다.

79 문서 내용 이해

정답 ⑤

제시문에서는 에너지와 엔지니어 분야에 관련된 다양한 사례들을 언급하고 있으나, 이 외에 다른 분야에 대한 사례는 설명하지 않고 있다. 따라서 ⑤는 적절하지 않다.

80 내용 추론

정답 ①

원자력 발전소에서 설비에 이상신호가 발생하면 스스로 위험을 판단하고 작동을 멈추는 등 에너지 설비 운영 부문은 이미 다양한 4차 산업혁명 기술이 사용되고 있다.

03 기술직

61	62	63	64	65	66	67	68	69	70	71	72	73	74	75	76	77	78	79	80
①	②	②	①	⑤	③	④	②	④	②	④	④	②	④	①	④	④	②	②	①

61 기술 이해

정답 ①

①은 성과차이 분석에 대한 설명이다. 개선계획 수립은 성과차이에 대한 원인 분석을 진행하고 개선을 위한 성과목표를 결정하며, 성과목표를 달성하기 위한 개선계획을 수립하는 것이다.

벤치마킹의 주요 단계

1. 범위 결정 : 벤치마킹이 필요한 상세 분야를 정의하고 목표와 범위를 결정하며 벤치마킹을 수행할 인력들을 결정한다.
2. 측정범위 결정 : 상세분야에 대한 측정항목을 결정하고, 측정항목이 벤치마킹의 목표를 달성하는 데 적정한가를 검토한다.
3. 대상 결정 : 비교분석의 대상이 되는 기업·기관들을 결정하고, 대상 후보별 벤치마킹 수행의 타당성을 검토하여 최종적인 대상 및 대상별 수행방식을 결정한다.
4. 벤치마킹 : 직접 또는 간접적인 벤치마킹을 진행한다.
5. 성과차이 분석 : 벤치마킹 결과를 바탕으로 성과차이를 측정항목별로 분석한다.
6. 개선계획 수립 : 성과차이에 대한 원인 분석을 진행하고 개선을 위한 성과목표를 결정하며, 성과목표를 달성하기 위한 개선계획을 수립한다.
7. 변화 관리 : 개선목표 달성을 위한 변화사항을 지속적으로 관리하고, 개선 후 변화사항과 예상했던 변화사항을 비교한다.

62 산업 재해

정답 ②

G씨가 공황장애를 진단받은 원인은 엘리베이터의 고장(시설물 결함)으로 인한 것이므로, 이는 산업 재해 중 기술적 원인으로 볼 수 있다.

오답분석

① 교육적 원인 : 해당 산업 재해가 안전 지식이나 경험, 작업 방법 등에 대해 충분히 교육이 이루어지지 않아 발생한 것이어야 한다.
③ 작업 관리상 원인 : 해당 산업 재해가 안전 관리 조직의 결함 또는 안전 수칙이나 작업 준비의 불충분 및 인원 배치가 부적당한 이유로 인해 발생한 것이어야 한다.
④ 불안전한 행동 : 재해 당사자가 위험 장소에 접근했거나, 안전장치 기능을 제거했거나, 보호장비를 미착용 또는 잘못된 착용을 하는 등의 행위를 함으로써 산업 재해가 발생한 것이어야 한다.
⑤ 불안전한 상태 : 시설물이 구조적으로 불안정하거나 충분한 안전장치를 갖추지 못하는 등의 이유로 인해 산업 재해가 발생한 것이어야 한다.

63 기술 이해

정답 ②

지속가능한 기술은 이용 가능한 자원과 에너지를 고려하고, 자원의 사용과 그것이 재생산되는 비율의 조화를 추구하며, 자원의 질을 생각하고, 자원이 생산적인 방식으로 사용되는가에 주의를 기울이는 기술이라고 할 수 있다. 즉, 지속가능한 기술은 되도록 태양 에너지와 같이 고갈되지 않는 자연 에너지를 활용하며, 낭비적인 소비 형태를 지양하고, 기술적 효용만이 아닌 환경 효용(Eco-Efficiency)을 추구하는 것이다. ㉠·㉡·㉣은 낭비적인 소비 형태를 지양하고, 환경 효용도 추구하므로 지속가능한 기술의 사례로 볼 수 있다.

오답분석

㉢·㉤ 환경 효용이 아닌 생산수단의 체계를 인간에게 유용하도록 발전시키는 사례로, 기술발전에 해당한다.

64 산업 재해

정답 ①

제시된 사례는 불안전한 상태가 원인이므로 이에 대한 예방 대책을 세워야 한다. 근로자 상호 간에 불안전한 행동을 지적하여 안전에 대한 이해를 증진시키는 것은 불안전한 행동의 방지 방법이며, 해당 사례의 재해를 예방하기 위한 대책으로 적절하지 않다.

65 기술 적용

정답 ⑤

주위 온도가 높으면 냉각력이 떨어지고 전기료가 많이 나오게 된다. 따라서 냉장고 설치 주변의 온도가 높지 않은지 확인할 필요가 있다.

오답분석

① 접지단자가 없으면 구리판에 접지선을 연결한 후 땅속에 묻어야 하므로 누전차단기가 아닌 구리판과 접지선을 준비해야 한다.
② 접지할 수 없는 장소일 경우 누전차단기를 콘센트에 연결해야 하므로 구리판이 아닌 누전차단기를 준비해야 한다.
③ 냉장고는 바람이 완전히 차단되는 곳이 아닌 통풍이 잘되는 곳에 설치해야 한다.
④ 냉장고가 주위와의 간격이 좁으면 냉각력이 떨어지고 전기료가 많이 나오므로 주위에 적당한 간격을 두어 설치하여야 한다.

66 기술 적용

정답 ③

소음이 심하고 이상한 소리가 날 때는 냉장고 뒷면이 벽에 닿는지 확인하고, 주위와 적당한 간격을 둘 수 있도록 한다.

오답분석

①·②·④ 냉동, 냉장이 잘 되지 않을 때의 원인이다.
⑤ 냉장실 식품이 얼 때의 원인이다.

67 기술 적용

정답 ④

다른 전화기에서 울리는 전화를 내 전화기에서 받으려면 당겨받기 기능을 활용하면 된다.

68 기술 적용

정답 ②

②는 전화걸기 중 세 번째 항목에 해당하는 그림으로, 통화 중인 상태에서 다른 곳으로 전화를 걸기 원할 때의 전화기 사용법을 설명한 것이다.

오답분석

① 전화받기에 해당하는 그림으로, 통화 중에 다른 전화를 받길 원할 때의 방법을 설명하고 있다.
③ 수신전환에 해당하는 그림으로, 다른 전화기로 수신을 전환하는 방법을 설명하고 있다.
④ 돌려주기에 해당하는 그림으로, 통화 중일 때 다른 전화기로 돌려주는 방법을 설명하고 있다.
⑤ 3자통화에 해당하는 그림으로, 통화 중일 때 제3자를 추가하여 통화하는 방법을 설명하고 있다.

69 기술 이해

정답 ④

IT와 융합한 지능형 로봇이 유망한 기술로 전망되는 것을 볼 때, 빈칸에 들어갈 용어로 가장 적절한 것은 전기전자공학임을 알 수 있다.

오답분석

① 토목공학 : 도로·하천·도시계획 등 토목에 관한 이론과 실제를 연구하는 공학의 한 부문으로, 국토를 대상으로 해서 그 보전·개수·개발경영을 맡는 공학이다.
② 환경공학 : 대기·수질·폐기물·토양·해양 등의 오염 예방과 소음 및 진동공해 방지 등의 환경문제를 해결하기 위하여 학문적인 연구를 하는 분야이다.
③ 생체공학 : 생체의 기구·기능을 공학적으로 연구해서 얻은 지식을 기술적 문제에 응용하는 학문이다.

⑤ 자원공학 : 각종 원리와 방법을 통해 지구의 표면 및 내부, 즉 지하와 해저에 부존하는 유용자원과 지하매체를 경제적인 목적과 관련하여 다루는 학문이다.

전기전자공학

국가기간산업의 근간을 이룸으로써 전자와 정보(컴퓨터), 그리고 정보통신공학의 기본이 되는 공학이다. 전기전자공학과에서는 전기 에너지의 생산, 수송 및 변환, 반도체 소자와 컴퓨터를 계측기화할 수 있는 각종 컴퓨터 언어와 하드웨어, 그리고 컴퓨터를 이용한 디지털 시스템 설계, VHDL 및 VLSI 설계, 시스템의 자동계측, 자동화, 디지털통신 기술 및 영상 신호처리, 고속전기철도 등을 중심으로 기본 원리부터 응용에 이르기까지 기술적인 방법 등을 다룬다.

70 기술 이해

정답 ②

제시문은 기술혁신의 예측 어려움, 즉 불확실성에 대해 설명하고 있다.

오답분석

① 기술개발로부터 이로 인한 기술혁신의 가시적인 성과가 나타나기까지는 비교적 장시간이 필요하다.
③ 인간의 지식과 경험은 빠른 속도로 축적되고 학습되는 데 반해, 기술개발에 참가한 엔지니어의 지식은 문서화되기 어렵기 때문에 다른 사람들에게 쉽게 전파될 수 없고, 해당 엔지니어들이 그 기업을 떠나는 경우 기술과 지식의 손실이 크게 발생하여 기술개발을 지속할 수 없는 경우가 종종 발생한다. 이는 기술혁신의 지식 집약적 활동이라는 특성 때문이다.
④ 기술혁신은 기업의 기존 조직 운영 절차나 제품구성, 생산방식, 나아가 조직의 권력구조 자체에도 새로운 변화를 야기함으로써 조직의 이해관계자 간의 갈등을 유발한다. 이는 기술혁신으로 인해 조직 내에서도 이익을 보는 집단과 손해를 보는 집단이 생기기 때문이다.
⑤ 기술혁신은 연구개발 부서 단독으로 수행될 수 없다. 예를 들어 새로운 제품에 관한 아이디어는 마케팅 부서를 통해 고객으로부터 수집되었을 것이며, 원재료나 설비는 구매 부서를 통해 얻어졌을 것이기 때문이다. 이처럼 기술혁신은 부서 간의 상호의존성을 갖고 있다.

71 정보 이해

정답 ④

1차 자료는 원래의 연구 성과가 기록된 자료로 단행본, 학술지와 학술지 논문, 학술회의자료, 연구보고서, 학위논문, 특허정보, 표준 및 규격자료, 레터, 출판 전 배포자료, 신문, 잡지, 웹 정보자원 등이 속한다. 2차 자료는 이러한 1차 자료를 압축정리해 놓은 것으로 사전, 백과사전, 편람, 연감, 서지데이터베이스 등이 해당된다. 연감이란 어떤 분야에 관하여 한 해 동안 일어난 경과·사건·통계 등을 수록하여 일 년에 한 번씩 간행하는 정기간행물을 뜻하므로, 정기간행물은 1차 자료에 해당하지 않는다.

72 프로그램 언어(코딩)

정답 ④

1부터 100까지의 값은 변수 x에 저장한다. 1, 2, 3, …에서 초기값은 1이고, 최종값은 100이며, 증분값은 1씩 증가시키면 된다. 즉, 1부터 100까지를 덧셈하려면 99단계를 반복 수행해야 하므로 결괏값은 5050이 된다.

73 정보 이해

정답 ②

인쇄 중인 문서를 일시 중지시키거나 일시 중지된 문서를 다시 이어서 출력할 수도 있지만, 다른 프린터로 출력하도록 할 수는 없다. 다른 프린터로 출력을 원할 경우 처음부터 다른 프린터로 출력해야 한다.

74 엑셀 함수

정답 ④

단가가 두 번째로 높은 물품의 금액을 구하려면 데이터 집합에서 n번째로 큰 값을 구하는 함수인 LARGE 함수를 사용해야 한다. 따라서 ④를 입력해야 하며, 결괏값으로는 [D2:D9] 범위에서 두 번째로 큰 값인 20,000이 산출된다.

오답분석

① MAX 함수는 최댓값을 구하는 함수이다.
② MIN 함수는 최솟값을 구하는 함수이다.
③ MID 함수는 문자열의 지정 위치에서 문자를 지정한 개수만큼 돌려주는 함수이다.
⑤ INDEX 함수는 범위 내에서 값이나 참조 영역을 구하는 함수이다.

75 엑셀 함수

정답 ①

구입물품 중 의류의 총개수를 구하려면 주어진 조건에 의해 지정된 셀들의 합을 구하는 함수인 SUMIF 함수를 사용해야 하며, 「=SUMIF(조건 범위,조건,계산할 범위)」로 구성된다. 따라서 ①을 입력해야 하며, 결괏값으로는 계산할 범위 [C2:C9] 안에서 [A2:A9] 범위 안의 조건인 [A2](의류)로 지정된 셀들의 합인 42가 산출된다.

오답분석

② COUNTIF 함수는 지정한 범위 내에서 조건에 맞는 셀의 개수를 구하는 함수이다.
③ VLOOKUP 함수는 목록 범위의 첫 번째 열에서 세로 방향으로 검색하면서 원하는 값을 추출하는 함수이다.
④ HLOOKUP 함수는 목록 범위의 첫 번째 행에서 가로 방향으로 검색하면서 원하는 값을 추출하는 함수이다.
⑤ AVERAGEIF 함수는 주어진 조건에 따라 지정되는 셀의 평균을 구하는 함수이다.

76 프로그램 언어(코딩)

정답 ④

%는 나머지를 나타내는 연산자이므로 제시된 프로그램의 실행 결과는 1 2 0 1 2 0이다.
따라서 결괏값의 합은 1+2+0+1+2+0=6이다.

77 정보 이해

정답 ④

비교적 가까운 거리에 흩어져 있는 컴퓨터들을 서로 연결하여 여러 가지 서비스를 제공하는 네트워크는 근거리 통신망에 해당한다. 근거리 통신망의 작업 결과를 공유하기 위해서는 네트워크상 작업 그룹명을 동일하게 하여야 한다.

78 엑셀 함수

정답 ②

RANK 함수는 범위에서 특정 데이터의 순위를 구할 때 사용하는 함수이다. RANK 함수의 형식은 「=RANK(인수,범위,논리값)」인데, 논리값의 경우 0이면 내림차순, 1이면 오름차순으로 나타나게 된다. 발전량이 가장 높은 곳부터 순위를 매기려면 내림차순으로 나타내야 하므로 (B) 셀에는 「=RANK(F5,$F$5:$F$12,0」를 입력해야 한다.

79 엑셀 함수

정답 ②

'$'가 붙으면 절대참조로 위치가 변하지 않고, 붙지 않으면 상대참조로 위치가 변한다. 「$A$1」은 무조건 [A1] 위치로 고정이며 「$A2」는 [A] 열은 고정이지만 행은 변한다는 것을 의미한다. [A7] 셀을 복사했을 때 열이 오른쪽으로 2칸 움직였지만 고정이기에 의미는 없고, 행이 7에서 8로 1행만큼 이동하였기 때문에 [A1]+[A3]의 값이 [C8] 셀이 된다. 따라서 1+3=4이다.

80 정보 이해

정답 ①

[휴지통]에 들어 있는 자료는 언제든지 복원 가능하다. 단, [휴지통]의 크기를 0%로 설정한 후 파일을 삭제하면 복원이 불가능하다.

한국가스안전공사 필기시험 답안카드

성 명

지원 분야

문제지 형별기재란	
(　　　)형	Ⓐ Ⓑ

수 험 번 호

⓪	⓪	⓪	⓪	⓪	⓪	⓪
①	①	①	①	①	①	①
②	②	②	②	②	②	②
③	③	③	③	③	③	③
④	④	④	④	④	④	④
⑤	⑤	⑤	⑤	⑤	⑤	⑤
⑥	⑥	⑥	⑥	⑥	⑥	⑥
⑦	⑦	⑦	⑦	⑦	⑦	⑦
⑧	⑧	⑧	⑧	⑧	⑧	⑧
⑨	⑨	⑨	⑨	⑨	⑨	⑨

감독위원 확인
인

1	① ② ③ ④ ⑤	21	① ② ③ ④ ⑤	41	① ② ③ ④ ⑤	61	① ② ③ ④ ⑤
2	① ② ③ ④ ⑤	22	① ② ③ ④ ⑤	42	① ② ③ ④ ⑤	62	① ② ③ ④ ⑤
3	① ② ③ ④ ⑤	23	① ② ③ ④ ⑤	43	① ② ③ ④ ⑤	63	① ② ③ ④ ⑤
4	① ② ③ ④ ⑤	24	① ② ③ ④ ⑤	44	① ② ③ ④ ⑤	64	① ② ③ ④ ⑤
5	① ② ③ ④ ⑤	25	① ② ③ ④ ⑤	45	① ② ③ ④ ⑤	65	① ② ③ ④ ⑤
6	① ② ③ ④ ⑤	26	① ② ③ ④ ⑤	46	① ② ③ ④ ⑤	66	① ② ③ ④ ⑤
7	① ② ③ ④ ⑤	27	① ② ③ ④ ⑤	47	① ② ③ ④ ⑤	67	① ② ③ ④ ⑤
8	① ② ③ ④ ⑤	28	① ② ③ ④ ⑤	48	① ② ③ ④ ⑤	68	① ② ③ ④ ⑤
9	① ② ③ ④ ⑤	29	① ② ③ ④ ⑤	49	① ② ③ ④ ⑤	69	① ② ③ ④ ⑤
10	① ② ③ ④ ⑤	30	① ② ③ ④ ⑤	50	① ② ③ ④ ⑤	70	① ② ③ ④ ⑤
11	① ② ③ ④ ⑤	31	① ② ③ ④ ⑤	51	① ② ③ ④ ⑤	71	① ② ③ ④ ⑤
12	① ② ③ ④ ⑤	32	① ② ③ ④ ⑤	52	① ② ③ ④ ⑤	72	① ② ③ ④ ⑤
13	① ② ③ ④ ⑤	33	① ② ③ ④ ⑤	53	① ② ③ ④ ⑤	73	① ② ③ ④ ⑤
14	① ② ③ ④ ⑤	34	① ② ③ ④ ⑤	54	① ② ③ ④ ⑤	74	① ② ③ ④ ⑤
15	① ② ③ ④ ⑤	35	① ② ③ ④ ⑤	55	① ② ③ ④ ⑤	75	① ② ③ ④ ⑤
16	① ② ③ ④ ⑤	36	① ② ③ ④ ⑤	56	① ② ③ ④ ⑤	76	① ② ③ ④ ⑤
17	① ② ③ ④ ⑤	37	① ② ③ ④ ⑤	57	① ② ③ ④ ⑤	77	① ② ③ ④ ⑤
18	① ② ③ ④ ⑤	38	① ② ③ ④ ⑤	58	① ② ③ ④ ⑤	78	① ② ③ ④ ⑤
19	① ② ③ ④ ⑤	39	① ② ③ ④ ⑤	59	① ② ③ ④ ⑤	79	① ② ③ ④ ⑤
20	① ② ③ ④ ⑤	40	① ② ③ ④ ⑤	60	① ② ③ ④ ⑤	80	① ② ③ ④ ⑤

※ 본 답안지는 마킹연습용 모의 답안지입니다.

〈절취선〉

한국가스안전공사 필기시험 답안카드

성 명

지원 분야

문제지 형별기재란	
(　　　)형	Ⓐ Ⓑ

수 험 번 호						
⓪	⓪	⓪	⓪	⓪	⓪	⓪
①	①	①	①	①	①	①
②	②	②	②	②	②	②
③	③	③	③	③	③	③
④	④	④	④	④	④	④
⑤	⑤	⑤	⑤	⑤	⑤	⑤
⑥	⑥	⑥	⑥	⑥	⑥	⑥
⑦	⑦	⑦	⑦	⑦	⑦	⑦
⑧	⑧	⑧	⑧	⑧	⑧	⑧
⑨	⑨	⑨	⑨	⑨	⑨	⑨

감독위원 확인
인

1	① ② ③ ④ ⑤	21	① ② ③ ④ ⑤	41	① ② ③ ④ ⑤	61	① ② ③ ④ ⑤
2	① ② ③ ④ ⑤	22	① ② ③ ④ ⑤	42	① ② ③ ④ ⑤	62	① ② ③ ④ ⑤
3	① ② ③ ④ ⑤	23	① ② ③ ④ ⑤	43	① ② ③ ④ ⑤	63	① ② ③ ④ ⑤
4	① ② ③ ④ ⑤	24	① ② ③ ④ ⑤	44	① ② ③ ④ ⑤	64	① ② ③ ④ ⑤
5	① ② ③ ④ ⑤	25	① ② ③ ④ ⑤	45	① ② ③ ④ ⑤	65	① ② ③ ④ ⑤
6	① ② ③ ④ ⑤	26	① ② ③ ④ ⑤	46	① ② ③ ④ ⑤	66	① ② ③ ④ ⑤
7	① ② ③ ④ ⑤	27	① ② ③ ④ ⑤	47	① ② ③ ④ ⑤	67	① ② ③ ④ ⑤
8	① ② ③ ④ ⑤	28	① ② ③ ④ ⑤	48	① ② ③ ④ ⑤	68	① ② ③ ④ ⑤
9	① ② ③ ④ ⑤	29	① ② ③ ④ ⑤	49	① ② ③ ④ ⑤	69	① ② ③ ④ ⑤
10	① ② ③ ④ ⑤	30	① ② ③ ④ ⑤	50	① ② ③ ④ ⑤	70	① ② ③ ④ ⑤
11	① ② ③ ④ ⑤	31	① ② ③ ④ ⑤	51	① ② ③ ④ ⑤	71	① ② ③ ④ ⑤
12	① ② ③ ④ ⑤	32	① ② ③ ④ ⑤	52	① ② ③ ④ ⑤	72	① ② ③ ④ ⑤
13	① ② ③ ④ ⑤	33	① ② ③ ④ ⑤	53	① ② ③ ④ ⑤	73	① ② ③ ④ ⑤
14	① ② ③ ④ ⑤	34	① ② ③ ④ ⑤	54	① ② ③ ④ ⑤	74	① ② ③ ④ ⑤
15	① ② ③ ④ ⑤	35	① ② ③ ④ ⑤	55	① ② ③ ④ ⑤	75	① ② ③ ④ ⑤
16	① ② ③ ④ ⑤	36	① ② ③ ④ ⑤	56	① ② ③ ④ ⑤	76	① ② ③ ④ ⑤
17	① ② ③ ④ ⑤	37	① ② ③ ④ ⑤	57	① ② ③ ④ ⑤	77	① ② ③ ④ ⑤
18	① ② ③ ④ ⑤	38	① ② ③ ④ ⑤	58	① ② ③ ④ ⑤	78	① ② ③ ④ ⑤
19	① ② ③ ④ ⑤	39	① ② ③ ④ ⑤	59	① ② ③ ④ ⑤	79	① ② ③ ④ ⑤
20	① ② ③ ④ ⑤	40	① ② ③ ④ ⑤	60	① ② ③ ④ ⑤	80	① ② ③ ④ ⑤

※ 본 답안지는 마킹연습용 모의 답안지입니다.

한국가스안전공사 필기시험 답안카드

성 명

지원 분야

문제지 형별기재란	
( )형	Ⓐ Ⓑ

수 험 번 호						
⓪	⓪	⓪	⓪	⓪	⓪	⓪
①	①	①	①	①	①	①
②	②	②	②	②	②	②
③	③	③	③	③	③	③
④	④	④	④	④	④	④
⑤	⑤	⑤	⑤	⑤	⑤	⑤
⑥	⑥	⑥	⑥	⑥	⑥	⑥
⑦	⑦	⑦	⑦	⑦	⑦	⑦
⑧	⑧	⑧	⑧	⑧	⑧	⑧
⑨	⑨	⑨	⑨	⑨	⑨	⑨

감독위원 확인
인

1	① ② ③ ④ ⑤	21	① ② ③ ④ ⑤	41	① ② ③ ④ ⑤	61	① ② ③ ④ ⑤
2	① ② ③ ④ ⑤	22	① ② ③ ④ ⑤	42	① ② ③ ④ ⑤	62	① ② ③ ④ ⑤
3	① ② ③ ④ ⑤	23	① ② ③ ④ ⑤	43	① ② ③ ④ ⑤	63	① ② ③ ④ ⑤
4	① ② ③ ④ ⑤	24	① ② ③ ④ ⑤	44	① ② ③ ④ ⑤	64	① ② ③ ④ ⑤
5	① ② ③ ④ ⑤	25	① ② ③ ④ ⑤	45	① ② ③ ④ ⑤	65	① ② ③ ④ ⑤
6	① ② ③ ④ ⑤	26	① ② ③ ④ ⑤	46	① ② ③ ④ ⑤	66	① ② ③ ④ ⑤
7	① ② ③ ④ ⑤	27	① ② ③ ④ ⑤	47	① ② ③ ④ ⑤	67	① ② ③ ④ ⑤
8	① ② ③ ④ ⑤	28	① ② ③ ④ ⑤	48	① ② ③ ④ ⑤	68	① ② ③ ④ ⑤
9	① ② ③ ④ ⑤	29	① ② ③ ④ ⑤	49	① ② ③ ④ ⑤	69	① ② ③ ④ ⑤
10	① ② ③ ④ ⑤	30	① ② ③ ④ ⑤	50	① ② ③ ④ ⑤	70	① ② ③ ④ ⑤
11	① ② ③ ④ ⑤	31	① ② ③ ④ ⑤	51	① ② ③ ④ ⑤	71	① ② ③ ④ ⑤
12	① ② ③ ④ ⑤	32	① ② ③ ④ ⑤	52	① ② ③ ④ ⑤	72	① ② ③ ④ ⑤
13	① ② ③ ④ ⑤	33	① ② ③ ④ ⑤	53	① ② ③ ④ ⑤	73	① ② ③ ④ ⑤
14	① ② ③ ④ ⑤	34	① ② ③ ④ ⑤	54	① ② ③ ④ ⑤	74	① ② ③ ④ ⑤
15	① ② ③ ④ ⑤	35	① ② ③ ④ ⑤	55	① ② ③ ④ ⑤	75	① ② ③ ④ ⑤
16	① ② ③ ④ ⑤	36	① ② ③ ④ ⑤	56	① ② ③ ④ ⑤	76	① ② ③ ④ ⑤
17	① ② ③ ④ ⑤	37	① ② ③ ④ ⑤	57	① ② ③ ④ ⑤	77	① ② ③ ④ ⑤
18	① ② ③ ④ ⑤	38	① ② ③ ④ ⑤	58	① ② ③ ④ ⑤	78	① ② ③ ④ ⑤
19	① ② ③ ④ ⑤	39	① ② ③ ④ ⑤	59	① ② ③ ④ ⑤	79	① ② ③ ④ ⑤
20	① ② ③ ④ ⑤	40	① ② ③ ④ ⑤	60	① ② ③ ④ ⑤	80	① ② ③ ④ ⑤

※ 본 답안지는 마킹연습용 모의 답안지입니다.

〈절취선〉

한국가스안전공사 필기시험 답안카드

성 명

지원 분야

문제지 형별기재란	
( )형	Ⓐ Ⓑ

수 험 번 호						
⓪	⓪	⓪	⓪	⓪	⓪	⓪
①	①	①	①	①	①	①
②	②	②	②	②	②	②
③	③	③	③	③	③	③
④	④	④	④	④	④	④
⑤	⑤	⑤	⑤	⑤	⑤	⑤
⑥	⑥	⑥	⑥	⑥	⑥	⑥
⑦	⑦	⑦	⑦	⑦	⑦	⑦
⑧	⑧	⑧	⑧	⑧	⑧	⑧
⑨	⑨	⑨	⑨	⑨	⑨	⑨

감독위원 확인
(인)

1	① ② ③ ④ ⑤	21	① ② ③ ④ ⑤	41	① ② ③ ④ ⑤	61	① ② ③ ④ ⑤
2	① ② ③ ④ ⑤	22	① ② ③ ④ ⑤	42	① ② ③ ④ ⑤	62	① ② ③ ④ ⑤
3	① ② ③ ④ ⑤	23	① ② ③ ④ ⑤	43	① ② ③ ④ ⑤	63	① ② ③ ④ ⑤
4	① ② ③ ④ ⑤	24	① ② ③ ④ ⑤	44	① ② ③ ④ ⑤	64	① ② ③ ④ ⑤
5	① ② ③ ④ ⑤	25	① ② ③ ④ ⑤	45	① ② ③ ④ ⑤	65	① ② ③ ④ ⑤
6	① ② ③ ④ ⑤	26	① ② ③ ④ ⑤	46	① ② ③ ④ ⑤	66	① ② ③ ④ ⑤
7	① ② ③ ④ ⑤	27	① ② ③ ④ ⑤	47	① ② ③ ④ ⑤	67	① ② ③ ④ ⑤
8	① ② ③ ④ ⑤	28	① ② ③ ④ ⑤	48	① ② ③ ④ ⑤	68	① ② ③ ④ ⑤
9	① ② ③ ④ ⑤	29	① ② ③ ④ ⑤	49	① ② ③ ④ ⑤	69	① ② ③ ④ ⑤
10	① ② ③ ④ ⑤	30	① ② ③ ④ ⑤	50	① ② ③ ④ ⑤	70	① ② ③ ④ ⑤
11	① ② ③ ④ ⑤	31	① ② ③ ④ ⑤	51	① ② ③ ④ ⑤	71	① ② ③ ④ ⑤
12	① ② ③ ④ ⑤	32	① ② ③ ④ ⑤	52	① ② ③ ④ ⑤	72	① ② ③ ④ ⑤
13	① ② ③ ④ ⑤	33	① ② ③ ④ ⑤	53	① ② ③ ④ ⑤	73	① ② ③ ④ ⑤
14	① ② ③ ④ ⑤	34	① ② ③ ④ ⑤	54	① ② ③ ④ ⑤	74	① ② ③ ④ ⑤
15	① ② ③ ④ ⑤	35	① ② ③ ④ ⑤	55	① ② ③ ④ ⑤	75	① ② ③ ④ ⑤
16	① ② ③ ④ ⑤	36	① ② ③ ④ ⑤	56	① ② ③ ④ ⑤	76	① ② ③ ④ ⑤
17	① ② ③ ④ ⑤	37	① ② ③ ④ ⑤	57	① ② ③ ④ ⑤	77	① ② ③ ④ ⑤
18	① ② ③ ④ ⑤	38	① ② ③ ④ ⑤	58	① ② ③ ④ ⑤	78	① ② ③ ④ ⑤
19	① ② ③ ④ ⑤	39	① ② ③ ④ ⑤	59	① ② ③ ④ ⑤	79	① ② ③ ④ ⑤
20	① ② ③ ④ ⑤	40	① ② ③ ④ ⑤	60	① ② ③ ④ ⑤	80	① ② ③ ④ ⑤

※ 본 답안지는 마킹연습용 모의 답안지입니다.

2025 최신판 시대에듀 한국가스안전공사
NCS + 최종점검 모의고사 4회 + 무료NCS특강

개정6판1쇄 발행	2025년 03월 20일 (인쇄 2025년 02월 17일)
초 판 발 행	2020년 12월 15일 (인쇄 2020년 11월 12일)
발 행 인	박영일
책 임 편 집	이해욱
편 저	SDC(Sidae Data Center)
편 집 진 행	김재희
표지디자인	박수영
편집디자인	양혜련 · 장성복
발 행 처	(주)시대고시기획
출 판 등 록	제 10-1521호
주 소	서울시 마포구 큰우물로 75 [도화동 538 성지 B/D] 9F
전 화	1600-3600
팩 스	02-701-8823
홈 페 이 지	www.sdedu.co.kr

I S B N	979-11-383-8801-6 (13320)
정 가	25,000원

한국가스 안전공사

NCS+최종점검 모의고사 4회

최신 출제경향 전면 반영

시대에듀가 합격을 준비하는
당신에게 제안합니다.
결심하셨다면 지금 당장 실행하십시오.
시대에듀와 함께라면 문제없습니다.
성공의 기회!
시대에듀를 잡으십시오.
NEXT STEP!
기회란 포착되어 활용되기 전에는 기회인지조차 알 수 없는 것이다.
– 마크 트웨인 –